绿典之路

各国环境法典译丛

意大利环境法典

Norme in Materia Ambientale

李 钧　李修琼　蔡 洁　译/校

法律出版社
LAW PRESS · CHINA

图书在版编目(CIP)数据

意大利环境法典 / 李钧，李修琼，蔡洁译. -- 北京：法律出版社，2021

ISBN 978 -7 -5197 -5401 -3

Ⅰ. ①意… Ⅱ. ①李… ②李… ③蔡… Ⅲ. ①环境保护法－法典－意大利 Ⅳ. ①D954.626

中国版本图书馆 CIP 数据核字(2021)第 038203 号

意大利环境法典
YIDALI HUANJINGFADIAN

李 钧 李修琼 蔡 洁 译

责任编辑 吴 昉
装帧设计 凌点工作室

出版 法律出版社
总发行 中国法律图书有限公司
经销 新华书店
印刷 中煤(北京)印务有限公司
责任校对 王晓萍
责任印制 胡晓雅

编辑统筹 法律教育出版分社
开本 710 毫米×1000 毫米 1/16
印张 28.5
字数 456 千
版本 2021 年 5 月第 1 版
印次 2021 年 5 月第 1 次印刷

法律出版社/北京市丰台区莲花池西里 7 号(100073)
网址/www.lawpress.com.cn
投稿邮箱/info@lawpress.com.cn
举报维权邮箱/jbwq@lawpress.com.cn
销售热线/400 -660 -8393
咨询电话/010 -63939796

中国法律图书有限公司/北京市丰台区莲花池西里 7 号(100073)
全国各地中法图分、子公司销售电话：
统一销售客服/400 -660 -8393/6393
第一法律书店/010 -83938432/8433
西安分公司/029 -85330678
重庆分公司/023 -67453036
上海分公司/021 -62071639/1636
深圳分公司/0755 -83072995

书号:ISBN 978 -7 -5197 -5401 -3
定价:88.00 元

感谢以下单位为“各国环境法典译丛”提供的大力支持！

中国法学会
阿里巴巴公益基金会
北京大学教育基金会

标示"绿典"之路(代总序)

对法律人而言,"法典"似乎是一个不可抵挡的诱惑。在我的阅读范围内,什么是法典,没有答案;但我知道,法典化是学术与实践紧密结合的过程,法学理论是法典的基础,法典是法学理论的规范性表达,没有法学和法学家,就没有法典!正因为有法学和法学家的存在,世界上从来不缺少推动法典化的力量,也未消失过反对的声音。不可否认,法典化运动是近代以来一个普遍的法律现象,在法典的制定上,法学家发挥着不可替代的作用。

十二表法是法典,抑或民法大全是法典?真的很难回答。在最宽泛的意义上,法典是一种成文的法律作品,主要是对某一法律领域最根本的原则和基础性的规范作出规定。法典是整体的、系统的,不是单一的法律,也不是对多部法律的简单汇编;法典是科学系统编纂的成果,是对法学和法律的提炼和结合,需要由法学家和法律家共同参与才能完成。法典化作为一种理想的立法模式和方法,各类法律不断地完善、补充以及体系化,最终都是以制定法典作为目标的。

即便如此,环境法人对环境法典依然有太多的疑问。从形式上看,大陆法系的一些国家制定了环境法典,更多国家没有环境法典;有的国家环境法律冠有"法典"之名,但学者们却认为其不是一部法典;有的国家环境法典连续多达数本,有的国家环境法典只有可怜的几十条。从内容上看,不同国家的环境法典更是千差万别,与具有基本相同体例的各国民法典相比,简直是"冰火两重天"。从法典化的过程看,有的国家经过三十多年的争论,多次启动环境法典制定,始终不得其果;有的国家几乎还没有开始环境保护,就在国外专家的帮助下,出台了环境法典;还有的国家环境法典已经制定完成,却因为种种原因不能或者不敢颁行……到底什么时候需要环境法典？环境法典是社会变革的必然结果吗？特定的个人或政治家对环境法典有怎样的作用？应如何认识环境法典与环境法学的关系？剪不断、理还乱，直叫人爱也法典，恨也法典！

在中国，环境法典同样是环境法人的不变“初心”，也始终走在坎坷崎岖的道路上。20 世纪 70 年代，中国环境保护立法起步之始，就设定了法典化目标。1979 年，在时任城乡建设环境保护部部长李伯超代表国务院向全国人大常委会所作的《关于〈中华人民共和国环境保护法(草案)〉的说明》中，就明确指出这部法律主要是规定国家在环境保护方面的基本方针和基本政策，应成为环境保护领域的基本法。虽然这部法律因种种原因以《中华人民共和国环境保护法(试行)》的方式颁布，但以基本法为龙头、单行法为骨干的环境立法体系一直延续至今，“体系化”这个法典的核心要素始终存在。在环境法理论研究中，法典化是一个永恒的课题，三十多年的中国环境法发展史上，不断有学者推出有价值的环境法典研究成果。2011 年年底，全国人大常委会讨论启动《环境保护法》的修订时，将修订后的《环境保护法》作为环境法典总则加以考虑并为进行环境法典编纂奠定基础的建议再次提出，遗憾的是没有得到采纳。2014 年，十二届全国人大常委会第八次会议审议通过的《环境保护法修订案》只是进一步明确了其在环境保护领域的综合法定位。在学者们看来，这是《环境保护法》地位的提升，但由此带来的立法实践“困扰”日显，随着《大气污染防治法》《海洋环境保护法》《水污染防治法》等环境保护单行法修订工作的展开，如何处理与《环境保护法》的关系，成为一个现实的问题。或者高度重复立法或者法律支离破碎的困境，使立法者开始关注并思考环境法典编纂的必要性及可行性；人大代表、政协委员关于环境法典编纂的议案、建议逐渐增多，将编纂环境法典纳入十三届全国人大常委会立法计划的呼声也日益高涨。

不得不承认，我们这一辈环境法人赶上了好时代！过去四十年经济社会高速发展所积累的生态环境问题成为制约中国未来的“瓶颈”达至社会共识，用法治手段推进生态文明建设、打赢污染防治攻坚战的举措彰显坚定的政治意志，中国自己的立法、执法、司法经验和理论成果奠定了环境法体系化、整体化的基础。种种现象表明，展开法典化研究和推进环境法典编纂的一些必要条件已经具备；但是，这些客观现实均不能构成中国必须编纂环境法典的充分理由。中国是否需要环境法典,是否存在环境法典的替代方案?如果我们认为中国应该有环境法典,也必须回答中国需要怎样的环境法典、如何构建适应环境法典需求的环境法知识体系、如何在现有环境立法与资源立法的基础上进行建构、如何处理环境法典与民法典等传统法典的关系……别有滋味在心头,真让人喜也法典,忧也法典!

一个时代的学者有一个时代的使命,回答环境法典编纂的基本理论问题,是今天的中国环境法学者必须直面的时代课题。这需要学者们有时不我待的担当和舍我其谁的勇气,以严肃的学术态度、坚毅的学术精神、科学的学术方法、理性的学术论证,提出能够让立法决策者接受、让社会接受的成果。至于最后的结论,无论是圆梦环境法典还是梦碎环境法典,都具有同等的非凡价值。我们要做的,仅仅是忠实记录所走过的道路,并留下一个又一个路标,昭示后来人。

在我的心目中,“绿典之路”丛书就是这样一个树立路标的系统工程。之所以将环境法典称为“绿典”,是希望为我们的路标涂上最鲜明的底色,为每个行路人提供更高辨识度。面对可能前行、可能转折、可能返回的环境法典之路,希望既提供国外先行者的路线图,鼓励研究参照系、重走经典线,为可行或不可行之路插上绿色路标;也总结中国的经验,鼓励漫漫长路上下求索,逢山开路、遇水搭桥,为开辟康庄大道设定绿色标识。为此,“绿典之路”丛书设计了“各国环境法典译丛”“外国环境法典研究文丛”“中国环境法典研究文丛”“环境法典相关研究文丛”等若干子系列,从构建环境法典研究“生态系统”的角度,探索环境法典化的“生态平衡”。出现在“绿典之路”上的每一本论著,都应该既有独立的功能与作用,也能为提升生态系统的服务能力贡献智慧与力量。

我知道,任何国家制定法典,都有很多既偶然又必然的因素发挥作用,结果不可预测。在中国,环境法典的出台,也许很快,也许很慢,甚至慢到我们这一代人都无缘相见。但是,我更明白,学者对法典的追求,从来不是以被命名为法典的某个法律文件为直接目的。在法典化的进程中,创新和创造环境法知识体系、合理解释环境法社会现象、准确把握环境法运行规律、教授和传承环境法思维方式、巩固和提升环境法学术品质,都是学者为环境法典所做的准备和贡献。因此,“绿典之路”丛书是否可以在当下直接为中国环境法典编纂做出贡献,可遇而不可求。但是,记录环境法学的思维过程,记载环境法学人的心路历程,记忆环境法学科的品格养成,为后人标示中国环境法典化之路,一定可以实现。

2014年的今天,全国人大常委会高票通过《环境保护法修订案》,这部“长出了牙齿”的法律,凝聚了几代环境法人的心血,是环境法理论成果与立法决策的有机结合,值得环境法人骄傲和自豪!2018年春天,我们托起心中的向往,满怀信心再出发!期待在“绿典之路”上,环境法学者不断成长,环境法成果不断涌现,环境法学科不断完善,环境法品格不断成熟!

吕忠梅

2018年4月24日

于北京太平桥大街23号

译者序

一、意大利环境法的历史和制定背景

亚平宁半岛上的环保意识起源于古罗马时期，这是基本公认的事实。在古罗马流传下来的法律文献中，可以看到成组的针对土地、河流等自然元素以及与环境相关的城市基础设施进行干预的学说片段，它们以裁判官令状为基础，表达了古罗马人对自然环境及人类群体健康(salubritas)的朴素关切。

令状具有紧急救济的功能，无须通过争讼程序，法官就可以根据一方当事人的请求颁布令状，禁止对方当事人实施某一致损行为或者勒令其对已然造成的损害采取措施、进行恢复。这一特性对及时、有效地阻止环境损害行为和对环境损害施予救济是十分有利的。这些由裁判官创设的、常用来实现环境保护功能的令状包括但不限于以下几个：(1)关于水道的令状(Interdictum de rivis)[1]，禁止某人暴力阻止权利人清洁和修复水道等水利输送设备；(2)关于下水道的令状(Interdictum de cloacis)[2]，禁止他人暴力阻止权利人对下水道的清洁和维修，以及禁止向公共下水道中注入不洁之物，损害下水道的卫生状况；(3)关于水源的令状(Interdictum de fonte)[3]，禁止他人暴力阻止合法使用人从水源取水；(4)关于日常用水和夏季用水的令状(Interdictum de aqua cottidiana et aestiva)[4]，禁止他人无故阻止合法使用人于日常或夏季用水；(5)制止暴力和欺瞒

〔1〕 参见D.43.21.1pr。

〔2〕 参见D.43.23.1pr.和D.43.23.1.15。

〔3〕 参见D.43.22.1pr.和D.43.22.1.6。

〔4〕 参见D.43.20.1pr.和D.43.20.1.27。

的恢复令状(Interdictum quod vi aut clam)[1],勒令污染水井的人恢复水质;等等。

关于古罗马人的环境保护理念和措施,有两个方面颇值得我们关注。首先,这些令状中的大部分(甚至全部)并非专门为了治理环境而创设。它们能被应用于环境保护,得益于以拉贝奥为代表的法学家的"脑洞大开"。[2] 拉贝奥指出:"清洁的水是土地的一部分",它们或在那里产生,或在那里被收集(如水池、渔场或者水井),或因为最后流向那里。所以,任何在土地上施工或者在水中作业等人为导致空气、水质等自然环境资源污染变坏的行为,都可以也应当被理解为一种对公共设施、土地和水道等基础设施的破坏行为。对此,应该允许权利人适用相关的令状禁止这种破坏行为或者要求恢复。通过对"损害行为"和"损害对象"的扩张性解释,权利人也可以享受并行使自己对某一具体环境要素的权益。

其次,法学家将一些令状(如保护公共道路的令状)的使用权授予了"民众",即所有人都有权对公共道路及邻近空气污染问题提请令状。[3] 民众诉讼的处理依据是环境元素属于"公有物"的理念,其在属性上既不是损害赔偿之诉,也不是行政制裁措施,而是介于公法、私法之间,是由私主体提起一个公共性质的诉讼,产生一个公共性的结果,该私主体因为从属于某一范围的公众而间接获得胜诉利益。这种模式与现代法上公法、私法分离的做法明显不同,它的存在或许可以为完善当前推行的环境公益诉讼(或者创设一种新的环境诉讼来解决生态损害问题)提供一丝灵感。

现代法意义上的环境保护立法,最早出现在意大利王国时期。例如,1933年《水与电气设备法》(R. D. 1775),1934年涉及不健康工业规制的《卫生法》(R. D. 1265)等,都包含了关于环境保护的规定。共和国建立以后颁布的第一部有关环境治理的专项法规是1966年《大气污染防治办法》(L. 615),其后还有1974年《危险物质和药剂的分类及包装标识规范》(L. 256)、1976年《水污染防治规范》(L. 319,"梅而里法")等。整体而言,在20世纪80年代之前,意大利的

---

〔1〕 参见D. 43. 24. 11pr.。

〔2〕 [意]安德烈·迪·波尔托:《罗马法中的环境保护》,罗智敏译,载费安玲主编:《罗马法与学说汇纂》(原名《学说汇纂》),知识产权出版社2009年版,第2卷。

〔3〕 D. 43. 8. 2. 29和D. 43. 8. 2. 26。

环境立法较为分散,仅针对个别污染事项,作为保障经济发展规划实现的附带品而纳入立法。零散的法规不能满足司法实践需求,现实中的问题只能通过扩张解释的方法应对,这一状况促使法律工作者们推进环境立法从零散、片面的单行法向系统化的全面立法转变。

20 世纪 80 年代前期,意大利相继颁布了一系列环境法律法规:1982 年《海洋保护法》(L. 979)、1984 年《肥料使用原则新规》(L. 748)、《有关垃圾处理的 1982 年第 915 号共和国总统令的第 4 条的首次适用规则》(D. C. I.)、1985 年《关于保护特别环境利益区域的紧急规定》(L. 431,"格拉索法")等。在 20 世纪 80 年代的众多立法中,尤为重要的一部法律是 1986 年颁布的《设立环境部和有关环境损害的规则》(L. 349),其在形式和效力上都成为法律工作者和评论者心中"真正意义上的有关环境保护的一般性法律"。有关建立旨在保护环境的中央专属部委的提议一经提出,就获得议会的完全赞同和大力推进。最终颁布的法律规定了新设部委的组织结构和职能权限,将以前分散各部的职能统一并对相关科技机构进行了重组,引入环境损害的预防、补充、赔偿等原则,建立环境影响评价、宣布严重危害环境和环境损害等各项法律制度。与以往的法律法规相比,这部法律表现出极大的创新性:一方面,它作为一个"连接机制",将空气、水、土壤、垃圾等众多垂直分散的环境元素联结到一起,形成一个系统的、统一的调控、管理、保护体系;另一方面,它展现出一种"宪法层面的价值观",肯定"环境价值"属于"全国社会"和"未来一代",对环境的保护是一种"社会共识"。它确立的一些具有前瞻性的原则,如可持续发展和责任细分等,都为后来的《里约宣言》、《马斯特里赫特条约》和欧盟五项行动计划所采纳。尽管囿于所属年代的法治思想和制度,这部法律尚不算完备,但不能否认其作为意大利综合性环境立法的开端的意义。自此之后,环境领域的立法活动进入密集期。至 2006 年新的统一法规出台之前,意大利发布具有国家效力和地区效力的单行法律法规(包括法律、立法令、共和国总统令、部际会议宣告、部委令等)200 项之多,其内容涉及大气臭氧、声音污染和垃圾处理等各个方面。

法律法规如雨后春笋般涌现。然而,随着时间的推移,新的问题也暴露出来。首先,以《设立环境部和有关环境损害的规则》为核心的单行性立法总是无法摆脱分散和片面的弊端,基本原则和共通条款的缺失导致法律规定之外的其他人类活动所触发的环境问题得不到有针对性的解决。而立法的滞后性又迫使司法和立法机关无休止地面对各种各样的污染问题和环境保护问题。其次,以“锁链式”环环相套的单行法规数量过于庞大,增加了行政机构和私主体的履行成本,既不便于查阅,也不便于执行和遵守。最后,原有的一些立法原则和目的、组织职能机构和制度设计已经逐渐失去意义,有些制度已经发生重大甚至反转性的变化。例如,议会有关报告环境状态的义务随着获取环境信息权和代表处制度在国内的适用成效而逐渐减弱。而在欧盟,负有汇报义务的主体是委员会而非欧盟议会。针对这些问题,“需要系统化和确定化的环境法”的需求再次被提起,其中两种“模式”最具可行性:一是就各个环境问题的单行法整合出“统一文本”,二是就环境法的整体内容和各个部分编订法典,即“法典化”。意大利人选择了前者。2004 年第 308 号法律授权政府以统一文本的形式,就几个重要的环境领域和环境保护事项如垃圾处理、水土保持、保护区管理等,进行重新调整和补充。2006 年 4 月 3 日第 152 号立法令颁布了《环境法律规范》(也称“环境法典”),基本上取代了以往所有有关环境的单行法律法规。起草工作历时 15 个月,编纂者在整合了最初的 6 个草案的基础上,又增加 3 个“共通规定”的条款。整个文本由六个部分组成,各个部分根据内容的多寡,下设编、章、节、条、款,共 318 条,其后附加 45 个附件。该法令于 2006 年 4 月 29 日生效(其中第二部分延迟到同年 8 月 12 日生效)。

该法从颁布至今,已经进行了或大或小共 27 次修订、补充。自 2015 年开始,随着全人类对环境问题的重视和关切程度的升级,意大利环境法进入了修订的高峰期:接受、吸纳国际条约和欧盟指令规定的相关要求与标准,调整环境治理与保护的基本原则,增加并健全环境评价系列机制,不断更新有关土地、水、空气及垃圾处理等领域的环境保护措施。截至当前,意大利“环境法典”正文共增加 2 个“部分”,3 个“章”,共计 96 个条款,附件也增加至 61 个。修订程序仍然在继续。

二、意大利“环境法典”的内容

第一部分,“一般规定和基本原则”。本部分即在上文所谓 3 个“共通规定”的基础上发展而来的、有关环境法律规范适用的一般性规定。包括本法所适用的领域、战略环境评价、环境影响评价、环境综合许可,针对土壤、水资源、垃圾处理和空气污染的治理以及环境损害赔偿。明确立法的目的是保护、优化环境,合理谨慎地利用环境资源,提升人类生活质量。针对将来可能发生的新的环境问题,规定了后续措施的采用标准。并明文规定了环境法的制定原则、环境保护活动的原则、可持续发展原则、辅助性原则和忠实配合原则以及环境信息的取得权和合作目的的参与权。

第二部分,"战略环境评价、环境影响评价、环境综合许可的程序"。本部分共有六章,其中第三(乙)章"环境综合许可"为2010年新增章节。其充分贯彻欧盟(欧共体)第2001/42/CE号指令、第85/337/CEE号指令、第97/11/CE号指令、第2003/35/CE号指令和第2008/1/CE号指令,设定环境影响评价和战略环境评价制度,就对环境有重大影响的计划、方案以及与人类生存环境和健康相关的事项进行评价;并且为了减少污染和污染源的排放,设立环境综合许可制度。明确与此相关的基础性概念、规范的对象,明晰有关主管部门的行政职权,设立环境影响核查技术委员会和环境综合许可调查委员会,并就评价与许可的一般性程序及其之间的协作与简化作出规定。

第三部分,"土壤保护、抗沙漠化、水污染防治和水资源管理的规定"。本部分由于涉及土壤和水资源两个重要的环境领域,因此"体积"最为庞大,共四编十一章,所包含的条款数额比重达到整个法规的1/3。其中,第一编关于土壤保护和抗沙漠化,旨在通过塌陷防治、排除危险情况和抗沙漠化等途径实现土壤和地下土的保护和治理以及对域内水文环境的治理。第二编关于水污染的防治,旨在减少对地表水、地下水和海洋等水资源的污染,通过适当手段保护并改善水资源质量,实现对水资源的持续、稳定和公平利用。第三编关于水资源的管理,以水资源管理规范和综合水利服务为对象,涉及环境和竞争的保护、确定提供综合水利服务的根本等级以及相关职权单位的基本职能。第四编补充一些临时性规定与最终规定。

第四部分,"废弃物管理和污染场所改造的规定"。废弃物的管理关乎公共利益。废弃物的整治应遵循预防原则、制止原则、可持续发展原则、比例原则、责任原则、产生废弃物的源头材料使用过程中所涉及各主体的合作原则以及"污染者付费"等原则。本部分共设七章,规定了废弃物、包装和特种废弃物的管理措施,以及废弃物的焚化、城市废弃物管理费的征收和污染地改良。其中,有关"废弃物的焚化和联合焚化"一章[第三(乙)章]为2014年修订时新增章节。其在采纳相关欧盟指令的基础上,对废弃物的管理和受污染场所的修复进行了规范,规定有利于环境保护和人类健康的废弃物治理措施,以减少垃圾产生和废弃物管理过程中的消极影响。2017 年的修订中,又特别将练兵场、射击场等军事操练场所纳入本法调整范围。

第五部分,“空气保护和大气减排的规定”。为了实现《京都议定书》中设定的大气质量目标,预防和减少对大气排放,针对可能向大气产生排放的设备(包括民用取暖设备)设定排放限值,本部分规定了排放许可和活动规范、排放物的取样和分析方法以及用以评价测量值与排放限值是否相符的标准;规定了额定热输入小于 3MW 的民用取暖设备的安装、修改和排放限值;规定了燃料,特别是用于供暖能力低于阈值的民用供暖设备和用于海事用途的供暖设备的燃料。2016 年新增第五(乙)部分“特殊设备的规定”,由第 298-2 条独立构成一章,专门就二氧化钛和硫酸钙的生产活动进行规范。2017 年又新增了有关中型民用燃烧设备的规定。

第六部分,“环境损害赔偿的规定”。本部分分别规定了环境损害赔偿的适用范围,既包括对土壤、地下土层、地表水和地下水以及海洋排放污染物和垃圾处理等专业活动,也包括出于故意或过失的非专业活动;既针对实际产生的环境损害,也针对可能发生的潜在损害威胁。规定了环境损害威胁的预防措施和修复措施,特别针对尚未确定,但有明显证据显示存在环境损害的风险与威胁的情形,赋予风险的制造者紧急预防和排除险情的义务。授权环境与土地海洋保护部行使损害赔偿诉权,向造成损害的主体诉请民事赔偿。2015 年,增设第六(乙)部分“涉环境保护的行政和刑事违法行为的处罚规定”,针对尚未对法令所保护的环境资源、城市规划或景观资源造成现实损害或者现时、确定的危险的环境保护违法情形科以处罚,加重了对损害环境行为的处罚力度。

附件。共 59 个(截至译稿时间,含 1 个废除),分别对应第二部分至第六部分的规定。内容包括自治区主管资格、环境报告的内容、水体的功能性分类标准、敏感区域的确定标准、危险物质清单、垃圾焚化场排放标准等多项技术指标和规范。

三、意大利“环境法典”对中国环境法法典化进程的启示

意大利素来被誉为欧洲花园,意大利人倡导健康的生活理念,意大利国家看重并大力发展旅游产业,这些元素都促使意大利环境法的制定工作不断追求更

高、更完备的效果。作为在意大利全国范围内有效的最高级别的环境法律法规，该法具有很多突出的优点：

首先，大环境概念拓宽了法规的适用范围。专项立法时期因限定调整对象而限制法律适用空间的警示对后期的立法产生很大影响。《宪法》、2006年的统一文本以及相关的法律文献都没有对"环境"作出明确的定义，而是将对环境的保护作为立法目的，以此来拓展环境保护的范围。最终形成宪法、专门法和其他部门法共同加持的保护体系。其中，《宪法》第9条规定："共和国对自然景观和国家的历史文化财产进行保护。"自2001年起，《宪法》第117条规定："国家就下述事项进行立法……针对环境、生态系统和文化财产的保护。"最高法院以上述根本法为基础，将环境描述为"自然资源和人类活动显著成果的大背景"(Cass. pen.，sez. Ⅲ，28 ottobre 1993，n. 9727)。

其次，确立了很多有关环境保护的新的、有益的原则和制度。自1986年第349号法律到2006年的统一文本，意大利环境法律规范不断创造、引进和完善有关环境保护的基本原则和具体制度。统一文本在第349号法律的基础上优化环境影响评价的相关规范，引入战略环境评价制度，实施综合水循环管理和设立流域管理局，预防和控制废弃物的生产并促进再利用，制定大气排放规则以及引入共同防御原则、环境信息向公众公开制度等。这些原则和制度在当时具有创新性和开拓性，直至今日也是全球环境保护的基本方针和发展方向。

最后，法规和科学数据良好结合。较之传统部门法，环境法的实践与自然科学的结合最为紧密。环境影响评价、排放治理标准、授权许可评估都离不开具体的数据指标和科学的评定检验方法。而统一文本囊括了土壤、空气、水、废弃物等多个纵向环境领域，所涉及的数据、指标之大可想而知。现有的附件部分的文字规模甚至超出了法规正文本身，这在部门法中是十分罕见的。这一做法为统一文本的适用创造便利，公、私主体仅仅通过一个文本就可以获知其在生产、活动中应该具体遵守的各项标准。

当然，环境法作为新时代最重要的一个部门法，我们可以预想到其体系的庞大、内容的繁杂、更迭的迅速以及对科学知识和技术的纵深需求的多样化，这给立法带来了极大的困难和挑战。意大利环境法的法典化进程还没有最终完成，体系构建和内容的分布都不够完备，在规则和处罚条款的安排上多有冲突和矛盾之处。此外，长期的修订过程导致环境法文本在文字表述上间或出现一些不连贯或错误的情形，影响了法典的严谨性，这也需要在最终的定稿过程中谨慎修饰。

尽管如此，对刚刚将环境法法典化提上日程的中国而言，意大利“环境法典”还是具有诸多可供参考和借鉴之处的：

首先，应审慎对待立法模式的选择。法典的优势有目共睹，作为大陆法系国家，环境法法典化也与我国整个成文法体系相一致。但是，即使是以法典化为最终目标，我们也应该就如何实现法典化进程作出谨慎思考。环境法的复杂程度比现有的任何部门法都有过之而无不及。意大利环境法从颁布至今 14 年，也仍未完成法典化，其初始文本耗时 15 个月，被普遍批评过于仓促；现如今随着自然科学、技术和人类社会自身的快速发展，对文本的修订似乎也频繁得让人看不到完结的那一天。这既是意大利人对法典的迷恋情怀，也是“法典”二字对意大利人的桎梏。鉴于此，我们应该以自身条件为基础，充分对比法典与单行法/特别法的优劣，反复思考如何妥善解决法典封闭性与环境法快速发展之间的矛盾，确保环境法具有时代前瞻性，且可以灵活地应对不断更新的环境保护和法治发展要求。

其次，应审慎对待法典结构的整体预设。需要考虑总的原则和制度与各部分和各个具体制度之间的比例关系，防止头重脚轻或者某个环境领域独大的问题出现。需要考虑处罚章节的设置，协调处理处罚或赔偿制度与其他部门法相关制度之间的衔接。需要处理好制度条款和技术指标的配套衔接，力求数据指标与制度进行无缝对接的同时，又要注意避免法典体积的过度膨胀。还需要注意国内法对国际条约、指令的采纳，环境问题是全球化问题，环境法的立法和实践不但不能与国际社会脱节，相反要密切关注国际法的变化和国际环保技术、手段的革新，对有益于我国的技术和手段，应及时引进、快速更新。

最后，需审慎设计法典化的过程和参与人员的组成。环境法的法典化是一项重要且复杂的工程，前期必须做好充分的准备，尽可能全面地考察别国法和国际法的制度设计和实践经验，认真评估我国现阶段的环境保护能力和资源，成立适宜的起草团队。从最初的立法令来看，意大利组织了一个由专家委员会、议会负责人委员会、自治地区代表、公共和集体利益代表组成的团体，共同负责“环境法典”的制定并对其影响进行评价。其结果却颇受批评，舆论指责专家学者的意见过分理论化、缺少实践性，而自治地区代表、公共和集体利益代表则很难真正地加入其中去表达任何具有实际意义的意见。在意大利经验教训的基础上，我们还应考虑如何协调立法人员和各技术领域专家学者的通盘合作，确保未来的环境法典不只是一部原则性的法律文本,还应具有更高的可执行性和可操作性。

四、意大利"环境法典"翻译工作的说明

意大利"环境法典"的翻译是"各国环境法典译丛"项目的一部分,该项目由吕忠梅教授牵头,我的同事竺效教授具体负责。感谢两位教授在法典翻译过程中的理解和支持,凭借对环境法事业的热爱,对环境法理论的推崇,对环境法翻译质量的执着,他们"容忍"了翻译小组的"龟速"和无数次的"一言不合就返工"。从未有催促,只有令人备感温暖、振奋的理解与关切。特别是竺效教授,不仅对我委以重任,包括他本人在内的研究团队更是鼎力相助。

翻译组由我本人负责。蔡洁是我的学生,意大利语专业,在中国人民大学获得知识产权法双学士学位。我们在课堂上相识,亦师亦友。李修琼女士是中南财经政法大学法学院讲师,主要从事宪法与行政法研究。在翻译人手紧缺之时,经我可爱的罗智敏师姐介绍,她爽快地加入了翻译组。

翻译工作从 2017 年 3 月正式开始,至 2017 年年底完成 90%。之后遭遇了 2017 年的重大调整,修改率超过 40%。是否重新翻译,成了一道摆在翻译组面前的艰难选择题。有同仁建议我们仍然采用旧稿,将译稿时间定在意大利修法之前。这样做可以免除翻译组的劳苦,但势必会大大减损中译本的时效性和学术参考价值。我毅然决定重译,两位伙伴也毫不犹豫地予以支持,在此向她们表示由衷地感谢,特别是蔡洁,大部分的修订都恰巧出现在她负责初译的部分。

法典的翻译工作还得到了意大利学者的热情支持。其中尤其要感谢的是我的导师桑德罗·斯奇巴尼教授。老先生是推动中意法学领域学术深入交流的奠基人之一。时至今日,70 多岁高龄的他仍在为这一事业无私奉献。当我告知他准备翻译意大利环境法时,教授给予了充分的肯定并表示愿意尽其所能提供各种支持。翻译过程中每每来信都会询问翻译进度及翻译中是否遇到困难,在我撰写序言之前,他还特意来信叮嘱不应遗漏环境保护的古罗马法源并向我提供了详细的参考资料,在此向斯奇巴尼教授表示感谢。此外,还要感谢罗马"智慧"大学的环境法专家 M. Luciani 教授、罗马第三大学的 A. Farì 教授和卡拉布里亚大学的 D. Pappano 教授。三位教授作为意大利环境法方面的专家,在北京与会期间特意组织了一场答疑,为我们解决了翻译中遇到的诸多重要法律问题。

而 D. Pappano 教授在后期的校对过程中，又义务承担了我的“私人环境法顾问”一职，在遥远的意大利通过电邮给予我最简洁到位的解释，帮助我解决了一些外国人不易理解的意大利用语。

同时，感谢在翻译过程中曾经给予意见的中国政法大学罗智敏教授、翟远见教授以及北京师范大学吴沈括教授。感谢在校对后期给予过特别帮助的中国人民大学法学院硕士冯帆同学和博士梁晓敏同学。并向在翻译过程中对我们给予任何帮助和支持的朋友们表示最诚挚的感谢！

以下是对此次翻译过程中存在的一些重要问题的说明：

1. 本次翻译所参考的原文选自 normattiva. it 网站。为了向公众提供一个免费咨询意大利全部法律法规的服务渠道，意大利政府根据 2000 年 12 月 23 日第 388 号法律《有关国家年度和多年度预算结构的规定（2001 财政法律）》第 107 条和 2008 年 12 月 22 日第 200 号法律令〔1〕《有关简化规范的紧急措施》，设立该网站，并于 2010 年 3 月 19 日开始运行。本次翻译的原始文本为 normattiva. it 网站于 2017 年 12 月 28 日前公布的全部正文文本，包括添加和删除的部分，网站自行添加的注释内容不属于本次翻译对象。附件部分涉及各种标准、数据，内容庞杂，篇幅与正文等量甚至更多，碍于翻译项目时间较短、翻译组人员所具备的自然科学知识有限，且其内容或为世界或欧盟通用或为意大利本国需要而定，故本次只翻译其标题。期待将来能有机会对该部分进一步完善。

2. 关于该法的称呼，在意大利本土就有四个。文本的标题是《环境法律规范》（Norme in materia ambientale），发文字号是 2006 年第 152 号立法令（D. Lgs 152/2006），本质上是一部“环境法统一文本”（Testo unico ambientale，TUA），民间乃至学术界习惯称其为“环境法典”（Codice dell'ambiente）。在 normattiva. it 网站上，该环境法文本被置于一众法典之中，“前无古人后无来者”。〔2〕之所以如此独特，是因为环境法仍在修订之中，虽然是以法典作为最终目标，但是法典化的过程尚未完成。在各部分内容未能按照一个体系化的结构按部就班、具备法典应有的姿态之前，官方不能正式确认其“法典”身份。当然，也正因如此，立

〔1〕 法律令是指政府颁布的具有法律效力的政令。

〔2〕 在该网站的“COSTITUZIONE E CODICI”栏目下，收录了意大利《宪法》和 26 部意大利现行法典。在这 26 部法典中，除此环境法文本外，都以“法典”冠名，包括与环境法文本同年颁布的《公共合同法典》《机会均等法典》和之后制定、颁布的 7 部新法典。

法者和法学家们才得以不受法典之形和修典程序的束缚,放开手脚、全神贯注地对环境法作实质上的修改,使其内容不断完善,并尽可能保持法律对环境问题走向的高度关注,保证将来的法典不落后于现实,甚至能具有理想的前瞻性。在翻译过程中,我们就定名问题进行过多次讨论。考虑到此次中译的初衷是传播意大利环境保护立法经验,供中国学者研究学习,促进中国环境法的法典化进程,故而最终选择《意大利环境法典》作为中译本的名称,与该系列其他作品保持一致,也借此祝愿意大利环境法早日完成法典化进程,成为名副其实的环境法典。

3. 为了适应中文格式要求和中国读者的阅读习惯,在翻译过程中对原文的编号和标点进行了如下处理:

(1)对立法令自身所使用的从“部分”至“节”的编号,凡涉及数字时,统一使用中文数字表示,如下例所示:

意大利文	中文
parte prima	第一部分
Sezione Ⅰ	第一编
Titolo Ⅰ	第一章
Capo Ⅰ	第一节

当编号中有“bis”出现时,翻译为“(乙)”,如“Parte Quinta - bis”翻译为“第五(乙)部分”、“Titolo Ⅲ - bis”翻译为“第三(乙)章”。

(2)对立法令自身所使用的“条”及以下的编号,凡涉及数字时,统一使用阿拉伯数字表示,如下例所示:

意大利文	中文
Art. 1	第 1 条
1.	1. [第 1 款]
a)	(1) [第(1)项]
1)	1) [第 1) 子项]

当编号中有“bis”等出现时,翻译为“ - 2”等,如“Art. 180 bis”翻译为“第180-2 条”,“Art. 180 ter”翻译为“第 180-3 条”,以此类推。

(3)对立法令自身编号中存在特殊情况的相应处理。在长期的起草和编纂过程中,意大利环境法的文本中存在极少数编号错误的情形。对此,中译本采用尊重原文本,即保留原文本并加注说明的方式予以解决。

(4)对法条中引用的附件,中译文采用原附件编号格式,具体可参见“附件”。

(5)对法条中引用的其他法律法规,“条”以上编号采用与立法令编号相同的翻译标准,“款”及以下编号则使用原文,避免因中文翻译导致读者无法准确查找该法律法规原文。

4. 翻译中有诸多涉及政府部门之处,因意大利环境法编纂时间较长,在此期间,政府部门的组成多有变化,因此出现了很多类似但不完全相同的部门名称,如文化财产与文化活动部、文化财产文化活动与旅游部等。译者按照原文部委名称的全称进行翻译,故不同的名称代表不同时期的部委组成,不存在简称的情况。

5. 为了适应中文的行文要求,保证阅读理解上的连续性,对文中有关法律沿革的内容作了语序和格式上的调整,将涉及法律修订和转换的内容纳入括号放在原始法规之后,并采用特殊字体突出显示,方便读者理解。

6. 为了适应中文的行文和阅读习惯,对文中的一些标点作了调整。这里主要是指将款下各项及最末子项文后所使用的“;”调整为“。”。

说实话,当我最终把审校完的样稿发回给出版社编辑时,我的内心并没有极大的喜悦和完成一项工作的轻松,相反地,我依旧诚惶诚恐,回想起自2017年10月以来,数次被意大利政府网站上突然袭击式的更新搞得欲哭无泪,一遍遍逐条核对然后返工的惨痛经历,谁知道那个盛产皮靴的靴子状国家还有多少只绿色环保“靴子”要扔下来……当然,对一个仍在完善中的“未来法典”,对一次带有“尝试性”的翻译,意大利“环境法典”的翻译工作还有很长的路要走,作为译者,我们会从心底直面可能出现的谬误,在不断进行自我修订的同时,也诚挚地欢迎各方提出宝贵意见。等到意大利环境法真正成为法典的那一天,我们的中译本也能不负“法典”二字的尊荣!

李　钧

2020年岁末

译者简介

李　钧　法学博士；2007年毕业于中国人民大学法学院，后就读于意大利罗马第二（Tor Vergata）大学，2011年取得博士学位；现就职于中国人民大学法学院，主要研究方向为罗马法与现代法的融合；出版专著《古罗马侵权法律制度与现代沿革》。

李修琼　法学博士，中南财经政法大学法学院讲师，意大利比萨大学、意大利罗马第三大学访问学者；研究领域为行政法与行政诉讼法学、比较行政法、外国宪法等；出版专著《意大利宪法审判制度研究》、译著《意大利共和国宪法》《意大利行政法原理》。

蔡　洁　本科毕业于中国传媒大学外国语学院意大利语专业，2014年考入中国人民大学法学院并取得知识产权法第二学士学位。

目　录

2006 年 4 月 3 日第 152 号立法令

环境法律规范*

（2006 年 4 月 14 日第 88 号政府公报第 96 号副刊）

共和国总统

根据《宪法》第 76 条、第 87 条和第 117 条；

根据 2004 年 12 月 15 日第 308 号法律，委托政府对环境法规和直接适用措施进行重组、协调和补充的有关规定；

根据 1988 年 8 月 23 日第 400 号法律第 14 条，政府活动规范和总理命令的有关规定；

根据 1998 年 3 月 31 日第 112 号立法令，为执行 1997 年 3 月 15 日第 59 号法律第 1 节，将国家的行政职能与任务授权给大区和地方当局的有关规定；

根据 2001 年 6 月 27 日欧洲议会和欧盟理事会关于对特定的环境计划和方案进行效果评价的第 2001/42/CE 号指令，和 1985 年 6 月 27 日欧洲经济共同体理事会第 85/337/CEE 号指令（该指令已被 1997 年 3 月 3 日欧盟理事会第 97/11/CE 号指令修订），以及 2003 年 5 月 26 日欧洲议会和欧盟理事会关于对特定的公共和私人项目进行环境影响评价，以及对环境影响评价（VIA）程序、战略环境评价（VAS）程序和综合染污防治与控制（IPPC）程序进行重组与调整的第 2003/35/CE 号指令；

根据 1996 年 9 月 24 日欧盟理事会关于综合污染防治与控制的第 96/61/CE 号指令；

根据 2000 年 10 月 23 日欧盟议会和理事会关于设立水资源共同行动框架的第 2000/60/CE 号指令；

根据 1991 年 3 月 18 日欧洲共同体理事会关于修改有关废弃物的第 75/

---

* 关于该环境法文本的名称，请参见本书“译者序”第四部分的说明。

442/CEE 号指令的和第 91/156/CEE 号指令；

根据 1991 年 12 月 12 日欧洲经济共同体理事会关于危险废弃物的第 91/689/CEE 号指令；

根据 1994 年 12 月 20 日欧洲议会和欧盟理事会关于包装和待包装废弃物的第 94/62/CE 号指令；

根据 1984 年 6 月 28 日欧洲经济共同体理事会关于与工业设备导致的大气污染作斗争的第 84/360/CEE 号指令；

根据 1994 年 12 月 20 日欧洲议会和欧盟理事会关于控制汽油在储存和从终端向加油站输送的过程中释放挥发性有机化合物的第 94/63/CE 号指令；

根据 1999 年 3 月 11 日欧盟理事会关于限制在某些活动和设备中使用有机溶剂导致释放挥发性有机化合物的第 1999/13/CE 号指令；

根据 1999 年 4 月 26 日欧盟理事会有关降低某些液体燃料的硫含量并对第 93/12/CEE 号指令进行修订的第 1999/32/CE 号指令；

根据 2001 年 10 月 23 日欧洲议会和欧盟理事会关于限制大型燃烧设备对大气排放某些污染物的第 2001/80/CE 号指令；

根据 2004 年 4 月 21 日欧洲议会和欧盟理事会关于防止和修复环境损害的环境责任的第 2004/35/CE 号指令，为此应基于“污染者付费”原则“建立一个有关环境责任的框架”；

根据 2005 年 11 月 18 日会议通过的部长会议初步决议；

听取 1997 年 8 月 28 日第 281 号立法令第 8 条规定的统一会议的意见后；

听取共和国参议院和众议院委员会成员的意见后；

根据 2006 年 1 月 19 日会议通过的部长会议初步决议；

听取共和国参议院和众议院委员会成员的意见后；

根据 2006 年 2 月 10 日和 3 月 29 日会议通过的部长会议决议；

经环境与土地海洋保护部提议，并与欧盟政策部、公共职能部、大区事务部、内政部、司法部、国防部、经济与财政部、生产活动部、卫生部、基础建设与交通部、农业与林业政策部一致同意；

发布以下立法令：

第一部分

一般规定和基本原则

第 1 条　适用范围

1. 为贯彻 2004 年 12 月 15 日第 308 号法律,本立法令对以下内容作出规定:

(1)第二部分:战略环境评价(VAS)、环境影响评价(VIA)、综合环境许可(IPPC)[1]的程序。

(2)第三部分:土壤保护、抗沙漠化、水污染防治和水资源管理。

(3)第四部分:废弃物管理和污染场所改造。

(4)第五部分:空气保护和大气减排。

(5)第六部分:环境损害赔偿。

第 2 条　立法目的

1. 本立法令的首要目标在于通过保护、优化环境状况和谨慎、合理地利用自然资源以促进人类生活质量水平的提高。

2. 为实现第 1 款之目的,根据 2004 年 12 月 15 日第 308 号法律第 1 条第 8 款、第 9 款规定的指导方针和标准,在遵守国际义务、欧盟法规和各大区、地方机构规定的基础上,本立法令对第 1 条所涉及的立法规定进行了重新整理、调整和补充。

3. 本立法令之规定应在现行法规既定的人力资源、设备资源和资金范围内实施,不得新增或扩大公共财政负担。

第 3 条　后续措施的采用标准

1. 本款被 2010 年 6 月 29 日第 128 号立法令废除。

2. 本款被 2010 年 6 月 29 日第 128 号立法令废除。

3. 对于环境法的实施和执行规范的修改和补充,在接到申请后的 30 日内,环境与土地海洋保护部部长应收集环境政策经济社会委员会(CESPA)中有资格的社会和经济利益代表的意见,但不得新增或扩大公共财政负担。

4. 本款被 2010 年 6 月 29 日第 128 号立法令废除。

5. 本款被 2010 年 6 月 29 日第 128 号立法令废除。

---

[1] IPPC 为英文 Integrated Pollution Prevention and Control 的缩写,即“综合污染防治与控制”,意大利语为 Prevenzione e Controlli Integrato dell’Inquinamento。环境综合许可(Autorizzazione Integrata Ambientale,AIA)是意大利机构在开展与环境相关的活动时所必需的许可,以便更好地遵守 1996 年欧盟综合污染防治与控制原则。AIA 作为实现 IPPC 的手段,在意大利的立法和司法实践中,也经常被用来代表 IPPC。经向意大利学者求证,文中此处的缩写即为此原因。

第 3-2 条 环境法的制定原则

1. 第一部分及其后续条款所规定的原则构成环境保护的一般原则，是对《宪法》第 2 条、第 3 条、第 9 条、第 32 条、第 41 条、第 42 条、第 44 条以及第 117 条第 1 款和第 3 款的贯彻实施，也是对国际义务和欧盟法的遵守。

2. 这些原则也构成制定有关环境法规文件、政策方针与合作，以及发布偶发性应急办法的一般规定。

3. 本立法令的规范仅可被新制定的共和国法律明文宣告部分废除、修改和全部废除，要始终确保与欧盟法、国际义务的要求一致，并与各大区、地方机关的职权范围相符。

第 3-3 条 环境保护活动的原则

1. 所有公共机关和私人机构、自然人、公私法人都应确保对环境、自然生态系统、文化遗产的保护，遵循预警原则、预防原则和优先对环境致损源进行矫正的原则，采取适当的活动，并遵守《欧盟条约》第 174 条第 2 款规定的“污染者付费”原则，制定有关环境的共同政策。

第 3-4 条 可持续发展原则

1. 基于本法典开展的每一项相关人类活动都应遵循可持续发展原则，以确保对当代人需求的满足不会损害后代的生活质量和可能性。

2. 公共管理活动的开展应服务于更好地贯彻可持续发展原则，在行使自由裁量权权衡公共利益和私人利益时，应优先考虑对环境和文化遗产的保护。

3. 鉴于自然环境与人类活动之间的关系和互相干扰的复杂性，在节约和利用继承资源时应遵循可持续发展原则，以确定一个平衡的关系，从而在生产与消耗的动态过程中亦引入互助原则，保障和改善未来的环境质量。

4. 环境问题的解决需要从如何确保可持续发展的角度去研究和探寻，以使保持自然生态系统的正常功能和进化，排除人类活动可能导致的不利改变。

第 3-5 条 辅助性原则和忠实配合原则

1. 为了确保在全国范围内实施环境保护，本立法令所包含的原则构成最低要件和核心条件。

2. 只要不涉及随意地区别对待，包括无正当理由的程序负担，根据各地区出现的特殊情况的需要，各大区、特伦多和博尔扎诺自治省可以针对环境采用更严格的法律保护形式。

3. 鉴于预定活动的规模和可能受影响的相关实体，当下级地方政府无法充分实现或未能有效实施预定活动时，国家应对涉事环境利益进行干预。

4. 第3款中提到的辅助性原则同样应当适用于大区政府与下级地方机构的关系。在地方当局的职责范围内，如果存在行使政府替代性权力的必要条件，大区可以行使替代性权力。

第3-6条 环境信息的取得权和以合作为目的的参与权

1. 根据1990年8月7日第241号法律及其修正案、2001年3月16日第108号法律中被意大利认可的《奥胡斯公约》和2005年8月19日第195号立法令，任何人都可以查看国境内与环境、风景相关的信息，无须证明存在相关合法利益。

1-2. 在依照欧洲议会和欧盟理事会于2003年5月26日颁布的第2003/35/CE号指令中的规定制定计划和方案时，如果计划和方案本身不适用本立法令第6条第2款，那么负责制定和审批上述计划和方案的主管机关，应当确保公众在主管机关做出决定之前参与到前述计划和方案提案的制定、修改和重新审查过程中。

1-3. 对第1-2款所述事项，发起机关应当通过其官方网站发布公告，公示第1-2款涉及的计划和方案提案。公示内容必须包括有关计划和方案标题、主管机关、能够查阅计划或方案的位置和提出意见的具体方式的说明。

1-4. 主管机关还可以通过在其办公地存放和在其网站上公布等其他方式使公众能够获取到计划和方案文本。

1-5. 第1-3款所述公告发出之日起70日内，任何人均可查看计划、方案并提取副本(可以是电子版)，并以书面形式向主管机关提出意见和看法。

1-6. 主管机关在审批计划或方案过程中应适当地考虑在第1-5款规定的期限内提交的公众意见。

1-7. 计划或方案在通过审批之后，应在主管机关网站上统一发布概括性公告，在公告中，主管机关应陈述其作出决定的基本理由。公告还应包括公众参与信息。

第二部分

战略环境评价、环境影响评价、环境综合许可的程序

第一章　环境影响评价、战略环境评价和影响评价环境综合许可的一般原则

第4条　立法目的

1. 本立法令的规定是对以下指令的接受和贯彻：

(1)欧洲议会、欧盟理事会于2001年6月27日颁布的第2001/42/CE号指令，有关对特定的计划和方案的环境影响评价。

(2)欧洲议会、欧盟理事会于2014年4月16日颁布的第2014/52/UE号(该指令是对第2011/92/CE号指令的修改)关于特定公共和私人项目的环境影响评价的指令。

(3)欧洲议会、欧盟理事会于2008年2月15日颁布的第2008/1/CE号指令，有关综合污染防治与控制。

2. 本款被2017年6月16日第104号立法令废除。

3. 对计划、方案和项目进行环境评价的目的在于确保人类活动与环境的可持续发展之间能够兼容，因此要遵循生态系统和资源的再生能力、保护生物多样性和在经济活动中利益分配的公平。通过这一方式，在开展立法和行政活动、公开环境信息、制定计划和方案的过程中，应确定对环境影响进行预防性综合评价。

4. 在此范围内：

(1)对可能产生重大环境影响的计划、方案进行环境评价的目的在于确保较高的环境保护水平，并有助于在计划和方案的制定、采纳和批准阶段对环境因素进行整体考虑，保证其前后一致并有利于可持续发展。

(2)对项目进行环境评价旨在保护人类健康，为提高人类生活品质提供更好的环境，保持物种多样性，保存生态系统的繁育能力以便为人类生存提供不可或缺的资源。为此，应以恰当的方式对每个特殊的情形进行描述和评价，以及根

据本立法令的规定，描述和评价有关如第5条第1款第(3)项定义的项目的环境影响。

(3)环境综合许可旨在预防和整体减少在实施附件8所规定的活动中产生的污染，并提供详细的措施以便尽可能地避免或减少对大气、水和土壤排放，包括有关废弃物的处理措施，以期达到较高的环境保护水平，关于环境影响评价另有规定的除外。

第5条　定义

1. 根据本立法令的立法目的，下述概念是指：

(1)对计划和方案的环境评价，下文中的战略环境评价，或简称VAS：根据本立法令第二部分第二章的规定，该程序包括进行适用性核查、环境报告的制定、征求意见、对计划或方案、报告和征求意见的结果进行评价，发表附理由的意见、决策和监督信息的公开。

(2)环境影响评价，简称VIA：根据本立法令第二部分第三章的规定，该程序包括由提议人制定和提交有关环境影响的研究，征求意见，对环境影响研究、提议人补充提交的信息和征求意见的结果进行评价，出具有关项目环境影响的环境影响评价决定，将环境影响评价决定补充进项目批准或许可的决定。

(2-2)健康影响评价，简称VIS：根据卫生部部委令制定的方针，通过高等卫生研究所，由提议人预先进行的、就实现和执行项目可能对人口健康产生的直接的和间接的全部影响的评价。

(2-3)影响评价：预防性程序，根据一个场所的保护目标，要求对任何一个可能单独或与其他计划和项目共同作用，从而对场所或一个如“自然2000”网站上建议的场所那样的地质区域造成显著影响的计划和项目进行评价。

(3)环境影响：一个计划、方案或项目对下述元素所产生的直接和间接的显著效果：

人口和人类健康；

生物多样性，特别是第92/43/CEE号指令和第2009/147/CE号指令所保护的物种和栖息地；

领地、土壤、水、空气和气候；

物质财产、文化遗产、景观；

上述各个因素之间的相互作用。

环境影响包括项目的脆弱性引发的与项目本身相关的重大事故或灾难风险

所产生的影响。

(4)文化遗产:由2004年第42号立法令第2条第1款所规定的文化财产和景观财产共同组成。

(5)计划和方案:任何命名为计划或方案的文件和决定及其修订本,包括那些由欧盟资助的:

1)由国家级、大区级或地方机关制定和/或采用的,或者是由一个机关提出预案,通过一个立法程序、行政程序或协商程序进行批准的,以及

2)由立法的、政府的或行政的法律法规所规定的。

(6)环境报告:根据第13条的规定撰写的计划和方案的文件。

(7)项目:实施建筑工程或其他建设或工事和其他对自然环境或景观的干预措施,包括那些旨在利用土壤资源的干预措施。为了发放环境影响评价决定,提议人提交的项目详细计划书中的信息水平和细节应至少等同于2016年4月18日第50号立法令第23条第5款和第6款规定的可行性项目,或者按照第20条规定的程序所确定的内容,至少应达到一个可以进行完整的环境影响评价的水平。

(7-2)初步环境研究:按照本立法令的第二部分附件Ⅳ-2中的说明撰写的、为了开启环境影响评价适用性核查程序所需提交的文件,包含项目特性信息和其可能对环境造成的显著效果的信息。

(8)本款被2014年6月24日第91号立法令(经修订并写入2014年8月11日第116号法律)废除。

(9)环境影响研究:按照第22条的规定和本立法令第二部分附件Ⅶ中的说明撰写的、对环境影响评价程序的项目详细计划书进行补充的文件。

(9-2)物质:化学元素和它们的合成物,但不包括1995年3月17日第230号立法令中规定的放射性物质和1993年3月3日第91号和第92号立法令中规定的转基因生物。

(9-3)污染:因人类活动而向空气、水或土壤中直接或间接地引入的物质、震动、热量或噪声,或者更为笼统地称为物理或化学制剂,可能对人体健康或环境质量造成损害,导致物质财产变质或环境再生价值或其他合法使用的损害或紊乱;

(9-4)设备:固定的技术单元,在其内部进行第二部分附件Ⅷ中所列的一项或多项活动及任何其他辅助活动。这些辅助活动在技术上与在前述地点所进行

的活动相联系，并可能影响排放和污染。技术上相联系的辅助性活动也包括由不同的经营者实施的活动。

（9-5）现有设备：根据第二部分第三（乙）章，在2013年1月6日以前已经取得运行所需全部环境许可或环境兼容性的肯定性决定的设备，或者，在2014年1月6日前已经投入使用的设备，在上述日期之前已经提交有关运行所需全部环境许可的完整申请的设备。如果在现有设备中不开展2006年4月3日第152号立法令第二部分附件Ⅷ（正如2010年6月29日第128号立法令所引入的）中所规定的种类的活动的，则该设备被界定为“不受AIA调整”。

（9-6）新设备：不属于现有设备定义的设备。

（9-7）排放：从工厂、工程或基础设施的点源或扩散源直接地或间接地向空气、水或者土壤中排出物质、震动、热量或噪声、物理或化学制剂。

（9-8）排放限值：用确定的特定参数表示的量，在一个或多个时间段内不能超过的排放浓度或水平。也可以为附件Ⅹ中规定的、特定组、群或种类的物质设定的排放限值。除非法律另有规定，排放限值应用于设备的排放物溢出点，在确定排放限值时不应将可能的稀释考虑在内。针对间接向水中排放的情况，在确定设备排放限值时可以将污水处理厂的影响考虑在内，只要能确保达到整体环境保护的等效水平，且不会增加环境污染，符合本立法令第三部分规定的除外。

（9-9）环境质量标准：包括质量目标在内的一系列要求，存在于给定的时间点、既定的环境或者环境的某一特定部分中，如现行环境法律规范中规定的那样。

（10）变更：指已获得批准的计划、方案、设备或项目的变化，包括在设备和项目的情况中，可能对环境产生影响的特性、功能和性能的改变。

（10-2）项目、工艺或设备的实质性变更：主管机关认为设备、工艺或基础设施或项目所发生的、对环境或人类健康产生重大消极影响的、有关特性或功能或性能方面的变化。特别是根据环境综合许可的规范，对于附件Ⅷ标明了阈值的任何一项活动，导致工厂的阈值对象的数值发生大幅增长，达到或超过阈值数值的实质性改变。

（10-3）最佳可得技术（BAT）：活动发展和相关运行方法的更高效和更先进的阶段，表明特定技术的实际适用性。通常，该特定技术构成排放限值和其他环境许可条件的基础，以避免或者在不可能避免时概然性地减少排放和整体上对环境的影响。在确定最佳可得技术时，应特别考虑到附件Ⅺ中列明的元素，具体指：

1）技术：既包括设备现采用的技术也包括设备的设计、建设、维护、运行和关闭方式；

2）可得的：发展到一定等级的技术，考虑其成本和优势，不管其是否在本国范围内适用或生产，只要经营者能够合理地利用它们，允许在相关工业领域适宜的经济和技术条件下加以运用；

3）最佳：更加有效的技术，能够在整体上达到的环境保护的高级水平；

4）“BAT 参考文件”或“BREF”：由欧盟委员会根据第 2010/75/UE 号指令第 13 条第 6 段的规定所颁布的文件；

5）“BAT 结论”：根据第 2010/75/UE 号指令第 13 条第 5 段的详细规定，被采用并在欧盟官方公报上公布的文件。该文件以 BREF 的有关部分为内容，包括最佳可得技术的结论及其描述、适用性评价信息、与最佳可得技术相关的排放水平、相关监测、相关能耗水平，以及在适当情况下现场的相关补救措施；

6）“与最佳可得技术有关的排放水平”或“BAT－AEL”：在正常运行的条件下，使用一项最佳可得技术或多项可得技术的组合获得的排放水平区间，如 BAT 结论表明的，表示为特定时间区间和特定参考条件下的平均值；

7）创新技术：一项工业技术创新，如果对其进行商业开发，可以确保更高水平的整体性环境保护或者至少维持原有水平，而且相较于现有最佳可得技术成本更低。

（11）审查项目是否适用环境影响评价：按照规定，为了评价一个项目是否会造成潜在的、重大的和负面的环境影响，并且因此，根据本立法令第二部分第三章的规定，必须进行环境影响评价程序而实施的核查。

（11-2）计划或项目的适用性核查：按照规定，为了评价计划、项目或其变更是否会对环境产生重大影响，并根据本立法令之规定、鉴于相关区域的环境敏感度水平必须进行评价的核查。

（11-3）附理由意见：基于预先审查和征求意见的结果，由主管机关在结束战略环境评价阶段时作出的含有最终评价和条件的强制性决定。

（12）审查环境影响评价适用性的决定：主管机关在结束环境影响评价适用性核查程序后作出的附理由的、强制的、有约束力的决定。

（13）环境影响评价决定：基于预先审查、征求公众意见和可能实施的跨境征求意见的结果，作出的附理由的、强制的、有约束力的决定，用以表达主管机关针对项目所具有的重大、负面的环境影响所做的结论。

(13-2)综合环境许可:第4条第4款第(3)项所规定范围内的设备,或者在特定条件[这些条件必须确保设备符合第三(乙)章的要求,以便确定一个更适于实现第4条第4款第(3)项规定的目标的合理解决方案]下,部分设备的运行授权决定。一项环境综合许可可以对坐落在同一地点、管理者为同一主体的一个或多个设备或设备的几个部分有效。设备的不同部分由不同的人进行管理的情形下,相关的综合环境许可应在预审阶段适当协调。

(13-3)审查环境影响评价适用性决定的环境条件:若提议人要求,有关项目特征或者用以避免或预防重大负面环境影响的规定措施的约束性规定,可能与审查环境影响评价适用性的否定决定相关。

(13-4)环境影响评价决定的环境条件:可能与环境影响评价决定相关的约束性规定,用以确定实现项目或实施相关活动的要求,或者用来避免、预防、减少和可能存在的补偿重大负面环境影响的措施以及在适当的情况下的监测措施。

(13-5)许可:使提议人有资格实现项目的决定。

(14)主管机关:有权在计划和方案评价中采取环境影响评价适用性核查措施、制定附理由意见和在项目评价或者签发环境综合许可或签发任何许可实施决定的情形中通过环境影响评价决定的公共行政主体。

(15)发起机关:负责制定受本立法令调整的计划、方案的公共行政主体,或者负责接受、采纳或批准由其他公共或私人主体拟定的计划、方案的公共行政主体。

(16)提议人:制定受本立法令调整的计划、方案或项目书的公共或私人主体。

(16-2)经营者:依法占有或管理设备或厂房的全部或任何部分,或者是对于设备的技术实施在经济上有决定权的自然人或法人。

(17)与环境有关的职能主体:鉴于其在环境领域的具体职责,有可能会与因计划、方案或项目的实施而产生的环境影响相关的公共行政主体和公共机构。

(18)征求意见:在对计划、方案或项目进行评价和收集数据的过程中,各种信息形式和行政主体、公众和相关公众参与(也可以是直接参与)的集合。

(19)公众:一个或多个自然人或法人,以及由他们根据现行法组成的协会、组织或小组。

(20)相关公众:受到或可能受到环境决定程序影响的公众,或是与决定程序利益相关的公众;根据本定义,满足现行国家法律所规定的要件的非政府环保组织,以及具有代表性的工会组织,可以被视为相关公众。

(20-2)参考报告:关于相关危险物质存量的土壤和地下水质量状态的必备信息,用以和活动确定结束时的状态进行量化比较。这些信息至少应包括:现在以及过去(如果可能)对某场地的使用状况,以及在可行的前提下,体现当时环境状况的、在撰写报告时对土壤和地下水进行测量获得的数据,或者是考虑到相关设备使用、产生或排放的有毒物质可能会造成土壤或地下水污染,而对土质和地下水质进行测量取得的新数据。依据其他满足本条所规定条件的规范而取得的信息可纳入参考报告或作为附件。在撰写参考报告时应考虑由欧盟委员根据第2010/75/UE号指令第22条第2段发布的指导方针。

(20-3)地下水:第74条第1款第(10)项中所定义的地下水。

(20-4)土壤:位于基岩与地表之间的地壳最外层。土壤由矿物质、有机物、水、空气和生物组成。仅在为实现本立法令第三部分的适用目的时,土壤的词义中除了上述内容,还包含土地、底土、聚居地和基础设施。

(20-5)环境监察:由主管机关或以其名义实施的以检验和促使设备符合许可条件为目的的一切监察行为,包括实地考察,对排放、内部报告、跟进资料的检查,核查自检情况,对使用技术和设备环境管理的适当性的检查,以及在必要时对设备产生的环境影响进行监测。

(20-6)家禽:1993年3月3日第587号总统令第2条第2款第a)项中定义的家禽。

(20-7)燃料:任何一种依法可以燃烧的固体、液体或气态可燃物质,以便利用其在燃烧过程中释放的能量。

(20-8)危险物质:根据欧洲议会和欧盟理事会2008年12月16日颁布的第1272/2008号条例的第3条、第2条第7点和第8点中被定义为"危险"的物质或混合体。为实现本立法令第三部分之目的,适用本立法令第74条第2款第(26)项的定义。

1-2. 为实现本立法令第二部分之目的,还使用第237-3条第1款第(2)项和第(3)项中有关"废弃物焚化设备"和"废弃物联合焚化设备"的定义。

第6条　调整客体

1. 战略环境评价是针对可能对环境或文化遗产产生重大影响的计划和方案的。

2. 除第3款的规定外,下述所有的计划和方案都需要进行评价:

(1)针对环境空气质量评价和管理制定的计划和方案,针对农业、林业、渔业、能源产业、工业、交通运输业、废弃物和水资源管理、通信、旅游、土地规划或土地分配领域制定的计划和方案和规定了审批、许可、地区化区域或附件Ⅱ、Ⅱ－2、Ⅲ和Ⅵ中列出的项目的实施框架的计划和方案。

(2)针对那些被规划为野生鸟类特别保护区的和那些被归为自然栖息地、植物、野生动物群的重要公共保护区的场所的计划和方案,鉴于可能对场所保存目的产生的影响,根据1997年9月8日第357号总统令第5条及其修订,认为其是有必要的。

3.根据第12条的规定并考虑到干预对象地区不同的环境敏感度,针对第2款中决定小规模区域利用的计划和方案以及第2款中计划和方案的细微变更,当主管机关评价其可能对环境产生重大影响时,需要进行环境评价。

3-2.根据本立法令第12条的规定,针对不同于第2款规定的、用以确定项目的许可参考框架的计划和方案,主管机关应就其是否会对环境产生重大影响进行评价。

3-3.针对已经在进行战略环境评价的、港口监管计划中拟实施的工程和干预项目,其中属于需要进行环境影响评价的,其在战略环境评价过程中被评价的所有要件或者任何可从港口监管计划中获取的要件都属于应获取信息。若根据欧盟法规,港口监管计划或者其修订版本整体上可能包含需要进行环境影响评价的内容,该评价应按照本立法令第二部分规定的方式和主体进行,针对该计划的计划性内容进行的战略环境评价可对其进行补充,并作出统一的决定。

4.在任何情况下,下述内容都不属于本立法令的适用范围内:

(1)仅用于国防目的的计划和方案,具有紧迫性特征或符合2006年4月12日第163号立法令第17条的规定及其后续修订。

(2)财政收支预算计划和方案。

(3)公共安全受到威胁时所制订的民事防御计划。

(3-2)林业管理计划或类似文件,在地方层级的企业或超企业范围内,根据可持续性林业管理标准撰写并经大区或大区机构批准。

5.环境影响评价适用于可能产生重大、负面环境影响的项目,如同第5条第1款第(3)项所定义的。

6.环境影响评价适用性审查适用于:

(1)本立法令第二部分附件Ⅱ中列举的项目,专门或首要用于发展和测试新方法或新产品,且使用期限不超过2年的。

(2)对本立法令第二部分附件Ⅱ、Ⅱ-2、Ⅲ和Ⅳ中列举的项目进行修订或扩展,可能会产生重大、负面的环境影响的,修订或扩展符合附件Ⅱ、Ⅲ中设定的限值的除外。

(3)本立法令第二部分附件Ⅱ-2中列举的、采用环境与土地海洋保护部于2015年3月30日制定的、公布于2015年4月11日第84号政府公报上的部委令中所规定的标准和阈值的项目。

(4)本立法令第二部分附件Ⅳ中列举的、采用环境与土地海洋保护部于2015年3月30日制定的、公布于2015年4月11日第84号政府公报上的部委令中所规定的标准和阈值的项目。

7. 环境影响评价适用于:

(1)本立法令第二部分附件Ⅱ和附件Ⅲ中规定的项目:

(2)本立法令第二部分附件Ⅱ-2和附件Ⅳ中规定的,涉及新的工程或干预的项目,其全部位于或部分位于1991年12月6日第394号法律确定的自然保护区内,或者"自然2000网站"中涉及的地点内。

(3)第二部分附件Ⅱ中列举的项目,专门或首要用于发展和测试新方法或新产品,且使用期限不超过2年的。根据其环境影响评价适用性审查的结果,若主管机关认为其可能产生重大环境影响的。

(4)对附件Ⅱ和Ⅲ中列举项目的修订或扩展超出其规定的限值的。

(5)对本立法令第二部分附件Ⅱ、Ⅱ-2、Ⅲ和Ⅳ中列举的项目的修订或扩展,根据其环境影响评价适用性审查的结果,若主管机关认为其可能产生重大负面环境影响的。

(6)本立法令第二部分附件Ⅱ-2和Ⅳ中规定的、采用环境与土地海洋保护部于2015年3月30日制定的部委令(公布于2015年4月11日第84号政府公报)中所规定的标准和阈值的项目,根据其环境影响评价适用性审查的结果,若主管机关认为其可能产生重大负面环境影响的。

8. 本款被2017年6月16日第104号立法令废除。

9. 针对本立法令第二部分附件Ⅱ、Ⅱ-2、Ⅲ和Ⅳ中列举的项目,旨在提升其环境功效和性能的修订、扩展或技术调试,除第7款第(4)项规定的修订或扩展外,基于不存在潜在的重大负面环境影响的假设,提议人有权利要求主管机关,通过专门的检测清单转交适当的信息元素,进行初步评价,以确定将要启动的程序。在接到初步评价申请后30日内,主管机关应通知提议人自己的评价结果,同时释明如有修订、扩展或技术调试则应进行环境影响评价适用性审查，或者不属于第6款或第7款规定的类型的应适用环境影响评价。

10. 针对以国防为唯一目标的项目或部分项目以及事关民防以应对紧急事件为唯一目标的项目，环境与土地海洋保护部协同文化财产文化活动与旅游部，经一事一议后，如果认为对其适用本立法令第二部分第三章的规定会损害上述目标，可以部委令的形式将这些项目排除，不再对其适用这些规定。

11. 除了第32条的规定外，在遵守国家和欧盟有关环境影响评价的立法目标的前提下，在例外情形中，如果适用本立法令第二部分第三章的规定会对项目目的造成负面影响，经事先征求文化财产文化活动与旅游部的意见，环境与土地海洋保护部可以全部或部分免除特定项目，不再对其适用上述规定。在这些情况下，环境与土地海洋保护部应：

(1)审查其是否适合进行另一种形式的评价。

(2)向相关公众公开所收集到的进行第(1)项所述另一种形式的评价的信息、有关豁免决定的信息及理由。

(3)在发放许可之前，通知欧盟委员会作出豁免决定的理由并提供所要求的全部信息。

12. 针对有关由单个工程许可决定(这些工程会在法律上对下述计划或方案产生不同影响)引发的土地规划或土壤用途的计划和方案的变更，仍然适用环境影响评价，单个工程的定位无须进行战略环境评价。

13. 以下事项必须取得环境综合许可：

(1)用于开展第二部分附件Ⅷ中规定的活动的工厂。

(2)本款第(1)项中涉及的设备的实质性变更。

14. 对于在第6条第13款规定的工厂中进行的废弃物处理或回收活动，即使这些活动只是该工厂进行的活动中的一部分，根据第29-4条第11款的规定，环境综合许可同样构成第208条规定的实施许可和变更许可。

15. 对于第13款第(1)项规定的工厂，以及对它们的实质性变更，环境综合许可应遵循本立法令的规定并在第29-4条第10款规定的期限内发放。

16. 在确定环境综合许可的条件时，在不违背环境质量法规的前提下，主管机关应考虑下列一般原则：

(1)应采取适当的污染防治措施，特别应适用最佳可得技术。

(2)没有显著的污染现象需要核实；

(3)根据本立法令第四部分的规定,应预防废弃物的产生;对于产生过程无法预见的废弃物的处理应优先按照本立法令第四部分的规定进行再利用、再生、回收,或者,当技术上和经济上不可能实现时,应予以清除以避免和降低它们对环境的任何影响。

(4)应有效、高效地利用能源。

(5)应采取必要措施预防意外发生并限制其结果发展。

(6)在最终停止活动时应避免任何的污染风险,并按照第29-6条第9-5款的规定对其场所进行恢复。

17. 为保护环境和生态系统,在海域周边和沿海地区范围内、为了环境保护而以任何名义划定的保护区域内,根据国家、大区法律规定或执行国际、欧盟法令和协议,禁止对1991年2月9日第9号法律第4条、第6条和第9条规定的海上液态和气态碳氢化合物进行研究、勘探和开采。该禁止同样适用于在距离国家海岸线内沿12英里以内的区域内以及上述受保护的海域和沿海地区的外围12英里以内。在矿区使用寿命期限内已经取得资质,且遵守安全和环境保护标准的除外。应始终确保开展保养活动,为了设备的安全和保护环境进行必要的技术调整,以及确保进行环境修复操作。自本条款生效之日起,废除2004年8月23日第239号法律第1条第81款。自本规定生效之日起,特许海上开采权人需根据1996年11月25日第625号立法令第19条第1款的规定,按年缴纳生产税,针对天然气开采税金从7%上涨到10%,针对石油开采税金从4%上涨到7%。单独特许权人或共同特许权人应按照国家预算中特定的条款缴纳税费增长的相应金额,按照预定情形内设定的专门条款进行内部统一再分配,分配给经济发展部用于进行海上研究和开采设备的环境安全的监测和监管活动;分配给环境与土地海洋保护部用于确保有效开展监察行动,包括对海岸和海洋环境评价的充分实施,也可以通过委托环境保护与研究高等研究所(ISPRA)、地方环境部门、负责环境监察和防治海洋污染的国家机关的技术部门进行。

第7条　有关战略环境评价和环境综合许可的职权

1. 第6条第1款至第4款规定的计划和方案应进行国家级别的战略环境评价,由国家机构行使批准权。

2. 第6条第1款至第4款规定的、按照大区法律规定进行战略环境评价的计划和方案,由大区、自治省或地方机构行使批准权。

3. 本款被2017年6月16日第104号立法令废除。

4. 本款被2017年6月16日第104号立法令废除。

4-2. 与本立法令附件Ⅻ规定的活动相关的项目及其实质性变更应由国家负责签发环境综合许可。

4-3. 与本立法令附件Ⅷ规定的活动相关的项目及其实质性变更,未被包括在本立法令附件Ⅻ中的,应按照大区和省的法律规定签发环境综合许可。

5. 在国家级的评价点,负责战略环境评价和环境综合许可的主管机关是环境与土地海洋保护部。战略环境评价过程中的附理由意见由环境与土地海洋保护部发表,协同文化财产文化活动与旅游部开展相关预审活动。环境综合许可决定由环境与土地海洋保护部签发。

6. 在大区级评价点,负责战略环境评价和环境综合许可的主管机关是依据大区或自治省法律设立的负责环境监管、保护和开发的公共管理机构。

7. 各大区和特伦多、博尔扎诺自治省以大区和自治省的法律、法规规定大区、自治省及其他地方机构所享有的有关战略性环境评价和环境综合许可的职权。还规定:

(1)相关地方土地部门的确定标准。

(2)确定环境领域职权主体的具体标准。

(3)在遵守欧盟法和本立法令并与之规定相符的前提下,进一步确定拟进行战略环境评价和取得环境综合许可的计划和方案或项目或设备的方式,及开展相关征求意见活动的方式。

(4)大区和自治省参与战略环境评价的程序,应与国家相关规定相符。

(5)发放环境综合许可决定的程序性规范和发布与其职权相应的战略环境评价附理由意见的程序性规定,同时应符合本立法令和1990年8月7日第241号法律第29条及其修订中规定的一般限定条件。

8. 大区和特伦多、博尔扎诺自治省每12个月应将其通过的决定和正在进行的评价程序报告给环境与土地海洋保护部。

9. 各大区和自治省在履行第2款、第4款、第7款授予的职权时应遵守本章的基本原则。

第7-2条　关于环境影响评价的职权和环境影响评价适用性审查的职权

1. 基于实施程序的需求和避免重复评价,环境影响评价适用性审查和环境影响评价由不同等级的机构负责实施。

2. 本立法令第二部分附件Ⅱ中规定的项目在国家级评价机构进行环境影响

评价。本立法令第二部分附件Ⅱ－2中规定的项目在国家级评价机构进行环境影响评价适用性审查。

3. 本立法令第二部分附件Ⅲ中规定的项目在大区级评价机构进行环境影响评价。本立法令第二部分附件Ⅳ中规定的项目在大区级评价机构进行环境影响评价适用性审查。

4. 在国家级评价点，主管机关是环境与土地海洋保护部，由其协同文化财产文化活动与旅游部在环境影响评价程序的相关预审活动中履行自己的职权。环境与土地海洋保护部负责作出环境影响评价适用性审查决定。环境影响评价决定按照第25条第2款和第27条第8款规定的形式和方式制定。

5. 在大区评价点，主管机关是根据大区或自治省法律法规确定的负有环境监管、保护和开发职能的公共行政主体。

6. 如果环境影响评价程序或环境影响评价适用性审查程序的主管机关与项目的提议机关重合，则上述机关应在自身行政职能组织结构内部，以适当的方式区分本立法令中规定的与履行职能相关的各项功能。

7. 若一个项目应适用大区层级的环境影响评价适用性审查或环境影响评价，则各大区和特伦多、博尔扎诺自治省应确保按照本立法令第19条至第26条、第27-2条至第29条的规定开展相关程序。大区层级的环境影响评价程序应按照第27-2条规定的方式开展。

8. 大区和特伦多、博尔扎诺自治省以其法律或法规规定履行与环境影响评价相关的行政职能的组织机构和履行方式，以及将这些职能和任务委托给辖区内其他地方机构。行使本款规定的法律职权应遵守欧盟法规和本立法令的规定，但是，为了简化程序，确定向公众和可能相关的公众主体征求意见的方式，协同制定大区和地方层级的决定和许可，以及为了实现第29条第8款之规定，在适用行政罚金中产生的目的而设立特别规定和进一步规范的权利除外。任何情况下都不得超过第19条和第27-2条规定的最大程序期限。

9. 自2017年12月31日起，各大区和特伦多、博尔扎诺自治省应每2年向环境与土地海洋保护部通报有关采取的决定和环境影响评价适用性审查程序与环境影响评价程序，并提供：

(1)附件Ⅲ和Ⅳ中规定的、进行环境影响评价的项目编号。

(2)根据附件Ⅲ和Ⅳ中规定的项目类别对环境影响评价进行分配。

(3)附件Ⅳ中规定的、进行环境影响评价适用性审查的项目编号。

(4)环境影响评价程序的平均持续期间。

(5)对环境影响评价的平均成本的大体估计,包括对中小企业的影响。

10. 自 2017 年 5 月 16 日起,环境与土地海洋保护部应该每 6 年向欧盟委员会通报有关欧洲议会和理事会于 2014 年 4 月 16 日制定的第 2014/52/UE 号指令的实施状况,该指令是对有关特定公共、私人项目的环境影响评价的第 2011/92/UE 号指令的修订。

第 8 条 环境影响评价和战略环境评价中的环境影响核查技术委员会

1. 针对由国家负责环境影响评价和战略环境评价的计划、方案和项目,为了执行本部分第二、三章的规定,由环境影响评价和战略环境评价的环境影响核查技术委员会负责确保对主管机关的科技支持。该委员会组成人数最多不超过 40 人,包括主席和秘书在内,在环境与土地海洋保护部中设立独立的职能部门。根据 2016 年 6 月 28 日第 132 号法律规定,为了开展技术核查,该委员会可以通过订立专门的合作协议利用国家环境保护网络体系。针对事关大区竞争利益的程序,应有一位由相关大区和自治省委派的、在环境影响评价和环境法领域具有适当专业知识和经验的专家参与审查活动。

2. 第 1 款规定的委员会成员应在下述人员中选任:高校教授或研究员,2001 年 3 月 30 日第 165 号立法令第 2 条和第 3 条规定的人员,包括属于研究机构的,属于 2016 年 6 月 28 日第 132 号法律规定的环境保护国家网络系统的,属于高等卫生研究所的,或者在公共行政体系之外,持有老式旧体制下的大学毕业证、专业学位或硕士学位,在任命时具备至少 5 年相关专业经验的主体。上述人员任期 4 年并只能连任一次。委员会委员由环境与土地海洋保护部任命,无需竞聘程序,仅以专门的附理由决定表明备选人在环境、经济、法律和公共卫生方面具备任职所必需的、可证实的专业知识和能力,同时确保遵守性别均衡原则。如果委员会委员属于来自 2001 年 3 月 30 日第 165 号立法令第 1 条第 2 款规定的公共行政机关的人员和该立法令第 3 条规定的人员,则对其适用 2001 年 3 月 30 日第 165 号立法令第 53 条的规定,以及针对公权力人员的相关规定。委员有权按照第 5 款规定的方式获取报酬,该报酬仅用于支付其所从事的审查任务和最终制定的相关决定。

3. 为了确保技术和司法的必要支持,委员会可以在环境与土地海洋保护部下设技术预审查委员会履行相关职能,委员会由 30 个公职人员组成,应具有至少 5 年公共行政服务经验和相关领域的专业经验、技能,根据 1997 年 5 月 15 日第127号法律第17条第14款，安排其任职于指挥、调动、编外或由相关法规规定的类似岗位。设置编外人员后，在其整个任期内，由同一财政来源支持的行政机构配置内将不再设置该职位。委员会的组成由环境与土地海洋保护部任命，并由在公共行政机关属员、环境保护网络国家系统、国家新技术能源与可持续经济发展局(ENEA)和其他科研机构的人员，以及为了开展有关卫生影响的审查活动，由卫生部指派的人员组成，人数不超过6名。委员会委员任期5年，只能连任一次。

4. 环境与土地海洋保护部以一个或多个部长令的形式，在听取经济与财政部、卫生部意见后，规定与职权范畴相应的机构、编制、运作方式和用以协调委员会和技术审查委员会之间可能出现的不一致、不匹配及利益冲突等情况的规范。

5. 自2017年起，环境与土地海洋保护部经同经济与财政部协商一致，每年颁布一个法令确定环境影响核查技术委员会和技术预审查委员会的运行成本，包括有关成员的报酬，总体上不得超过本立法令第33条规定的、已经计入上一年度国家财政预算的价目总额，并不得新增或扩大公共财政负担。人员报酬应该根据每一成员在其所在的委员会中承担的责任，并根据所开展的审查任务按比例确定，该规定不影响第3款规定的由所属行政机关给付的人员基本经济待遇。

6. 在各种情况下都不影响对委员会成员适用1990年8月7日第241号法律第6-2条和2013年4月8日第39号立法令规定的内容。在查证违反2013年4月8日第39号立法令规定的情况中，在不影响其他责任类型的前提下，自开始审查之日起不再承担相应职责。主管机关应指出同业团体成员的违规情形。

7. 在由大区和自治省负责进行环境影响评价的项目中，大区和自治省应确保主管机关合理安排科技职能，如果有必要，可以利用具备相应专业、技能和经验的适宜机构来实施本部分第二章和第三章规定的规定。

第8-2条　环境综合许可审查委员会

1. 根据本立法令第二部分第三(乙)章的规定，2008年6月25日第112号法律令(经修订后写入2008年8月6日第133号法律)第28条第7款、第8款和第9款规定的环境综合许可审查委员会为环境与土地海洋保护部提供科学支持。该委员会应完成2007年5月14日第90号总统令第10条第2款所规定的任务。

2. 根据2008年6月25日第112号法律令(经修订后写入2008年8月6日第133号法律)第7款、第8款和第9款任命的委员，应适用本立法令第8条第2款和第3款的规定。

第9条 一般程序条款

1. 在与1990年8月7日第241号法律及其修订中有关行政程序和申请公开行政文件的法规不冲突的情况下，适用本立法令规定的检验和许可程序。

2. 当主管机关认为有需要的时候，如出现下述条款规定的情形，应当根据1990年第241号法律第14条的规定，召开一次或多次征求意见会，以便获得其他相关主管机关的信息要素和评价意见。

3. 在规定的向公众征求意见的最短时间内，在规定的后续程序范围内，主管机关可以与提议人或前任主管机关和其他相关公共管理部门协商一致，规范事关公共利益的活动的开展，以简化程序和提高效率。

4. 为了保守工业或商业秘密，提议者有权向主管机关提出附理由的申请，不公开资料中与项目、环境初步研究或环境影响研究相关的部分。主管机关经对申请不公开的理由进行核实后，权衡待公开信息的保密利益与公共获取利益，决定接受或拒绝不公开的申请并附理由说明。主管机关应按照现行有关规定，对保密文件进行留存。

第10条 战略环境评价、环境影响评价、环境影响评价适用性审查、影响评价和环境综合许可的程序协作

1. 按规定应进行环境影响评价适用性审查程序的项目，只有当主管机关根据上述审查程序的结果，认定该项目不适用环境影响评价后，才可以发放环境综合许可。

1-2. 本款被2017年6月16日第104号立法令废除。

1-3. 本款被2017年6月16日第104号立法令废除。

2. 本款被2017年6月16日第104号立法令废除。

3. 战略环境评价和环境影响评价程序包括1997年第357号法令第5条规定的影响评价程序；为实现以上目的，环境评价报告、初期环境研究或环境影响研究应涵盖1997年第357号法令附件G中所列的要素，除非主管机关的评价扩展了其进行影响评价所要达到的保护目的，否则便应承认影响评价的结果。信息公开的方式是程序整合的具体证据。

4. 在符合本立法令规定的前提下，在战略环境评价中可以进行第19条规定的适用调查。在此情况下，信息公开的方式是程序整合的具体证据。

5. 在编制第22条规定的环境影响研究报告时，涉及已经进行环境评价的计划或方案中规定的项目的，可以利用环境报告中包含的信息和分析。在项目的制定和评价环节，应参考战略环境评价的资料和结论。

第二章　战略环境评价

第11条　开展方式

1. 战略环境评价由发起机关发起，与计划或方案的编制程序同时进行，根据第12条至第18条的规定，战略环境评价包括：

(1)仅针对第6条第3款和第3-2款规定的计划和方案开展适用性调查。

(2)撰写环境报告。

(3)征求意见。

(4)对环境报告的评价及征求意见的结果。

(5)决定。

(6)公示决定。

(7)监管。

2. 为了推动各部门政策中环境可持续发展目标的一体化，并使其符合本国及欧洲层面的计划和方案目的，主管机关应：

(1)在第6条第3款所规定的情形中，就计划或方案提案是否适用战略环境评价发表意见。

(2)与提议机关合作，确定公开征求意见的人员及形式，以及环境报告的框架及其内容和第18条规定的监管方式。

(3)根据听证会的结果以及环境主管机关的意见，参考财政经费情况，针对项目提案、环境报告、监督方案的可行性给出明确意见。

3. 评价工作应在计划或方案被批准之前，或者在相关立法程序开始之前，总之在其准备阶段进行。这是为了确保上述计划和方案给环境带来的重要影响在项目制订之初、获得批准之前就被纳入考虑范围。

4. 鉴于程序合理化以及避免重复评价的要求，战略环境评价在不同的制度层面都将得到实施。

5. 对于适用本立法令的计划和方案，战略环境评价是其制定和批准程序中不可缺少的一部分。按规定，未事先经过战略环境评价而采纳的行政批准决定因违反法律而撤销。

第 12 条　适用性检查

1. 针对第 6 条第 3 款和第 3-2 款规定的计划和方案，发起机关应向主管机关提交一份初步报告，报告中包括一份对计划或方案的描述，以及就实施该计划或方案产生的重大环境影响进行检查所需的信息和数据，以本立法令附件 I 中规定的标准为参考。该报告应以电子信息的模式提供，或者在存在特殊技术困难的情况下，也可以提供纸质载体。

2. 主管机关协同发起机关，确定征求意见的环境领域职能主体并征求其对初步工作文件的意见。上述意见将在 30 日内传达给主管机关和发起机关。

3. 主管机关应当根据立法令附件 I 中列出的要件和已经取得的意见，核查计划或方案将对环境产生的显著影响，主管机关和发起机关另行达成协议的除外。

4. 根据发起机关的意见和已有资料，在接到第 1 款规定的报告后 90 日内，主管机关应作出核查决定，决定是否将计划或方案纳入第 13 条至第 18 条规定的评价程序的，并根据需要确定必要的规则。

5. 适用性核查的结果以及相关原因说明必须在主管机关的网站上完整公布。

6. 针对计划和方案变更的战略环境评价，或者针对已经确定要进行第 12 条规定的适用性核查或第 12 条至第 17 条规定的战略环境评价的计划或方案的实施手段的战略环境评价的适用性核查或战略环境评价，应限定在上述文件规定的手段中没有预计到的重大环境影响。

第 13 条　环境报告的编写

1. 在实施计划或方案可能对环境产生何种影响的初步报告的基础上，在制定计划和方案的活动开始之初，申报人和/或发起机关应同环境领域的职能主体一起进行磋商，确定在环境报告中将出现的信息及其表述的详尽程度。

2. 除另作规定的情况以外，征求意见应在发出本条第 1 款中所提到的环境报告后 90 日之内完成。

3. 环境报告的撰写由申请人或发起机关负责，不得新增或扩大公共财政负担。环境报告是计划或方案的重要组成部分,伴随整个制订和批准程序。

4. 环境报告应就实施计划或方案将对环境及文化遗产产生的显著影响作出确定、描述和评价,并就该计划或方案的目标和选址提出其他合理的替代选择以供采纳。鉴于现行的评价方式、知识水平,计划或方案的内容及描述详尽程度,本立法令附件Ⅵ中规定了在合理限度内环境报告中应包含的信息。环境报告应体现第1款规定的征求意见的结果,并表明对之前已经取得的资料进行了考量。为避免重复评估,在适当的情况下,可以使用已进行过的深入研究以及在其他决策层面或在适用其他法律规定的过程中取得的信息。

5. 计划或方案提案应按照协商确定的方式上报给主管机关。通报中应包括环境报告以及报告的非技术性摘要。预审查和评价的时间自发布第14条第1款规定的通知之日起开始计算。还应将计划或方案提案和环境报告发布给环境职能主体和相关公众,以便他们发表意见。

6. 主管机关办公室,与计划或方案相关或部分相关的或受其实施影响的大区和省的办公室应留存相关资料文件。

第14条 征求意见

1. 在发布第13条第5款规定的通知同时,发起机关负责在意大利共和国政府公报或者相关的大区或自治区的官方公报中发布通知。通知应包括:计划或方案提案的名称、申报人、发起机关、可以阅读计划或方案和环境报告的地点的说明,以及可以对非技术性摘要提出意见的地点的说明。

2. 主管机关及发起机关应确保公众可以在其办公地点取得计划或方案的提案和环境报告,并将上述材料发布在其官方网站上。

3. 在第1款规定的通告发布后的60日内,任何人都可以查看计划或方案的提案及相关环境报告,并以书面形式发表其意见,提出新的或需要进一步了解及评价的因素。

4. 本着高效精简的原则,大区现行法规对于特定计划或方案的存放、发布和参与程序的规定应与本条内容一致以避免重复性规定,并确保其遵守本条第3款及第15条第1款规定的期限。上述公告形式可以替代1990年8月7日第241号法律中第7条第3款和第8条第4款规定的通知。

第15条 对环境报告和征求意见结果的评价

1. 主管机关与发起机关共同协作开展技术预审查工作,获取并对所提交的文件以及根据第14条及第32条规定提交的意见、反对意见和建议及第32条规定的跨境征求意见的结果进行评价，并在第14条规定的期限截止后90日内发表其意见并附说明理由。针对行政不作为的救济适用行政诉讼程序的一般规则。

2. 参考第1款中征求到的附理由意见及跨境征求意见的结果，在计划或方案划提交审批之前，发起机关可与主管机关合作对计划或方案进行合理修改。

第16条　行政决定

1. 应将计划或方案和环境报告，连同征求意见阶段取得的附理由意见及材料一起，提交给负责决定或批准计划或方案的主管机关。

第17条　行政决定信息公开

1. 最终决定应在相关主管机关的网站上发布，并指明可查看审批通过的计划或方案以及所有预审资料的地点。以下信息也应通过主管机关的网站公布：

（1）主管机关的意见及理由。

（2）一份概括声明，阐明如何将环境因素的考量与项目设计相结合，如何对待环境报告和征求意见的结果，以及在列明的可行性备选方案中选择该计划或方案的理由。

（3）有关第18条规定的监管工作所采用的方法。

第18条　监管

1. 监管工作应确保在实施获批计划或方案的过程中，对环境产生的各种显著影响进行监控，并就其是否达到前期规定的可持续性目标进行审查，以便及时确定未预见的负面影响并采取适当的补救措施。监管工作由发起机关和主管机关合作开展也可以通过环境办公室系统和环境保护与研究高等研究所开展。

2. 计划或方案应明确实施监管的责任和必要的资源供给。

3. 主管机关、发起机关和相关办事处应在其网站上适时地公布有关监管工作的开展方式、第1款中规定的结果可能采取的补救措施的信息。

4. 应将监管工作中收集的信息作为修订计划或方案时的参考依据，并始终将其纳入后续计划或规划的认知框架。

第三章　环境影响评价

第 19 条　环境影响评价的适用性检查程序的开展方式

1. 申请人应按照本立法令第二部分附件Ⅳ－2 规定的内容编写初步环境研究报告,并向主管机关发送该报告的电子格式,以及第 33 条规定的缴费凭证的复印件。

2. 主管机关应按照环境信息公开制度的规定,在其网站上及时发布初步环境研究报告,并确保申请人指明工业或商业秘密信息的机密性。

3. 主管机关应通过电子邮件的方式通知所有可能相关的行政部门和地方机构相关文件已经在其网站上公布。

4. 自第 3 款所述通知发出的 45 日之内,任何感兴趣的人均可在网站上查看初步环境研究报告及其相关文件,并向主管机关提交个人意见。

5. 基于收到的意见,以及在某些情况下,基于按照欧盟、国家或大区其他相关法规实施的有关环境影响的其他评价的结果,主管机关按照本立法令第二部分附件Ⅴ规定的标准对项目的潜在重大环境影响进行审查。

6. 在第 4 款规定的期限届满之日起 30 日内,主管机关可以要求申请人进行一次澄清和补充。在此情况下,申请人应在主管机关要求后不超过 45 日内提交补充说明材料。经申请人附理由申请,主管机关可以中止一次提交补充和澄清材料的期限,中止时间不得超过 90 日。如果申请人没有在规定的期限内提交所要求的文件,则申请将被驳回,主管机关有义务对此进行归档。

7. 在第 4 款所述期限届满后 45 日内,或在收到第 6 款所述文件之日起 30 日内,主管机关应作出环境影响评价的适用性审查决定。因项目的性质、复杂性、选址或规模而导致的例外情形下,主管机关可以延长一次作出审查决定的期限,延长时间不得超过 30 日；在此情况下,主管机关应立即以书面形式通知申请人延期的理由和作出决定的时间。

8. 如主管机关决定不对项目进行环境影响评价程序，应按照附件Ⅴ所列明的有关标准、就进行该评价所欠缺的要件阐明主要原因；并应申请人申请，基于文化财产文化活动与旅游部在其职责范围内提出的意见，主管机关应阐明必要的环境条件，以避免或防止其对环境造成重大负面影响。

9. 如果主管机关决定项目必须进行环境影响评价程序，则应根据与附件Ⅴ所列相关标准有关的环境影响评价要求详细说明作出决定的主要原因。

10. 针对本立法令第二部分附件Ⅱ-2和附件Ⅳ所列的项目，环境影响评价的适用性审查应适用2015年3月30日环境与土地海洋保护部部委令（公布在2015年4月11日第84号官方公报上）中规定的标准和界限。

11. 环境影响评价的适用性审查决定及其理由应在主管机关的网站上全文公布。

12. 依据1990年8月7日第241号法律第2条第9款至第9-4款和第2-2条的规定，作出环境影响评价的适用性审查决定的期限为不可延长期间。

13. 与环境影响评价程序有关的所有文件、征求意见的结果、收集的信息、征集到的观点和意见均应由主管机关在其网站上及时公布。

第20条　基于环境影响评价程序的项目文书的详细程度的确定

1. 申请人随时有权向主管机关提出比对申请，以确定开展环境影响评价程序所需的信息内容和项目文书的详细程度。为此，申请人应以电子形式向主管机关提交项目文书的建议稿。

2. 根据申请人提交的文件，在提交建议后30日内主管机关应将其评价结果告知申请人，并确保项目文书的详细程度具备足以完成环境影响评价的高级品质。

第21条　对环境影响研究报告内容的确定

1. 申请者有权向主管机关、环境领域相关职能主体申请进行征求意见程序，以确定环境研究报告应包括的信息、详细程度和为环境影响评价准备采用的方法。为此，申请人应向主管机关提交电子形式的项目文书、初步环境研究报告以及一份有关预期环境影响的报告，说明制定环境影响研究报告的工作计划。

2. 按照环境信息公开制度规范的规定，第1款规定的文件应在主管机关的网站上公布并确保可为公众获取，主管机关应保证申请人指明的工业或商业秘密信息的保密性，并通过电子信息通讯方式通知所有行政部门和可能相关的地方机构，告知其相关文件已经在主管机关网站上公布。

3. 根据申请人提交的文件和向第 2 款所述的主体征求意见的结果，在文件被公布在网站之日起 60 日内，主管机关应当就纳入环境影响研究报告的信息的范围和详细程度发表意见。上述意见应在主管机关的网站上公布。

4. 根据第 6 条第 9 款或第 20 条规定的评价结果，主管机关也有权要求启动本条规定的程序。

第 22 条　环境影响研究报告

1. 申请人应按照本立法令第二部分附件Ⅶ中规定的指示和内容负责起草环境影响研究报告，如果为了确定第 21 条规定的内容进行了征求意见程序的，报告的编写还应参考主管机关在征求意见阶段表达的意见。

2. 撰写环境影响研究报告及各流程阶段所需全部文件而产生的费用由申请人负担。

3. 环境影响研究报告至少应包括以下信息：

(1) 项目描述，包括项目的位置、构思、规模及其他相关特征的信息。

(2) 对项目在建设阶段、运营阶段和终止后可能对环境造成的重大影响进行描述。

(3) 对为避免、预防、减少以及在可能的情况下补偿可能产生的重大负面环境影响而采取的手段进行描述。

(4) 对申请人考虑中的、适应项目及其具体特点的合理替代方案进行描述，包括零替代方案，并根据环境影响说明选择该方案的主要原因。

(5) 针对项目建设和运行带来的潜在重大和负面环境影响而制定的监管方案，包括实施和管理监管工作的责任分担及必要资源。

(6) 附件Ⅶ中提到的任何关于特定项目的独特特征、项目类型以及可能受到损害的环境因素的补充信息。

4. 环境影响研究报告必须附上有关第 3 款所述信息的非技术性简介，以便于公众理解和复制。

5. 为了确保环境影响研究报告和其他必要文书的完整性和质量以便完成评价，提议人：

1) 应参考依据欧洲、国家或大区立法已经实施的其他相关评价所获取的可用知识和评价方法，以避免重复评价；

2) 根据现行的有关规定，有权从公共行政机关获取可利用的数据和相关信息；

3)应确保文件是由具有环境评价相关专业技能和知识的专家编写的，并由专业注册登记的专业人员确保文件的总体准确性。

第 23 条　提交申请、启动环境影响评价程序和公开文件

1. 申请人应向主管机关提交下列环境影响评价申请材料的电子版：

(1)第 5 条第 1 款第(7)项规定的项目。

(2)环境影响研究报告。

(3)非技术性概要。

(4)根据第 32 条规定，项目可能产生跨境影响的信息。

(5)涉及第 24 条第 2 款规定的内容的公告。

(6)第 33 款规定的应缴费用缴纳收据复印件。

(7)根据 2016 年 4 月 18 日第 50 号立法令第 22 条规定进行的公开辩论程序的结果。

2. 对于本部分附件Ⅱ第 1)点规定的项目以及附件Ⅱ第 2)点规定的、与热力发电站及其他输出功率超过 300 兆瓦的燃烧设备有关的项目，除本条第(1)项至第(5)项提到的文件之外，申请人还应提交健康影响评价，该评价应符合卫生部通过高等卫生研究所制定的部长令中所采用的方针。

3. 自提交环境影响评价申请之日起 15 日内，主管机关应核实所提交文件的完整性、对第 32 条第 1 款所述特定情况的处理以及第 33 条规定的应缴费用的缴纳情况。如果文件不完整，主管机关应要求申请人提供补充文件，并指定不超过 30 日的不可延长期间以供提交。如果在规定的期限内申请人未提交补充文件，或者主管机关在 15 日内就补充文件进行核实的结果仍然不完整，则视为申请被撤回，主管机关应对此进行备案。

4. 按照环境信息公开制度规范的规定，负责作出第 3 款规定的核查结果的主管机关应及时将第 1 款规定的文件在其官方网站上公布并确保可为公众获取。主管机关应保证申请人指明工业或商业秘密信息的保密性，并通过电子信息通讯方式通知所有行政部门、可能相关的地方机构和任何有义务就项目实施发表意见的机构，告知其相关文件已经在主管机关网站上公布。该通告还应发布给第 32 条第 1 款的规定的其他国家。

第 24 条　征求公众意见、意见的收集与跨境征求意见

1. 在提交申请、公布文件以及履行第 23 条规定的告知义务的同时，主管机关应在其网站上发布相应的公告。上述公告可替代 1990 年 8 月 7 日第 241 号法律第 7 条、第 8 条第 3 款和第 4 款规定的公告。从在网站上发布公告之日起,开始计算征求意见、评价和通过环境影响评价决定的期间。

2. 公告由申请人起草,根据第 1 款的规定由主管机关发布并产生效力,公告还应在相关地方市政信息公告栏中予以公布。公告中至少应注明下列事项:

(1)申请人、项目名称和实施项目所需的许可程序类型。

(2)提交成功的环境影响评价申请和是否适用第 32 条的规定。

(3)项目实施地点对项目及其可能对环境产生的主要影响的简要描述。

(4)用于公布申请人编制的文件和文书以便征求意见的网址和方式。

(5)公众参与的期限和具体方法。

(6)是否有必要根据第 10 条第 3 款的规定进行影响评价。

3. 自第 2 款规定的公告发布之日起 60 日内,任何有兴趣者均可在网站上浏览项目及相关文件,并向主管机关提出个人意见,还可向其提供新的或需进一步了解或评价的要素。在收到第 23 条第 4 款规定的通知后,主管机关也应在相同期间内收集行政部门和公共机构以电子形式反馈的意见。在前述期限届满之日起 30 日内,申请人有权针对收集到的观点和意见向主管机关进行答辩。

4. 如果根据征求意见结果或者申请人进行答辩的结果,认为有必要对项目文书或要求的文件进行修改或补充,主管机关在此之后的 30 日内可以一次性设定一个不超过 30 日的期限,要求申请人限期以电子格式提交一次修改或补充后的项目详细计划或文件。应申请人申请并说明理由,主管机关可以同意暂停一次提交补充文件的期间,暂停期限不得超过 180 日。申请人在规定的期限内未完成要求,则该申请将被驳回,主管机关应对此应进行备案。

5. 主管机关有理由认为修订或补充与公众有实质性、重大关联的,应在收到第 4 款的补充文件后 15 日内,要求申请人在后续 15 日内按照第 2 款的要求准备并提交一份新的公告,由主管机关在其网站上公布。公众应在 30 日内仅针对项目文书和文件的修订或补充提交意见,收到第 23 条第 4 款通知的行政机关和地方公共机构也应在此期间内传达其意见。在前述期限届满之日起 30 日内,申请人有权针对收集到的观点和意见向主管机关进行答辩。

6. 针对适用第 32 条规定的项目,本条规定的征求意见程序和收集全部意见的期限应从被征求意见国家发表参与意向声明之日起算,并应同第 32 条规定的期限一致。

7. 有关程序的所有文件、征求意见的结果、收集到的信息、观点和意见(包括按照第 32 条收集的),均应由主管机关在其网站上及时公布。

第 24-2 条　公众调查

1. 主管机关可以规定,第 24 条第 3 款第一句中所述对公众意见的征集以公众调查的形式进行,费用由申请人承担,并应遵守最长 90 日的期限。调查结束后,应由主管机关编写一份关于调查所开展的工作和对调查结果的评价的报告。

2. 针对附件Ⅱ中的项目,在不进行 2016 年 4 月 18 日第 50 号立法令第 22 条规定的公开辩论程序的情况下,如果有关大区的大区议会或代表至少五万以上相关地区居民的市级议会或被 1986 年 7 月 8 日第 349 号法律第 18 条认可且代表至少五万以上成员的协会提出开展公众调查申请,主管机关在听取申请人的意见后应作出决定并说明理由。

3. 第 2 款提到的、附带有关项目潜在环境影响具体说明的申请应在第 24 条第 1 款规定的公告发布之日起 40 日内提出。

第 25 条　环境影响评价及其程序

1. 主管机关在评价收到的文件时,应逐次参考环境影响研究报告、从申请人处和征求意见结果中获得的补充信息、根据第 24 条和第 32 条的规定收集到的信息和采集到的观点与意见。如果上述意见没有在规定的期限内提出,或为对项目的负面评价或异议因素,则主管机关应根据本条规定进行评价。

2. 对于涉及国家职权的项目,主管机关应在第 24 条所述征求意见阶段结束后的 60 日内提请环境与土地海洋保护部部长作出环境影响评价决定。如果需要对个别复杂情况进行核实和调查,主管机关应作出延长评价期限的决定并说明理由,延长期限最长为 30 日,并应及时以电子信息的方式告知申请人延期的理由以及作出评价决定的期限。在跨境征求意见的情况中,环境影响评价决定应在第 32 条第 5-2 款规定的期限提交给部长采纳。环境与土地海洋保护部部长,在取得文化财产文化活动与旅游部部长的同意后(其应在 30 日内做出意见回复),应在 60 日内作出环境影响评价决定。如果上述期限届满,环境与土地海洋保护部部长未作出决定,或文化财产文化活动与旅游部部长未做出同意表示,则应申请人或相关部长的要求,由部长会议在 30 日之内作出决议。

3. 环境影响评价决定应包括主管机关作出决定的理由和考虑的因素,包括公众参与程序的相关信息、征求意见结果概述以及根据第 23 条、第 24 条和第 24-2 条以及在可适用第 32 条的情形下根据该条收集到的信息的概述,并说明这些信息如何被纳入评价决定中或作为考虑因素的。

4. 环境影响评价决定还应包括决定下述事项的潜在环境条件并说明理由：

（1）项目实施、运行和停止条件，以及与可能发生的功能障碍相关的条件。

（2）对为避免、预防、减少以及在可能情况下补偿重大负面环境影响的措施。

（3）对重大和负面环境影响采取的监管措施，也应参考第22条第3款第5项规定的由申请人制定的环境监管方案的内容。要监测的参数类型和监测的持续时间应与项目的性质、地点、规模以及对环境影响的显著程度相匹配。为避免重复监测，可酌情适用欧盟、国家或大区立法中现有的其他相关监管机制。

5. 环境影响评价决定应立即在主管机关的网站上公布，有效期不得少于5年，确定有效期时应考虑到实施项目的预期时间、必要的许可程序和申请人在项目环境影响评价申请附随文件中提出的建议。一旦环境影响评价决定中规定的有效期届满而项目未实施的，则需重新进行环境影响评价程序，但经项目申请人申请，主管机关明确许可予以延期的除外。

6. 在跨境征求意见的情形中，主管机关应将环境影响评价决定已在网站上公布的信息通知其他国家和外交事务与国际合作部。

7. 根据1990年8月7日第241号法律第2条第9款至第9-3款和第2-2条的规定，环境影响评价程序中的所有期限均被认为是不可延迟的。

第26条　在许可文件中纳入环境影响评价决定

1. 环境影响评价决定始终应被纳入许可和其他用于实现环境影响评价项目的证书中，如果有规定，还应纳入环境综合许可中。

2. 许可至少应认可并阐明以下信息：

（1）环境影响评价决定。

（2）环境影响评价决定的环境条件，对项目特点的描述和对可能采取的避免、预防或减少以及在可能情况下补偿重大负面环境影响措施的描述，以及在适当情况下对监管措施的描述。

3. 签发许可或不予许可的决定应当及时在采纳文件的机关的网站上公布，以便公众和收到第23条第4款所述通知的行政机关和公共机构能够获取。此外，还至少应当公布下列信息：

（1）决定的内容和附随条件。

（2）作出决定所依据的理由和考虑的因素，包括有关公众参与环境影响评价程序的信息、征求意见结果概要和根据第23条、第24条和第24－2条收集到的信息，以及在可适用第32条的情况下根据第32条规定收集到的信息，并说明这些信息如何被纳入决定或被考虑在内。

第27条　有关环境的统一决定

1. 对于国家级的环境影响评价程序，提议者可以要求主管机关将环境影响评价决定以统一决定的形式发布，其中包括现行法为实施和运行项目所需要的、有关环境的任何许可、同意、意见、达成一致、不反对或同意行为。为此，申请人应根据第23条提出申请，并按照第24条第2款的规定发布公告，并应所要求的有关环境的许可、同意、意见、达成一致、不反对或同意行为做出具体说明，还应附带部门法规定的、为了完成用于签发第2款规定的所有环境资质而进行的技术—行政审查而制定的文件和项目详细计划。如有必要，对于该申请应适用2001年6月6日第380号总统令第93条的规定。

2. 第1款所述统一决定包括下列所需资质的签发：

（1）本立法令第二部分第三（乙）章规定的补充环境许可。

（2）本立法令第104条规定的向底土和地下水中排放的许可。

（3）本立法令第109规定的、因进行海上挖掘活动和在海中铺设电缆和管道活动导致的向海洋中沉浸材料的许可。

（4）2004年2月23日第42号立法令通过的《文化财产和景观法典》第146条规定的景观许可。

（5）2004年2月23日第42号立法令通过的《文化财产和景观法典》第21条规定的文化许可。

（6）1923年12月30日第3267号皇帝令和1977年7月24日第616号共和国总统令规定的有关水文地质限制的许可。

（7）2015年6月26日第105号立法令第17条第2款规定的可行性清关。

（8）2001年6月6日第380号共和国总统令第94条规定的抗震许可。

3. 在第2款第1项规定的情形中，环境影响研究报告和项目详细计划书中应包括第29-3条第1款、第2款和第3款规定的信息，最终决定应包括第29-6条和第29-7条规定的条件和补充措施。

4. 在提交申请后的15日之内，主管机关应核实第33条规定的应缴费用是否已缴纳，以及是否存在第32条第1款规定的情形。主管机关应通过电子信息方式通知所有潜在相关的和具有环境职责的行政机关和机构，告知其相关文件已经在主管机关的网站上公布。按照环境信息公开制度的规定，上述信息的公布方式应确保申请人指明工业或商业秘密信息的保密性。根据第 32 条第 1 款的规定，主管机关也应将上述信息告知其他国家。

5. 在相关文件公布于主管机关网站上后 30 日内，主管机关以及第 4 款所述行政机关和机构，应在各自的职权范围内对文件的合理性和完整性进行审查，需要补充资料的，应为申请人确定一个不超过 30 日的不可延长期间补充提交资料。

6. 继核查文件的完整性之后，或者要求补充的情况下，自收到补充材料之后，主管机关应发布第 23 款第 1 款第(5)项规定的公告，同时还应在相关的地方市政机关的信息布告栏上进行公告。上述公告可替代 1990 年 8 月 7 日第 241 号法律第 7 条和第 8 条第 3 款和第 4 款规定的通告。上述文件公告之日起 60 日内，相关公众可以提交与环境影响评价、影响评价和环境综合许可相关的意见。

7. 此后 30 日内，主管机关可要求申请人限期提交补充材料，该不可延长期间最长不得超过 30 日。依申请人的要求并说明理由，主管机关可以准许延长一次提交补充材料的期限，延长时间不超过 180 日。如果申请人未能按期提交补充材料，视为撤回申请，主管机关应对此进行备案。如果有理由认为修改或补充的内容对公众有实质性重大影响，主管机关应自收到补充文件之日起 15 日内，要求申请人在之后的 15 日内，根据第 24 条第 2 款的规定起草一份新的公告，并由主管机关在其网站上公布，并同时在相关地方市政机关的信息布告栏上公布。对项目和文件的修改和补充，向公众征求意见的期限为第 6 款规定期限的一半。

8. 除了遵守第 32 条第 2 款的规定的期限，针对跨境征求意见的情形，自征求意见结束期限届满后 10 日内，或在收到补充资料之日起 10 日内，主管机关应召集召开征求意见会，参会人员为申请人和所有行政职能机关或与环境影响评价决定的作出、申请人所申请的环境资质发放存在相关利益的行政机关。征求意见会应按照 1990 年 8 月 7 日第 241 号法律第 14-2 条第 1 款、第 3 款、第 4 款、第 5 款、第 6 款、第 7 款规定的方式进行。征求意见会应在 210 日之内作出工作结论。附理由的征求意见会决议构成有关环境的统一决定，应对环境影响评价决定作出明确说明并列出统一决定中包括的所有环境资质。第 2 款规定的发放资质的决定应以环境影响评价决定为基础，该决定由环境与土地海洋保护部部长依据第 25 条的规定，经同文化财产文化活动与旅游部部长协商一致后作出。第 25 条第 2 款第 4 句规定的期限应当减半，在提交部长会议决议的情况下，征求意见会应中止,中止的期限按照第25条第2款第5句的规定执行。根据1990年8月7日第241号法律第2条第9款至第9-4款和第2-2条的规定,所有程序中的期限均被视为不可延长期限。

9. 有关第2款第(1)项规定的、并载于统一决定中的环境综合许可的附加条件和补充措施应按照第29-8条、第29-10条和第29-14条规定的方式进行更新、重审、监管和处罚。有关第2款所述其他环境资质的附加条件和补充措施,由主管机关根据相关部门规章中规定的方式进行更新、重审、监管和处罚。

10. 本条款的规定不适用于首次签发第2款规定的环境资质的程序。

第27-2条 大区统一许可决定

1. 大区主管的环境影响评价决定,申请人应根据第23条第1款的规定向主管机关提交申请,并按照部门管理规定附上相关资料和项目详细计划,以保证为了获取实施和运行该项目所必需的、申请人在预制的特别清单中明确列出的许可、同意、意见、达成一致、不反对或同意行为而进行的技术—行政预审工作得以顺利完成。第24条第2款规定的公告中还应对所申请的许可、同意、意见、达成一致、不反对或同意行为作出具体说明。

2. 在提交申请后的15日之内,主管机关应核实第33条规定的应缴费用是否已缴纳,以及是否存在第32条第1款规定的情形。主管机关应通过电子信息方式通知所有潜在相关的和对项目的实施和运行有义务表态的行政机关和机构,告知其相关文件已经在主管机关的网站上公布。按照环境信息公开制度的规定,上述信息的公布方式应确保申请人指明为工业或商业秘密信息的保密性。项目可能对其他国家产生重大影响的,主管机关也应将公示情况按照第32条规定的方式告知别国。

3. 在主管机关的网站上公布相关文件后30日内,主管机关以及第2款中的行政机关和地方机构应在各自的职权范围内,对文件的适当性和完整性进行审查,需要补充资料的,应为申请人确定一个不超过30日的不可延长期间补充提交资料。

4. 继核查文件的完整性后,或者在要求补充材料的情形中,自收到补充材料之后,主管机关应发布第23款第1款第5项规定的公告,同时还应在相关地方市政机关信息布告栏上进行公告。上述公告可替代1990年8月7日第241号法律第7条、第8条第3款和第4款规定的公告。上述文件公告之日起60日内,相关公众可以提交与环境影响评价、影响评价和环境综合许可相关的意见。

5. 此后30日内主管机关可要求申请人限期提交补充材料，该期限不超过30日。依申请人要求并说明理由，主管机关可以准许延长一次提交补充材料的期限，延长时间不超过180日。如果申请人未能按期提交补充材料，视为撤回申请，主管机关应对此进行备案。如果有理由认为修改或补充的内容对公众有实质性重大影响，主管机关则自收到补充文件之日起15日内应要求申请人在此后的15日内，根据第24条第2款的规定起草一份新的公告，并由主管机关在其网站上公布，同时也应在相关地方市政机关的信息布告栏上公布。就项目、文件的修改和补充进一步向公众征求意见的期限为第4款规定的期限的一半。

6. 主管机关可以安排进行第24-2条第1款规定的向公共征求意见，按照第7-2条第8款所述大区和自治省法规的规定的形式和方式开展。

7. 除了遵守第32条第2款的规定的期限，针对跨境征求意见的情形，自征求意见结束期限届满后10日内，或在收到补充资料之日起10日内，主管机关应召集召开征求意见会，参会人员为申请人和所有行政职能机关或与环境影响评价决定的作出、申请人所申请的环境资质发放存在相关利益的行政机关。征求意见会应按照1990年8月7日第241号法律第14-3条规定的方式召集并开展。征求意见会应自召集工作开始之日起120日之内结束。附理由的征求意见会决定构成大区统一许可决定，包括环境影响评价决定和发放用于实现和运转项目所需的资质，并作出详细说明。上述环境资质的授予决定仍应基于按照本立法令第25条第1款、第3款、第4款、第5款、第6款进行的环境影响评价决定。

8. 根据1990年8月7日第241号法律第2条第9款至第9-4款和第2-2条的规定，所有程序中的期限均被视为不可延长期间。

9. 载于大区统一许可决定中的、有关环境综合许可的附加条件和补充措施应按照第29-8条、第29-10条和第29-14条规定的方式进行更新、重审、监管和处罚。有关第7款所述其他环境资质的附加条件和补充措施，由主管机关根据相关部门规章中规定的方式进行更新、重审、监管和处罚。

第28条　监管

1. 申请人有义务遵守环境影响评价适用性核查决定或环境影响评价决定里规定的环境条件。

2. 主管机关联合文化财产文化活动与旅游部，在各自的职权范围内，就是否符合第1款所述的环境条件进行核查，以便及时发现意外的重大负面环境影响并采取适当的纠正措施。主管机关可以通过专门的谅解备忘录，委托2016年6

月28日第132号法律规定的、属于高等卫生研究所针对公共卫生领域的国家环保网络系统，或者委托其他公共主体开展核查活动，上述公共主体应及时将核查的结果告知主管机关。为了支持核查活动，对于项目工程或措施在性质、复杂性、地点和规模方面具有特别重大影响的国家级项目，主管机关在征得申请人同意的前提下，可以设置专门的环境观察员，以确保检查的透明度和有关信息的传播，相关费用由申请人负担。如果核查结果为积极结果，主管部门应在收到检查结果的15日内，在其网站上公布相关文件，以证明其合规性。

3. 为了检查是否遵守环境条件，申请者应按照环境影响评价适用性核查决定或环境影响评价决定中规定的期限和具体的实施方法，以电子格式向主管机关或可能的检查主体发送包含合规性检查所必需的要素的文件资料。上述检查应在收到申请人提交的文件后的30日内完成。

4. 如果根据第2款之规定被确定的合规性检查的主体没有在第3款规定的期限内采取措施，则检查活动应由主管机关直接进行。

5. 当合规性检查的结果为否定时，主管机关应当警告申请人在一个合理的期限内履行义务，逾期不履行的应适用第29条规定的处罚。

6. 如果第1款至第5款或者其后的项目许可中规定的检查活动的结果显示，在建设工程实施或工程运行过程中，证实存在消极的、非预期的、额外的或异常的环境影响，或者显著高于环境影响评价决定中已评价的环境影响时，如果其不能归咎于申请人未遵守环境条件，则主管机关在要求申请人或其他环境职能主体进一步提供信息后，可以命令暂停已被许可的工作或活动，并采取适当的整改措施。

7. 发生第6款所述情况，需要修改环境影响评价决定或进一步确定符合原决定的环境条件时，主管机关为了重新拟定环境影响评价决定，应要求申请人在90日的期限内更新环境影响研究报告并就此发布新的公告。

8. 开展监测活动的方式、核查的结果、检测和主管机关可能采取的整改措施，以及由申请人实施的环境监测所获得的数据等信息都通过主管机关的网站充分公示。

第29条　处罚体系

1. 按规定，欠缺环境影响评价适用性核查或环境影响评价的项目许可决定因违法而撤销。

2. 如果被查实未履行或违反了第28条规定的环境条件，或者项目变更使其与提交给环境影响评价适用性核查决定,或环境影响评价决定,或者第27条或第27-2条规定的统一决定中的文本不一致时,主管机关应根据违法的严重程度采取下列措施:

(1)警告,并指定消除违规的期限。

(2)出现重大负面环境影响风险的,警告并限期暂停活动。

(3)未适当履行警告中的规定以及多次违反对环境产生危险或损害的,撤销环境影响适用性核查决定和环境影响评价决定。

3. 针对适用本立法令规定但无须事先经过环境影响评价适用性核查决定、环境影响评价决定或第27条或第27-2条规定的统一决定的项目,如果违反第三章的规定,或者在司法程序中被撤销,或在针对一个已经实施的或者实施中的项目的环境影响评价适用性核查决定或环境影响评价决定的自我维护阶段被撤销的,主管机关应为相对人指定一个重新启动程序的期限,在此期限内可以允许继续实施工程或活动,只要其在确保卫生、环境或文化遗产的安全范围内进行。一旦确定给相对人的期限届满或根据第25条、第27条或第27-2条的规定通过的新的环境影响评价决定包含负面评价,主管机关应指定期限和方式,责令其拆除已经实施的工程,并对地区状态和环境情况进行恢复,所生费用由责任人承担。相对人不遵守上述规定的,主管机关应依职责代为履行,费用由违约方承担,并按照1910年4月14日第639号皇帝令批准的有关征收国家遗产收入的法律规定的统一文本中规定的方法和效力对上述费用进行追索。

4. 按规定,任何人未经环境影响评价或环境影响评价适用性核查而实施项目或部分项目的,处以3.5万欧元至10万欧元的行政罚款,构成犯罪的除外。

5. 持有环境影响评价适用性核查决定或环境影响评价决定但未遵守其规定的环境条件的,处以2万欧元至8万欧元的行政罚款,构成犯罪的除外。

6. 处罚由主管机关实施。

7. 本条规定的行政罚款处罚不适用于1981年11月24日第689号法律第16条规定的罚款减免措施。

8. 针对本条规定的违法情形行使国家职权处以行政罚款取得的款项应计入国家预算收入,并随之按照环境与土地海洋保护部的相关支出条目进行再分配,以便用于完善环境监管、预防和监测活动以及本立法令第28条规定的对包含在环境影响评价适用性核查决定或者环境影响评价决定中的环境条件进行合规性审查的活动,以及在发生事故或自然灾害时为人民提供健康保障措施。

第三(乙)章　环境综合许可

第 29-2 条　最佳可得技术的确认和利用

1. 环境综合许可的签发取决于第二部分附件Ⅺ的规定和与已确认的、与最佳可得技术结论相关的各项条件第 29-6 条第 9-2 款和第 29-8 条另有规定的除外。最佳可得技术结论发布延迟的情况下，主管机关应该利用与最佳可得技术直接相关的结论作为制定许可条件的参照，这些直接相关的结论取自欧盟委员在执行第 96/61/CE 号指令第 16 条第 2 段或第 2008/01/CE 号指令第 16 条第 2 段规定的过程中发布的文件。

2. 环境与土地海洋保护部协同经济发展部、劳动与社会政策部、卫生部，与国家、大区及特伦多、博尔扎诺自治省之间关系常务会议协商一致，在事先征求最具代表性的国家级相关设备操作人员协会的意见后，有权以部委令的形式决定关于任何设备类别的一般要求，以替代每一个单独许可中确定的相应要求，只要这些一般要求能保障与整体环境相当的综合接触和高水平保护。为了确保符合第 29-6 条的规定，一般要求应建立在最佳可得技术上，不要求使用某个特定的技术或科技。关于相关类别，除了适用第 29-7 条的规定外，主管机关应在对申请与一般要求的一致性进行简单审查后签发许可。

2-2. 应在欧盟委员会发布有关最佳可得技术结论后的 6 个月内更新第 2 款涉及的各项法令，以便参考最佳可得技术的进展，并确保符合第 29-8 条的规定，此外，法令中应包括一个有关政府公告的法律法规中涉及欧盟第 2010/75/UE 号指令的详细报告。如上述期限届满而未完成法令更新，自期限届满到法令更新为止，针对与上述最佳可得技术结论有关的设备，根据第 2 款规定已经发布的法令仅仅作为单纯的信息参考，且因此第 2 款最后一句不再适用。

3. 根据本章之规定许可的垃圾处理站，若其在相关最佳可得技术结论发布之前，已经满足 2003 年 1 月 13 日第 36 号立法令中规定的技术要求，则视为其符合本章规定的技术要求。

第 29-3 条　环境综合许可的申请

1. 根据本立法令规定，运行新企业新设备、对现存设备的工厂进行功能调试及实质改变的，应依据第 29-6 条的规定签发环境综合许可。除了第 4 款的规定，且不得影响有关空气、水、土壤和噪音的法规所要求的信息，申请中还应包含以下信息：

（1）对设备和其工作活动的描述，特别是种类和影响。

（2）对原料和辅助材料的描述，以及对工厂所使用或生产的物质和能量的描述。

（3）对工厂排放源的描述。

（4）对工厂所在地的状况的描述。

（5）在与环境相关的各个范畴内，对工厂的预期排放的种类和总量的描述，以及一份有关排放物对环境的重大影响的鉴定。

（6）对用于防止工厂排放的，或者在不能完全阻止的情况下，用于减排的科技和其他技术的描述。

（7）对工厂所产生的废弃物的预防措施、准备再利用措施、再生措施和回收措施的描述。

（8）对规定的环境排放检测措施的描述，以及对自检活动、需要由第 29-10 条第 3 款规定的负责检测的机构进行干预的、有计划检测活动的描述。

（9）对经营者考虑中的、所提出的技术、技师和措施的主要替代品的概括描述。

（10）对规定的、用于遵守第 6 条第 16 款规定的原则的其他措施的描述。

（11）若活动涉及危险物质的利用、产生或排放，且考虑到对工厂所在地的土地和地下水造成污染的可能性，经营者应在工厂开工之前或第一次更新许可之前制定一个参考报告，没有该报告则申请无效。主管机关在审核许可或更新许可的过程中查验该报告，或在认为必要时，为了查证其有效性而对其做进一步深入审查。

2. 环境综合许可申请还应该包含一个关于第 1 款从第（1）项到第（11）项所列数据的非技术性概要以及一份说明，就经营者认为属于工业机密、商业秘密或私人隐私，属于知识产权保护，以及根据 2007 年 8 月 3 日第 124 号法律第 39 条的规定，涉及公共安全或国防而不得传播的信息进行说明。在此情况下，申请者还应向主管机关提交一份剔除保密信息的申请文件，以便公共查询。

3. 若基于安全报告提供的信息和描述，该报告按照有关在特定工业活动中的重大事故风险的法规而制定，或者根据 UNI EN ISO 14001 标准提供的信息和描述，或按照第 761/2001 号欧盟条例及其修订进行登记的地点产生的数据，以及根据任何其他法规提供的其他信息，符合本条第 1 款中的一项或多项要求的，这些数据可以被用于提交申请，既可以放在申请正文内，也可以放在附件中。

4. 提交申请后 30 日内，主管机关应就申请及其附件的完整性进行审查。若资料不完整，主管机关或者在涉及国有设备的情况中为第 8-2 条规定的委员会，可以要求其适当补充，在不少于 30 日的期限内提交补充资料。在此情况下，程序期限中止计算直至提交补充的资料。若在指定期限内，申请人未能就欠缺的要件提供补充资料，申请将被退回。鉴于需要提交的文件的复杂程度，申请人要求延期提交补充资料的除外。

第 29-4 条　环境综合许可的发放程序

1. 针对国家主管的工厂，应采用第 29-12 条第 2 款规定的法令所确定的形式和方式，通过远程信息处理程序向主管机关提交申请。

2. 主管机关确定办公室负责与程序相关的文件和法规的备案，以便于公共查询。还应在合理可行的前提下，通过在主管机关的网站上公布决定项目以确保公共查询，公布的内容应包括第 5 款规定的征求意见会议的最终纪要、决定内容，包括一份许可和后续更新的复印件，特别是第 13 款第（2）项、第（5）项、第（6）项和第（7）项规定的要件，以及环境主管机关根据第 29-8 条第 4 款，或由市长根据本条第 7 款规定提出的重审建议。

3. 自收到申请之后 30 日内，或者属于第 29-8 条第 4 款规定的重新审查的情况，在相关程序开始的同时，主管机关应根据 1990 年 8 月 7 日第 241 号法律第 7 条的规定通知经营者程序开始的日期和第 2 款规定的办公室地点。自程序开始之日起 15 日内，主管机关应在自己的网站上发布工厂的选址说明和经营者名称，以及根据第 2 款规定确定的可以查阅法规和转交意见的办公室。此种形式的公告可以替代 1990 年 8 月 7 日第 241 号法律第 7 条和第 8 条第 3 款、第 4 款规定的通知。根据本款之规定，经营者公开的信息同样应在主管机关的网站上进行发布。无论如何都应确保有关本立法令第二部分第三章规定的设备的公告的统一性。

4. 自第3款规定的公告发布之日起30日内,有关主体可以向主管机关提交针对申请的书面意见。

5. 为了发签发环境综合许可,主管机关负责召集举行专门的征求意见会,邀请与环境有关的行政职能部门,其中,涉及国家管理的设备,应包括内政部、劳动与社会政策部、卫生部和经济发展部,以及许可申请人;涉及大区主管的设备,根据1990年8月7日第241号法律第14条与第14-3条及其修订,应包括其他行政职能部门,在签发环境综合许可的同时发放申请的资格凭证。针对1999年8月17日第334号立法令所调整的设备,仍适用有关规定,以便取得第29-6条第8款规定的评估要件,并且确保与设备的功能状况初步一致,会上应邀请相关主管机关的一位代表与会。

6. 在第5款规定的征求意见会议范围内,需要1934年7月27日第1265号皇帝令第216条和第217条所规定的市长指示,涉及国家管理的工厂,还应有环境保护与研究高等研究所提供的、有关监管形式和对工厂和环境排放的检验的建议;或者涉及其他工厂的,由各大区和省的环境保护办事处出具有关上述内容的意见。

7. 签发本章规定的许可后有情况发生的,市长若认为事关公共安全利益,可以通过颁布附理由的市长决定,并附有相关预审查文件和关于修订许可的精准建议,要求主管机关根据第29-8条对已经签发的许可进行重新审查。

8. 在征求意见会议范围内,主管机关可以要求对文件进行补充,也为了评估用于替代或新增的特定方法的适用性,并指明一个最长期限不超过90日的期间用以提交补充文件。在此情况下,第10款所规定的期限中止计算直到提交补充文件。

9. 本款被2014年3月4日第46号立法令废除。

10. 主管机关在申请提交后150日内公布其有关环境综合许可申请的决定。

11. 根据本立法令签发的环境综合许可,完全取代本立法令第二部分附件Ⅸ中列明的各项许可。为此,环境综合许可办法应明确规定各项已经在被替代的许可中明确的、永久有效的条件。此外,环境综合许可取代第216条规定的通知。

12. 每个环境综合许可都应包括本立法令所预先规定的环境保护方式,以及诸项规定生效的日期。

13. 环境综合许可及其全部后续更新的副本,应放置在第2款规定的办公室，适时地向公众开放查阅。办公室还应提供：

(1)公众参与程序的相关信息。

(2)决定所依据的理由。

(3)作出采纳决定前所进行的征求意见的结果(包括根据第32-2条的规定涉及其他国家的情形)以及一个可能在决定中会考虑到的方式说明。

(4)有关工厂或相关活动的最佳可得技术参考文件的标题。

(5)用以决定第29-6条规定的许可条件的方法，包括与最佳可得技术和相关排放水平有关的排放限值。

(6)若根据第29-6条第10款[1]的规定允许一个例外时，应根据该款所指明的标准和具体许可申请中的条件，说明适用例外的特别原因。

(7)适用第29-6条第13款[2]规定时，在明确停止活动时，应提供与经营者所采用的措施相关的信息。

(8)许可条件所要求的、并由主管机关掌握的排放检验结果。

14. 根据1990年8月7日第241号法律第6款第(1)项以及相关实施规范，出于维护公共安全的必要或国防原因，主管机关可以决定不公开某些信息，特别是附件Ⅷ第4.6点规定的与生产炸药的军工厂有关的信息。出于保护知识产权或工业、商业或个人秘密的原因，主管机关还可以决定不公开与工厂向环境排放无关的信息。

15. 鉴于特定的和重大的环境影响、设备的复杂性和其所具有的突出的国家利益，在本立法令规定的框架下，国家、大区、省和地方市政主管与经营者之间可以达成特别协议，在不违背集体基本利益的前提下，确保国家生产体系的发展、地方政策和企业战略目标之间的和谐。在此情况下，主管机关应确保协议的执行与签发环境综合许可之间的必要协调，第12款规定的情形除外。本款规定的情形下，第10款规定的期限应翻倍计算。

第29-5条 在国家领土范围内统一适用的协调

1. 环境与土地海洋保护部下设协调组，由环境与土地海洋保护部、各大区和自治省以及意大利各省联合会的代表组成。环境保护与研究高等研究所的代表应参与协调组，当涉及所属大区和自治省的指示时，还应有各大区和省的环境保

[1] 实际为第9-2款。

[2] 实际为第9-5款。

护办事处的代表参与。协调组通过定期会议指示开展工作,并建立资料和信息的交换咨询网络。

2. 第 1 款规定的协调组,也可通过其工作组,确保所制定的方针和纲领符合共同利益的各个方面,并允许就与本章适用相关的主题进行联合审查,保障新规定的协同实现和防止不履行及相关后果的出现。

3. 上述主体,无论以何种名义参与第 1 款规定的协调组,均不得获取任何名目的津贴、报酬及报销费用。

第 29-6 条 环境综合许可

1. 根据本立法令发放的环境综合许可,应包括所需的满足本条下属诸款项以及第 6 条第 16 款和第 29-6 条规定的各项要求的全部措施,以便在整体上达到对环境的高水平保护。受 2006 年 4 月 4 日第 216 号立法令调整的活动的环境综合许可,仅当为避免当地重大污染所必须时,应包括该立法令附件 B 规定的温室气体排放限值。

2. 本款被 2014 年 3 月 4 日第 46 号立法令废除。

3. 鉴于污染物的性质及其在水、空气和土地几个不同环境元素间转移污染的潜能,环境综合许可应包括针对自相关工厂内大规模排放出来的污染物质,特别是第二部分附件 X 中涉及的那些物质,设定的排放限值,以及根据有关声音污染的现行法规规定的限值。环境综合许可中确定的排放限值不得低于设备所在地区的现行法规所规定的值。某些情形下,排放限值可由其他相当的技术参量或计量单位补充或替代。

3-2. 环境综合许可应包括确保土壤和地下水保护的进一步规定、设备产生的废弃物处理和降低噪声影响的相关规定,以及对所采用的防止对土壤和地下水排放的措施进行定期维护和检查的相关规定,以及鉴于可能在工厂所在地出现的危险物具有污染周边土壤和地下水的可能性,而对土壤和地下水中的危险物质进行定期检测的相关规定。

4. 除第 29-7 条外,鉴于涉事设备的技术特征、所在的地理位置和当地的环境条件,排放限值、前款提及的相当的技术参量或计量单位,应参考最佳可得技术的应用,无须使用某一特定技术或科技。所有情况下,许可条件应规定最大限度减少长距离污染或跨境污染的措施并确保在整体上达到一个较高的环境保护水平。

4-2. 主管机关应设定排放限值,保证在正常工作条件下的排放不超过第 5

条第 1 款第(10-3)项第 4)子项中规定的、与最佳可得技术相关联的排放水平(BAT - AEL)。排放限值可以通过以下任意一种方式设定:

(1)在正常工作条件下设定不超过最佳可得技术相关联的排放水平的排放限值,采用与最佳可得技术相关联的排放水平相同的基准条件和不高于最佳可得技术相关联的排放水平中的基准时间。

(2)设定数值、基准时间和条件不同于第(1)项规定的排放限值,只要该主管机关每年对排放检验结果至少进行一次评估,以便核实在正常工作条件下的排放没有超过与最佳可得技术相关联的排放水平。

4-3. 主管机关可以设定比第 4-2 款规定更为严格的排放限值,如果涉及下述情形:

(1)第 29-7 条中规定的情形。

(2)要求其遵守工厂所在地的现行法律法规,或遵守与该工厂相关的、不可由环境综合许可替代的决定。

4-4. 污染物的排放限值应适用于工厂的排放溢出点,确定这些数值时应剔除在到达溢出点之前可能发生的每一次稀释,某些情况下应明确考虑到在非人为因素下物质可能在环境中的残余存在。涉及向水中间接排放污染物的情况,在确定相关工厂的排放限值时可以考虑在其内部设立净化站,以便确保二者在整体上达到一个与环境保护目的相当的水平,且不得给环境造成更大的污染负担。

5. 主管机关应对第 29-2 条第 1 款、第 2 款、第 3 款特别规定的事项进行考察后再发放环境综合许可。缺少最佳可得技术结论的,主管机关在签发环境综合许可时应依据第 5-3 款的指示,并考虑第二部分附件Ⅺ的规定。

5-2. 若主管机关设定许可条件所依据的某一最佳可得技术未出现在最佳可得技术的任一相关结论中,则其应审查将要确定的这一技术是否充分重视了第二部分附件Ⅺ中规定的标准,以及:

(1)若可使用的最佳可得技术结论包含最佳可得技术相关联的排放水平,则应审查是否遵守第 4-2 款和第 9-2 款规定的义务,或者

(2)若可使用的最佳可得技术结论不包含最佳可得技术相关联的排放水平,则应审查该技术是否能确保环境保护水平不低于最佳可得技术结论中描述的最佳可行技术所保障的水平。

5-3. 如果在一个工厂内开展的某项活动,或者某种生产过程,既没有在任何

最佳可得技术结论中进行规定，也没有在最佳可得技术的结论中进行规定（这些结论提取自欧盟委员会在执行第96/61/CE号指令第16条第2段或第2008/01/CE号指令第16条第2段的过程中发布的文件），或者，如果这些结论未能考虑到活动或过程对环境产生的全部潜在影响，则主管机关，经咨询经营者意见后，应参考附件Ⅺ中规定的标准设定许可条件。

6. 环境综合许可应包括排放检验的适当要求，依照现行环境法规的规定并基于可适用的最佳可得技术结论，该要求应明确测量的方法和频率、一致性评估条件、相关评估程序，以及至少一年一次定期将用于审查与环境综合许可设定的条件是否一致的必要数据通报给主管机关的义务，以及当适用第4-2款第2项规定时，应提交一份与最佳可得技术，或正在变为可行的技术相关联的排放水平进行对比的结果概要，为此目的，还应提供同一阶段和与最佳可得技术相关联的排放水平同等条件下的排放检验结果。许可还应规定将环境综合许可要求的排放检验数据通报给主管机关、相关市镇以及第29-10条第3款规定的负责查验的机构的义务。在各项检验要求中，根据本立法令第33条第3-2款的规定，许可应特别就第29-10条第3款规定的检验的方式和频率进行设定。针对国家主管的设备，本款规定的通报义务应通过环境保护高等研究所转达。在更新许可期间，为了确定排放检验的新要求，应经营者要求，主管机关应参考所转交的、用于审查与许可是否一致的工厂检验数据和有关排放检验的数据，以及在进行第29-8条第3款规定的活动中收集到的数据。

6-2. 除在可适用最佳可得技术结论中确定的之外，环境综合许可应规定至少每5年一次对地下水进行特别检验和至少每10年一次对土壤进行特别检验，除非在对污染风险进行系统评估的基础上，为此检测设定了不同方法或更高的检验频率。

6-3. 在第6款规定的检验范围内，应明确规定对工厂的监察活动，由第29-10条第3款规定的检验机关负责开展，费用由经营者承担，该监察活动应对由相关工厂引发的各类环境影响进行全方位检查。在符合相关法律法规的前提下，大区可以协调有关环境综合许可的检查活动与有关环境影响评价和重大事故的检查活动。

7. 环境综合许可应包括非正常工作条件下的相关措施，特别是针对工厂的开始阶段和停止阶段、排放泄漏、功能障碍和工厂永久性停运。除保留有关拆除许可和土地改良许可的不同职能外，许可中还可以规定清理、消极保护和对工厂进行部分安全调试等凡经营者声称未在该许可有效期内规定其功能和使用的事项。清除工厂的这些部分时释放的空间被认为可以用于在拆除，或者某些情况下，包括改良所需的严格的技术和行政时间内实现最佳可得技术。

7-2. 在不影响第 237-6 条第 1 款第 5 项和第 237-18 条中有关焚烧和联合焚烧设备的规定的前提下，鉴于所采用的技术运行的稳定性、检验的可靠性，以及在上一许可的有效期内，经营者未接到有关违反通知义务的投诉，则主管机关有权在许可中预防性地建议可以超出第 4-2 款规定的排放限值的最大数值、最长期限和最大强度(无论如何不得超过 20%)。基于同样的原因，在该许可的有效期内，还可以考虑第 29-11 条规定的非正常工作状态和同时未被归入意外或突发事故的情况。

8. 对于受 1999 年 8 月 17 号第 334 号立法令调整的设备，主管机关应根据该立法令向有权签发环境综合许可的主管机关上报所做的最新评价和所制定的决定，许可中引用的用于确保安全和规避重大意外事故风险的规定，应符合环境综合许可的条件。

9. 环境综合许可可以根据本立法令进一步规定主管机关认为适当的特别条件。例如，在不影响前款和特别是第 4-2 款规定的义务的前提下，许可可以拟定改进项目，根据后面第 29-9 条的规定予以提交；或者在固定期限内进一步改进环保性能，并要求经营者确定技术以实现上述目的。在后一情形中，除了通报改进设计的义务，第 29-9 条的规定不适用于为了使设备功能适应环境综合许可要求而进行的严格的必要调整。

9-2. 特殊情况下，根据相关设备所在地的地理位置和当地的环境条件以及设备的技术特性，如果一个评价显示将排放限值设定为与最佳可得技术相关联的排放水平将会导致明显高于环境收益的费用支出，则主管机关可以设定比第 4-2 款要求低的排放限值。在此情形下，主管机关应在一个专门的许可附件中阐明作出上述选择的原因，说明评价结果和对施加条件的调整。在任何情况下，如此设定的排放限值均不得超过本立法令附件中规定的、在相应情形下可适用的排放限值。为了准备上述附件，可以参考第二部分附件Ⅻ-2 中规定的纲要。环境与土地海洋保护部以部长令的形式，在欧盟委员会公布相关共同纲要后 6 个月内，对上述附件进行更新，以保持其与共同纲要之间的一致性。主管机关应对第 6 条第 16 款规定的原则的适用进行核查，特别是就避免发生重大污染事件和在整体上实现高水平环境保护两个方面。在进行与许可相关的任何一个审查时,都应明确地再次检查和确认本款的规定。

9-3. 在实验阶段和所使用的技术出现时间不超过 9 个月的情况下,只要经过特定期间后,该技术将被暂停或活动的排放量至少应达到最佳可得技术相匹配的排放水平,则主管机关可以允许暂时性违反第 4-2 款、第 5-2 款和第 6 条第 16 款第(1)项的规定。

9-4. 在涉及第二部分附件Ⅷ第 6.6 点规定的设备的情况下,本条款的适用不得违反有关动物权益保护法的规定。

9-5. 除本立法令第三部分和第四部分第五章的规定外,主管机关应设定许可条件以确保经营者:

(1)当活动涉及对危险物质的利用、生产或排放时,鉴于对设备所在地的土壤和地下水污染的可能性,在新设备大规模投入使用之前或对现有设备发放的许可更新之前,应制定第 5 条第 1 款第 20-2 项规定的基准报告并转交主管机关批准;

(2)在最终停止活动之时,应对设备所使用、生产或排放的有关危险物质对土壤和地下水的污染状况进行评估;

(3)若第(2)项规定的评估结果显示与设备有关的危险物质造成土壤和地下水的严重污染,遵照在第(1)项规定的基准报告中查明的情况,根据相关措施的技术可行性,采用必要措施消除污染、恢复原状;

(4)除第(3)项外,若鉴于申请里标明的场地的状况,作为经营者在第一次就现有设备进行更新许可之前开展许可活动的结果,最终停止活动时对场地土壤和地下水的污染产生有害人类健康或环境的重大风险,则应实施必要的干预措施消除、控制、抑制或减少有关危险物质,鉴于当前或将来批准的危险物质使用,以便使场地不再产生此种危险;

(5)若无须制定第(1)项规定的基准报告,考虑到申请书中标明的设备所在地的状况,在最终停止活动时应实施必要的干预措施消除、控制、抑制或减少有关危险物质,鉴于当前的使用或将来就同一危险物质批准的使用,以便场地不再因开展许可活动造成土壤和地下水污染而产生不利于人类健康或环境的重大风险。

9-6. 环境与土地海洋保护部用一个或多个部长令规定第 5 条第 1 款第(20-2)项规定的基准报告的编订方法,特别是关于调查方法和第二部分附件Ⅷ中规定的活动中涉及的有待调查的危险物质。

9-7. 为确保履行第 9-5 款第(3)项规定的义务,环境综合许可应规定专门的财产担保,在许可发放后 12 个月内提交给地方主管的大区和自治省。环境与土地海洋保护部用一个或多个部长令确定主管机关在决定担保金数额时所应遵循的标准。

第 29-7 条 最佳可得技术和环境质量规范

1. 考虑到所有涉及的排放源,当环境规划或环境计划的一个手段(如水资源保护的计划,或者大气排放计划)确认对位于特定地区的设备必须适用比最佳可得技术中可获得的措施更加严格的措施,在此情况下,为了确保在那一区域遵循环境质量规范,涉及国家主管的设备的,由环境主管行政机构,或者涉及其他设备的,由同一主管机关作为代表参加第 29-4 条第 5 款规定的征求意见会议。

2. 就第 1 款规定的情形,除根据环境质量规范而可能被采用的其他措施外,针对设立在相关区域的设备,主管机关应在其环境综合许可中规定全部补充措施,特别是比第 1 款规定的更严格的措施。

第 29-8 条 更新和重审

1. 主管机关应定期确认或更新相关条件,对环境综合许可进行重审。

2. 重审应考虑可用于设备的、自授予许可之日起被采纳或自上一次重审后被采纳的全部最佳可得技术结论,包括新的或修订的,以及可能制约设备运转的新要素。在可适用多个最佳可得技术结论的复合设备的情形中,对于任一活动,应主要参考与工业部门相关的最佳可得技术结论。

3. 在税收期限内,应对整个设备进行许可更新的有效重审:

(1)自欧盟公报公布与设备主要活动有关的最佳可得技术结论的相关决定之日起 4 年内。

(2)自签发环境综合许可后或者从最近一次就整个设备进行重审后超过 10 年的。

4. 另外,主管机关应根据环境主管行政机关的建议对整个设备或设备部件进行重审,当:

(1)根据主管机关意见,或者涉及国家主管设备的,根据负责有关的特定环境发源地的质量主管行政机关的意见,设备引起的污染导致有必要就许可确定的排放限值进行修正或者在许可中设定新的限值,特别是当证实了许可中的规定不能确保实现部门规划和计划手段所设定的环境质量目标时。

(2)最佳可得技术作出实质性改变,会带来一个明显的减排。

(3)根据主管劳动卫生安全,或者主管安全和重大意外风险防护的行政机关的意见,需要其他技术来保障进程或活动实施中的安全。

(4)环境质量规范的发展要求或者新的欧盟、国家或大区立法规范要求。

(5)第29-6条第4-2款第(2)项规定的核查,在没有标明违反许可规定的情况下给出否定结果,并因此指出有必要更新许可以确保在正常的工作状态下,排放符合"与最佳可得技术相关联的排放水平"。

5. 继主管机关通知开始重审后,在主管机关基于对文件复杂性的预判而确定的、不得超出30日至180日的期限内,或者在必须对数个相关许可进行重审的情况下,根据专门的年历而确定的期限内,经营者应提交所有必要信息以便对许可条件进行重审。这些信息包括并特别是:排放检测结果和其他数据,以此为依据对设备的功能、可适用最佳可得技术结论中描述的技术和与最佳可得技术相关联的排放水平进行对比,以及,在对整体设备进行的重审中,还包括对第29-3条第1款规定的所有信息的更新。在第3款第(2)项规定的情形中,重审申请至少应在规定的期限内提出。超过前述期限未申请的,许可将失效。在指定期限内未提交上述文件的,在提交完税证明后,应在之后的90日内缴纳1万欧元至6万欧元的行政罚款。在持续不履行的情况下,经事先警告后,暂停其许可效力。重审期间,主管机关还应利用从检测和监察中获得的所有信息。

6. 自欧盟公报公布有关设备主要活动的最佳可得技术结论的决定之日起4年内,主管机关应核查:

(1)相关设备的全部许可条件是否经过重新审查,如果必要,是否经过更新,以确保符合现行法令,特别是在可以适用的情况下,符合第29-6条第3款第4款和第4-2款的规定;

(2)设备是否符合上述许可条件。

7. 延迟提交重审要求的,在第3款第(1)项规定的情况下,不得以任何方式延迟许可条件设定的设备运行时间。

8. 在签发第29-4条规定的许可时,显示一个设备根据欧盟第1221/2009号条例进行了登记,则第3款第(2)项规定的期限延长至16年。若根据上述规范进行的登记在第29-4条规定的许可之后,则自第一次重审之后,应至少每16年对许可进行一次重审。

9. 在发放第29-4条规定的许可时,显示一个设备根据环境管理体系

ISO14001进行了认证，则第3款第（2）项规定的期限延长至12年。若根据上述规范进行的登记在第29-4条规定的许可之后，则自第一次重审之后，应至少每12年对许可进行一次重审。

10. 重审程序应按照第29-3条第4款和第29-4条规定的方式进行。在替换第29-4条第3款规定的方式时，应确保公众对决策的参与可以通过在主管机关的官方网站发布而实现。

11. 在主管机关就重审作出宣告之前，经营者可以根据原许可继续实施相关活动。

第29-9条　设备调整或变更管理人

1. 经营者应向主管机关通报如第5条第1款1项规定的对设备的计划性修改。主管机关认为必要的，应对环境综合许可或者相关条件进行修订，或者，若计划性修改属于第5条第1款第（10-2）项规定的实质性修改，主管机关应在接到通知后60日内将上述消息通知经营者，以便其履行本条第2款的规定。上述期限经过后，经营者可以着手实施所通知的修改。

2. 依经营者意见或作为按第1款进行通报的结果，在计划性修改属于实质性修改的情形下，经营者应向主管机关提交一个新的许可申请，附带一份包含第29-3条第1款和第2款规定的修订信息的报告。第29-3条和第29-4条的规定同等适用。

3. 除第1款和第2款规定的情形外，如果有关预防重大意外事故风险、环境影响评价或城市规划的法律法规对设备提出了新要求的，经营者应将之通知主管机关和第29-10条第3款规定的检测机关。在实现干预措施前应履行的通报中应明确各项要件，经营者基于这些要件认为规定的干预措施既不会给环境造成影响，也不违反环境综合许可中已经规定的明确要求。

4. 工厂的经营权限发生变动的，旧的经营者和新的经营者应在30日内将此事通知主管机关，并自行提供相关证明以便进行环境综合许可转让。

第29-10条　遵守环境综合许可的条件

1. 在实施环境综合许可的规定之前，经营者应先通知主管机关。针对坐落在海上的设备，环境保护与研究高等研究所和经济发展部的监管办公室合作，负责实施第3款规定的检测。

2. 从第1款规定的通知开始之日起，经营者应按照环境综合许可规定的方式和频率，向主管机关和有关市政府以及第3款规定的检测机关，转交环境综合许可要求的相关排放检测数据。主管机关通过第29-4条第3款规定的办公室，向公众公开上述数据，或者根据第29-4条第2款规定，在主管机关的网站上进行发布。此外，发生违反许可条件的情况时，经营者应立即通知上述主体，同时采取必要的修复措施使其在尽可能短的时间内符合要求。

3. 根据第29-6条第6款规定的许可规范和规划，涉及国家主管设备的，由环境保护和研究高等研究所，或者在其他情形下，由有权机关通过大区和省的环境保护办事处查明以下事项，费用由经营者负担：

(1)是否符合环境综合许可的条件。

(2)是否规定了经营者的审查义务，特别是有关防止污染的措施和安排以及是否符合排放限值。

(3)经营者是否履行了自身的通知义务，特别是其是否按规定通知主管机关，以及在出现对环境有重大影响的不利情况和意外时，及时将自己设备的排放监管结果通知主管机关。

4. 在不影响第3款规定的检测措施的前提下，在基于该目标的本机关预算可支配财政资源范围内，主管机关可以根据本立法令对许可设备进行非常规检查，费用不得超出其为特定目标而自制的预算中规定的可支配金额。

5. 为了获准实施第3款、第4款规定的活动，经营者应当提供所有必要支持以便开展针对设备的各种技术检查、提取样本和收集任何本立法令所需的信息。为了上述目的，至少在每次实地视察后，负责检查的主体应起草一份报告，包括设备与许可条件符合程度的对照表和有关将要采取的措施的总结。报告应在实地考察后的2个月内通报给相关经营者和主管机关，并根据第8款，在实地考察后的4个月内可为公众获取。除第9款外，主管机关应在合理的期限内，督促经营者进一步采取所有被认为有必要的措施，特别应考虑报告中建议的那些。

6. 检测和监测的结果应上报主管机关并通知经营者，指明不符合第3款第(1)项、第(2)项、第(3)项规定的情形，并提出供采纳的措施。

7. 每个负责对开展附件Ⅷ和Ⅻ所规定的活动的设备进行看守、检测、监测、监控的机关，和每个获得了与适用本立法令相关的重要环境信息的机关，应将这些信息，包括可能涉及犯罪的信息，上报主管机关。

8. 按照2005年8月19日第195号立法令的规定，环境综合许可条件所要求的和由主管机关掌控的排放监测结果，应通过第29-4条第3款确定的办公室向公众发布。

9. 违反许可规定或未经许可而实施作业的,在不影响适用第 29-14 条规定的处罚和安全措施的前提下,主管机关应根据违规行为的严重程度采取:

(1)警告,限定期限令其消除违规情形,在不影响经营者自主采取保障措施义务的前提下,还可以责令其限期采取主管机关认为对于暂时性修复或保障一致性有必要的全部适当的临时措施或补充措施。

(2)发生的情况构成对人类健康或环境的紧迫威胁,或者 1 年内至少发生二次以上违规行为的,对该活动主体发出警告并同时限期暂停相关活动。警告期限届满,限期暂停活动的处罚将自动延期,直到经营者声明已经确定并解决了导致违规的问题。此外,如果对后续实施情况的检测证实,至少与造成前次暂停经营活动情形类似,仍存在对人类健康或环境的紧迫威胁,未能修复一致性的,则第 3 款规定的检测机关负责自动更新暂停活动的决定,与警告中确定的条件和持续时间一致。

(3)警告后仍未按规定进行调整的以及屡次违规造成环境危害或损害情形的,撤回许可并责令关闭设备。

(4)未经许可运行设备的,责令关闭设备。

10. 违反许可规定的情况下,出现危害或损害人类健康的情形的,主管机关应向市长通报以采取 1934 年 7 月 27 日第 1265 号皇帝令第 217 条规定的相应措施。

11. 按照 1993 年 12 月 4 日第 496 号法律令(经修订后写入 1994 年 1 月 21 日第 61 号法律)第 3 条第 5 款的规定,环境保护与研究高等研究所还可以通过大区和省设立的主管当地环境保护的办事处履行第 3 款规定的检测职责。

11-2. 大区级别的环境监察计划中应确定第 29-6 条第 6-3 款和第 4 款规定的实地监察活动,该计划由大区和自治省在听取环境与土地海洋保护部的意见后负责定期修订,以便确保其与国家环境综合许可中有关该地区的规定相协调,并突出以下要件:

(1)就环境相关重要问题的全面分析。

(2)明确监察计划覆盖的地理区域。

(3)计划所覆盖设备的登记表。

(4)常规环境监察方案的制定程序。

(5)非常规监察程序,即在尽可能短的时间内开展调查,且如有必要,在发放、重审或更新许可之前,告发有关环境的意外、损坏和违规的严重情形。

(6)如有必要,应提供不同环境监察机构之间的合作安排。

11-3. 对于显现出较高风险的设备，两次实地考察的时间间隔不得超过1年；对于显现出较低风险的设备，则不超过3年；对于前一次监察结果显示严重违反许可条件的设备，间隔期不超过6个月。间隔时间的确定应按照第11-2条第（4）项规定的程序，以大区和自治省对相关设备实施的环境风险的系统评估为基础，至少应考虑：

（1）相关设备对人类健康和环境的潜在影响及实际影响，根据排放的水平和种类、当地环境的敏感性和发生意外事故的风险。

（2）遵守许可条件的程度。

（3）经营者是否根据第1221/2009号欧盟条例的规范加入了生态管理与审计计划体系。

第29-11条　事故或意外

1. 除去有关预防和修复环境损害的环境责任的相关规定，在对环境产生重大影响的事故和意外事件中，经营者应立即通知主管机关和第29-10条第3款规定的负责检测的机构，并立即采取措施限制环境后果和进一步预防可能发生的事故和意外，并将其通知主管机关。

2. 收到第1款规定的通知后，主管机关可以警告经营者使其采取每一项适当的补充措施，这些措施是主管机关自己，并根据负责检测的机构或当地主管环境的行政机关的建议，认为对于限制环境结果和进一步防止可能发生的事故和意外所必需的。经营者未在主管机关设定的期限内采取这些补充措施的，将根据第29-14条第1款或第2款的规定进行处罚。

3. 当一个损害导致无法确保遵守对空气排放的限值时，许可最好明确规定通报第1款涉及信息的时间、方式和接收人，第271条第14款规定的8小时最长期限不受影响。

第29-12条　通知

1. 主管机关应至少每年一次将所收到的申请的汇总数据、发放和后续更新许可的电子副本，以及一份违反环境综合许可规定的情况报告通知给环境与土地海洋保护部。在上述信息应实现远程获取的情况中，主管机关有义务至少每年向环境与土地海洋保护部通知远程获取上述信息的方式。

1-2. 根据第29-6条第9-2款规定，每当允许一种例外情形时，主管机关应在颁布环境综合许可办法之日起120日内向环境与土地海洋保护部通知例外的特殊原因和设定的相关条件。

2. 申请涉及第29-4条第1款规定的国家主管的工厂的，本条第1款规定的和第29-10条第6款和第7款规定的数据，应按照环境与土地海洋保护部2007年2月7日部长令中规定形式和方式，通过环境保护与研究高等研究所，转交给环境与土地海洋保护部。

第29-13条 信息交换

1. 主管机关应通过环境保护与研究高等研究所定期向环境与土地海洋保护部转交一份专题报告，该报告是关于本章节的适用情况，特别是有关排放和其他污染形式的代表数据和适用于附件Ⅷ中规定的工厂的排放限值以及上述限值所依据的最佳可得技术，并说明开发和采用新兴技术的有关过程。在欧盟委员会发布的决定基础上，环境与土地海洋保护部应以一个或多个部长令规定上报的频率、应规范的信息的种类和形式，以及活动的界定和信息所限定的特定污染物。上述部长令出现延迟时，本款所规定的信息应每年转交一次，在2014年1月30日之前转交2012年至2013年2个年度的，在2017年4月30日前转交2014年至2016年3个年度的，之后每3年转交一次，参照环境与土地海洋保护部2012年3月15日部长令通过的表格中所确定的种类和形式。

2. 按照欧盟就此方面作出的专门决定规定的期限、内容和形式，环境与土地海洋保护部应预制并向欧盟委员会发送一份电子报告，内容包括欧盟第2010/75/UE指令第二部分以及其他欧盟规定的执行情况，及根据第29-12条和第1款之规定收集上来的信息。

2-2. 在第3款所述协商一致的基础上，环境与土地海洋保护部保证意大利参与欧盟第2010/75/UE指令第75条规定的委员会和该指令第13条第3段规定的论坛。

3. 环境与土地海洋保护部协同经济发展部、劳动与社会政策部、卫生部和1997年8月28日第281号立法令第8条规定的联合会议，负责确保意大利参与由欧盟委员会组织的、与最佳可得技术及其发展相关以及检测规定的信息交换，并负责信息交换结果的可获取。参与的方式，应特别允许主管机关参与信息交换的全部阶段。本款规定的活动，凡属于附件Ⅷ第6.6点规定的活动的，应协同农业食品与林业政策部一同开展。

4. 环境与土地海洋保护部负责确保与第3款规定的信息交换相关的工作进展状况的系统化信息的公开，并协同1997年8月28日第281号立法令第8条规定的联合会议，制定在各主管机关之间进行信息交换的方式，以便促进对最佳可得技术及其发展的更广泛认知。

第 29-14 条　处罚

1. 未取得环境综合许可,或者许可被暂停或撤回后,实施第二部分附件Ⅷ中规定的任一活动的,处 1 年以下拘役或处 2500 欧元至 26,000 欧元的罚金。无许可作业导致排放出属于第三部分附件 5 表格 5 和 3/A 中所列的物质组、族的危险物质,或者收集,或运输,或回收,或处理危险废弃物,以及在责令关闭设备后仍然实施作业的,处 6 个月到 2 年的拘役并处 5000 欧元至 52,000 欧元的罚金。未经许可设立垃圾处理厂的,根据《刑事诉讼法典》第 444 条规定的判决或定罪判决,若非法经营的区域为犯罪行为人或共同犯罪人所有,则没收实施违法行为的场地,该处罚的适用不影响其履行恢复场地原状的义务。

2. 具备环境综合许可却未履行有关规定或主管机关的要求的,除构成犯罪的情形外,处 1500 欧元至 15,000 欧元的行政罚款。

3. 具备环境综合许可却未履行其规定或主管机关的要求,除构成严重犯罪的外,凡具有下述违规情形,处 5000 欧元至 26,000 欧元的罚金:

(1)在许可规定的检测期间或第 29 - 10 条第 4 款和第 7 款规定的监察过程中出现违反排放限值的情形,除非违规情形在许可确定的误差、频率和内容范围内。

(2)违反有关废弃物处理规定的。

(3)违反规定向第 94 条规定的人类饮用水源保护区内或者位于现行法律法规规定的保护区内的水体实施排放的。

4. 第 3 款规定的情形,除了构成较严重犯罪的,处 5000 欧元至 26,000 欧元的罚金,有下列违规情形的,并处 2 年以下拘役:

(1)未经许可处理危险废弃物的。

(2)排放第三部分附件 5 表格 5 和 3/A 中所列的危险物质的。

(3)超过排放限值还导致超过现行法律法规规定的空气质量限值的。

(4)使用未经许可的燃料。

5. 未经事先许可对设备进行实质性调整的,处 1 年以下拘役或处 2500 欧元至 26,000 欧元罚金。

6. 不影响第 3 款适用的前提下,为了运行调整后的设备而需要更新许可决定的情况,若未经事先上报或未达到第 29-9 条第 1 款所规定的期限即对设备进行了非实质性调整的,处 1500 欧元至 15,000 欧元的行政罚款。

7. 经营者未向主管机关履行第29-10条第1款规定的事先通知义务的，以及经营者未按照第29-11条第3款规定的期限向主管机关履行同条第1款规定的通知义务的，处5000欧元至52,000欧元的行政罚款。

8. 经营者未向主管机关、第29-10条第3款规定的负责检测的机构和有关市政府通知第29-10条第2款规定的与排放测量相关的数据的，处2500欧元至11,000欧元的行政罚款。未完成有关危险废弃物处理信息的，处前述规定6倍的行政罚款。若经营者在延迟后60日内履行上述通知义务的，或者通知形式不完整或不准确但是至少提供了为描述设备运转状况所需的全部基础信息的，行政罚款减少为1/10。

9. 在第8款规定的通知中提供虚假数据或伪造数据的，适用《刑法典》第483条规定的刑罚。

10. 在未说明原因或提供证明文件的前提下，经营者未在主管机关确定的期限内提交第29-4条第8款规定的补充文件，或者主管机关要求的其他文件以完善其申请或允许开始重审程序的，处5000欧元至26,000欧元的行政罚款。

11. 本条所规定的行政罚款不适用于1981年11月24日第689号法律第16条规定的减免。

12. 国家主管的设备，由省长签署处罚决定，其他设备，由主管机关签署处罚决定。

13. 因违反本立法令规定而适用国家行政处罚产生的收入应上缴国家财政。因违反第29-11条第1款规定而适用第2款、第6款、第7款规定的处罚措施产生的行政罚金，和除第29-4条第8款、本条以及第29-8条第5款和第5-3款规定的违规情形外，适用第10款产生的行政罚金，收缴后被重新分配给环境与土地海洋保护部的相关费用名日，并用于加强本立法令特别是第29-10条第4款规定的非常规环境监测，以及为了检验被剥夺许可的工厂是否履行环境义务而开展的监测。

14. 根据第二部分规定发放许可的工厂，只要不构成更严重的犯罪，从首次进行第29-10条第1款规定的通知之日起，不再适用部门规章或专门规范规定的与本条调整事项相关的各项处罚。

第四章　跨区和跨境环境评价

第30条　跨区环境影响

1. 属于战略环境评价的计划和方案、大区负责的环境影响评价程序中的干预和工程项目，若该项目也坐落于相邻大区领域内的，环境评价和许可的程序由各主管机关协商实施。

2. 属于战略环境评价的计划和方案、大区负责的环境影响评价程序中的干预和工程项目，以及除附件Ⅻ所规定内容之外，需要环境综合许可决定才能运行的设备或部分设备，如它们可能对相邻大区产生重要环境影响或重大、消极环境影响，主管机关应向相邻大区通报有关信息并取得相邻大区的以及与此影响相关的地方当局的意见。

2-2. 第2款规定的情形，为了阐述各自意见，主管机关应将收到的全部文件在自己的网站上公布以便第2款涉及的主体作出自己的决定。

第31条　权限归属

1. 由大区负责环境评价的计划、方案或项目，若涉及多个大区且各大区主管机关之间就位于一个大区领地内的计划、方案或项目存在争议的，部长会议主席，经与国家、大区和特伦多、博尔扎诺自治省之间关系常务会议协商一致，可决定对其适用本立法令中针对国家主管的计划、方案和项目的程序。

第32条　跨境征求意见

1. 对于可能对另一主权国家的环境造成重大影响的计划、方案、项目和设备，或者应另一主权国家的要求，环境与土地海洋保护部经同文化财产与文化活动部、外交事务部协商一致并通过后者，按照1991年2月25日于埃斯波签订的《跨界背景下环境影响评估公约》(1994年11月3日第640号法律批准认可)第2章、第3章和第3-2章所规定程序的各个阶段，通告与计划、方案、项目或设备相关的策划和所有资料。通告中应规定用以表明其参与该程序的意愿的期限,最长不超过60日。通告应通过主管机关的网站提供公开证据。

2. 若表明有意愿参与该程序,各个被征求意见的国家应在通告参与程序意愿的声明后90日内根据有关成员国之间协定的方式和期限向主管机关转达公权力机关和公众的意见和看法,以求达成一个共识即各磋商国的公权力机关和公众已经获知通告并享有合理期限内表达其意见的机会。主管机关有义务向各磋商成员国转达最终决定和已经由本立法令第17条、第25条、第27条、第27-2条和第29-4条所确定的全部信息。

3. 除附件Ⅻ的规定外,在计划、项目、规划或一个设备或其某部分的运转方式可能产生跨境效应的情形中,大区或自治省应立即通知环境与土地海洋保护部合作并开展适用公约的各个程序步骤。国际协议中另有约定的除外。

4. 提议人或经营者或发起机关负责必要文献资料的准备和传递,在不新增或扩大公共财政负担的前提下,应根据主管机关的要求,按照本立法令第二章第三章或第三(乙)章规定的或主管机关与磋商国协定的方式进行。

5. 环境与土地海洋保护部、文化财产与文化活动部和外交事务部经同相关大区协商一致,与埃斯波公约成员国签订协议,对各个步骤进行规范以便简化和促进公约的执行效果。

5-2. 根据第1款、第2款进行调整的情况,第25条第2款规定的发布最终决定的期限延迟90日或其他根据第2款协商一致的期限。

5-3. 根据本条参与征求意见的有关成员国应在合理时间内预先确定磋商期间。

第32-2条　跨境影响

1. 如某设备的运行可能对欧盟另一成员国环境产生重大、消极影响,环境与土地海洋保护部应协同外交事务部,向该成员国通报根据第29-3条、第29-4条、第29-8条规定提取的数据,并同时向公众公开。若欧盟内某一成员国认为其域内环境可能受到消极、重大影响的,则应根据其要求向其提供上述数据信息。设备不属于国家主管的情况下,若主管机关查实一个设备的运行可能对欧盟另一成员国的环境产生重大消极的影响,应通知环境与土地海洋保护部履行上述职能。

2. 在第1款规定的情形中,环境与土地海洋保护部应协同外交事务部,在双边国际关系框架内,负责确保可能相关的国家民众也可以获知申请,并享有在主管机关作出决定前表达其立场的适当时间。

2-2. 在执行欧洲议会和理事会2010年11月24日制定的第2010/75/UE号指令中第26条第1段赋予的义务的过程中，围绕这些国家针对实施本立法令第二部分附件Ⅷ所述活动而提交的申请所作出的决定，环境与土地海洋保护部应通过其机构网站，负责以适当的方式向公众公布从其他欧盟国家接收的信息。

第五章　临时性规定和最终规定

第 33 条　调查的费用

1. 提议人应缴纳的税费,根据实施服务的成本决定,用以偿付主管机关组织和开展调查活动环境影响评价适用性核查程序的监测和检验、环境影响评价和战略环境评价而支付的费用。环境与土地海洋保护部协同经济与财政部,以部长令的形式确定。

2. 为了实现第 1 款规定的目的,各大区和特伦多、博尔扎诺自治省可以自行规定向提议人收取费用的计算方式和费用金额。

3. 在第 1 款、第 2 款规定的决定颁布之前,仍适用现行有关法律法规。

3-2. 为了对环境综合许可申请,或者第 29-9 条规定的修改申请,或者第 29-8条规定的重审和第 29-10 条规定的后续检查进行调查而实施测定、调查和现场勘查所需的费用,由经营者负担。环境与土地海洋保护部协同经济发展部和经济财政部,经国家、大区和特伦多、博尔扎诺自治省之间关系常务会议同意,以部长令的形式规定第三(乙)章涉及的有关调查和各种检查所应采用的方式、计算和费用,以及应向第 8-2 条规定的调查委员会成员支付的酬劳。部长令还应设定旨在确保税费所生收入与调查和检测活动所生费用在时间上前后一致的程序。调查和检测所产生的费用取决于主管机关和第 29-10 条第 3 款规定负责调查的机构所开展的活动的复杂程度,以设备所从事活动的等级、排放数值与种类和相关的环境成分,以及是否具有注册或认证的环境管理制度和第 8-2条规定的委员会履行职能的费用为基础。由经营者承担的、与支出相一致的税费收入,只可用于支付上述开销。因此,涉及第二部分附件Ⅻ规定的设备的调查税费收入应全部上缴国家财政,根据环境与土地海洋保护部的预报表进行统一再分配。税费规定至少每 2 年调整一次,采用与发布时相同的标准和方式。

3-3. 在第3-2款规定的法令生效之前，仍然适用2008年9月22日公布于官方公报上的2008年4月24日法令中设定的规定。

4. 为了确保第8-2条规定的委员会的运行，在第3-2款规定的法令尚未通过，且本条第1款规定的确定税费的法令生效之前，履行职能的费用以及上述委员会成员的报酬由申请人承担。针对国家管辖的设备，每个环境综合许可应向国家财政缴纳总额为25,000欧元的费用。上述收入，以经济与财政部部长令的形式，按照环境与土地海洋保护部的预报表中的相应章节，在60日内进行再分配。本款所规定的总额应以预付款的名义缴纳，实际花费与法令所确定的用以支付所实施服务全部有效开销的税费有出入的，申请人有义务缴回结余款项。

第34条 技术规范、组织规范和补充规范

1. 本款被2017年6月16日第104号立法令废除。

2. 本款被2017年6月16日第104号立法令废除。

3. 根据环境与土地海洋保护部的提议，政府在听取国家、大区和特伦多、博尔扎诺自治省之间关系常务会议的意见，并取得具备与1986年7月8日第349号法律第13条规定类似的实质要件的环境组织的意见后，以经济规划部际委员会的特别决定，负责修订经济规划部际委员会于2002年8月2日决定中所规定的国家可持续发展战略，有效期至少3年。

4. 第3款规定的国家战略修改决定公布后12个月内，通过适当的资料提供和参与程序，在不增加大区财政负担的前提下，各大区应制定与国家战略目标相一致并对其实现有帮助的可持续发展的整体战略。大区战略在表明大区对国家目标的贡献的同时，还应指明将要采取的手段、优先等级和行动。在此项下，大区应确保计划活动的统一性。大区应促进当地行政活动，通过当地的《21世纪议程》的程序，制定一致的、有益于实现地区战略目标的战略手段。

5. 可持续发展战略应限定进行本立法令所述环境评价的参考框架。上述与各地区水平相匹配的战略，通过代表不同需求的市民和市民组织的参与，应确保经济增长与其引起的环境影响相分离，符合生态稳定性条件，维护生物多样性并满足作为竞争力和就业增长必要前提的、与个体潜能发展有关的社会需求。

6. 环境与土地海洋保护部、各大区和自治省应共同合作确保组织系统稳定，也可通过建立专门的实施单位，在不增加公共财政负担，并遵循现有法令规范的前提下，确保履行下述职能的条件：

(1)以可持续发展的战略视角，决定适用于一个整体环境规模的政策、计划、方案和项目的界定和评估条件。

(2)在公共管理决策程序中保障制定方针、评价、监督和检测功能的发挥。

(3)确保有关环境评价的经验和科学技术知识的交换和共享。

(4)促进对整体环境可持续发展文化的推动和传播。

(5)帮助相关管理机构和公众参与决策程序并确保环境信息的广泛传播。

7. 技术规范应确保评价程序的简化。特别是通过分析计划、方案和项目与实现更高级别的目标和行动之间的一致性以及对后者的贡献,确保战略环境评价和环境影响评价反映直接相关的战略等级。评价程序还应从整体上确保计划、方案和项目减少通过经济体系和废弃物相关的生产产生的材料和能量流动。

8. 监控系统也可由环境办事处和环境保护与研究高等研究所实施,应确保收集与欧盟各组织指标或其他主管机关专门选取的指标相关的数据。

9. 根据 1988 年 8 月 23 日第 400 号法律第 17 条第 2 款,除第 9-2 款和第 9-3款规定事项之外,对本立法令第二部分附件的修改,经环境与土地海洋保护部提议,预先征求国家、大区和特伦多、博尔扎诺自治省之间关系常务会议的意见后,由即将颁布的办法予以发布。

9-2. 如有必要,附件Ⅸ中载明的目录,协同经济发展部、劳动部、卫生部和社会政策部,经由根据 1997 年 8 月 28 日第 281 号立法令设立的联合会议同意,以环境与土地海洋保护部部长令的形式进行修订。为了确保环境综合许可签发程序与环境影响评价程序之间的协调,还可以同种方式对附件Ⅻ进行修订。

9-3. 经事先与经济发展部、劳动部、社会政策部、卫生部和农业食品与林业政策部沟通,环境与土地海洋保护部以部长令的形式接受欧盟委员会颁布的有关附件Ⅷ、Ⅹ、Ⅺ和Ⅻ的修订的技术指令。

第 35 条　临时规定和最终规定

1. 如有必要,各大区应在本立法令生效之日起 12 个月内调整各自的制度规范以符合本立法令的规定。大区现行法律没有规定的,直接适用本立法令的有关规范。

2. 超出第 1 款规定期限的,直接适用本立法令的规范,或者适用与其相近似的现行大区规范。

2-2. 特区和特伦多、博尔扎诺自治省应根据相关法令实现本立法令的宗旨。

2-3. 在本立法令生效前开始的战略环境评价、环境影响评价和环境综合许可程序,应根据程序开始时有效的法律规范作出。

2-4. 针对首次向设备签发环境综合许可的，在第29-10条第1款规定的沟通开始之日前，在规定期限内提交相关申请的已有设备，可以在现行法规范围之内和为该设备运转以及进行非实质性调整所签发的部门环境许可所设立的规定范围内继续原有活动。这些许可持续有效直至第29-4条第12款规定的、在环境综合许可中特别明确的日期为止，或者直至程序终结，即作出不能签发环境综合许可的决定。

2-5. 第2-4款规定的情形不适用第29-14条第1款规定的处罚。

2-6. 国家行政机关、地区和当地机构、公共机构包括大学和研究所、公共控股企业，通过2000年10月12日第279号法律令（经修订后写入2000年12月11日第365号法律）第6-4条规定的程序和标准，应向主管机关提交一份计划目录和一份对其所掌握的土地和环境的历史性、了解性资料概要，以供签发环境综合许可调查之用，文件中应标明保留部分，以及认为可以由该主管机关复制使用的部分，且除复印费外不得产生其他支出。国家主管的设备的相关资料，经由环境保护和研究高等研究所，在其职责范围内向主管机关提交。

2-7. 为适用本立法令，主管机关通过2000年10月12日第279号法律令（经修订后写入2000年12月11日第365号法律）第6-4条规定的程序和标准，应向经营者公开其所掌握的有关土地和环境的历史性、了解性资料，只要其不属于机密文件的，特别是第2-6款规定的内容。为实现此目的，主管机关可以通过环境保护和研究高等研究所在其职责范围内履行上述职能。

2-8. 针对多个设备或其中一部分位于同一地点，由同一管理者经管，属于多个主管机关签发环境综合许可的情况，经环境与土地海洋保护部提议，协同经济发展部、劳动与社会政策部、卫生部，经国家、大区和特伦多、博尔扎诺自治省之间关系常务会议同意，以总理令的形式规定许可的方式。

2-9. 经营者未能实现2006年7月4日第216号立法令及其修订和补充中规定的减排目标的，签发本立法令规定的许可不能免除其所应承担的责任。

第36条　废除和修订

1. 2006年4月3日第152号立法令第4-52条已经废除。

2. 2006年4月3日第152号立法令第二部分附件Ⅰ至Ⅴ由本立法令附件替代。

3. 除本条第4款规定的内容外，自本立法令生效之日起，下述条款被废除：

（1）1986年7月8日第349号法律第6条。

（2）1988年3月11日第67号法律第18条第5款。

(3)1988 年 8 月 10 日第 377 号总理令。

(4)1990 年 5 月 2 日第 102 号法律第 7 条。

(5)1990 年 8 月 4 日第 240 号法律第 4 条第 2 款,第 5 条第 2 款。

(6)1990 年 11 月 29 日第 366 号法律第 1 条第 2 款。

(7)1990 年 11 月 29 日第 380 号法律第 3 条。

(8)1991 年 1 月 9 日第 9 号法律第 2 条。

(9)1991 年 10 月 5 日第 460 号共和国总统令。

(10)1991 年 12 月 30 日第 412 号法律第 3 条。

(11)1992 年 1 月 27 日第 100 号立法令第 6 条。

(12)1992 年 2 月 28 日第 220 号法律第 1 条。

(13)1992 年 4 月 27 日共和国总统令。

(14)1994 年 1 月 5 日第 36 号法律第 17 条第 6 款。

(15)1994 年 4 月 18 日第 526 号共和国总统令。

(16)1995 年 5 月 31 日第 206 号法律第 2-2 条第 1 款(1995 年 3 月 29 日第 96 号法律令)。

(17)1996 年 4 月 12 日共和国总统令,公布于 1996 年 9 月 7 日第 210 号公报。

(18)1998 年 2 月 11 日共和国总统令。

(19)1998 年 7 月 3 日共和国总统令。

(20)1999 年 8 月 4 日总理令。

(21)1999 年 9 月 2 日第 348 号共和国总统令。

(22)1999 年 9 月 3 日总理令,公布于 1999 年 12 月 27 日第 302 号公报。

(23)2000 年 9 月 1 日总理令,公布于 2000 年 10 月 11 日第 238 号公报。

(24)2001 年 3 月 23 日第 93 号法律第 6 条。

(25)2002 年 12 月 27 日第 289 号法律第 77 条第 1 款和第 2 款。

(26)2003 年 11 月 14 日第 315 号法律令第 1 条、第 2 条,经修订后写入 2004 年 1 月 16 日第 5 号法律。

(27)2005 年 2 月 18 日第 59 号立法令第 5 条第 9 款。

(28)2005 年 4 月 18 日第 62 号法律第 30 条。

4. 本款被 2014 年 3 月 4 第 46 号立法令废除。

5. 因条款的废除或修订对公共财政产生直接或间接影响的,受本条款规定调整。

第 37 条

本条被 2008 年 1 月 16 日第 4 号立法令废除。

第 38 条

本条被 2008 年 1 月 16 日第 4 号立法令废除。

第 39 条

本条被 2008 年 1 月 16 日第 4 号立法令废除。

第 40 条

本条被 2008 年 1 月 16 日第 4 号立法令废除。

第 41 条

本条被 2008 年 1 月 16 日第 4 号立法令废除。

第 42 条

本条被 2008 年 1 月 16 日第 4 号立法令废除。

第 43 条

本条被 2008 年 1 月 16 日第 4 号立法令废除。

第 44 条

本条被 2008 年 1 月 16 日第 4 号立法令废除。

第 45 条

本条被 2008 年 1 月 16 日第 4 号立法令废除。

第 46 条

本条被 2008 年 1 月 16 日第 4 号立法令废除。

第 47 条

本条被 2008 年 1 月 16 日第 4 号立法令废除。

第 48 条

本条被 2008 年 1 月 16 日第 4 号立法令废除。

第 49 条

2008 年 1 月 16 日第 4 号立法令已经确认本条废除。

第 50 条

本条被 2008 年 1 月 16 日第 4 号立法令废除。

第 51 条

本条被 2008 年 1 月 16 日第 4 号立法令废除。

第 52 条

本条被 2008 年 1 月 16 日第 4 号立法令废除。

第三部分

土壤保护、抗沙漠化、水污染防治和水资源管理的规定

第一编　土壤保护和抗沙漠化的规定

第一章　一般原则和职能

第一节　一 般 原 则

第 53 条　立法目的

1. 本编规定旨在通过塌陷防治、排除险情和抗沙漠化的方式确保对土壤和地下土的保护和治理、对域内水文地质情况的治理。

2. 为实现第 1 款的目的，公共行政机关应采取一切可知的、适当的计划和规划干预措施，并按照下述规定，对干预方案和计划的实施进行预先部署。

3. 为实现第 1 款的目的，国家、特区和普通大区、特伦多和博尔扎诺自治省、各省、市和山区、土地改良和灌溉康采恩应在各自的职权范围内共同合作。

第 54 条　定义

1. 根据本编规定，下列术语是指：

（1）本项被 2014 年 3 月 4 日第 46 号立法令废除。

（2）水：指大气水、地表水和下文中具体规定的地下水。

（3）地表水：除地下水之外的所有内水，过渡水域和沿海水域的水，若考虑其化学状态，还应包括土地中的水分。

（4）地下水：位于土壤表层以下饱和区并与土壤或底土直接接触的全部水体。

（5）内水：位于确定领海的海基线以内的所有流动的和静止的地表水和地下水。

（6）河流：主要在地表流动，但也可以部分在地下流动的内水水体。

(7)湖泊:内部静止的地表水体。

(8)过渡水域:河口附近的地表水体,因靠近沿海水域而具有部分咸水性质,但主要受淡水流的影响。

(9)沿海水域:位于距离用于确定领海界限的海基线最近点外侧1海里的一条假想线内的地表水,最终扩展到过渡性水域的外侧界线。

(10)地表水体:独特且重要的地表水元素,诸如湖泊、水库、溪流、河流或运河,以及溪流、河流、运河或过渡水域、沿海水域的一部分。

(11)人造水体:由人类活动所创造的地表水体。

(12)经过重大改造的水体:一种地表水体,其性质因由人类活动引起的物理变化而发生重大改变。

(13)地下水体:包含在一个或多个含水层中的不同容积量的地下水体。

(14)含水层:一个或多个地下岩层或其他具有足够的孔隙率和渗透性的地质层,地下水能够在其中充分流动并能抽出相当数量的地下水。

(15)水文网络:构成流域蜂巢式排水系统的各项要素的集合。

(16)流域:为了从一个单一的入海口或三角洲河口汇入大海,所有地表水通过一系列溪流、河流以及湖泊所流经的地带。

(17)子流域或小流域:为了在一个特定地点汇入水流,通常是湖泊或河流汇合处,所有地表水通过一系列溪流、河流和湖泊所流经的地带。

(18)水文区:由一个或多个相邻的流域及其相应的地下水和沿海水域构成的陆地和海洋区域,是进行流域管理的主要单元。

(19)土壤保护:有关保护和保持土地、河流、运河和水渠、湖泊、潟湖、沿海地带、地下水,以及与它们相连接的土地的措施和活动的总和,旨在降低水利风险、稳固地质不稳定现象,优化水资源的使用和管理,提升环境特征和相关景观的价值。

(20)水文地质不稳定:一种区域特征状况,在此区域内与水体、土壤和山体运动相关的自然或人为过程决定了地区的风险状况。

(21)水利工程:构成流域蜂巢排水系统的各项要素的总和。

(21-2)地区流域管理局或流域管理局:根据欧洲议会和欧盟理事会2000年10月23日发布的第2000/60/CE号指令第3条和2010年2月23日第49号立法令第3条规定的主管机关。

(21-3)地区流域计划或流域计划:地区计划。

第55条　了解性活动

1. 为实现第53条规定之目的，了解性活动是指在领域内进行的下列活动：

(1)数据的收集、处理、存储和传播。

(2)物理环境要素和一般风险情况的查明、试验、调查和研究。

(3)绘制和更新地图。

(4)对本编规定的各项工程的计划、方案和项目的实施效果进行评估和研究。

(5)实施为了实现第53条之目的所需的各种了解性行为。

2. 本条规定的了解性活动应当基于第57条第1款的决议，并根据1999年7月30日第300号立法令第38条的规定，由环境保护与研究高等研究所土地保护部—意大利国家地质服务局负责开发统一的信息系统，按照信息收集和处理、征求意见的规则、方式和标准以及行业内有资格的公共主体之间的配合与协作的方式，整合各大区和自治省的信息系统，确保对数据处理、分析、构建和管理的协调性。

3. 国家行政机关，包括自治区的相应机关、各国家机构、公共机构和经济机构等，有义务收集与土壤保护领域相关的信息，并按照本条第2款规定的方式将信息转交给相关大区和环境保护与研究高等研究所土地保护部—意大利国家地质服务局。

4. 意大利国家市镇协会(ANCI)致力于开展本条规定的了解性活动，尤其是为实现第1款第5项之目的和促进2005年8月19日第195号立法令第8条和第9条规定的，以及承认欧洲议会和欧盟理事会2003年2月28日第2003/4/CE指令并由1999年5月17日第144条法律第1条规定实施的环境信息的传播。此外，还应关注：

(1)空气污染。

(2)水污染、河流治理和水资源综合循环。

(3)声音污染，电磁污染和光污染。

(4)土地保护。

(5)可持续发展。

(6)废弃物综合循环。

(7)可再生能源。

(8)受保护的区域和公园。

5. 意大利国家市镇协会，在与环境与土地海洋保护部达成的协议规定的范围内，通过收集和处理对境内环保收入进行监管所必要的信息来开展第4款所规定的活动。开展上述活动的规则和方法由环境与土地海洋保护部部长令进行规定。活动经费支出不应低于环境与土地海洋保护部制定的年投资预算中可支配金额的1.5%。对于2006财政年度，上述费用从分配用于土壤和环境保护的基金中提取。

第56条　计划、规划和实施活动

1. 除属于意大利国家民防服务局的职责和机构活动外，为实现第53条规定的目的而开展的有关干预措施的规划、计划和实施活动主要涉及：

(1)通过水文地质干预手段、水利工程、森林—水利工程、林牧工程、造林和土地改良措施以及通过大自然、植物和动物恢复过程对流域中的土地进行合理布局、保护和修复。

(2)河流及其分支、河流的末端支流、湿地的保护、合理布局和调节。

(3)洪水调节工程，包括通过水库、蓄水池、膨胀水箱、卸荷器、泄洪渠、改道或其他方式防御洪涝灾害。

(4)对在河道、湖泊、潟湖和海洋中进行的开采活动进行规范，以便预防对土地的破坏，包括土地侵蚀、河床和海岸的下沉。

(5)对山坡和不稳定区域的防护和加固，以及对定居地点和基础设施的防护以应对山体滑坡、塌方及其他不稳定现象。

(6)通过原始生态平衡复建工程和地下水恢复工程以遏制土壤下沉、沿河海水和含水层中的海平面上升现象。

(7)保护海岸和居住地不被海水淹没和侵蚀，以及通过沙滩线再造工程恢复沙滩环境。

(8)表层水和深层水资源的合理利用，利用高效的水利、灌溉和供水网络确保引水总量不损害河床所需的及水警部门所要求的最小水量。

(9)有效开展水利监察、内部巡航服务及对相关设施设备的管理。

(10)对水利工程和设备的日常维护与非日常维护以及财产保护。

(11)以环境保护为目的，通过制定维护和保存国有区域和建立河流、湖泊公园和保护区的规则，对相关地域采取的前述干预手段进行规范。

(12)水文地质关系的重新调整。

2. 开展第1款规定的活动时，应遵循在任何享有职权的(包括预先设定的职

权的)公共主体之间进行合作与协作的规则、方法、标准以及方式,以保证下列事项的统一性:

(1)保护人的生命和土地的条件,包括居民和财产。

(2)资源、财产的使用方式和相关服务管理的方式。

第二节　职　能

第 57 条　意大利总理和负责土壤保护干预的部长委员会

1. 经部长会议审议后,意大利总理以总理令的形式批准下述事项:

(1)环境与土地海洋保护部的提议:

1)有关方式、标准和技术的决议,以便开展第 55 条和第 56 条规定的活动,以及对流域计划和干预方案进行核查和检测;

2)在国家—大区会议意见上形成的流域计划;

3)在相关义务主体持续不履行本编规定的职责时,经警告后开展的替代履行的行为;

4)本编规定的任何其他部门内指导和合作行为。

(2)第 2 款规定的部长委员会所提议的国家干预方案。

2. 负责土壤保护干预的部长委员会在总理府内办公。该委员会由总理,或经其委任后由环境与土地海洋保护部部长主持工作;委员会由环境与土地海洋保护部、基础设施与交通部、生产活动部、农业与林业政策部的部长组成,当涉及大区事务及文化财产与文化活动时,还应有总理委任的民防代表参加。

3. 部长委员会负有高度的监管职能,并负责落实指导性文件及协调各项活动。向总理提出有关国家干预方案的议案,并监督其实施。上述干预计划应与各大区以及国家级公共机构出台的干预计划相协调。

4. 为了确保各个相关行政机关之间的协作,部长委员会应直接或间接地提出与行政区规划目的和内容相关的部门政策方针,并在审批相关法令的过程中核查其一致性。

5. 部长委员会应利用国家主管行政机关的组织架构来履行技术秘书处的职能。

6. 本条规定的有关方针和合作的文件的各项原则应在听取国家、大区和特伦多、博尔扎诺自治省之间关系常务会议的意见后确定。

第 58 条 环境与土地海洋保护部的职能

1. 环境与土地海洋保护部负责行使本编所调整事务中有关国家的功能和职责，应由国家民防总局行使的法定职责除外。

2. 环境与土地海洋保护部的具体职责如下：

(1)按照第 57 条的规定，在听取国家和大区会议的意见后，提出关于进行水利监察、内河航行、工程及设备的实施、管理与维护和进行财产保护的指导方针和标准的议案，以便相关指导方针和标准获批通过。

(2)起草关于土地使用和水文地质条件的报告，将其作为 1986 年 7 月 8 日第 349 号法律第 1 条第 6 款所述环境状况报告的附件，以及起草第 69 条规定的有关土壤保护干预措施的三年期方案的实施情况报告，作为预报告和方案报告的附件。土地使用和水文地质情况的报告以及环境状况报告由环境保护与研究高等研究所土地保护部—意大利国家地质服务局负责编写。

(3)根据 1986 年 7 月 8 日第 349 号法律第 2 条第 5 款和第 6 款的规定，通过水资源保护和利用措施、环境保护措施履行土地保护职能，确保与各个层级的计划相协调。

3. 根据第 2 款的规定，环境与土地海洋保护部应履行以下职责：

(1)对土壤保护干预措施进行规划、资助和监管。

(2)预测、预防和保护土壤，使其免受塌方、洪水以及其他水文地质不稳定现象影响，在中长期内确保稳定和协调的环境条件应由民防部门行使紧急干预措施的职权除外。

(3)指导和协调环境与土地海洋保护部派驻在第 63 条规定的地区流域管理局内的各个代表的工作。

(4)依据自然价值、环境价值和土壤保护情况确定国土管理的基本路线，同时还应考虑基础设施网的区域衔接、国家工程以及领土改变所产生的环境影响。

(5)为环境保护与研究高等研究所土地保护部—意大利国家地质服务局制定收集、处理信息及就信息征求意见的规则、方法和标准；确定相关部门公共机构进行协助和相互合作的方式；确定有关查证和研究自然环境要素与一般风险条件的指导方针。

(6)对有关土壤保护的国家级工程的计划、方案和项目的实施效果进行评价。

(7)与制图系统之间的协调。

第59条　国家—大区会议职能

1.为了履行第57条规定的指导和协助职能,国家—大区会议应就本编规定的活动和目的提出意见、建议和批评,并随时回应环境与土地海洋保护部关于上述问题的询问。具体包括:

(1)就上述第57条规定的有关指导方针、方法以及标准制定提出建议。

(2)对环境保护与研究高等研究所土地保护部—意大利国家地质服务局在科学和组织方面的不断调整提出建议,并就其与各服务机构、科研机构、办公室、公私机构之间直接或间接合作开展土地保护的研究调查活动提出建议。

(3)对流域计划提出建议,使其符合第57条规定的指导方针和标准。

(4)就三年期方案中的拨款如何在负责实施干预措施和工程的主体间进行分配提出意见,前述干预措施和工程由流域计划确定。

(5)对国家干预计划提出意见。

第60条　环境保护与研究高等研究所的职责

1. 除国家民防服务局的法定职责外,环境保护与研究高等研究所土地保护部—意大利国家地质服务局行使以下职能:

(1) 根据第55条的规定开展了解性活动。

(2) 实现统一信息系统和全国性综合调查和监管网络。

(3)应申请人申请,提供相关数据、意见和咨询服务,相关费用按照价目表确定的价格收取,该价目表由环境与土地海洋保护部协同经济与财政部提出议案,并由总理令颁布,每两年颁布一次。费率根据使用者参与付费的原则确定。

第61条　各大区的职能

1.除了国家民防局在其职责范围内开展的活动外,大区根据其与国家民防局之间的协议,履行宪法规定的和国家赋予的职责下的职能和职务,具体包括:

(1) 根据第63条第4款[1]中常设机构会议颁布的指示参与水文地质区的流域计划的调研和起草,并制定其职权范围内的文件。

(2)就制定方案和起草与水文地质区相关的研究和设计提出建议。

---

[1] 因修订原因,原第63条第4款的内容已经发生变化,有关常设机构会议的内容可参见第63条第5款和第6款。后文第65条第3款、第66条第2款、第69条第3款和第4款、第70条第1款、第71条第1款同此处。

(3)负责第121条所述保护计划的起草、通过、批准和实施。

(4)在自身的职责范围内起草水文管理区域内待实现的项目、干预措施和工程方案,并负责报批和实施,必要时设置统一管理。

(5)在自身的职能范围内,负责水利监察服务的组织和运作,工程和设备的管理和维护与财产保存。

(6)负责内河航行的组织和运作,基础建设与交通部的其余职能除外。

(7)每年负责起草本辖区内有关土地使用和水文地质情况的报告,以及正在进行中的三年期方案的实施情况报告,并在12月底之前将其提交给环境与土地海洋保护部。

(8)在所辖水文地质流域内,承担保持和防护与领土、土壤和底土,保护和利用水资源所必需的其他主动措施,并实现本编所规定的其他职能所必要的任何其他必要措施。

2. 意大利堤坝登记处(RID)专门负责对位于地震区域内的、超过15米或蓄水量超过100万立方米的拦河工程、堤坝工程项目进行鉴定和监管。由意大利生产活动部管辖的并专用于存放、倾倒和清洗工业废弃物的全部拦水工程除外。

3. 根据1959年11月1日第1363号共和国总统令的规定,拦水坝高度不超过15米以及蓄水量不超过100万立方米的拦河坝的管理权限应重新纳入各大区、特伦多和博尔扎诺自治省的职权范围内。对于此类拦河坝,如果位于国家级大型水源服务项目,则仍由基础设施与交通部行使职权。意大利堤坝登记处为各个大区提供所需的技术支持。

4. 任何高度和蓄水量的拦河堤坝的设计和建造技术标准只能由国家依权限制定。

5. 1923年12月30日第3267号皇帝令规定的有关水文地质的限制权能全部由大区负责履行。

6. 已经转移或授权给大区行使的其他行政职能不受影响。

第62条　地方政府机构及其他主体的职能

1. 水文地质区域内的各市镇、省及他们组成的康采恩或协会、山区共同体、土地改良与灌溉康采恩、山区流域雨水收集康采恩以及位于流域区域内的其他公共机构、公共权力机构应在地方自治职权范围内,按照各大区单独制定或大区间共同协定的方式和形式共同参与履行大区的土壤保护职能。

2. 第1款中提到的机构可以与环境保护与研究高等研究所土地保护部—意

大利国家地质服务局签订专门协议并与其开展合作。

第63条　地区流域管理局

1. 第64条规定的每个水文地质区域内均应设立地区流域管理局(以下简称流域管理局)。流域管理局为非营利公共机构,按照本编规定的目标运作,其活动须遵守效率、效益、经济、公开的准则。

2. 遵循辅助性、区分性、适当性以及效用性和减少开支的原则,在与地区领地一致的水文地质区内,为了使大区命令符合本立法令规定的原则,各大区应成立地区流域管理局负责履行本条所规定的职责和义务。此外,地区流域管理局还应被赋予本部分所规定的大区职权。环境与土地海洋保护部通过环境保护与研究高等研究所对地区流域管理局的工作进行指导,并负责协调其与其他地区流域管理局之间的协作。

3. 流域管理局的机构包括:常设机构会议、秘书长、执行会议、执行技术秘书处以及审计委员会,审计委员会的设立应遵守现行法规。流域管理局机构的运营费用由现行法律规定的可支配资金来源负担,应遵守职能区分原则、合理利用资源原则以及辅助性原则。环境与土地海洋保护部经与经济财政部、政务公开和精简部,在听取国家、大区和特伦多、博尔扎诺自治省之间关系常务会议的意见后,以部长令的形式规定有关人员和工具资源,包括1989年5月18日第183号法律规定的流域管理局的场地和资金的归属问题和向本条第1款规定的流域管理局进行移交的事项。上述事项应事先征求工会组织的意见,在2012年7月6日第95号法律令第2条(经修订后写入2012年8月7日第135号法律)及其修正案中规定的现行办法中最终确定的限额内,不得额外增加公共财政负担。为了保证本条第1款规定的流域管理局更高效地履行职责,前句中提及的法令,可以通过撤销大区和跨区的流域管理局的方式改设一个大区级别的地区联络处。

4. 自第3款规定的法令生效之日起90日内,应环境与土地海洋保护部提议,经与辖区与水文地质区域相关的各大区和自治省协调一致,以一个或多个总理令的形式确定调入流域管理局的人员及机构设置。调入的员工仍旧保持原单位的福利标准、基本经济待遇以及附加待遇,上述标准和待遇仅限于在劳动关系成立时的固定项目和连续项目;如果上述待遇高于收编单位职工按规定应享有的薪酬水平,差额部分作为可吸收的人员补贴以其取得的名义进行后续经济改善。此外,上述总理令还应确定并调转相关的资产和资金。经济财政部有权颁布法令对预算进行必要的修订。

5. 第 1 条款中规定的流域管理局的方针、合作和规划文件应由常设会议审议通过，该会议经参会机构或环境与土地海洋保护部提议，由秘书长召集召开，秘书长参会但没有投票权。常设会议参与人员包括：大区、辖区与水文地质区相关的各大区区长和自治省省长及其助理，环境与土地海洋保护部部长和基础设施与交通部部长或他们的国务秘书、总理下属民防部门长官，以及在涉及相关职权时还应包括农业食品与林业政策部、文化财产文化活动与旅游部部长或他们的国务秘书。需要咨询意见的，可以邀请来自全国范围内有代表性的农业机构的两位代表，以及一位来自全国土地保护与水利灌溉管理联合会（ANBI）的代表，以解决土地保护和水资源灌溉管理问题。会议不得为参会者提供薪金、回报、出勤费或报销款等任何名义的报酬。常设会议的出席人数达到 3 人以上方为有效，其中必须包括环境与土地海洋保护部部长，决议以出席人数过半数通过方为有效。常设会议的决议还应报请环境与土地海洋保护部部长批准，制定批准流域计划的决议除外。规划文件应在现行法律所规定的资金预算范围内制定。

6. 常设机构会议负责：

（1）按照第 57 条规定的指导方针和标准制定起草流域计划的标准和方法。

（2）确定流域计划实施的时间和方式，使其能够与子流域和次级区划的计划相衔接。

（3）确定流域计划的哪项组成部分对单个大区具有特殊利益，哪项组成部分对多个大区具有共同利益。

（4）为保证流域计划的制定采取必要的措施。

（5）制定流域计划及其临时计划。

（6）根据大区有关实施干预措施完成阶段的报告，对干预方案的实施情况进行监管。若不属于国家职责范围内的干预未按方案规定的时间实施，出现了严重的延迟履行的情形，常设会议应警告不履职主体并为其确定开工期限。逾期未开工的，应采取必要措施保证工程顺利开始，相关大区的区长可以委托基础设施与交通部的地方机构和下设机构代为履行职责。

（7）根据职能区分原则、合理利用资源原则以及辅助性原则，决定关于相关行政代表的具体条件和要求的流域管理局章程，以及预算、决算和预算变更、行政管理和会计规范、组织架构、人员需求和一般规范性文件，并将其报请环境与土地海洋保护部和经济与财政部批准。环境与土地海洋保护部会同经济与财政部以法令的形式批准该章程。

7. 秘书长的人选,依据环境与土地海洋保护部的建议,由意大利总理令任命。

8. 秘书长的任期为5年,其职责为:

(1)负责履行流域管理局的主要职能。

(2)负责常设会议决议文件的预审,并提出意见。

(3)促进国家、大区、地方级别各行政机构之间的合作,协调相应的活动。

(4)负责执行会议指令的实施。

(5)每季度向常设会议报告流域计划的实施情况。

(6)负责收集整理关于计划中和正在进行的干预措施的资料以及国家、大区和地方机构对流域计划的拨款数据和区域内任何为执行流域计划而欲实施的干预措施的数据,并将这些数据公布在流域管理局的官方网站上供公众查阅。

9. 执行会议由常设会议中的各行政机构代表组成;由秘书长负责召集和主持召开。需要咨询意见的,可以邀请来自全国范围内有代表性的农业机构的两位代表,以及一位来自全国土地保护与水利灌溉管理联合会的代表,以解决土地保护和水资源灌溉管理问题。会议不得为参会者提供薪金、回报、出勤费或报销款等任何名义的报酬。执行会议决议须得到超过3/5参会者的支持方可通过。针对调查性活动,还可以联合来自相关机构、研究所和公共企业的专家参与执行会议,由常设会议指定并由环境与土地海洋保护部部长令任命,专家没有投票权,并应遵守不变支出原则,不得增加公共财政负担。执行会议应对第10款第(1)项规定的文件发表意见,并就第10款第(2)项规定的活动的开展颁布指令,如涉及技术问题还应颁布相关的技术指导。

10. 根据现行立法规定的财政资源,流域管理局应当负责:

(1)起草地区流域计划及其相关的临时计划,其中包括欧洲议会和欧盟理事会于2000年10月23日颁布的第2000/60/CE号指令第13条及其修订中规定的流域管理计划,以及欧洲议会和欧盟理事会于2007年10月23日颁布的第2007/60/CE号指令第7条规定的洪水风险管理计划,以及干预方案。

(2) 就欧盟、国家、大区和地区的计划和方案与流域计划的目标在土壤保护、抗沙漠化、水资源保护和水资源管理方面的一致性提出意见。

11. 除了各大区根据本立法令第62条之规定制定的规则外,流域管理局负责协调和监管由整体改良康采恩,以及帝奇诺康采恩(Consorzio del Ticino)—马焦雷湖(Lago Maggiore)调整项目建设、维护以及实施的自治机构,奥力欧康采恩(Consorzio dell'Oglio)—伊赛欧湖(Lago d'Ieso)调整项目建设、维护以及实施的自治机构,以及阿达康采恩(Consorzio dell'Adda)—科莫湖(Lago di Como)调整项目建设、维护以及实施的自治机构按照1933年2月13日第215号皇帝令的规定开展的活动和授权履行的职能,特别是涉及有关水利和改善工程项目的实施、维护和运营,实现环境保护、恢复水资源、灌溉应用、恢复水道的自然化以及植物净化等方面。

第二章　水文地质区、手段和干预措施

第一节　水文地质区

第 64 条　水文地质区

1. 整个国土,包括小型岛屿,被划分为下列水文地质区:

(1)阿尔卑斯山东部水文地质区,其中包括下列流域:

1)阿迪杰(Adige)流域,已被 1989 年 5 月 18 日第 183 号法律确定为国家级流域;

2)阿尔托—亚得里亚(Alto Adriatico)流域,已被 1989 年 5 月 18 日第 183 号法律确定为国家级流域;

3)弗留利—威尼斯—朱利亚和威尼托(Friuli Venezia Giulia e del Veneto)流域,已被 1989 年 5 月 18 日第 183 号法律确定为大区级流域;

4)雷梅乐(Lemene)流域,已被 1989 年 5 月 18 日第 183 号法律确定为跨大区流域。

(2)波河(Fiume Po)水文地质区,包括下列流域:

1)波河(Po)流域,已被 1989 年 5 月 18 日第 183 号法律确定为国家级流域;

2)莱诺河(Reno)流域,已被 1989 年 5 月 18 日第 183 号法律确定为跨大区流域;

3)费赛罗—塔塔罗—卡纳比安科(Fissero Tartaro Canalbianco)流域,已被 1989 年 5 月 18 日第 183 号法律确定为跨大区流域;

4)孔卡—马勒其亚(Conca Marecchia)流域,已被 1989 年 5 月 18 日第 183 号法律确定为跨大区流域;

5)拉莫勒(Lamone)流域,已被1989年5月18日第183号法律确定为大区级流域;

6)摩多奈—隆哥联合河流(Fiumi Uniti Montone, Ronco)、萨维欧(Savio)、卢比科奈(Rubicone)和乌索(Uso),已被1989年5月18日第183号法律确定为大区级流域;

7)属于罗马涅大区海岸的子流域,已被1989年5月18日第183号法律确定为大区级流域。

(3)北亚平宁山脉(Appennino settentrionale)水文地质区,包括下列流域:

1)阿尔诺河(Arno)流域,已被1989年5月18日第183号法律确定为国家级流域;

2)赛尔吉欧(Serchio)流域,已被1989年5月18日第183号法律确定为试点流域;

3)马格拉(Magra)流域,已被1989年5月18日第183号法律确定为跨大区流域;

4)利古里亚(Liguria)流域,已被1989年5月18日第183号法律确定为大区级流域;

5)托斯卡纳(Toscana)流域,已被1989年5月18日第183号法律确定为大区级流域。

(4)亚平宁山脉中部(Appennino centrale)水文地质区,包括下列流域:

1)台伯河(Tevere)流域,已被1989年5月18日第183号法律确定为大区级流域;

2)特伦多(Tronto)流域,已被1989年5月18日第183号法律确定为跨大区流域;

3)桑格罗(Sangro)流域,已被1989年5月18日第183号法律确定为跨大区流域;

4)阿布鲁佐(Abruzzo)流域,已被1989年5月18日第183号法律确定为大区级流域;

5)拉齐奥(Lazio)流域,已被1989年5月18日第183号法律确定为大区级流域;

6)波腾扎(Potenza)、基恩提(Chienti)、泰纳(Tenna)、艾泰(Ete)、阿索(Aso)、麦诺吉雅(Menocchia)、泰西诺(Tesino)和马尔凯(Marche)大区子

流域，已被1989年5月18日第183号法律确定为大区级流域；

7）菲奥拉（Fiora）流域，已被1989年5月18日第183号法律确定为跨大区流域；

8）佛利亚（Foglia）、阿尔奇拉（Arzilla）、麦塔罗（Metauro）、切萨诺（Cesano）、米萨（Misa）、艾西诺（Esino）、姆索奈（Musone）及其他子流域，已被1989年5月18日第183号法律确定为大区级流域。

（5）亚平宁山脉南部（Appennino meridionale）水文地质区，包括以下流域：

1）利里—噶里利亚诺（Liri - Garigliano）水域，已被1989年5月18日第183号法律确定为国家级流域；

2）沃尔都诺（Volturno）流域，已被1989年5月18日第183号法律确定为国家级流域；

3）赛勒（Sele）流域，已被1989年5月18日第183号法律确定为跨大区流域；

4）西尼和诺切（Sinni e Noce）流域，已被1989年5月18日第183号法律确定为跨大区流域；

5）布拉达诺（Bradano）流域，已被1989年5月18日第183号法律确定为跨大区流域；

6）萨齐奥奈（Saccione）、佛尔托莱（Fortore）和比菲尔诺（Biferno），已被1989年5月18日第183号法律确定为跨大区流域；

7）奥凡托（Ofanto）流域，已被1989年5月18日第183号法律确定为跨大区流域；

8）劳河（Lao）流域，已被1989年5月18日第183号法律确定为跨大区流域；

9）特里尼奥（Trigno）流域，已被1989年5月18日第183号法律确定为跨大区流域；

10）卡帕尼亚（Campania）流域，已被1989年5月18日第183号法律确定为大区级流域；

11）普利亚（Puglia）流域，已被1989年5月18日第183号法律确定为大区级流域；

12）巴西利卡塔（Basilicata）流域，已被1989年5月18日第183号法律确定为大区级流域；

13)卡拉布里亚(Calabria)流域,已被 1989 年 5 月 18 日第 183 号法律确定为大区级流域;

14)莫利塞(Molise)流域,已被 1989 年 5 月 18 日第 183 号法律确定为大区级流域。

(6)撒丁岛(Sardegna)水文地质区,包括撒丁岛流域,已被 1989 年 5 月 18 日第 183 号法律确定为大区级流域。

(7)西西里(Sicilia)水文地质区,包括西西里流域,已被 1989 年 5 月 18 日第 183 号法律确定为大区级流域。

第二节　手　　段

第 65 条　地区流域计划的价值、目的和内容

1. 地区流域计划(以下简称流域计划),属于部门的地域计划,是在相关区域物流和环境特征的基础上,为了土壤的保持、防御和增值以及水资源的正确利用,用以计划和规划相关行动和法规的认识、规制和技术操作工具。

2. 流域管理局根据第 3 款规定的指导方针、方法和标准制定流域计划。应特别针对山区流域、高山水流和谷地水道实施研究和干预措施。

3. 流域计划应该符合第63 条第4 款规定的常设会议所确定的指导方针、方法和标准,流域计划实现第 56 条规定的目的,且在与本立法令第三部分附件 4 规定的要件保持一致的前提下,特别应包括:

(1)2004 年 1 月 22 日第 42 号立法令规定的,有关自然系统、市镇和跨市镇市政规划手段中规定的土地用途、与地区相关的一些限制的认知框架的组织和更新。

(2)对当前存在和潜在的情况、自然系统的恶化及相关成因的确定和量化。

(3)土壤保护、水文地质治理及水资源和土地利用所应当遵守的方针。

(4)指明为应对下述问题所必需的工作:

1)洪水风险和不稳定现象的程度和范围;

2)干旱风险;

3)滑坡风险、泥石流风险及类似风险;

4)为追求社会和经济发展或领土再平衡目标,以及确保干预措施效力

所需要的时间。

(5)水资源、农业、林业和矿产资源的规划和利用。

(6)确定有关水利工程、农业—水利工程、林业—水利工程、造林工程、水体改良工程、土壤稳定和加固工程的规定和限制,以及确定有关任何其他以土壤保持和环境保护为目标的行动或使用规定或限制。

(7)第(6)项中指明的工程的施工和竣工,如果上述工程已经通过特殊法律、普通法律或者被批准的相关规划文件予以拨款。

(8)对与水文地质区正对的海岸的保护、加固和整合工程。

(9)对采取适当干预措施防止水文地质不稳定现象的农业和林业区域所有者的奖励机制。

(10)预先评估,旨在分析比较主要干预措施在治理及管理方式、成本效益、环境影响和财政资源配备方面的不同,从而在众多可能性之间进行选择。

(11)相关规范和干预措施,旨在规制在国有河流、湖泊、海洋及类似地带从事的岩石材料开采活动。其中,类似地带尤指那些水情良好的地带以及陆地和海岸地形地貌平衡保护地带。

(12)对因特殊水文地质条件而受到特别限制和规范的区域的指导意见,旨在保持水土、保护环境及预防人类干预措施可能产生的有害影响。

(13)防地面沉陷和防沙漠化措施,通过有效的规划和干预措施来确保对水资源的最大利用和再利用。

(14)对取水工程和正在进行的按照能源、饮用水、灌溉或其他目的分类的引水工程所做的了解性评定。

(15)对渔业、通航或其他不同用途的使用评定。

(16)有关取水和其他用途的未来可能用水计划,按照使用类别和用水量区分。

(17)干预措施的优先顺序,及其随时间推移根据缺水程度的有机发展。

(18)有关现行法中规定的财政资源的说明。

4. 审批通过的流域计划中的规定立即对行政机关和公共机构产生约束力,流域计划宣称对私主体具有同等效力的规定也立即产生约束力。尤其是,社会经济发展计划和方案、土地建设使用计划和方案必须与批准通过的流域计划相协调,或至少不得与之相抵触。

5. 为实现第4款之目的,在流域计划批准后12个月内,主管机关负责对相关的地区计划和大区计划进行调整，特别是那些涉及农业、畜牧业、农林业、水质保护、废弃物管理、环境资产保护和改良的计划。

6. 除第4款规定外，自流域计划在各大区官方公报上公布之日起90日内，各大区应根据需要发布有关实施该流域计划的市政规划要求。上述期限经过，与流域计划相关的地方机构都应遵守上述城市规划要求。如果自上述要求公告之日起6个月内，且至少在获批的流域计划公布后9个月内，上述机构没有落实与其市政措施相关的必要调整，则大区办公室应负责进行调整。

7. 在流域计划待审批期间，流域管理局应特别针对山区流域、高山水流和谷底水流以及第3款第(2)项、第(5)项、第(6)项、第(11)项、第(12)项中规定的内容采取保护措施。保护措施立即产生约束力直至流域计划审批通过，但终归不得超过3年期限。各大区、省、市未实施或流域计划违反保护措施，并由此可能对地区造成严重损害的，环境与土地海洋保护部经事先警告其在合理期限内为适当履行后，应以保护令的形式采取必要的临时保护措施，禁止施工、作业或其他人类活动，并同时预先通知主管行政机关。如果本款规定的不适当履行主体涉及国家派出机构，环境与土地海洋保护部部长应立即通知该派出机构所属的主管部委，由后者采取必要措施确保流域计划适当履行。如果仍需采取保护性干预措施以防止对地区造成严重损害，主管部委应协同环境与土地海洋保护部，颁布本款规定的保护令。

8. 针对支流或功能性河段也可以制定流域计划并获得批准，无论如何，这些(次级)流域计划应保持连贯并与第3款规定的内容相关联。应始终确保对地区进行系统性考虑，并根据第7款的规定，对尚未完善规制的方面采取适当的限制手段和保护措施。

9. 本条的实施不得新增或扩大公共财政负担。

第66条　流域计划的制定和批准

1. 流域计划在审批通过之前，应按本立法令第二部分规定的程序进行国家级战略环境评价。

2. 已经取得第1款规定的环境报告的流域计划，应经由第63条第4款规定的常设机构会议多数同意表决通过，并以会议决议的形式对下列事项做出书面规定：

(1)各大区制定后续办法的期限。

(2)计划中哪些内容仅与个别大区相关，哪些内容涉及两个或以上大区。

3. 已经取得第 2 款规定的环境报告的流域计划,应在常设机构会议确定的召开日期前至少 20 日提交给该会议的各个组成机构;涉及多数表决的情形时,通过决议中应提供对会议期间提出的不同意见所做的充分分析和适当说明。

4. 在大区怠于履行的情形下,经环境与土地海洋保护部部长提议,发出限期为适当履行的警告并听取相关大区的意见后,意大利总理应当采取必要措施,包括任命一位"行动特派员",确保开展相关程序和制订形成计划的必要文件。

5. 计划已通过审批的消息应按照本立法令第二部分规定的形式和方法进行发布,以便进行国家级的战略环境评价程序实验。

6. 战略性环境评价程序结束后,在主管部门出具的环境兼容性评价意见的基础上,按照第 57 条第 1 款第(1)项第 1)子项中规定的方式,以意大利总统令的形式批准流域计划,并在意大利政府公报和地方主管大区的官方公报上公布。

7. 流域管理局应促进相关主体积极参与流域计划的制定、重审和修订工作,同时负责在每一个水文地质区内对下述文件进行公示并可为欲提出意见的、包括用户在内的公众所获取。针对下列文件,应规定至少 6 个月的期限用于提交书面意见,这些文件包括:

(1)提交计划的工作时间表和工作方案,包括一份关于征求意见措施的声明,这些措施应在距流域计划涵盖期间起始时间的至少 3 年前做出。

(2)对距流域计划涵盖期间起始时间的至少 2 年前确定的本水文地质区内的主要水资源管理问题的临时性整体评估。

(3)流域计划提案的复印件,至少应距流域计划涵盖期间起始时间 1 年前公示。

第 67 条　水文地质风险治理的临时计划和风险区域预防措施

1. 流域计划被延迟批准的,流域管理局应根据第 65 条第 8 款的规定为水文地质结构(PAI)制定临时性流域计划,应特别包括对水文地质危险区域的确定、划定应采取保护措施的危险区域范围和确定应采取的保护措施。

2. 除第 66 条规定的程序外,流域管理局还应批准根据大区和地方当局的提议起草的、旨在消除较高水文地质风险情况的特别计划。该特别计划应当优先包括那些根据 1992 年 2 月 24 日第 225 号法律第 5 条被宣告处于紧急状态的水文地质风险区域。特别计划尤其应当对威胁人类、基础设施、环境和文化遗产安全的重大水文地质危险区域进行认定并确定其范围。对这些区域应根据第 65 条第 7 款的规定并参考该条第 3 款第 4 项的内容采取相应的保护措施。流域管理局怠于履行的，经意大利部长会议的提议，意大利总理根据第 57 条第 2 款的规定颁布关于认定危险区域、确定危险区域范围和相应保护措施的文件。如果是在没有第 1 款规定的临时性计划的情况下采取的保护措施，这些措施持续有效直到前述计划获得批准。获批的特别计划可通过本款规定的相同方式进行补充和修订，尤其应参考为确保相关区域安全而已经采取的干预措施。

3. 考虑到流域管理局已经采用的方案和本条第 2 款规定的特别计划，第 57 条第 2 款规定的部长委员会，经国家—大区会议同意，应确定紧急干预方案或通过水文流域养护行动，以降低在对人身、财产和环境遗产具有较高危险的高度敏感地带的水文地质风险。其中，应优先处理那些根据 1992 年 2 月 24 日第 225 号法律第 5 条的规定被宣告进入紧急状态的区域。为实施上述干预措施，经环境与土地海洋保护部和基础设施与交通部提议，并与相关大区协商一致，可以采取 1992 年 2 月 24 日第 225 号法律第 5 条第 2 款规定的措施。

4. 针对第 1 款、第 2 款、第 3 款涉及履行内容的预审活动，在不新增或扩大公共财政负担的前提下，各主管部委的部长应责成民防部门，以及与国家森林警察、各大区、流域管理局、国家研究委员会水文地质灾害防治组合作开展。在环境领域，则可以与环境保护与研究高等研究所土壤保护部—意大利地质服务局，在各自相应的职权范围内开展合作。

5. 在制定第 1 款、第 2 款、第 3 款、第 4 款规定的各项办法的 6 个月内，针对水文地质危险区域，特别是对人身、财产和环境遗产具有较高危险的高度敏感区域，各民防机构应当制定包含保障相关人群安全的保护措施在内的紧急应急计划，这些措施包括预警、警戒和预防性救援。

6. 在第 1 款规定的临时性计划中应确定可能引起水文地质风险的基础设施和建筑项目。在此基础上，各大区应制定激励政策，促使上述设施的所有权人对基础设施进行改善，并将生产活动和私人住宅搬迁到危险区域之外。为实现以上目的，各大区根据相关地方机构的意见，按照风险的优先等级标准，预先制定基础设施适应调整计划，并为其确定合理期限，还应根据市政建筑规范制定搬迁生产活动和私人住宅的财政激励或减免政策。财政激励措施涉及的金额不能超过 1998 年 5 月 31 日第 112 号立法令第 86 条第 2 款规定的财政收入份额，还涉及拆除建筑项目所产生的费用；搬离区域的土地应收归市政府，作为不可支配资产。建筑物的拆除应按照现行法律规定的方式进行。如果相关主体放弃享受上述激励政策，则凡经证实为自然灾害引起的、因财产所在位置所导致的财产损害，他们将丧失享受任何利好政策的权利。

7. 本条第 1 款、第 2 款和第 3 款规定的文件内容应包括实施方法和相关财政保障的说明。

第 68 条　通过临时性计划方案的程序

1. 第 67 条第 1 款规定的、水文地质危险防治的临时性计划方案无须进行战略性环境评价，按照第 66 条规定的方式表决通过。

2. 制定水文地质结构的临时性计划，应以现有可利用文件和意见为基础，在相关计划方案通过之日起 6 个月内表决通过。

3. 为了制定和实施临时性计划、保持流域计划和地方级规划之间的必要一致，各大区应召集一次规划协调会，按照各省范围，或者各大区商定的区域范围，召集相关省、市和大区及流域管理局的一名代表共同参会。

4. 第 3 款规定的会议应对计划方案提出意见，尤其是有关计划内容在省市层级上的一体化，并制定必要的水文地质规范和城市规划要求。

第 68-2 条　河流协议

1. 河流协议有助于确定和实施流域层级和子流域层级的区域性规划措施，这些自发性战略和谈判规划措施旨在对水资源进行保护和正确管理，并提升河流地区的价值，防范水文风险、促进上述地区的区域发展。

第三节　干预措施

第 69 条　干预方案

1. 流域计划通过三年期干预方案得以实施，该方案根据流域计划的基本方针以及目的拟定，其内容应包含实施方法和相关财政资金支持的说明。

2. 三年期方案中应保证不低于 15% 的拨款资金全部用于以下事项：

（1）工程项目、设备及资产（包括工地—工厂和水利仓库的工具、设备和材料）的日常维护。

（2）开展水上警务、内河航运、充分干预和快速干预的水利干预措施服务。

（3）编撰和修订流域计划，开展关于土壤保护的研究、调查或其他活动，起草总规划、可行性研究、工程方案以及主要工程的环境影响评价研究报告。

3. 在获得第 63 条第 4 款规定的常设机构会议的支持意见后，各大区可以在常设机构会议的监督下，利用大区的拨款实施流域计划中规定的工程和干预措施。

4. 在得到第63条第4款规定的常设机构会议的授权后，各省、城镇、山区和其他公共机构可以利用自己的拨款实施流域计划规定的工程和干预措施。

第70条　干预方案的通过

1. 干预方案应由第63条第4款规定的常设机构会议审议通过；应在确定的开会日期前至少20日将上述方案发至会议组成成员；在多数表决通过的情况下，通过的决议中应对会议期间提出的不同意见进行适当分析并说明理由。

2. 每个三年期方案的截止日期均为三年中最后一年的12月31日，批准用于实施方案的款项未在上述日期内使用完结的，将被追加到下一个三年期方案计划的资金中，用于实施正在进行中的或修订的三年期方案中规定的干预措施。

3. 在实施中的三年期方案的倒数第二年的12月31日之前，根据第1款规定的方式通过的与下一个三年期方案相关的新的干预方案，应提交给环境与土地海洋保护部，以便在下一年的6月3日之前，以该方案的预算为基础并听取国家—大区会议的意见后，向经济与财政部递交下一个三年期方案所需财政资金的说明以便于预先编制财政预算法草案。

4. 根据2000年8月18日第267号立法令第34条规定的方案协议，三年期方案中规定的干预措施应由相关主管部门统一协调配合予以实施。

第71条　干预措施的实施

1. 按照第63条第4款中常设机构会议下达的专门指令，流域管理局可以将其所负有的研究、设计职能和技术组织职能委托给大学教育机构、自由专家或专门的专业技术组织来执行。

2. 紧急情况下可以执行快速干预工程。

3. 本编涉及的所有关于实施干预措施的特许文件都应按照固定税费进行登记。

第72条　资金

1. 除了水利工程维护实施活动、土壤改良改造活动产生的收入外，本编规定的干预措施的实施全部由国家负担，并通过第69条规定的三年期方案实施。

2. 为实现第1款之目标，根据1978年8月5日第468号法律第11条第3款第(4)项的规定提供财政支持。上述拨款应写入经济与财政部的预算表，直至完成本条第3款和第4款规定的资金分配流程。经济与财政部应根据上述流程以部委令的形式对预算进行相应的修改。

3. 在听取国家—大区会议的意见后，第 57 条规定的部长委员会负责起草国家三年期干预方案的提案，并根据单个方案中标明的优先等级在国家和大区的行政机关之间分配拨款，必要时还应确保干预手段之间的协调。在整个拨款中，该部长委员会应确定一份预留份额，用于支持环境保护与研究高等研究所的调整方案和功能、科技强化方案。

4. 根据第 57 条规定，国家干预方案和包括用于支持环境保护与研究高等研究所的预留份在内的拨款分配方案应由意大利总理批准。

5. 根据国家—大区会议的提议，在国家三年期方案获得批准后 30 日内，环境与土地海洋保护部应以部委令的形式确定大区负责的、在主要水文地质网络和国有水利财产改造方面具有突出性的水利技术工程项目。上述工程项目应被呈递至公共建筑工程高级委员会征求意见，后者应在接到申请后的 90 日内对其发表意见。

第 72–2 条　关于用于搬迁或拆除位于高或极高水文地质风险区域或暴露于水文地质风险中的违法不动产的资金的规定

1. 环境与土地海洋保护部的支出预算表中应设立专门条款规定用于实施搬迁或拆除措施的资金经费，由市政负责搬迁或拆除位于高或极高水文地质风险区域，或者被证实暴露于水文地质危险中的未取得建设许可或完全不符合建设许可的工程或不动产。

2. 为实现第 1 款之目的，2016 财政年度共拨款 1000 万欧元。2016 年度的相关费用通过相应减少 2005 年 12 月 23 日第 266 号法律第 1 条第 432 款规定的支出许可来实现。经济与财政部有权以部委令的形式对预算进行相应的修改。

3. 除了 2001 年 6 月 6 日第 380 号意大利共和国总统令颁布的《建筑工业法律法规统一文本》第 31 条第 3 款中有关取得沉积区域的规定外，得到本条第 1 款资金支持的市镇负责向到期未搬迁或未拆除的相对人收取相关费用，包括重新估价的费用和利息。在收到付款后 30 日内，市政府负责将上述费用的全部金额按照相应收入条款上缴国库，并将收据转交给环境与土地海洋保护部，以便经济与财政部根据环境与土地海洋保护部的建议，以部委令的形式按照本条第 1 款规定的预算条款对上述收入进行统一再分配。

4. 针对被下达了明确的搬迁和拆除决定但逾期未执行的工程和不动产而采取的干预措施，应对其提供资金支持，金额不得超过本条第 1 款规定的预算条款中列明的可用数额。根据环境与土地海洋保护部按季度制定并由国家—城市会议和地区自治机构每12个月表决通过的特别清单,针对清单中列为高风险区域所采取的干预措施享有获得上述资金支持的优先权。1991年12月6日第394号法律第6条、第13条、第29条和第30条及其修订另有规定的除外。

5. 为了获得第1条款规定的资金,相关城镇应向环境与土地海洋保护部提出专门的特许申请,并附上搬迁或拆除项目报告、相关花费的详细列表、该地区已核发搬迁或拆除办法但仍未执行的工程和不动产名单以及相对人不执行该办法的证明材料。自本规定生效之日起90日内,在听取国家—城市会议和地区自治机构的意见后,环境与土地海洋保护部以部委令的形式颁布有关提交特许申请程序的模板和操作指南。

6. 本条第5款发放的资金应该按照2003年9月30日第269号法律令(经修订后写入2003年11月24日第326条法律)第32条第12款规定的实际接收金额进行添补。关于资金支持模式和违法工程或不动产的搬迁或拆除方式另有规定的除外。

7. 未履行第4款规定的搬迁或拆除措施的,在拨款后的120日内,应按照第3款第2句中规定的方式将资金归还给环境与土地海洋保护部。

8. 环境与土地海洋保护部应向参、众议院提交有关本条实施情况的报告,报告中应说明所使用的资金和完成的干预措施。

第二编　水污染的防治

第一章　一般原则和职能

第73条　宗旨

1.为实现下述目标,本编对保护地表水、海洋和地下水作出一般规定:

(1)防治和减少污染以及对受污染水体的治理。

(2)改善水质并调整对有特定用途的水资源的保护方法。

(3)实现对水资源的长久可持续利用,优先针对可饮用水。

(4)保持水体的自洁能力,以及支持动、植物种群广泛和多样化的能力。

(5)减缓水灾、旱灾对以下方面的影响:

1)为了实现对水资源持续、稳定、公平的利用,保证优质地表水和地下水的充足供给;

2)明显减少地下水污染;

3)保护领海和海洋,并实现国际协议设定的目标,包括那些旨在防止和消除海洋环境污染,为了阻止和逐步消除优先排放等级的危险物的排泄、排放和遗弃,最终使其在海洋环境中的浓度接近该物质在自然界存在的自然基值和作为人类合成物质的零排放。

(6)防止进一步恶化,保护和改善水生态系统、陆地生态系统和直接依赖水生态系统满足其供水需求的湿地的状况。

2.通过以下手段实现第1款中规定的目标:

(1)确定环境质量目标和特定用途的水体。

(2)对任一水文区域定性和定量的综合保护和相匹配的检测及处罚体系。

(3)符合国家规定的排污限值,以及界定与接受水体质量目标相关的限值。

(4)健全综合水体服务框架下的废水排放、收集和净化系统。

(5)确定易受污染区和敏感地区的污染预防措施和减少污染措施。

(6)确定水资源的保存、节约、再利用和循环方式。

(7)采取措施逐步减少排污、排放和含有危险物质的其他扩散性污染源,或者当其排放物中含有优先排放等级的危险物质时,逐步消除上述排放,以使这些物质在海洋环境中的浓度接近该物质在自然界存在的自然基值和作为人类合成物质的零排放。

(8)采用综合措施控制对地表水的排污和排放。

3. 在现行立法规定的财政资源内,力争实现第1款和第2款规定的宗旨并采用其规定的手段,促进保护领海和海洋并实现相关国际协议设定的目标。

第74条　定义

1. 依本编设立之目的,下述词语是指:

(1)人口当量:可降解有机负荷的生化需氧量(BOD5)为每日60克氧气。

(2)鲤科水域:狗鱼、河鲈鱼和鳗鱼等鲤科鱼类生存或适宜其生存的水域。

(3)沿海水域:位于距离用于确定领海界限的海基线最近点外侧1海里的一条假想线内的地表水,最终扩展到过渡性水域的外侧界线。

(4)鲑鱼水域:鳟鱼、茴鱼和白鱼等鲑鱼类生存或适宜其生存的水域。

(5)河口:位于河流入海口处的淡水和海岸水过渡区域,面海的外部界限由环境与土地海洋保护部部长令确定;若无部长令,则暂时确定为距海岸线500米。

(6)淡水:水体天然呈现的盐浓度被认为适于饮用水的萃取和处理。

(7)生活污水:源于居民点和服务场所,主要因人类代谢和家庭生活而产生的回流水。

(8)工业废水:从事商业活动或制造业的办公楼或工厂里排放出来的任何回流水,区别于生活污水和降雨径流。

(9)城市污水:源自居民区的生活污水或生活污水与工业废水或污水管道和分离式下水道中输送的降雨径流的混合物。

(10)地下水:位于土壤表面以下饱和区,并与地面和底土直接接触的全部水体。

(11)温泉水:2000年10月24日第323号法律第2条第1款第(1)项规定的天然矿泉水,其用途也由该法规定。

(12)居民区:人口或者生产活动集中的区域,其规模在技术上和经济上符合可实现的环境效益,通过处理系统或终端接收点收集和输送城市污水。

(13)应用到地面:通过散布和/或与地表层混合、灌浆、填埋的方式增加土地层物质。

(14)农业利用:对养殖排泄物、橄榄加工产生的植物水、农场和小型农产品企业产生的回流水的管理,从其产生到施于土地或用作灌溉、施肥,以利用其所含成分中的营养和改善物质。

(15)区域管理机构:省、市之间组织开展综合供水服务的合作形式。

(16)综合供水服务管理人:在一个理想的地域范围内负责管理综合供水服务的主体或者一个全权负责综合供水服务的既有公共服务管理人。

(17)牲畜:为使用或收益而养殖的所有动物。

(18)氮化合物:任何含氮的物质,以气态分子形式存在的除外。

(19)化肥:通过工业过程生产的任何肥料。

(20)养殖排泄物:牲畜的排泄物或其与褥草的混合物,及其加工产品形态,包括养鱼业活动产生的废弃物。

(21)水体富营养化:水中富含营养成分,尤其是氮和/或磷化合物,导致水藻和/或更高级形式的植物的激增,扰乱水中有机物的平衡并破坏相关水体质量。

(22)肥料:除1984年10月19日第748号法律中的有关规定外,含有一种或多种含氮化合物的物质,包括养殖排泄物、鱼塘残留物和淤泥,铺撒在土地上以促进植物生长。

(23)淤泥:城市污水处理厂产生的,经过处理或未处理的残留淤泥。

(24)污染:因人类活动而向大气、水或土壤中直接或间接地排放可能损害人类健康或水生态系统或直接依赖水生态系统的陆地生态系统的物质或热能,扰乱、破坏或进一步损害环境的再生能力或其他对环境的合理利用。

(25)下水道网:城市污水的收集和输送系统。

(26)分离式下水道:由两个水管构成的下水道网,第一个管道用于降雨径流的收集和输送,也可作为初期雨水的收集和分离装置,第二个管道用于与初期雨水混合的城市污水的收集和输送。

(27)排水:通过一个固定的汇集系统专门实施的任何注入,该汇集系统将污水的生产周期与地表水受体、土壤、地下土和污水管网始终联系起来,无论其污染性如何,都需要事先进行净化处理。不包括第114条规定的排水。

(28)废水:一次排放产生的所有回流水。

(29)既有排水管:1999 年 6 月 13 日之前投入使用、并按照当时的许可制度设立的城市污水的排水管,和同一日期之前已经完成全部招标程序和工程承包程序的城市污水处理厂的排水管,以及 1999 年 6 月 13 日之前投入使用、并按照当时的许可制度授权的家庭污水排水管和 1999 年 6 月 13 日之前投入使用并获得许可的工业废水排水管。

(30)适当处理:通过一个排污过程或一个排污系统进行的城市污水处理,确保排放后接受水体符合相关质量目标或符合本立法令第三部分的规定。

(31)初步处理:通过物理程序和/或物理化学程序和/或其他程序,对回流水进行处理使固体悬浮物沉淀,其结果应达到,在排出之前,处理水的生化需氧量(BOD5)至少降低 20%,且固体悬浮物总量降低 50%。

(32)二次处理:通过一个通常为生物处理的过程,或其他符合本立法令第三部分附件 5 表格 1 中规定要求的程序,对回流水进行二次沉淀处理。

(33)工业企业、工厂:全部处于同一个经营者控制下的区域,在其内进行生产、运输和/或利用本立法令第三部分附件 8 规定的物质的商业活动或工业活动,或者任何其他导致上述物质在排放中存在的生产过程。

(34)排放限值:一次排污中所含有的污染物的可接受限值,以浓度,或以产量单位、原材料单位,或时间单位计量。排放限值还可以针对特定的物质组、族和类别来设定。物质的排放限值适用工厂排放排出口标准,不考虑可能的稀释;决定工厂排放限值时可以将回流水净化站的效果考虑在内,只要确保对整体环境的保护处于适当水平并避免加大环境污染负荷。

(35)脆弱区:直接或间接地向已经污染的水中排放农业或畜牧业产生的氮化合物的区域地带,或因上述类型的排放活动而可能如此的区域地带。

2. 此外,本编所使用下述术语是指:

(1)地表水:除地下水、过渡水域水和海岸水域水之外的内陆水,其化学状态除外,也包括领海。

(2)内水:所有流动的或静止的地表水,和所有位于用于确定领海界限的海基线以内的地下水。

(3)河流:一种主要在地表流动,部分也可在地下流动的内陆水体。

(4)湖:内部静止的地表水体。

(5)过渡水域:河口附近的地表水体,因为靠近沿海水域而具有部分咸水性质,但主要是受淡水流的影响。

(6)人造水体:由人类活动产生的地表水体。

(7)经过重大改造的水体:作为主管机关根据第118条和第120条规定规划的结果,一种其性质因由人类活动引起的物理变化而发生重大改变的地表水体。

(8)地表水体:独特且重要的地表水元素,诸如湖泊、水库、溪流、河流或运河,溪流、河流、运河或过渡水域、沿海水域的一部分。

(9)含水层:一个或多个地下岩层或其他具有足够的孔隙率和渗透性的地质层,地下水能够在其中充分流动并能从中抽出相当数量的地下水。

(10)地下水体:包含在一个或多个含水层中的不同容积量的地下水体。

(11)流域:为了从一个单一的入海口或三角洲河口汇入大海,所有地表水通过一系列溪流、河流以及湖泊所流经的地带。

(12)子流域或小流域:为了在一个特定地点汇入水流,通常是湖泊或河流合流处,所有地表水通过一系列溪流、河流和湖泊所流经的地带。

(13)水文区:由一个或多个相邻的流域及其相应的地下水和沿海水域构成的陆地和海洋区域,是进行流域管理的主要单元。

(14)地表水状况:对一个地表水体状态的概括表述,由其最低的生态和化学状态值决定。

(15)良好的地表水状况:一个地表水体所达到的状态,不论是生态方面还是化学方面,都至少可以被界定为"良好"。

(16)地下水状况:对一个地下水体状态的概括表述,由其最低的质量状态和化学状态值决定。

(17)良好的地下水状况:一个地下水体所达到的状态,不论是质量方面还是化学方面,都至少可以被界定为"良好"。

(18)生态状态:对与地表水相关联的水生态系统的结构和功能质量的表述,根据本立法令第三部分附件1的规定进行分类。

(19)良好的生态状态:根据本立法令第三部分附件1的规定所界定的地表水体的状态。

(20)良好的生态潜力:一个人造水体或经过重大改造的水体的状态,根据本立法令第三部分附件1的有关规定进行分类。

(21)地表水的良好的化学状态:按照第78条第2款第(1)款和第(2)项规定的方式,为了达到本编确定的地表水的各项环境目标所需要的化学状态,即一个地表水体所达到的状态,其中所含的污染物质的浓度不得超过为了第三部分附件 1 第 A.2.6 节表格 1/A 和 2/A 中优先排放名单上为各项物质所设定的环境质量标准。

(22)地下水的良好的化学状态:一个地下水体的化学状态符合本立法令第三部分附件 1 表格 B.3.2 规定的所有条件。

(23)质量状态:对一个地下水因直接或间接开采而被改变的程度的表述。

(24)可支配地下水资源:地下水体在长时期内全球喷发的年平均增长率减去为了达到地表水的生态质量目标所必需的水流量在长时期内的年平均增长率的结果,依第 76 条之规定,旨在避免该水域出现重大干涸状态,以及对相关陆地生态系统造成的重大损害。

(25)良好的质量状态:本立法令第三部分附件 1 表格 B.1.2 中定义的状态。

(26)危险物质:具有持续性和生物积累性的有毒物质或物质组,以及可以产生类似担忧的其他物质或物质组。

(27)优先排放物质和优先排放的危险物质:根据第 2000/60/CE 号指令第 16 条的统一规定所确定的各种物质。

(28)污染物:任何可导致污染的物质,特别是本立法令第三部分附件 8 的名单中所规定的。

(29)对地下水的直接输入:不通过地面或地下土壤的渗透(直接)向地下水输入污染物。

(30)环境目标:本立法令第三部分第二章确定的各项目标。

(31)环境质量标准,又称为"SQA":为了保护人类健康与环境,水、残渣和生物中所含特定污染物或污染物组的最高浓度。

(32)联合治理:除了下述引用法规中有不同规定外,在 2012 年 12 月 22 日之前,针对所有对地表水的排放将要开始或实施的全部检测,包括基于可行技术的排放检测,对有关排放限值的检测,在涉及扩散影响的情况下,还包括最佳环境实践;这些检测为:

1)2005 年 2 月 18 日第 59 号立法令中有关污染的整体预防和减少(的检测);

2)本立法令第三部分中(规定的检测),有关城市污水,农业中产生的硝酸盐,对水生环境或通过水生环境表现出重大风险的物质,包括对生产饮用水的水源的风险和排放汞、镉、HCH（六氯环己烷）、DDT（双对氯苯基三氯乙烷）、PCP、艾氏剂、狄氏剂、异狄氏剂、六氯苯、六氯丁二烯、氯仿、四氯化碳、EDC、三氯乙烯、全氯乙烯和TCB的风险。

（33）用于人类消费的水：2001年2月2日第31号立法令规定的水。

（34）供水服务：向家庭、公共企业或任何经济活动提供的所有服务：

1）对地表水或地下水的提取、蓄水、存储、处理和分配；

2）回流水的收集和处理结构，处理后向地表水排放。

（35）水的利用：供水服务和第118条中规定的认知活动所产生的、对水的状态产生重大影响的其他使用。这一概念用于本立法令第三部分附件10所规定的经济分析。

（36）本项被2008年1月16日第4号立法令废除。

（37）排放检测：对排放产生特定限制的检测，例如排放限值，或者设定有关排放效果、特性或其他特征的其他限制或条件，或对排放产生影响的操作条件。

（38）环境成本：因使用水资源而给环境、生态系统和依赖环境的对象造成的损害（所消耗）的成本。

（39）资源成本：因超过资源的自身恢复和交换水平，进行集约型开采而给其他使用者造成的机会缺失的成本。

（40）工厂：固定的技术单元，在其中开展本立法令第二部分第三（乙）章附件Ⅰ中所规定的一种或多种活动，和在技术上与工厂内所进行的活动相关的并会对排放和污染造成影响的其他辅助性活动；针对不受本立法令第二部分第三（乙）章调整的活动，工厂即建筑物。针对本立法令附件Ⅰ中涉及的活动，工厂即受污染综合预防和检测制度调整的整体。

（40-2）检测限：最小输出标记或浓度值，超过该数值即可明确断定该特定样本不同于不含待检物质的空白样本。

（40-3）定量限：待检物质的浓度检测限的既定倍数，能够以可接受的精度和准度进行合理确定。定量限可以借助一个基准物质或一个适当样本来计算，并可由校准曲线上的最低校准点减去空白后获得。

（40-4）测量不确定度：一个非负参数，用以表征一个以使用信息为基础的测量所产生的定量值的分散性。

（40-5）基准物质：就其特性而言，具有足够的稳定性和同质性，在测量和对标称性能的检测中被设定为适合某一特定使用的材料。

(40-6)基质:水生环境的一部分,即水、沉积物、生物群。

(40-7)生物群的分类群:整个分类等级或“亚门”、“类”或其相当分类中的特定水生类群。

第75条　职能

1. 依本编之规定管辖的事项:

(1)除由卫生部行使与卫生—健康相关的职能外,国家通过环境与土地海洋保护部履行与保护环境和生态系统相关的职能。

(2)大区和地方当局应履行宪法规定的和国家授予的相关方面的功能和任务。

2. 关于大区和地方当局应履行的功能和任务,在被证实出现未履行作为欧盟成员所负有的义务的情况下,具有严重危害健康或环境的危险或者未履行通知义务的,总理应根据环境与土地海洋保护部部长的建议,为未履行义务的机构设立一个适当的改正期限,该期限届满而未作为的,部长委员会听取未履行义务主体的意见后,任命一名专员代为负责。代为履行的经济支出由未履行义务的机构承担。法令规定的紧急情况下发布命令的权力和现行立法中有关替代权力的规定,以及第132条的规定不受影响。

3. 根据环境与土地海洋保护部部长的建议并与国家—大区会议协商一致,为实施本立法令第三部分所必需的技术性规定,由一个或多个规章设立,作为本立法令的附件,这些规章根据1988年8月23日第400号法律第17条第3款的规定通过;此外,通过以上规章,可以对本立法令第三部分的附件进行修订,以适应意外提出的需求或新的科学技术成果。

4. 根据2005年2月4日第11号法律,对于欧盟将要颁布的指令,若其修改了本立法令第三部分已经接纳的欧盟指令中规定的执行模式和技术规范特征的,由职能主管部委以部长令的形式对本立法令第三部分附件进行修改以实施新的欧盟指令。

5. 大区确保水体质量信息在更广范围内的传播,并协同相关职能部委,经国家、大区和特伦多、博尔扎诺自治省之间关系常务会议同意,按照环境与土地海洋保护部部长令所规定的方式,向环境保护与研究高等研究所的内陆水和海洋保护部门传送有关本立法令第三部分执行情况的已知数据和信息,以及欧盟法规规定的内容。环境保护与研究高等研究所的内陆水和海洋保护部门,在国家环境信息系统内,处理所接收的有关国家层级的信息,并向有关部委和环境与土地海洋保护部传送这些信息并发送给欧盟委员会。该法令还确认并规范大区负责向环境与土地海洋保护部传送相关决定的情形，这些决定或者根据欧盟协议而采纳或者根据所承担的国际义务而采纳。

6. 大区促进有关各方积极参与本立法令第三部分的实施，特别是第 121 条规定的保护计划的制定、复核和更新环节。

7. 各大区利用国际协议为此目的而构建的既有框架，负责实现第 76 条、第 77 条规定的质量目标，和在执行有关成员国之间的协议的过程中针对国际流域的回流水拟采用的相关措施方案。

8. 若水文区域超出欧盟地界，国家和大区应履行各自职能，与所涉及的第三国建立适当的合作，以便在所有的水文区域内实现本立法令第三部分规定的目标。

9. 为实现环境保护和水体治理，也为了灌溉利用、河流的再自然化和无杂质化，可以设立土壤改良和灌溉康采恩，也可以通过与主管机关达成专门的方案协议。

第二章 （水体）质量目标

第一节 （水体）环境质量目标和具有特定用途的（水体）质量目标

第76条 一般规定

1. 为了保护和治理地表水和地下水，本立法令第三部分规定重要水体的最低环境质量目标和第78条规定的具有特定用途的水体的质量目标，并在全国范围内确保其有效实现。

2. 环境质量目标应根据水体所具备的维持自我净化的自然过程的能力，和支持广泛的动植物群落能力来确定。

3. 具有特定用途的水体的质量目标应确定适合人类特殊利用、鱼类和贝类生存的水体状态。

4. 通过第121条规定的水体保护计划，在实施本立法令第三部分的过程中应采取适当措施，在2015年12月22日之前达到下述目标：

（1）重要地表和地下水体的环境质量目标保持或达到“良好”。

（2）保持已经达到本立法令第三部分附件1中所定义的“高等”环境质量状态。

（3）对于第79条规定的有特定用途的水体，保持或达到本立法令第三部分附件2中规定的特定用途（水体）质量目标，既往法规中规定的执行条款除外。

5. 若涉及被设定环境质量目标的水体和适用不同限值参数的具有特定用途的水体的，在判定是否达到环境质量目标时应遵循更加严格的标准；遵守这些限值的义务从2015年12月22日开始生效。

6. 保护计划负责协调环境质量目标与具有特定用途水体的不同质量目标。

7. 大区可以设定更高水平的环境质量目标，以及确定水体的进一步用途和相关质量目标。

第 77 条　环境质量目标的确定与实现

1. 自本立法令第三部分生效之日起 12 个月内，大区没有预先就每个重大水体或其一部分，确定与本立法令第三部分附件 1 中规定相对应的质量等级的，应基于已经获得的数据和根据第 118 条和第 120 条之规定实施首次测定的结果进行确定。

2. 关于第 1 款涉及的分类，大区设定并采用必要措施以达到或保持第 76 条第 4 款第(1)项、第(2)项所规定的环境质量目标，设定上述目标时应考虑到基于流域管理局的指引所确定的最大允许负荷，并确保在各种情况下所采用的措施有助于防止所有水体的进一步恶化。

3. 为了确保在 2015 年 12 月 22 日以前达到环境质量目标的“良好”状态，在 2008 年 12 月 31 日前每个被分类的地表水体或其部分应至少到达本立法令第三部分附件 1 所规定的“充分”状态的要求。

4. 回流进入保护区的水必须在本立法令第三部分附件 1 所设定的时间期限内，达到其确定的质量目标和标准，除非根据已经设立的个别区域的部门规章有不同规定。

5. 流域计划中应详细说明人造水体或重大改造水体的确定及相关理由，并每 6 年重新审核一次。下述情况下，大区可以确定人造水体或重大改造水体：

(1)为了达到良好的生态状况所需的、对上述水体形态特征的改变，会对下述事项产生重大消极影响：

1)对广义上的环境；

2)对包括港口基建在内的航海业，或者海上运动；

3)对需要蓄水的活动，如饮用水供应、发电或灌溉；

4)对水体整治、防洪或农业排水；

5)对支持人类发展具有同等重要性的其他活动。

(2)基于技术可行性或成本过高的原因，水体的人工或改良特性所赋予的优势无法通过其他方式达到，尽管这些方式对于环境计划而言是更好的选择。

6. 大区可以有理由地延长 2015 年 12 月 23 日这一期限以便逐步实现水体目标，只要水体状态不会进一步恶化且存在下述所有情况：

(1)至少基于下述一个原因，不能在规定的时间能完成为了达到良好的环境质量状态所必需的改善措施：

1）基于技术原因，水体状态的改善只能在2015年12月23日之后的后续阶段完成的；

2）在确定期限内完成改善措施成本过高的；

3）在要求的时间内，自然条件不适合水体改善的。

（2）期限延长和相关原因已经在第117条和第121条规定的计划中明确列出的。

（3）延长时间不得超过第（2）项所提及计划的两个更新阶段，除非自然条件不适合在上述期限内实现相关目标。

（4）措施列表、在规定期限内进行逐步改良的措施的必要性、实施措施的过程中每次出现重大延迟的证明以及实施措施的相关日程表，都应该附在第2项所涉及的计划内。计划重审时应更新上述信息。

7. 若因第118条指出的人类影响后果，或由于它们的自然条件，不可能实现第4款规定的环境质量目标或实现成本过高的，各大区可以针对一些水体，设立严格程度较弱的环境目标。在每种情况中都应满足下列条件：

（1）环境情况和社会经济情况不允许就环境和经济计划规定其他更优的选择。

（2）确保下述事项：

1）地表水达到可能达到的更好的生物和化学状态，考虑到由于人类活动本质或污染而不能合理避免的影响；

2）对地下水的质量状态造成最小改变，考虑到由于人类活动本质或污染而不能合理避免的影响；

3）水体状态不会发生进一步恶化；

4）较松的环境目标和相关原因明确体现在流域管理计划和第117条、第121条规定的保护计划中，且应每6年在计划重审时对这些目标进行重新核定。

8. 当出现第7款规定的条件时，允许设定较宽松的目标，只要它们不会导致水体状态的进一步恶化，以及除了第7款第（2）项所规定的情况外，不会妨碍在其他水体，包括在同一流域内实现本立法令第三部分所确定的目标。

9. 第6款和第7款规定的情况中，保护计划应包含用于水体保护的措施，包括关于水的排放或使用原则的补充性或限制性规定。时间和目标，以及相关措施，至少每 6 年复核一次且每次修订都应作为增补写入原计划。

10. 因自然环境或因不可预见的、重大的、合理的不可抗力，例如凶猛的洪灾和长期干旱，或不可预见的合理意外所导致的水体状态的临时性恶化，只要满足下述条件，则不违反本立法令第三部分的规定：

(1) 已采取所有措施阻止水体质量状态的进一步恶化，和防止损害第 76 条和本条规定的、与周边境况无关的其他水体的环境质量目标的实现。

(2) 保护计划应明确规定可能被宣告为合理的、不可预见或例外事件，还应采用适当的指引。

(3) 已规定并采用适当的措施，以避免妨害在问题事件结束后对水体质量的恢复。

(4) 应对意外事件或不可预见事件的后果进行年审，并且根据第 76 条第 4 款第(1)项规定的原因，只要合理可行，则应尽全力将水体恢复到事件发生前的状态。

(5) 应在保护计划的后续更新中加入事件后果、已采取的和即将采取的措施的汇总概括。

10-2. 在下述情况中，各大区未违反本立法令的规定：

(1) 因对地表水体物理特性所做的新改变或地下水体的水文地质变化，导致地下水未达到良好状态，地表水未达到良好的生化状态，或者与之相关的良好的生化潜能，或无力阻止地表水和地下水的进一步恶化。

(2) 人类新的可持续发展活动导致无力阻止地表水从“高级”退化到“良好”状态，若其满足下述条件：

1) 已采取可能的措施来减轻对水体状态的不利影响；

2) 在第 117 条和第 121 条规定的计划中已经明确指出或阐明修改或改变的理由，且这些目标应每 6 年复核一次；

3) 第(2)项所提及的修改或改变的理由属于优先公共利益且有利于环境和社会，从第 1 款规定的目标的实现结果看，这些动因次于修改或改变给人类健康、维持人类安全或可持续发展带来的利益；

4) 因技术可行性或实施成本过高的原因，修改或改变水体产生的益处不能通过其他确保最佳环境解决方案的措施来实现。

第 78 条　地表水环境质量标准

1. 为了确定地表水的化学状态是否为良好，应以本条规定的方式，采用第三部分附件 1 段落 A. 2. 6 中规定的表格 1/A 中所列的针对水柱和生物的环境质量标准(SQA)和表格 2/A 中所列针对沉积物的环境质量标准。

2. 各大区和自治省通过大区环境办事处,按照第三部分附件 1 段落 A. 2. 8 中规定的方式,适用有关水柱和生物的环境质量标准,并遵守以下标准和条件:

(1)在实施第 117 条的过程中,为了在 2021 年 12 月 22 日之前,通过 2015 年发布的流域管理计划中规定的措施方案达到良好的化学状态,针对第三部分附件 1 段落 A. 2. 6 表格 1/A 中规定的、序号标识为 2/5/15/20/22/23/28 的物质,自 2015 年 12 月 22 日开始适用相应的环境质量标准。

(2)为了在 2027 年 12 月 22 日之前达到良好的化学状态,并阻止有关物质的化学状态恶化,自 2018 年 12 月 22 日开始,对第三部分附件 1 段落 A. 2. 6 表格 1/A 中序号标识 34 至 45 的新物质适用环境质量标准。为此,在 2018 年 12 月 22 日之前,各大区和自治省通过与流域管理局合作,制定补充监测方案和针对上述物质的初步措施方案,转交环境与土地海洋保护部和意大利水资源保护国家信息系统(SINTAI),并由其后续呈送欧盟委员会。为了达到本项规定的物质的良好化学状态,第 117 条规定的、在 2021 年 12 月 22 日之前制定的、包括一个由第 116 条规定的、明确的措施方案在内的管理计划,应在 2024 年 12 月 22 日之前生效并充分实施。

(3)针对第三部分附件 1 段落 A. 2. 6 表格 1/A 中规定的、序号标识为 5/15/16/17/21/28/34/35/37/43/44 的物质,除第 3 款第(1)项规定的以外,适用同一表格中针对生物确定的环境质量标准。为此,第三部分附件 1 中规定的以第 25 号欧盟指南《沉积物和生物的化学监测》、第 32 号《生物监测》和第 33 号《生物监测分析方法》为基础制定的意大利指南,应在 2016 年 3 月 22 日之前制定实施,包括为了分类而必须使用替代生物类群的实践信息。

(4)针对第(3)项中没有涉及的物质,除第 3 款第(2)项规定的以外,适用第三部分附件 1 段落 A. 2. 6 表格 1/A 中有关水的环境质量标准。

3. 若满足第 4 款规定的条件,则各大区和自治省:

(1)针对序号标识为 15/16/17/28/34/35/43/44 的物质,可以适用第三部分附件 1 段落 A. 2. 6 表格 1/A 中有关水柱的环境质量标准。

(2)针对序号标识为 9 – 3 的物质,可以适用有关生物的环境质量标准。

4. 根据第 3 款,选定的针对基质或生物群类的分析方法必须满足第 78 – 6 条规定的最小效益标准。如果某些基质不符合第 78 – 6 条规定的标准,则大区和自治省应确保监控的有效实施，利用不会造成过高成本负担的最佳可得技术，且分析方法提供的结果应至少等同于第 2 款第(3)项规定的针对基质和相关物质的可行方法。

5. 针对海岸水和过渡区水，如果符合第 4 款规定的条件，各大区和自治省可以对其适用第三部分附件 1 段落 A. 2. 6 表格 2/A 中有关沉积物的环境质量标准。

6. 根据测定或估算的环境浓度或排放值，并采用有关生物或沉积物的环境质量标准，当确定针对水环境或源于水环境的潜在风险是由剧烈暴露造成的，则各大区和自治省应启动对水柱的监测并采用第三部分附件 1 段落 A. 2. 6 表格 1/A 中表示为最高允许浓度的环境质量标准。

7. 针对适用沉积物或生物环境质量标准的物质，各大区和自治省至少应在 1 年期限内就基质所对应物质实施监测，除非技术知识和专家评估证明(应采用)一个不同的时间间隔。在后一情况中，根据第 78 – 9 条第 1 款第 3 项的规定，应在水文区的管理计划中写明采用不同检测频率的技术科学原因。

8. 大区和自治省负责对第三部分附件 1 段落 A. 2. 6 表格 1/A 优先名单中所列物质的浓度变化趋势进行长期分析，旨在计算其在沉积物和生物或仅在两种基质中的一个单独存在的含量，根据第三部分附件 1 段落 A. 3. 2. 4 和第 9 款和第 10 款的规定，应特别关注上述表格中序号标识为 2/5/6/7/12/15/16/17/18/20/21/26/28/30/34/35/36/37/43/44 的物质。

9. 各大区和自治省每 3 年一次，对存在于沉积物或生物中的第 8 款规定的物质进行监测，以便为获得充分数据用于长期可靠性趋势分析。若向水体中实施的排污含有优先名单上的物质或存在由集约型农业活动、待改造污染场所、垃圾堆放处理场产生的扩散和泄漏源，则为了上述目的，应加强检测频率，优先对代表环境临界(状态的)水体实施监测。应在管理计划中采用必要保护措施，以获得趋势分析的结果。

10. 大区和自治省根据第三部分附件 1 段落 A. 3. 2. 4 的规定，在发散性人类活动场所实施长期多样性评价。为了确定上述场所，应根据第三部分附件 3 中的规定实施，考虑压力和影响的分析结果，并优先针对属于第三部分附件 1 段落 A. 2. 6 表格 1/A 中所列物质产生的点和面的压力源的水体和场所。在所有情况下，名单中都应包括海岸和过渡区水体的代表性场所，基于所掌控的数据，它们已经超过第三部分附件 1 段落 A. 2. 6 表格 3/A 所规定的环境质量标准。

大区和自治省应在2015年12月31日之前，通过意大利水资源保护国家信息系统发布按前述方式选取的场所名单，以及根据第三部分附件1段落A.2.8－3第1.4.2点规定的方式得出的趋势分析结果。趋势分析结果应写入第117条规定的管理计划。

11.就第8款规定的物质在沉积物和生物中的监测结果有助于湖泊和河流水体环境质量标准的更新和完善。

12.大区和自治省采用适当措施确保第8款规定的物质在沉积物或生物中的浓度不发生过分增长。

13.本条之规定有助于实现在排污、释放扩散源和泄漏过程中消除第三部分附件1段落A.2.6表格1/A中载明的如PP类优先危险物质的目标，以及在同一过程中逐步减少同一表格中载明的如P类优先物质的目标。上述目标应在20年内完成，自欧洲议会和委员会将（某一）物质加入优先物质名单之日起计算。对于如E类物质，目标为在2010年以前消除因排污、释放扩散源和泄漏造成的水污染。

第78－2条　混合区

1.根据第2008/105/CE号指令第4段第4条的规定，大区和特伦多、博尔扎诺自治省可以在含有优先名单上的物质的回流水排放点附近划定混合区，该优先名单应符合环境与土地海洋保护部在欧盟指南的基础之上，以部委令的形式设定的技术标准。在这些混合区内，上述名单上的一个或多个物质的浓度可以超过所适用的环境质量标准，只要该超标情形不会妨碍其余部分的地表水符合环境质量标准。

2.各大区和特伦多、博尔扎诺自治省在划定混合区时应确保每个区域的范围：

（1）限定在排污点附近。

（2）根据排污点的污染物浓度、现行法规中有关排放规则的适用和最佳可得技术的采用进行调整，以更新或保持环境目标。

3.各大区、特伦多和博尔扎诺自治省和区域主管机关应在保护计划和管理计划中相应地写入划定的混合区，并标明：

（1）位置和范围。

（2）确定这些区域的途径和方法。

（3）未来限制混合区扩大的措施，这些措施对于减少和消除由优先名单上的物质造成的地表水污染是必要的，或者是对根据2005年2月18日第59号立法令及其后续修订签发的许可证，或根据本立法令签发的预先许可进行重审的措施。

4. 本条款的规定不适用于附件9第i)项、第ii)项，第iii)项、第v)项列明的保护区。

第78-3条　扩散源释放物、排污和泄漏清单

1. 各大区和特伦多、博尔扎诺自治省，就其职权所辖范围内的水文区，通过意大利水资源保护国家信息系统，在第三部分附件1规定的期限内，发布该附件第2部分"水体质量状况的分类方法" A节"地表水质量"A.2.8-3项规定的信息。这些信息采自第三部分附件1和附件3 C节各自规定的监测活动和压力及影响的识别活动。

2. 环境保护与研究高等研究所通过意大利水资源保护国家信息系统发布格式化标准，并在欧盟采纳的指南的基础上进行更新，以及向公众提供服务以获取各大区和特伦多及博尔扎诺自治省发布的信息。

3. 环境保护与研究高等研究所在其区域范围内，制定针对优先物质和优先危险物质的扩散源释放、排污和泄漏的清单，后文所称"清单"。环境保护与研究高等研究所以环境与土地海洋保护部的具体要求为基础做进一步处理。

4. 在第1款规定的信息、实施欧盟第166/2006号办法的过程中收集的数据，以及其他官方数据的基础上拟定清单。清单中还应包括可获取的地形图和在沉积物和生物中可检测到的那些污染物浓度。

5. 清单用于核查第78条第1款和第7款所规定的目标的实现情况，并在各大区和特伦多、博尔扎诺自治省按照第118条第2款规定实施的更新的基础上进行复查。

6. 在各大区和特伦多、博尔扎诺自治省的核查和确认之上，环境保护与研究高等研究所通过意大利水资源保护国家信息系统，将辖区内的更新清单通报给每个辖区主管机关，以便在公共考核过的管理计划中插入清单的章节A。

第78-4条　跨界污染

1. 若在跨界流域中证实超过环境质量标准，若能证明下述事项，则不视为相关大区和特伦多、博尔扎诺自治省违反义务：

(1)导致超过环境质量标准的污染源在国家管辖权之外。

(2)由于这一跨界污染，已证实不可能采取有效措施以符合相关环境质量标准。

(3)针对被跨界污染的水体,已经适用第 75 条第 7 款、第 8 款规定的合作机制,且若存在相关情形,已经采用第 77 条第 6 款、第 7 款、第 10 款的规定。

2. 若存在第 1 款规定的情况,各大区和特伦多、博尔扎诺自治省和区域主管机关应向环境与土地海洋保护部提供必要信息以便后续转呈欧盟委员会,并准备一份有关针对跨界污染所采取措施的摘要报告,以便纳入相应的保护计划和管理计划。

第 78-5 条　地表水和地下水分析方法

1. 开展的化学监测方案,环境保护与研究高等研究所应确保大区环境保护办事处和省环境保护办事处所使用的包括实验室方法在内的、现场和线上分析方法,都应根据 UNI EN ISO/CEI - 17025:2005 规章或其他所采纳的同等国际规章进行确认并记录。

2. 为了实施第 78 条第 1 款、第 2 款和第 78-2 条的规定,监测应采用第三部分附件 1 第 A. 2. 8 项第 16 点、第 17 点、第 18 点以及第 A. 3. 10 项规定的抽样和分析方法。

3. 本条之规定、第 78-6 条、第 78-7 条和第 78-8 条的规定,以及第三部分附件 1 第 2 部分“水体质量状态的分类方法”章节 A“地表水状态”第 A. 2. 8. - 2 项的规定,适用于化学分析和对地表及地下水体状态的监测。

第 78-6 条　分析方法的最低性能要求

1. 环境保护与研究高等研究所负责核实,所有分析方法的最低性能要求应建立在一个测量的不确定性之上,该不确定度根据第三部分附件 1 第 2 部分“水体质量状态的分类方法” A 节“地表水状态”第 A. 2. 8 - 2 项规定的技术标准所定义。

2. 给定的参数缺少环境质量标准,或者缺少符合第 1 款规定的最低性能要求的分析方法的,大区环境保护办事处和省环境保护办事处应确保在可接受的成本范围内采用最佳可得技术开展监测。为了确保兼容性,区域内的流域管理局应在水文区的层面,就第三部分附件 1 表格 1/A 和 2/A 中规定的优先物质的监测数据和不属于表格 1/B 规定的优先名单中的物质的监测数据,促进与所辖水文区域内涉及的大区和自治省之间的合作。为了监测和评价水体质量状态,区域流域管理局还应促进与前句中提及的相同主体之间合作采用一种评价方法,对地下水中污染物浓度的上升和下降趋势进行评价。为此,自本规定生效之日起 30 日内,环境保护与研究高等研究所通过在其官方网站上公布符合第三部分附件 1 第 A. 2. 8 – 2 段规定要求的、在可负担成本内具备分析方法的、办事处系统内的实验室名单。区域流域管理局，根据 2005 年 8 月 19 日第 195 号立法令第 8 条的规定，在其官方网站上公布从这些实验室进行的分析中获得的定期监测数据。

第 78–7 条　平均值的计算

1. 为了计算平均值应适用第三部分附件 1 第 2 部分“水体质量状态的分类方法”A 节“地表水状态”第 A. 2. 8 – 2 项规定的技术标准。

2. 根据本条规定，当一次利用造价合理的最佳可得技术实施的测量所计算出的平均值，显示“低于定量限值”且该技术的“定量限值”高于环境质量标准时，在判定这一水体的总体环境状态时，测量对象物质的结果将不被考虑。

第 78–8 条　质量保障及检测

1. 各大区和特伦多、博尔扎诺自治省应确保大区环境保护办事处和省环境保护办事处的实验室，或者由两者委托的机构的实验室所采用的质量管理文案符合 UNI EN ISO/CEI – 17025: 2005 规范及其后续修订或者其他被认可的同等级国际规范中的规定。

2. 环境保护与研究高等研究所应确保大区环境保护办事处、省环境保护办事处及其委托机构的实验室的分析结果的可比性，基于下述：

(1) 有关性能评价证据方案的推广，包括第 78–5 条规定的，针对根据本立法令开展的化学物质监测方案中具有代表性的浓度水平测量值的分析方法。

(2) 对监测活动中提取到的代表性样本所作的材料分析，这些样本包含符合第 78 – 6 条第 1 款规定的环境质量标准的适当浓度水平。

3. 第 2 款第(1)项所规定的、由环境保护与研究高等研究所或其他国家或国际级别的可信赖机构组织制定的评价证据方案，应当符合 UNI EN ISO/CEI 17043: 2010 规章或其他被采纳的同等级别的国际规章所设立的标准。应根据由 UNI EN ISO/CEI 17043: 2010、ISO – 13528: 2006 或者其他被采纳的类似的国际规章定义的评分体系对这些方案的参与结果进行评价。

第 78–9 条　管理计划的更新

1. 根据第 117 条第 2–2 款划定的水文区域的管理计划的更新，应通过大区环境办事处，包含由大区和自治省提供的以下信息：

(1) 一份表格，包含所适用分析方法的定量限值和与这些方法有关的、第 78–6条规定的最低效益标准的性能信息。

(2)针对适用第78条第3款规定的选择权的那些物质。

1)大区和自治省就其所做出的选择提供的动机和证明;

2)第三部分附件1段落A.2.6表格1/A和2/A中规定的特定基质的分析方法的定量限值,包括这些方法就第78-6条所规定的最低性能要求相关的性能信息,以便和第(1)项所规定的信息进行比较。

(3)依第78条第7款进行的监测,若两次监测的时间间隔超过1年,则应就所采用的频率提供技术说明。

2.如果针对含有六氯苯和六氯丁二烯的水柱、含有DDT的生物和第三部分附件1段落A.2.6表格2/A中规定的物质设立了替代环境质量标准,管理计划中应写明技术原因以说明该环境质量标准至少可以确保与针对第三部分附件1段落A.2.6表格1/A中涉及的其他基质所确定的环境质量标准达到同样的保护水平。

3.根据2005年8月19日第195号立法令第8条之规定,流域管理局应通过电子网站向公众发布根据第117条第2-2款之规定进行更新的流域管理计划,包括为了阻止地表水的化学污染而采用的措施的结果和影响,以及有关执行第116条规定的措施方案的实现过程的临时报告。通过环境与土地海洋保护部的官方网站公布该信息并使公众可以查询。

第78-10条　针对某些物质的特别规定

1.为了履行第三部分附件1段落A.4.6.3所规定的介绍化学状态以及第76条、第77条、第78条、第116条和第117条所规定的目标和义务,按照第三部分附件1段落A.2.6表格1/A中规定的物质信息,管理计划可以包含一个分别介绍下述一个或多个物质的化学状态信息的补充说明图:

(1)序号5、21、28、30、35、37、43、44规定的普遍存在的、带有如PBT(持久性、生物蓄积性和毒性)特性的物质。

(2)序号34、35的物质。

(3)序号2、5、15、20、22、23、28被确定应对其环境质量目标做更严格修订的物质。

2.流域管理计划可以规定对第(1)项、第(2)项、第(3)项规定物质的环境质量目标值的任何偏差程度,尝试确保在流域层面的交互比较性。

第78-11条　检测名单

1.大区和自治省通过大区环境办事处,对2015年3月20日欧盟委员会第

2015/495 号决议规定的检测名单上的物质实施监测，该决议在实施欧洲议会和理事会第 2008/105/CE 号指令的过程中设立了一个监测物质名单，在水政策领域对它们实施欧盟水平的监测。

2. 监测期至少 12 个月，从 2015 年 9 月 24 日开始。对于在后续名单中的任一物质，应从该物质被纳入第 1 款规定的名单之日起 6 个月内开始监测。

3. 根据大区和自治省的建议，基于对某一物质的利用和发现该物质的可能频率，环境保护与研究高等研究所选择 20 个具有代表性的监测站并确定对任一物质的监测频率和监测时间。基于第 2008/105/CE 号（后修订为第 2013/39/UE 号）指令段落 3 第 8-3 条列明的标准，环境保护与研究高等研究所撰写一份描述监测站的代表性、监测目标和可能与第 5 款规定的信息相关的内容的报告。环境保护与研究高等研究所根据大区提供的信息确定第 5 款规定的物质。

4. 对检测名单上的物质检测应至少每年实施一次。

5. 检测名单上的物质，如果监测方案或现有研究中存在充分的、可比较的、有代表性的和近期的监测数据的，可以从补充监测中排除，只要这些物质处于符合委员会指南（该指南是委员会为了便于对检测名单中的物质实施监测而制定的）中所要求的方法的监控之下。

6. 环境保护与研究高等研究所在听取环境与土地海洋保护部的意见后，代表该部向欧洲委员会转交监控数据和第 3 款规定的报告；对于首份检测名单，自 2015 年 9 月 24 日开始的 15 个月内提交，（对于后续添加）在将某物质添加到第 1 款规定的检测名单之日起 21 个月内，且其后每 12 个月提交一次，直至该物质存在于该名单中。为此，大区和自治省通过意大利水资源保护国家信息系统于期限届满前 30 日，发布第 1 款、第 2 款规定的监测结果。

第 79 条　具有特定用途的水体质量目标

1. 具有特定功能用途的水，是指：

（1）用于生产饮用水的地表淡水。

（2）洗浴、游泳用水。

（3）为适宜鱼类生存而需要保护和改善的淡水。

（4）贝类生存用水。

2. 除第 76 条第 4 款、第 5 款之规定外，对第 1 款所列明各项水体的任何利用都应达到本立法令第三部分附件 2 所设定的具有特定用途的水体质量目标，洗浴、游泳用水除外。

3. 为了水体环境的持续改善,各大区应制定方案,以保持或调整第1款规定的水体的质量,使之符合为特定用途的质量目标,并纳入保护计划。大区应定期更新第1款所列水体名单。

第二节 具有特定用途的水体

第80条 用于生产饮用水的地表水

1. 根据本立法令第三部分附件2表格1/A所规定的物理、化学和微生物特征,大区应将用于或旨在用于生产饮用水的地表淡水划分为A1、A2和A3种类。

2. 根据所属的种类,第1款规定的地表淡水应进行下列处理:

(1)A1类:进行简单的物理处理和消毒。

(2)A2类:进行常规的物理化学处理并消毒。

(3)A3类:进行强制物理化学处理、提炼并消毒。

3. 大区应将第1款、第2款规定的水体监测和分类数据提交给卫生部,由后者随后负责提交给欧盟委员会。

4. 作为特殊情形,只有当无法获取其他供应源且该水源经过适当处理以符合人类消费用水的质量规定时,可以使用物理、化学和微生物质量特性低于A3种类设定的强制限值的地表淡水。

第81条 例外

1. 针对用于生产饮用水的地表水,(符合下述情形的),大区可以不遵守本立法令第三部分附件2表格1/A所规定的参考值:

(1)遭遇洪水或自然灾害。

(2)限于本立法令第三部分附件2表格1/A标明的作为标记的参量,或者当遭遇特殊气象环境或特别地质条件时。

(3)地表水天然富含的某种物质超过为A1、A2和A3种类水体设定的限值的。

(4)水深度低于20米的湖泊,湖水更新时间超过1年以上且其表面不能向外排水的,限于本立法令第三部分附件2表格1/A标记为星号(*)的参量。

2. 若第1款规定的违反情形将对公共卫生产生实际危险,则不得违反。

第 82 条　用于萃取饮用水的水

1. 除了针对用于生产饮用水的地表淡水的规定外，各大区就其所辖的整个水文区域负责确定：

(1) 日均供应量超过 10 立方米或供应人数超过 50 个人的全部地表和地下水体，以及

(2) 未来将用作此用途的水体。

2. 根据本立法令第三部分附件 1 的规定，主管机关负责对日均供应量超过 100 立方米的水体进行监测。

3. 第 1 款所规定的水体必须达到第 76 条及其后续条款所规定的环境目标。

第 83 条　洗浴用水

1. 洗浴用水必须满足 1982 年 6 月 8 日第 470 号共和国总统令规定的各项要求。

2. 根据第 1 款所述的法令，对于不适宜用作洗浴的水，大区应按照第 75 条第 6 款规定的法令中指明的方式，在本立法令第三部分生效后的第一个泳季开始之际，且其后每年泳季开始之前，向环境与土地海洋保护部通报有关不适合洗浴的原因和将要采取的措施的全部信息。

第 84 条　适宜鱼类生存的淡水

1. 大区负责划定需要保护或改善的淡水区域，以适宜鱼类生活。划定上述区域时应优先考虑：

(1) 跨越国家公园和国家自然保护区领地以及跨越大区公园和大区自然保护区领地的水道。

(2) 位于上述领地内的天然和人造湖泊、池塘和其他水体。

(3) 根据 1971 年 2 月 2 日有关湿地保护的拉姆萨尔公约（该公约通过 1976 年 3 月 13 日第 448 号共和国总统令实施），被包括在“国际重要”湿地内的地表淡水，以及根据 1992 年 2 月 11 日第 157 号法律，包括在大区和自治省设立的“动物保护绿洲”内的地表淡水。

(4) 即使没有被包括在前述种类中，但呈现出显著的科学、自然、环境意义的地表淡水，其对稀有或濒危动植物种类的生境构成具有促进性，或者对值得保存的复杂水生态系统所在地，或者在生态和经济可持续性方面具有较高水准的古老的、传统的鱼的生产地具有促进功效。

2. 在划定区域后 15 个月内，大区应将水体质量参量值符合本立法令第三部

分附件 2 表格 1/B 中的强制规定的地表淡水划分为适合“鲑鱼类”或“鲤科鱼类”生存的淡水。

3. 第 1 款和第 2 款涉及的划定和分类，应逐步扩展直至覆盖整个水体，在同一范围内，不影响将某几片水域划定和分类为属于“鲑鱼类水域”而另外几片水域则属于“鲤科类水域”的可能性。出现意外或突发因素时应对划定和分类进行复核。

4. 当需要对适宜鱼类生活的淡水质量进行额外和紧急保护时，大区政府主席或者省政府主席，在各自的职权范围内，作出附理由的特别决定，补充或限制水的排放或使用。

5. 用于集约型鱼类养殖的、自然流域或人造流域的地表淡水，以及用于排水或灌溉的多功能人造水渠，和那些专门为了排放污水和工业废水而建造的人造水渠，不属于本条和第 85 条、第 86 条的调整对象。

第 85 条　适宜鱼类生存的淡水质量检验

1. 根据第 84 条进行划定和分类的水域，若符合本立法令第三部分附件 2 表格 1/B 中的要求，则被视为适宜鱼类生存。

2. 若抽样结果显示不符合本立法令第三部分附件 2 表格 1/B 中规定的一项或多项参量值，检测机关应查明不相符是由于自然现象、偶然因素、带入污染或是过度提取，并向主管机关建议应采取的适当措施。

3. 为了获得一个更完整的水质评价，各大区应促进实行适合所划定和分类的水体的生物分析方案。

第 86 条　例外

1. 针对被划定或归类为适宜鱼类生存的地表淡水，当有迹象表明在特殊的气象环境或特别的地质条件下，或者在无人为直接干预的前提下，相较于同一表格规定的参量，水体中所含有的来自土壤的物质浓度升高的，则大区可以不遵守本立法令第三部分附件 2 表格 1/B 规定的参考值。

第 87 条　用于贝类生存的水

1. 大区应协同农业与林业政策部，在海岸水域和咸水区内，划定双壳贝类和腹足贝类自然种群的栖息地，对其进行保护和改善以满足贝类的生存和发展需求，并有利于出产优质的供人食用的贝类产品。

2. 当出现了规划时不可预见的因素，大区可以进行补充划定，或复核已经实施的规划。

3. 当需要对用于贝类生存的水体质量进行额外和紧急保护时，大区政府主席、省政府主席和市长在各自的职权范围内，应作出附理由的特别决定，补充或限制水的排放或使用。

第 88 条　用于贝类生存的水体质量检验

1. 根据第 87 条划定的水域应符合本立法令第三部分附件 2 表格 1/C 中规定的质量要求。若不符合，则大区应制定方案减少对其的污染。

2. 若抽样结果显示不符合本立法令第三部分附件 2 表格 1/C 中的一项或多项参量值，检测机关应查明不相符是由于自然现象、偶然因素还是其他污染原因，大区应采取适当措施进行干预。

第 89 条　例外

1. 针对用于贝类生存的水域，在特殊气象或地质条件下，大区可以不遵守本立法令第三部分附件 2 表格 1/C 中规定的要求。

第 90 条　卫生规范

1. 第 87 条、第 88 条、第 89 条规定的活动不妨碍执行根据 1992 年 12 月 30 日第 530 号立法令实施的、与双壳贝类的生产和养殖区域分类相关的卫生规范。

第三章　水体保护和排放规定

第一节　需要采用特殊措施防止污染和进行恢复的区域

第91条　敏感区域

1. 根据本立法令第三部分附件6中规定的标准确定敏感区域。以下为敏感区域：

（1）本立法令第三部分附件6中规定的湖泊，以及距离海岸线10公里的水道。

（2）奥尔贝泰洛（Orbetello）、拉维纳（Ravenna）和皮亚拉萨—巴约那（Piallassa-Baiona）潟湖区、科马基奥山谷（Valli di Comacchio）、咸水湖和波河三角洲（il delta del Po）。

（3）根据1971年2月2日拉姆萨尔公约（通过1976年3月13日共和国总统令实施）确定的湿地。

（4）从阿迪杰（Adige）入海口到佩萨罗（Pesaro）市南部边界的阿德里亚西北海岸（Adriatico – Nord Occidentale）地区和距离海岸10公里的水道。

（5）加尔达湖（il lago di Garda）和伊德罗湖（il lago d'Idro）。

（6）萨尔卡—明乔河（Sarca – Mincio）、奥利奥河（Oglio）、阿达河（Adda）、兰布罗—奥罗那河南部（Lambro – Olona meridionale）和提契诺河（Ticino）。

（7）佛罗伦萨河谷（valle di Firenze）的阿莫河（Amo）及其支流。

（8）西西里卡斯泰拉姆海海湾（il golfo di Castellammare）。

（9）亚得里亚海北部（Adriatico settentrionale）沿岸水域。

2. 在听取国家—大区会议意见后，自本立法令第三部分生效之日起180日内,通过环境与土地海洋保护部部长令对按照本立法令第三部分附件 6 中规定的标准确定的敏感区域做出进一步明确。

3. 现行立法中有关保护威尼斯的规定继续有效。

4. 基于第 1 款规定的标准并听取流域管理局的意见,自本立法令第三部分生效之日起 1 年内,且其后每 2 年,各大区可以进一步划定敏感区或者在第 2 款指定的区域内确定不属于敏感区的水体。

5. 基于第 1 款规定的标准并听取流域管理局的意见,各大区应限定在敏感区内构成该区域污染的排水盆地。

6. 自本立法令第三部分生效之日起,在听取国家—大区会议意见后,环境与土地海洋保护部部长每 4 年发布一次部长令,重新确定敏感区和构成敏感区污染的各个排水盆地。

7. 根据第 2 款、第 4 款、第 6 款新确定的敏感区域,应在确立后 7 年内满足第 106 条规定的各项要求。

8. 向与第 2 款、第 6 款规定的敏感区域相关联的排水盆地内排水应受第 106 条规定的调整。

第 92 条 易受农业硝酸盐危害的脆弱区

1. 根据本立法令第三部分附件 7/A－Ⅰ中规定的标准确定脆弱区。

2. 本立法令第三部分附件 7/A－Ⅲ中列明的区域为首批确定的脆弱区。

3. 考虑到自本立法令第三部分生效后发生的改变和/或意外因素,自生效之日起 4 年后,在听取国家—大区会议的意见后,环境与土地海洋保护部部长可以通过部长令对第 1 款涉及的标准进行修改。

4. 自本立法令第三部分生效后 180 日内,基于可使用的数据并考虑到自本立法令第三部分附件 7/A－Ⅰ中设定的指引,各大区在听取流域管理局的意见后,可以进一步确定脆弱区,或者在本立法令第三部分附件 7/A－Ⅲ列明的区域中划定不属于脆弱区的部分。

5. 考虑到自上述规划后发生的改变和/或意外因素,各大区在听取流域管理局的意见后,应该至少每 4 年重新考查,并在必要时适当修订或完善对脆弱区的规划。为此,每 4 年各大区应根据本立法令第三部分附件 7/A－Ⅰ中的规定,预先制定并实施一个检测方案以检验 1 年期间内淡水中的硝酸盐浓度,以及重新检验地表淡水、交互区水域和海岸水域中因氮元素含量导致的富营养状态。

6. 在根据第 2 款、第 4 款、第 5 款确定的地带中,应实施第 7 款规定的行动方案，以及1999年4月19日农业与林业政策部部长令中的《良好农业操作规则》中的规定，其发表在1999年5月4日第102号政府公报的常规副刊中。

7. 针对依据第2款和第4款划定的地带，自本立法令第三部分生效之日起1年内，针对依据第5款进一步划定的地带，自划定之日起1年内，各大区应根据本立法令第三部分附件7/A－Ⅳ中的指引和措施，制定有关维护和治理农业硝酸盐污染水体的强制性行动方案，或对已经存在的方案进行修正，并负责在此后1年中针对按照第2款和第4款划定的脆弱区实施上述方案，及后续4年中针对按照第5款划定的地带实施上述方案。

8. 大区还负责：

（1）某些情况下，根据当地需求完善《良好农业操作规则》，设定实施方式。

（2）事先安排并针对农民实施有关行动方案和《良好农业操作规则》的培训和咨询。

（3）制定，并且自制定或修订第7款规定的方案后4年内，在所获得的结果的基础上，适用检测和核查这些措施效果的必要方法；或在有需要时，根据实施这些措施的成本，修改或补充上述方案，在可能实施的进一步措施中，确定具备最佳效果的措施。

8-2. 至少每4年，大区应重新审查，并在某些情况下修正第7款规定的强制性行动方案，包括根据第8款第(3)项制定的任意一项补充措施。

9. 对第5款规定的规划的重新审查结果，根据第7款规定设立的行动方案，包括第8-2款规定的重新审查结果，对上述方案措施的效果核查结果和所实施的修订，都应该按照第75条第6款所涉及的法令中指明的方式上报环境与土地海洋保护部。有关补充第8款第(1)项所述的《良好农业操作规则》以及培训和咨询措施的消息应及时提交给农业与林业政策部。

10. 为了保证水体保护的普遍水平，推荐在非脆弱区也适用《良好农业操作规则》。

第93条　易受植物保护产品危害的脆弱区和沙漠化脆弱区

1. 以第92条规定的方式，并基于本立法令第三部分附件7/B中的指引，大区根据1995年3月17日第194号立法令第5条第21款规定的标准，确定易受植物保护产品危害的脆弱区，以保护水资源或其他环境成分避免因使用植物保护产品而产生的污染。

2. 大区和流域管理局负责核查在其主管地域内出现的干旱区域或受干旱威

胁的区域、土壤恶化和沙漠化过程，并划定哪些区域易受沙漠化危害。

3. 在地区规划及其执行过程中，根据 1999 年 2 月 17 日第 39 号政府公报发布的、1998 年 12 月 22 日经济规划部际委员会决定中涉及的《国家行动计划》规定的标准，应对第 2 款规定的区域采取特别保护措施。

第 94 条　用于人类消费的地表水和地下水保护区的规则

1. 根据区域管理机构的建议，为了保持和改善用于人类消费的、通过具有公益性质的水渠设备供应给第三方的地表水和地下水的质量特点，以及为了保护水资源状况，各大区应将保护区区分为绝对保护区和缓冲区，并在雨水收集区和含水层补给区内确定保护区。

2. 对于不同于第 1 款规定的日用必需品，主管机关应针对每种情况，逐一制定保存和保护资源，以及对供人类消费的水体质量特点进行检测的必要规则。

3. 绝对保护区由紧邻收集水或引流水的区域构成：针对地下水的情况，且如果可能也针对地表水，这一区域应保有一个自收集点起半径至少达到 10 米以上的扩展区，应被妥善保护且专门用于集水或采水工程和服务设施建设。

4. 缓冲区由临近绝对保护区的部分区域构成，用以对采集水资源进行定性和定量的保护；根据采水或集水作业的种类和当地资源的脆弱和风险情况，可以进一步细分为集中缓冲区和泛缓冲区。缓冲区中应特别禁止设置下列危险中心及开展下述活动：

（1）排放淤泥和废水，即使是经过净化的。

（2）存储化肥、肥料或杀虫剂。

（3）播撒化肥、肥料或杀虫剂，除非是基于一个专门的利用计划的指导，在考虑到土壤的性质、农作物的兼容性、所使用的农艺技术和水资源的脆弱性后，使用上述物质。

（4）向地下土层排放来自广场和街道上的雨水。

（5）墓葬区。

（6）与含水层相连的开放洞穴。

（7）挖井，除了那些用于抽取供人类消费用水和那些用于变相提取和旨在保护水资源的质量—数量特征的井。

（8）垃圾处理。

（9）存储危险的化学物质或产品和辐射物质。

（10）机动车辆的收集、报废中心。

(11)废弃井。

(12)牧场和牲畜圈的排水中,扣除仓储和输送损耗,每公顷氮含量超过170公斤。无论如何,禁止在集中缓冲区内设立牲畜圈。

5. 对于第4款涉及的建造点或活动,事先已经存在的,应对除墓葬区域外的(部分)尽可能采取去除措施;各种情况下都应确保其被安全处置。在本立法令第三部分生效后180日内,各大区和自治省在缓冲区内制定针对下述设施或活动的规范:

(1)阴沟。

(2)住宅和相关市政工程。

(3)道路、铁路工程和一般的基础服务设施。

(4)农艺实践和第4款第(3)项所涉及的使用计划中包含的事项。

6. 大区或自治省未划定第1款规定的缓冲区的,自集水或引水点起半径200米内的区域即为缓冲区。

7. 为了确保对水文财产的保护,应根据大区和自治省的指示划定保护区。可以根据相关地域的用途采取措施,对居住、生产、旅游、农林业和畜牧业区域进行限制和规范,以整体或分部门的形式将其纳入市、省、大区的城市规划措施。

8. 为了保护地下水,包括那些尚未用于人类使用的,各大区和自治省应在保护区内确定和规范下述区域:

(1)含水层补给区。

(2)自然或人为造成的含水层紧急情况。

(3)保留区。

第二节　对水资源的定量保护和节水

第95条　水平衡计划

1. 通过一个旨在避免对水质产生影响和实现对水资源的可持续性消费的水体利用计划,对水资源的定量保护有助于达到水体质量目标。

2. 根据现行法律法规规定的优先权顺位,并考虑必要条件、可支配性、最小基础流量、含水层的补给能力和与资源的质量和数量特征相匹配的用途,保护计划中应按照流域管理局所确定的水平衡的均衡状态,制定旨在确保其实现的措施。

3. 自本立法令第三部分生效之日起 180 日内，经事先与国家、大区和特伦多、博尔扎诺自治省之间关系常务会议协商一致，基于环境与土地海洋保护部部长令中制定的方针，并依据流域主管局制定的标准，各大区负责规定安装适宜设施和在正常功能状态下对其进行维修的义务，用于测量采集点和还原点（若存在）的公共用水衍生物中所含物质及其容量；以及规定授权机关后续向大区和主管的流域管理局转交测量结果的义务和方式。流域管理局按照第 75 条第 6 款规定的方式，负责将其所掌握的数据转交环境保护与研究高等研究所的土壤保护部门—意大利地质服务局。

4. 除第 5 款规定外，授权机关按照环境与土地海洋保护部部长同国家—大区会议协商一致后颁布的特别法令所采用的标准，通过旨在保障水体最小基础流量的排放规定，对在本立法令第三部分生效后的所有水的引流进行规范，此种引流并不导致公共行政赔偿，但可相对减少国家特许租金。

5. 为了实现第 1 款、第 2 款的目的，根据环境与土地海洋保护部部长令中采用的标准，经事先与国家、大区和特伦多、博尔扎诺自治省之间关系常务会议协商一致，授权机关负责清点就同一水体正在进行的所有利用；在必要时，同一机关随后应对清点结果进行复查，设置时间或数量上的规定或限制，此限制不导致公共行政赔偿，但可相对减少国家经营权的收费。

6. 在根据 1933 年 12 月 11 日第 1775 号皇帝令第 4 条签发的优先特许权的办法中，包括旨在保障水体最小基础流量的排放规范，以及确保水体平衡状态的必要规范。

第 96 条　对 1933 年 12 月 11 日第 1775 号皇帝令的修改

1. 由 1933 年 12 月 11 日第 1775 号皇帝令通过的《有关水资源和电力设备法律规定的统一文本》第 7 条第 2 款变更为：

第 1 款规定的申请无论涉及大、小水源引流都应提交辖区主管的流域管理局。针对小水源的申请，在自接受之日起 40 日的不可延长期限内，辖区主管的流域管理局应将自己具有拘束力的指导意见通报给审查该使用与保护计划规定之间兼容性的预审办公室，以确保对水平衡或水文平衡状态进行检测，还应等待上述计划的批准。若申请涉及大水源的，通报上述意见的期限增加为自接受该申请之日起 90 日内。如上述期限届满没有做出任何声明的，环境与土地海洋保护部部长应任命一个“执行”委员会，自任命之日起同等期限内负责执行。

2. 1933 年 12 月 11 日第 1775 号皇帝令第 9 条第 1 款和第 1–2 款[1]变更为：

1. 在多个竞争申请中，在完成了第 7 条和第 8 条规定的预审后，根据下列标准，应优先选择那些可以独立地，或与其他授权或申请用户协同合作，更能体现对水资源的理性利用的：

1）当前满足作为竞争者以及公共引水渠或公共灌溉服务基本要求的水平，和作为饮用水资源的优先用途；

2）更好利用使用资源的实际可能性；

3）取样水体的数量和质量特征；

4）相较于抽取的水，回流水的数量和质量。

1–2. 对于同一种使用，应优先考虑能够确保在最大限度上将水的质量恢复到水体质量目标的申请。有多个申请竞争生产使用的情况下，应优先选择那些加入 ISO14001 体系的申请者或者加入了欧盟议会和委员会 2001 年 3 月 19 日第 761/2001（CEE）条例规定的，有关自愿加入生态管理和审计共同体系组织的申请者。

1–3. 对于同一种类的使用，应优先考虑能够确保所要求的最小抽取量可以通过回收和再循环活动补充水流量的申请。

3. 1933 年 12 月 11 日第 1775 号皇帝令第 12–2 条，变更为：

第 12–2 条

1. 若满足下述情形的，签发特许决定：

1）不妨害针对相关水道设定的质量目标的保持或更新的；

2）确保最小基础流量和水平衡状态的；

3）不存在再利用净化后的回流水或收集的雨水的可能性，或，尽管存在那种可能性，再利用也不具有经济上的可持续性。

2. 许可的水流量还应取决于节水、水资源再利用或循环的可能性。技术上可行的话特许规章中应确定回流水的数量和质量特征。同样的，从含水层中抽样时必须确保提取与含水层再生能力的平衡，以避免咸水或污染水入侵的危险，并始终有助于对水的最佳状态的管控。

3. 利用从泉水或含水层中提取的，或者为人类消费而储备的水资源，应遵循

---

[1] 实际上还包括第 1–3 款。

不同于饮用水的规范，如果：

1）在每一项需求上都保障达到水平衡的平衡状态；

2）不存在再利用净化后的回流水或收集的雨水的可能性，或，尽管存在那种可能性，再利用也不具有在经济上的可持续性；

3）已经合理支配前述资源，但是作为必要品的替代资源在质量和数量上明确不足。

4. 对于第3款规定的情况，其他使用收费是饮用水使用收费的3倍。该规定不包括与引水渠设备配套设置的水力发电特许权。

4. 1933年12月11日第1775号皇帝令第17条，变更为：

第17条

1. 除了第93条和第2款规定的，禁止在没有主管机关许可决定或特许决定的情况下获取或使用公共水资源。

2. 可以自由在农地或独栋建筑物上建设蓄水池和水井用于收集雨水，不需要取水许可证或特许权；相关建筑施工由有关建筑物、在地震带建造、沟渠堤坝的法律和其他特别法进行调整。

3. 违反第1款规定的情况，主管行政机关禁止滥用者继续使用，除了现行法律规定的各种其他履行或罚款外，违法者应缴纳3000欧元至30,000欧元的行政罚金。特别轻微的，处以300欧元至1500欧元罚金。对于本条规定的罚金不得适用1981年11月24日第689号法律第16条规定的减免支付。每种情况所缴纳的罚金总额都应相当于未支付的租金。主管机关通过规定必要的例外条款，可以以涉及广大公共利益为特定理由破例允许临时性继续取水，只要该利用没有明显侵害第三方权利和水的良好状态。

5. 1933年12月11日第1775号皇帝令第54条第2款，已经由1999年5月11日第152号立法令第23条废除，保持废除。

6. 除了第7款的规定，对于正在进行的、全部或部分非法提取或利用公共水资源的，若其在2006年6月30日之前，120%缴清1933年12月11日第1775号皇帝令第17条规定的罚金，则允许提出特许使用合法化申请。超过上述日期后，对于正在进行的、全部或部分非法提取或利用公共水资源的，适用1933年12月11日第1775号皇帝令第17条第3款的规定。特许合法化的签发应遵守现行法律和按规定允许使用的范围。特许合法化的预审程序未完结时，可以继续使用，不影响就已经发生的使用支付费用的义务，且当使用妨害第三人权利或者妨害实现或保持水体质量目标和水平衡状态时，授权机关有权随时终止其使用。第 95 条第 5 款的规定始终有效。

7. 1994 年 1 月 5 日第 36 号法律第 1 条第 1 款规定的确认具备公共特征的水资源或授予特许使用的权利，以及 1993 年 7 月 12 日第 275 号立法令第 10 条规定的对水井提出申报，根据 1933 年 12 月 11 日第 1775 号皇帝令第 3 条、第 4 条的规定，上述行为的有效期限临近届满的，都延续到 2007 年 12 月 31 日。在此情形下，国家特许权租金从 1999 年 8 月 10 日起算。优先特许决定中应包括旨在保障水体最小基础流量的排放规定和确保水体平衡状态的必要规定。

8. 1933 年 12 月 11 日第 1775 号皇帝令第 21 条第 1 款，变更为：所有的取水特许权都有时效限制。特许权的期限，除了第 2 款规定的之外，不得超过 30 年，灌溉和渔业养殖的，不得超过 40 年。大型水力发电的取水权例外，由 1999 年 3 月 16 日第 79 号立法令第 12 条第 6 款、第 7 款和第 8 款规定。

9. 在 1933 年 12 月 11 日第 1775 号皇帝令第 21 条第 3 款之后，加入以下内容：用于灌溉的特许取水权应考虑种植物的种类，根据对水资源的支配性、种植该作物所需的最小水量，规定是否需要特殊的灌溉方式；只有当土地上已经架设的装置不可能满足用水需求时才可以许可或更新该特许取水权。

10. 除了有更加严格的法律法规，整个国家领域都受到 1933 年 12 月 11 日第 1775 号皇帝令的保护。

11. 各大区按照国有水资源的管理指令管理公共水资源取水权的签发程序，前述指令中还标明了自由使用排入土壤中的地表水或在私人管道中的地表水的可能性。各大区听取流域管理局的意见后，规范开采地下水用于如 1933 年 12 月 11 日第 1775 号皇帝令第 93 条所规定的家庭使用的调整形式，前提是保障水体的平衡状态。

第 97 条　天然矿泉水和泉水

1. 签发天然矿泉水和泉水的特许使用应考虑到饮用水的供应和分配需求，以及第 121 条涉及的保护计划的规定。

第 98 条　节水

1. 经营和使用水资源的人应采用必要措施，并通过使用最佳可得技术，消除浪费和减少损耗，并增加水的循环和再利用。

2. 各大区听取流域管理局的意见后，根据使用计划、对部门需求的准确认定和对实际抽取水的检验，批准有关农业节水的特别规范。

第 99 条　水的再利用

1. 环境与土地海洋保护部部长,在听取农业与林业政策部、卫生部和生产活动部的意见后,以部长令的形式制定有关回流水再利用的技术规范。

2. 根据国家立法原则,各大区听取水资源和废弃物监管局的意见,采用旨在促进水的再循环和净化后的回流水的再利用的规范和措施。

第三节　水资源的质量保护:排水规范

第 100 条　污水管道

1. 人口数量超过 2000 人的居民区应配置排放城市污水的污水管道。

2. 污水管道的设计、建造和维护应在可接受经济成本范围内,采用最佳可得技术实施,特别应考虑:

(1) 平均流量、年排水量、城市污水的特性。

(2) 对可能发生的污水从污水站点流出的溢出现象的预防。

(3) 对因特殊气象事件引发的水泛滥所导致的受体污染的限制。

3. 对于产生生活污水的定居点、厂房或独栋建筑,大区应确定个体系统或其他能达到同等环境保护水准的、适当的公共或私人系统,并确定向上述系统排放的调试期间。

第 101 条　排污规范的一般标准

1. 所有的排污应根据水体质量目标进行规范,并且都应该遵守本立法令第三部分附件 5 规定的限值。主管机关可以针对每种情况设定对上述限值的特别例外和有关开始和停止期间的适当规定、有关故障可能性的适当规定,以及有关为了恢复到规定条件所必需的进一步过渡期间的适当规定。

2. 根据第 1 款,各大区在行使自治权的过程中,基于最大许可负荷和最佳可得技术,确定不同于本立法令第三部分附件 5 所规定的排放限值,既可以以最大允许浓度形式表示,也可以以单位时间内每种污染物质的最大数量和相似物质族群的最大数量表示。大区不得设定比本立法令第三部分附件 5 所规定的这些限值更宽松的限值:

(1) 表格 1 中,有关城市污水向地表水体排放的限值。

(2) 表格 2 中,有关向位于敏感区域的地表水体中排放城市污水的限值。

(3)表格 3/A 中,针对所指明的生产周期的限值。

(4)表格 3 和表格 4 中,针对同一附件表格 5 中指明的那些物质的限值。

3. 所有排放,除了第 7 款第 1 项规定的家庭排污及其他类似的,都必须允许主管机关进入确定的取样点调查取样,除了第 108 条第 4 款规定之外,应在排放水进入所有的天然承雨池、地表水和地下水、内陆水和海水、排污管、土壤和地下土层之前迅速实施。

4. 检测机关负责实施所有被认为必要的巡查以查明形成排污的条件。检测机关可以要求排污中部分包含本立法令第三部分附件 5 表格 5 中第 1 项、第 2 项、第 3 项、第 4 项、第 5 项、第 6 项、第 7 项、第 8 项、第 9 项、第 10 项、第 12 项、第 15 项、第 16 项、第 17 项、第 18 项规定的物质的,在它们进入一般排污前采取特殊的处理措施。

5. 在任何情况下,都不能通过稀释专门为了检测目的而抽取的水来达到排放限值。无论如何,第 4 款规定的部分污水,在进行处理使其符合本立法令第三部分规定的限制之前,不允许将其与冷却水、洗涤用水或专门为此目标而抽取的水进行稀释。主管机关,在许可期间应规定冷却水、洗涤用水或用于发电的水的排污应与第 4 款规定的物质的排污端进行分隔。

6. 若从一个地表水体中抽取的水所表现出来的参照值高于排放限值,排放规范的设定应基于改变的性质和接受水体的质量目标。所有情况下,回流水的质量特征都不应低于所提取的水的质量,且不得增加同一水源水体的流量。

7. 除了第 112 条的规定外,依据排污规则和许可规定,下述回流水等同于家庭污水:

(1)从专门从事土地种植和/或林业企业排出的水。

(2)从事牲畜养殖的企业排出的水。

(3)从事第(1)项和第(2)项规定的活动的企业,还从事农产品加工或增值活动,在企业生产周期中加入常规性和功能互补的特点,且主要使用从有权从事的土地种植活动中获取的初加工材料。从这些企业中排出的水。

(4)从事水产养殖和养鱼业的企业产生的污水,其养殖密度等于或小于 1 千克/平方米水面或所使用的水流量等于或小于 50 升/秒。

(5)符合大区法规规定,且具备与生活污水相同水体质量特征的。

(6)从事公共浴场活动产生的污水,大区行业法令另有规定除外。

7-2. 此外,橄榄油榨取过程中产生的、欲排入公共污水管道的植物性废水视同家庭废水。为了确保对接受水体的保护和遵守城市污水排放规范，区域管理机构和区域管理者如果发现对净化系统没有产生威胁，对于那些专门处理由位于陡峭山区或梯田区域内的大区或农业企业送交的橄榄，在上述地区内，由于不能通过施肥和灌溉合理地实施排污，在事先经过适当处理以确保遵守技术规范、管理规范，并符合综合水服务管理者基于水质特征和净化设备的实际处理能力而采纳的限值后，可以允许其通过公共排污管道排放植物废水。

8. 自本立法令第三部分生效之日起6个月内，之后每2年，各大区根据第75条第5款规定的方式，向环境与土地海洋保护部、环境保护与研究高等研究所的土壤保护部—意大利地质服务局和水资源和废弃物监管局转交有关净化器功能的信息，以及相关淤泥处理的信息。

9. 为了确保环境状况信息的广泛传播，各大区通过第75条第5款规定的法令中指明的方式，每2年在自己的政府公报和门户网站上，公布有关其辖区内城市污水排放活动的报告。

10. 主管机关可以促进并与相关经济主体订立协议和项目合同，以有助于节水、对排放污水的再利用和作为淤泥净化原料的回收，尽可能使用经济手段，建立行政管理的便利途径，并针对被认为有用的物质确定不同于一般原则的排污限制，无论如何都应遵守欧盟法规和为了实现质量目标的必要措施。

第102条　温泉水的排放

1. 对于化学参数自始超过排放限值的温泉水，应允许其排放值作为例外，只要其回流水的质量特征不超过所抽取的，即最大不得超过细菌参数的10%，且不得含有本立法令第三部分附件5表格3/A和表格5中规定的危险物质。

2. 除了大区根据第124条第5款采用许可制度以外，允许下述温泉水排放：

（1）向地表水排放，只要向受体水中的输送不会危害水资源的使用并不会对健康和环境造成损害。

（2）经事先查证地质情况后，向土壤或向地下土壤表层排放。

（3）向排污管道里排放，只要遵守综合水服务管理者发布的规定，并由区域管理机构授权许可。

（4）向接收雨水的分离型排污管道内排放。

第103条　向土壤中排放

1. 禁止向土壤或地下土壤表层排放，以下情况除外：

（1）第100条第3款规定的情形。

(2)污水管道的排污器负荷满载。

(3)城市污水和工业废水的排放,相比可实现的环境效益,已经被证实技术上不可能向地表水体输送或输送成本过高的,只要其符合标准和大区根据第101条第2款为此目的设定的排放限值。直到大区颁布新的法规之前,适用本立法令第三部分附件5表格4中规定的排放限值。

(4)冲洗天然岩石产生的废水和洗涤矿物质的企业产生的废水,只要产生的淤泥完全由水和天然惰性物质构成,且不会对水层造成损害或使土壤不稳定。

(5)通过分离式排污管网输送的雨水排放。

(6)水箱溢出、饮用水管网维护施工和维修水道管井产生的水。

2. 除了第1款规定的情况,现有的向土壤排污必须引入地表水体,符合第99条第1款中法令所设定的规范的、用于再利用的排污管网。不履行规定义务的,撤销其授权许可。

3. 第1款第(3)项规定的排污必须符合本立法令第三部分附件5表格4中规定的限制。任何情况下都禁止向土壤中排放本立法令第三部分附件5第2.1点规定的物质。

第104条　向地下土和地下水中排污

1. 禁止直接向地下水和地下土壤中排污。

2. 作为第1款的例外,主管机关经过事先调查后,可以许可矿区或洞穴的渗透水、土木工程作业过程中泵入的水,包括热交换设备产生的水向地热发电用水同一含水层排污。

3. 作为第1款规定的例外,对于海底矿层,环境与土地海洋保护部协同经济发展部,且对于地下矿层,在不妨碍经济发展部关于研究和开采液态和气态的碳氢化合物的职权的前提下,和各大区可以许可向提取碳氢化合物的深层地质结构中,或者具备含有或可能含有碳氢化合物的特征的结构中,排放提炼碳氢化合物时产生的废水,并指明排放方式。排放的废水中不得含有其他污水,或在分离碳氢化合物时产生的其他在质量上或数量上相异的危险物质。发放的有关许可中应规定必要的技术规范,以保障排放的污水不会流入其他水系或损害其他生态系统。

4. 作为第1款规定的例外,主管机关经事先调查以证实没有无关物质后,可以许可向用于清洗和加工惰性物质的水层排放污水,只要产生的淤泥完全由水和天然惰性物质构成,且其排放不会对水层造成损害。为此,辖区内主管的大区环境保护办事处，应查明淤泥的质量和数量特征，确保其不具有损害含水层的可能，并就排污许可的申请发表具有拘束力的意见，费用由申请许可的主体负担。

4-2. 在不影响第1款禁令的前提下，主管机关为了实现地下水体的质量目标，在符合环境与土地海洋保护部法令所设立的标准的前提下，可以许可人为引发地下水体的喷发或扩大地下水体。所使用的水可以取自地表水或地下水，只要对水源的利用不会妨害实现针对水源或用于补给和扩展的地下水体所设定的环境目标。上述措施应根据保护计划和管理计划的要求定期复审和更新。

5. 针对在海上勘探、研究和开采液态或气态碳氢化合物的活动，向海中直接排放污水应采用环境与土地海洋保护部所制定的法令中规定的方式，只要矿油的浓度低于40 毫克/升。在没有可利用的井也没有更加高效、适合注入或再注入的井的情况下，应采用向深层地质组织中注入或再注入的方式逐渐取代向海中直接排放，并且无论如何都必须遵守第2款、第3款的规定。

5-2. 作为第1款规定的例外，允许为了储存和使二氧化碳在地质层中流动而进行注入，基于自然原因而非其他目的，这些地质层缺乏与其他地质层间的流体交换，只要实施注入符合接受有关二氧化碳的地质储存的欧洲共同体第2009/31/CE 指令的立法令中的规范。

6. 在第3款规定的许可向深层地质结构中排污期间，环境与土地海洋保护部在下述情况中，还可以许可采用第5款和第7款规定的方式，直接向海水中排放：

（1）对于过剩的水，若注入井或再注入井的能力不足以确保能接收在提取碳氢化合物时产生的全部废水的。

（2）在进行日常维修和紧急维修的必要时间里，旨在确保由井和注入或再注入设备组成的系统功能正常和安全。

7. 在提交监测计划以便查证不存在对受体水和水生态系统的危险后，可以许可直接向海水中排放第5款和第6款规定的污水。

8. 除了第2款、第3款、第5款、第7款规定的情形外，向地下土壤和地下水排污，包括已经许可和有待许可的，都应传送到地表水体中，或者在可能的情况下，进行回收、再利用或农业使用。未履行上述义务的，应终止排污许可。

8-2. 针对应接受国家或大区环境影响评价的干预措施，第5款和第7款规定的环境许可，应由有权明确地完结环境影响评价程序并作出环境影响评价决定的主管机关在执行计划的层级上进行指导，并重新发放。

第 105 条 向地表水排污

1. 为了达到质量目标,向地表水中排放工业废水必须遵守第 101 条第 1 款和第 2 款规定的排放限值。

2. 汇集到污水网管中、产生自人口数量低于 2000 人的居民区且输送到淡水和过渡区水域的城市污水排放,和产生自人口数量低于 10,000 人的居民区且排入海岸水域的城市污水排放,都应该根据本立法令第三部分附件 5 中的指导进行适当的处理。

3. 城市污水,应在排放前进行二次处理或相当于本立法令第三部分附件 5 指示中规定的处理。

4. 此外,第 3 款规定的排污应遵守第 101 条第 1 款和第 2 款规定的排放限值。

5. 针对季节性人员流动强的居民区,各大区应就向污水网管中排污进行专门规定,参考第 2 款和第 3 款的规定,且不得影响质量目标的实现。

6. 向位于高山地区,即超过海平面 1500 米的水体中排放城市污水,由于低温原因,难以实施有效的生物处理的,可以采取效果弱于第 3 款规定的处理方式,只要有专门研究证实上述排污不会对环境产生消极影响。

第 106 条 向位于敏感区域的水体排放城市污水

1. 根据本立法令第三部分附件 5 的特别要求,在不影响第 101 条第 1 款和第 2 款的规定的前提下,产生自人口数量超过 10,000 人的居民区的污水,向被确定为敏感区的水体中排放的,应该进行比第 105 条第 3 款规定的处理方式更加严格的处理。

2. 若能够证实进入全部城市污水处理厂的总装载量的最小减排百分比至少达到总含磷量 75% 或总含氮量 75% 的,则第 1 款的规定不适用。

3. 针对位于与敏感区相关流域内的城市污水处理厂所排放的污水,应由大区负责确定哪些对上述地区形成污染并应进行第 1 款和第 2 款规定的处理,以便达到接受水体的质量目标。

第 107 条 污水网管排污

1. 在不影响本立法令第三部分附件 5 表格 3/A 中规定的排放限值的绝对性的前提下,限于附件 5 表格 5 注释 2 和表格 3 规定的参数,向污水网管中排放工业废水受到技术规范、法律规范和主管的区域管理机构所采纳的限值的调整,基于设备的特性,所采用的方式应确保对接受水体的保护,并遵守根据第 101 条第

1 款和第 2 款确定的城市污水排放规则。

2. 允许向污水网管中排放家庭污水，只要遵守由综合水服务管理主体颁布的、主管的区域管理机构通过的规范。

3. 禁止向污水管道中排放垃圾，即使是粉碎后的，除非是经过食品垃圾搅碎机处理，被切割为细小颗粒的食品下脚料产生有机物，经综合水服务管理者事先查证存在净化系统，并确保向公众提供包括这些系统所服务地区的平面图在内的充分信息。搅碎机的销售人应向水服务管理者通报搅碎机的安装，并控制其在该领域的散布。

4. 为了发挥预处理设备的功能，也为了遵守相关许可的规定和限制，各大区在听取省的意见后，可以设立补充规范以便控制与公共排污管道相连的居民点和生产场所的污水排放。

第 108 条　危险物质的排放

1. 有关危险物质的排放规则适用于生产、运输或利用本立法令第三部分附件 5 表格 3/A 中涉及的物质的企业，且可以确定排放物中存在一定数量的上述物质或其浓度超过自本立法令第三部分生效之日起既有的检测方法所允许的检测限值，或者，之后，超过本立法令第三部分附件 5 第 4 点规定的检测方法更新后所允许的检测限值。

2. 鉴于向环境中所排放的物质的毒性、持续性和生物累积性，针对已经证实第 101 条第 1 款和第 2 款规定的限值阻碍或妨害了第 121 条涉及的保护计划中规定的质量目标的实现的情形，也针对其他危险物质的排放，主管机关在发放许可时，设定比第 101 条第 1 款和第 2 款规定的限值更为严格的排放限值。

3. 为了实施第 107 条第 1 款和本条第 2 款的规定，自 2007 年 10 月 30 日之前，必须实施针对本立法令第二部分第三(乙)章所调整的企业的排污规则。上述规则，涉及排放限值、技术参数和措施的，考虑到有关设备的技术特性、地理位置和当地的环境条件，应建立在最佳可得技术之上，不要求必须使用一个特定的技术或工艺。

4. 针对本立法令第三部分附件 5 表格 3/A 中涉及的、产生自同一表格中规定的生产周期的物质，许可还应规定物质的最大数量值，单位为：单位重量/污染活动的特征要件单位(原材料或产品单位)，与该表格中指明的相一致。第 1 款规定的危险物质的排放受到本立法令第三部分附件 5 第 1.2.3 点规定的调整。

5. 对于含有本立法令第三部分附件 5 表格 5 中规定的物质的工业废水，排污测量点的设置应依据2005年2月18日第59号立法令规定的环境综合许可中的相关规定，且，针对未纳入上述法令调整范围的活动，应设置在工厂出口处或该工厂的处理设施的出口处。主管机关有权要求，所排放的污水中部分包含本立法令第三部分附件5表格5中涉及的物质的，应与一般污水分离排放并作为垃圾单独处理。如果出现第124条第2款第2句中规定的情况，处理含有附件5表格5中规定的危险物质的工业废水的设备，通过运输管接收来自其他工业企业的废水或城市污水，其中含有无益于改善或减少危险物质的不同物质的，在许可时，考虑到对不同污水的混合物的稀释，主管机关可以针对附件5中表格5规定的任何一种上述物质，适当降低附件5表格3中规定的排放限值。

6. 主管机关就有关本立法令第三部分附件5表格3/A中涉及的、产生自该表格中规定的生产周期的物质发放许可的，应编订一份包括发放许可、现有排污和有效监测在内的清单，以便后续提交欧洲委员会。

第四节　水体保护的进一步措施

第109条　因挖掘活动和在海中铺设电缆和管道而产生的浸入海洋中的材料

1. 为了保护海洋环境并符合现行有关国际条约的规定，允许从船舶或飞机和建筑物上有意识地向海洋或毗邻地区（如海滩、潟湖和咸水池塘及沿海堤岸）浸入以下材料：

（1）深海、盐床或沿海地带进行挖掘的材料。

（2）惰性材料，为了单一的使用目的而制造的无机地质材料，且已经证实其环境兼容性和无害性。

（3）在海中或潟湖或咸水池塘中进行渔业活动产生的、源自海洋或盐湖的有机和无机材料。

2. 向海中浸入第1款第（1）项规定的材料的许可，由大区发放，除了根据1982年12月31日第979号法律和1991年12月6日第394号法律规定的、在国家保护区实施的干预措施的许可以外，该许可由环境与土地海洋保护部协同基础建设与交通部、农业与林业政策部、生产活动部，事先征得国家、大区和特伦多、博尔扎诺自治省关系常务会议的同意，按照环境与土地海洋保护部部长令规定的方式，自本立法令第三部分生效之日起120日内颁发。

3. 向海中浸入第1款第(2)项规定的材料,属于大区许可范畴,其中不包括应进行环境影响评价的新制成品。对于不涉及增加现有工程数量的修缮工程,仅需向主管机关通报。

4. 向海中浸入第1款第(3)项规定的材料,无须许可。

5. 大区签发因铺设电缆和管道而需进行海底活动的许可,以环境与土地海洋保护部部长令中规定的方式,协同生产活动部、基础建设与交通部、农业与林业政策部,在其职能范围内,在本立法令第三部分生效之日起120日内颁发。(本句被2015年12月28号第221号法律废除)。

5-2. 针对应接受国家或大区环境影响评价的干预,第2款和第5款规定的环境许可,由有权明确地终结环境影响评价程序并作出环境影响评价决定的主管机关负责指导和签发。属于国家电力传输网络的管道或电缆,或者属于连接其他国家能源网的管道或电缆,无须环境影响评价,由环境与土地海洋保护部在听取有关大区的意见后,在该网络的许可程序中统一签发许可。

第110条　城市污水处理厂的废物处理

1. 除了第2款、第3款的规定外,禁止利用城市污水处理厂排放废弃物。

2. 作为第1款的例外,经区域管理机构同意,就特殊需求并在剩余处理能力的允许范围内,主管机关许可综合水服务的经营者向城市污水处理厂内排放液体废弃物,仅限于与净化程序兼容的种类。

3. 经向第124条的主管机关通报后,可以授权综合水服务的经营者在具备相应净化特长和能力,并符合第101条第1款、第2款规定的排放限值的工厂内接收下列废弃物和材料,只要这些物质是来自其最佳区域范围或者其他没有适宜的工厂的最佳区域范围:

(1)污水产生的废弃物,这些污水符合向污水管网排放的排放限值。

(2)对第100条第3款规定的家庭污水处理系统进行日常维护时产生的废弃物。

(3)排污管道日常维护产生的材料以及那些源自其他城市污水处理厂的废弃物,在技术上和/或经济上无法对它们进行进一步处理。

4. 只要不会危害对污水和淤泥的再利用,可以实施第2款、第3款规定的活动。

5. 在第3款规定的通报中,综合水服务的经营者应指明工厂的剩余处理能力和拟处理的废弃物的特性和数量。主管机关可以指明不同的数量或者禁止处理特定种类的废弃物。主管机关还应在专门的目录中对履行了第3款规定的通报的处理工厂的经营者进行登记。

6. 第2款和第3款规定的垃圾处理应缴纳由区域管理机构确定的专项税费。

7. 废弃物的生产者和运输者应遵守有关废弃物的法律法规,其中第3款第2项规定的废弃物的生产者除外,其应遵守涉及废弃物的现行法规中有关生产者的独有义务。根据第3款和第5款的规定,综合水服务的经营者在处理废弃物时,应根据涉及废弃物的现行法律法规中的有关规定保管装、卸登记簿。

第111条　水养殖场和鱼养殖场

1. 经国家、大区和特伦多、博尔扎诺自治省之间关系常务会议同意,协同农业与林业政策部、基础建设与交通部、生产活动部,以环境与土地海洋保护部部长令的形式,确定有关标准以遏制水养殖活动和鱼养殖活动给环境造成的影响。

第112条　农艺利用

1. 除第92条针对敏感区的规定和2005年2月18日第59号立法令附件1第6.6点有关密集型养殖场的规定外,根据1996年11月11日第574号法律的规定,对养殖场排出水、橄榄油炼油厂的植物废水的农艺利用,以及对从第101条第7款第(1)项、第(2)项、第(3)项规定的企业排出的污水,和按照第2款中农业与林业政策部法令所确定的小型农副企业排出的污水的利用,都应根据本立法令第75条的规定通报主管机关。

2. 在农业与林业政策部部长令通过的标准和一般技术规范的基础上,各大区协同环境与土地海洋保护部、生产活动部、卫生部和基础建设与交通部,与国家、大区和特伦多、博尔扎诺自治省之间关系常务会议达成一致,在上述部委令生效之日起180日内,对第1款规定的农艺利用活动进行规范,同时确保对潜在的有关水体进行保护,特别是确保达到或维持本立法令第三部分规定的质量目标。

3. 在第2款规定的范围内,对下述事项进行特别规定:

(1)1996年11月11日第574号法律第3条、第5条、第6条、第9条的实施方式。

(2)实施通报的时间和方式,对于较小环境影响的活动规定简化程序以及免除通报义务的特定情形。

(3)实施农艺利用操作的技术规范。

(4)监测标准和程序,包括主管机关强制要求的,在未通报或不遵守技术规范和处理决定的情况下禁止实施或者在一定时间内暂停实施第1款涉及的活动。

(5)依照第137条第15款规定的行政罚款。

第113条　冲蚀雨水和初降雨水

1. 为了预防水利危险和环境风险,各大区在听取环境与土地海洋保护部的意见后,对下述事项进行规范并负责实施:

(1)对分离污水管网中排放的冲蚀雨水进行检测的方式。

(2)可以申请引入冲蚀雨水的情况,这些冲蚀雨水的引入由特别规定、包括可能的许可调整,通过其他分离管道引入。

2. 第1款未规定的雨水不受本立法令第三部分约束或调整。

3. 各大区还应对下述情况进行规范:在特定条件下,就进行的活动而言,暴露在危险物质或有害于实现水体质量目标的物质下的不可渗透表面存在被冲蚀的危险,在此情况下可以要求将初降雨水和外部区域的洗涤水运输到净化厂,并做适当处理 。

4. 无论如何禁止直接向地下水中排放或输入雨水。

第114条　堤坝

1. 为了确保维持或达到本立法令第三部分第二编第二章规定的质量目标,大区在听取环境与土地海洋保护部的意见后,对用于水力发电、灌溉目的和饮用水厂的废水回流,以及非用于研究提取碳氢化合物的勘探或钻孔活动产生的废水,进行特别规范。

2. 为了确保维持蓄水能力和保护注入水体和接受水体的质量,对堤坝采取的打磨、泄水和脱泥作业应根据每次蓄水的管理方案实施。这些管理方案既要确定那些与设备维护活动相关的上述作业的预定范围,也要确定对接受水体、水生态系统、鱼类活动和在水库运转期间注入并流向下游的水资源的预防与保护措施。

3. 此外,为了确保对接受水体的保护,管理方案还应规定排放设备运转的方式。任何情况下,都必须遵守1959年11月1日第1363号共和国总统令所确定的旨在确保人员、财产安全的法律规范。

4. 管理方案应由管理者根据基础建设与交通部、环境与土地海洋保护部协同生产活动部和农业与林业政策部,经国家、大区和特伦多、博尔扎诺自治省之间关系常务会议同意后所颁布的部长令中所确定的标准制定，在本立法令第三部分生效之日起120日内发布。

5. 管理方案提交后6个月内，根据1998年3月31日第112号立法令第89条和第91条的规定，在经主管水库和堤坝安全的行政监管机关同意，并在必要时听取直接相关的保护区域管理局的意见后，由大区以最终决定的形式批准；针对1998年3月31日第112号立法令第91条规定的堤坝，批准的方案应呈交意大利堤坝登记处进行综合登记，作为1959年11月1日第1363号共和国总统令第6条及其相关执行规范所规定的操作和维护的情况表的必要组成部分。管理方案自提交之日起6个月内，主管大区对此未作出任何干预的，方案通过并投入使用，在上述期限经过之后，上述机关仍然保有做出最终决定的权利。

6. 方案经批准后，经营者有权在符合该方案及相关决定规定的限度内实施打磨、泄水和脱泥作业。

7. 在确定惰性物质特许经销费时，行政机关应决定特定方式和数量，以便于对用于机械拆除的蓄水池的打磨和拆除。

8. 现有蓄水池的经营者，尚未履行发布在2004年11月16日第269号政府公报上的、环境与土地海洋保护部于2004年6月30日颁布的部长令中规定的义务的，应在第4款规定的部长令颁布后6个月内提交第2款规定的方案。直到管理方案被批准或可执行时，且必须在本立法令生效之日起12个月内，根据1959年11月1日第1363号共和国总统令第17条规定的、旨在对排放设备的功能性进行检查的周期性操作，应按照操作和维护的情况表的规定开展。

9. 对水库进行打磨、泄水和脱泥作业不得破坏下游山谷对它的利用，以及对环境质量目标和具有特定用途的水体质量目标的遵守。

第115条　水体附属区域的保护

1. 为了确保维护或修复水体直接毗邻地带的自然生长植被，具备过滤固体悬浮物和扩散源污染的功能、稳定水岸的功能和保护生物多样性以适应河床的功能性需求的功能，自本立法令第三部分生效之日起1年内，大区负责对距离河流、湖泊、池塘和潟湖至少10米范围内的土壤及地下土的改造和管理的干预措施进行规范，至少禁止以除公共安全为由之外的水道覆盖和建设垃圾处理设施。

2. 第1款规定的干预措施应至少遵守1904年7月25日的523号皇帝令规定的许可，有关维护公共安全的措施除外。

3. 为了确保第 1 款规定的目的，河流、溪流、湖泊及其他水流的公共区域可以根据特许经营的目的被纳入自然保护区、河流或湖泊公园，或至少对其进行环境修复和恢复干预。若这些公共区域已经被包括在现行法规认可的官方名单上记载的国家或大区自然保护区内，则允许免费的特许经营。

4. 根据 1994 年 1 月 5 日第 37 号法律新形成的公共河流区域，不得私有化。

第 116 条　措施方案

1. 各大区在可支配资源范围内，通过措施方案对第 121 条规定的保护计划进行补充，这些措施方案应以本立法令第三部分附件 11 规定的措施，或者在必要时，由同一附件规定的补充措施为基础构成；由流域管理局批准。若措施不足以确保达到规定的目标，流域管理局应确定原因并向大区指明对方案进行重审的方式，要求大区进行必要的修改，不得影响可支配资源构成的限制。基础措施和补充措施都不得增加对海水和地表水的污染。这些措施方案需在 2009 年以前获得批准并由大区在 2012 年以前实施；对其的后续重审应在 2015 年以前开始，并每 6 年重审一次。

1–2. 新的和修改后的最终措施，根据更新后的计划获得批准，应在其获得批准后 3 年内实施。

第四章　防 治 手 段

第一节　水管理计划和水保护计划

第 117 条　管理计划和保护区登记

1. 每个水文区都应制定管理计划,表示与第 65 条规定的区域流域计划的内部衔接。因此,管理计划就构成流域计划的临时计划,并应根据第 66 条规定的、针对流域计划设定的程序制定和批准。为了规范管理计划,流域管理局应该确保所有职能主体参与各个特定的环节。

2. 管理计划应具备本立法令第三部分附件 4 部分 A 中指明的要件。

2-2. 根据 2008 年 12 月 30 日第 208 号法律令(经修订后写入 2009 年 2 月 27 日第 13 号法律)第 1 条第 3-2 款通过的水文区域的管理计划,应在 2015 年 12 月 22 日之前进行重审并更新,其后每 6 年重审并更新一次。

2-3. 若根据第 118 条实施的分析和根据第 120 条实施的监测活动的结果显示出由扩散源导致的显著人类影响,主管机关应确定对污染进行控制的约束措施。在此情况下,管理计划应规定相应措施禁止向水体中引入污染物,或设定事先许可义务或根据一般条款和约束性条款进行登记的义务。上述监管措施应定期重审并随时更新。

2-4. 为了将洪灾风险防范与河流生态系统保护相结合,在管理计划中,流域管理局应协同其他主管机关,制定水文流域的沉积物管理方案,作为识别和管理的工具,并负责制定对河道走廊的形态布局进行干预的计划。制定本款规定的方案,应服从欧洲议会和理事会于 2000 年 10 月 23 日和 2007 年 10 月 23 日分别颁布的第 2000/60/CE 号指令和第 2007/60/CE 号指令中确定的目标,并符合 2014 年 9 月 12 日第 133 号法律令(经修订后写入 2014 年 11 月 11 日第 164 号法律)第7条第2款规定的实施,其规定,在欲资助的各种减轻水文地质灾害措施中,应优先考虑那些在减少风险的同时对生态系统和生物多样性进行保护和修复的综合性干预措施。淤积物管理方案应具有改善河道形态和生态状态并减少洪灾风险的目标,通过对固体物质的搬运,对河流流域和河流走廊的平面高度的布局,以及对位于河流走廊和斜坡上的与水文网格的形态运动相互作用的水利工程和其他基础设施的布局和管理方式进行干预来实现。淤积物管理方案由下列三个内容组成:

(1)一个在空间和时间递进规模上适当的认知性框架的定义,该定义涉及水道当前的形态状态、河床的进化轨迹、正在进行的固体物质运输的动力和数量、当前作业与形态进程的冲突以及为了定义第(2)项规定的目标所需的全部要件。

(2)以第(1)项划定的认知性框架为基础,定义水道布局的明确目标,以便改善其形态和生态并减少水压风险;在此范围内,如果可行,优先减少地貌均衡状态的变化,减少河槽与河漫滩的连接,避免河道走廊进一步人工化。

(3)确定为了达到第(2)项规定的目标,在认知性框架设定的时间内对它们进行监测和调试所必要的最终干预措施;在一个适当评估和针对不同目标的效果比对的基础上,考虑到充分延伸的时间和空间范围的多个可能性替换措施中选取更加适当的措施,包括不予干预措施,在待评价干预措施中应优先考虑为恢复纵向、横向和垂直水文形态的连续性而采取的措施,包括管理措施,特别是在割面存在明显中断处实施恢复固体物质搬运的措施,重建河床与洪泛平原的连接并恢复更广泛的横向移动空间的措施,以及培育和布局再造措施;局部性彻底移除油脂性或植物性材料或针对人工水道的其他干预措施应当通过专门的评估进行论证,该评估应针对水道的进化路径,相较于其他替代干预措施,在较长期间内预期取得的积极的和消极的效果;在可能的情况下,为了与河道分布目标相一致,从水道中移除的方法应首选将移除的石质材料填回。

3.流域管理局在听取综合水体服务的区域管理机构的意见后,在本条款生效之日起6个月内,以大区移交的信息为基础,设立针对本立法令第三部分附件9中规定的、由主管机关根据现行法律法规设定的保护区域的登记。

第118条　流域特征的勘测和人类活动影响分析

1.为了更新必要信息以便起草第117条规定的管理计划,根据本立法令第三部分附件10中的有关规定,各大区实施专门方案勘测描述水文盆地特征的有用数据和用来评价对水文盆地的人为影响的有用数据，以及收集用于对水体利用进行经济学分析的必要数据。第一句涉及的活动的结果应转达给环境与土地海洋保护部、主管的流域管理局和环境保护与研究高等研究所内的内陆和海洋水保护部门。

2. 采用第1款规定的方案应符合本立法令第三部分附件3以及环境与土地海洋保护部特别部长令所通过的法规中规定的指引，并且应于2013年12月22日之前进行更新并随后每6年更新一次。

3. 在进行第1款规定的了解性活动中，各大区应利用已经获取的数据和信息。

第119条　水服务相关费用的收取原则

1. 为了达到本立法令第三部分第二编第二章规定的质量目标，主管机关应确定水服务相关费用的收取原则，包括环境和有关资源的费用，计算时应考虑到根据本立法令第三部分附件10的规定，特别是，根据“污染者付费”原则而进行的经济分析。

2. 在2010年之前，主管机关应负责实施合理的水价格政策，以便适当激励用户以有效的方式使用水资源，并有助于达到和保持2000/60/CE号指令和本立法令第76条及其后条款规定的环境质量目标，还应通过给不同的用水部门（至少区分为工业、家庭和农业）设立任务，适当促进对水服务成本的回收。在实施上述措施时应考虑对回收上述成本的社会、环境和经济反响，还应考虑所在大区或可能涉及的各个大区的地质和化学条件。特别是：

（1）引入公共水源的特许费应考虑与使用水有关的环境成本和资源成本。

（2）由不同用水部门，包括民用的、工业的、农业的，负担的水服务费用，应在按照本立法令第三部分附件10实施的经济分析的基础上，适当促进成本的回收。

3. 在第121条规定的保护计划中，应规定预阶段，以便实施第1款和第2款规定的、为了达到本立法令第三部分规定的质量目标所必需的安排。

3-2. 在第154条第3款规定的法令颁布之前，环境与土地海洋保护部以及各大区，通过根据2000年8月18日第267号立法令中有关《地区机构体制的法律的统一文本》第34条的规定而签订的方案协议，可以通过设立一个总额，决定国家水资源特许经营费的收入份额，以及适用本条第1款“污染者付费”原则而取得的最高额，特别是从环境成本和相关资源成本收回的最高额，以用于资助本法令第 116 条规定的措施和功能以及本立法令第 71 条规定的由流域管理局承担的研究、设计和技术—组织功能进行资助。

第 120 条　水体质量状态勘测

1. 大区负责制定和实施用于了解和查明所有流域内的地表水和地下水质量和数量状态的方案。

2. 第 1 款规定的方案的采纳，应符合本立法令第三部分附件 1 规定的指引。这些方案应该与已经存在的、根据本立法令第三部分附件 2 设立的有特定用途的目标的方案，以及在保护区登记中载明的水体的方案相结合。第 1 款规定的活动的结果应该提交给环境与土地海洋保护部和环境保护与研究高等研究所内的内陆和海洋水体保护部门。

3. 为了避免重复并确保收集到的信息的传递及其与国家环境信息系统（SINA）的匹配，各大区在履行相关职能时，可以与环境保护与研究高等研究所、大区环境保护办事处（根据 1993 年 12 月 4 日第 496 号法律令设定的，该法令修订后写入 1994 年 1 月 21 日第 61 号法律）、各省、政府管理机关、土地改良和灌溉康采恩以及其他相关公共机关订立协议。在方案中还必须确定数据标准化的方式和信息内部交换的方式。

第 121 条　水保护计划

1. 水保护计划构成一个特定的部门计划，并应根据本条款所罗列的内容，以及本立法令第三部分附件 4 部分 B 中指明的特别要求分段落拟定。

2. 在 2006 年 12 月 31 日之前，流域管理局，在制定计划的活动中或通过具体的指导和合作文件，在听取各省及相关政府机构的意见后，确定水保护计划要实现的地区级目标以及干预措施的先后顺序。在 2007 年 12 月 31 日之前，各大区在听取各省的意见并经事先制定可能的保护措施后，制定水保护计划并将其提交给环境与土地海洋保护部以及主管的流域管理局，以核查其职权。

3. 除了旨在确保达到或维持本立法令第三部分规定的目标的干预措施外，保护计划还应包括用于水体系定性和定量保护的必要措施。

4. 为了实现第 1 款规定的目的，保护计划应特别包括：

（1）了解性活动的结果。

（2）确定环境质量目标和为了特定用途的目标。

（3）具有特定用途的水体名单和需要采用特殊的污染防御措施和恢复措施的区域名单。

(4)互为补充协作的流域定性和定量保护措施。

(5)有关干预措施的时间安排和优先事项的说明。

(6)预定措施效力的检验方案。

(7)水体改良干预措施。

(7-2)主管机关和办事处掌握的、在现有监测网络中定期统计、更新的、有关特定区域含水层和市镇饮用水的监测数据,以公众可获得的方式公布。

(8)本立法令第三部分附件 10 中规定的经济分析和为了执行第 119 条有关收回水服务成本的规定而预设的措施。

(9)现行立法规定的财政资源。

5. 在提交保护计划后 120 日内,流域管理局应查验计划是否符合第 2 款规定的计划制定文件或方针和合作文件,并就此阐释其意见。大区应在此后 6 个月内,并不得超过 2016 年 12 月 31 日,批准保护计划。后续复审和更新应每 6 年进行一次。

第 122 条　公共信息与公众咨询

1. 大区负责推动所有相关部门积极参与本立法令第三部分的执行,特别是有关保护计划的制定、重审和更新。根据附理由的申请,各大区许可查阅起草"保护计划"草案的参考文件和资料。大区在其所属的水文区的职权范围内,负责公布最终意见并可由公众获取:

(1)提交计划的时间表和工作方案,包括一份咨询措施声明,至少在计划开始前 3 年采取咨询措施。

(2)至少在计划覆盖的时期开始前两年,对流域内重点水资源管理问题进行临时性全球性评价。

(3)至少在该计划所覆盖期 1 年之前,公布该计划草案的副本。

2. 为了确保积极参与和咨询,各大区应给予一个不少于 6 个月的期限以便提交第 1 款规定的书面意见。

3. 第 1 款和第 2 款规定也适用于保护计划的更新。

第 123 条　信息和报告的传递

1. 在公布保护计划的同时,大区应将上述计划的副本和所有后续更新传送给环境与土地海洋保护部,以便后者将其转交欧盟委员会。

2. 大区应向该部传送有关下述事项的综合报告,在上述信息的基础上,由环境与土地海洋保护部以专门的部长令规定有关水体质量状态和水分类的信息的

传送方式,以便将其转交欧盟委员会,概述报告中应涉及:

(1)自本立法令第三部分生效之日起12个月内开展的、第118条规定的了解性活动。其后续更新应自2010年2月起每6年一次。

(2)自本立法令第三部分生效之日起12个月内、根据第120条规定实施的监测方案,后续每年一次。

3. 自任一保护计划公布或第121条规定的更新发布后3年内,各大区应向环境与土地海洋保护部传送一份有关第116条规定的基础措施或补充措施实施进程的报告。

第二节 排放许可

第124条 一般标准

1. 所有排放都必须经过预先许可。

2. 许可签发给开展排放活动的主体。如果一个或多个工厂通过管道向作为最终排放人的第三方主体输送其活动产生的污水,或者多个工厂成立一个联合体以便共同排放各个成员在活动中产生的污水,排放许可应签发给最终的排放人或该联合体,此规定不影响上述每项活动的单个主体和相关净化厂经营者在违反本立法令第三部分规定的情况下自身应承担的责任。

3. 无论是否由城市污水处理厂处理,生活污水和污水管网排放许可的授权制度由各大区在第101条第1款和第2款规定的范围内确定。

4. 除第1款之外,向污水网管中排放城市废水应始终遵守由综合水服务经营者制定的和政府主管机关批准的规定。

5. 浴场污水排放的许可制度由各大区规定;向污水管网中排放上述污水应遵守综合水服务经营者颁布的规定并符合政府主管机关签发的许可。

6. 在城市污水净化厂初始的必要时间内,各大区对排放的临时许可阶段进行规范,或者,如果已经投入运转的,各大区就针对工厂或有关基础设施开展干预措施的临时许可阶段进行规范,以便履行意大利作为欧盟成员国的义务,或推进对上述设备的功能的改进、重组或废弃。

7. 除大区有不同规定外,向公共排污管道中排放的许可申请应向各省或政府主管机关提交。主管机关应在收到申请后90日内作出处理。

8. 除2005年2月18日第59号立法令规定的内容外，许可自签发之日起4年内有效。许可期限届满前1年内必须申请更新。如果更新申请已经按时提交，则可以按照上一许可中规定的要求维持临时性排放，直到做出新的决定为止。针对第108条规定的含有危险物质的排放，必须在许可到期后6个月内以明确的方式作出更新决定；上述期限经过未作出许可的，必须立刻停止排放。第3款规定的大区规范可以用于调整特定类型的城市污水排放，在需要许可的情况下，可以采取默示形式进行更新。

9. 针对向自然流量每年不超过120日的水道中排放，或者向非重要水体中排放，许可应考虑无水期间的长度和水体在其他期间的稀释能力，并设立相关规定和限制以确保接受水体的自我净化能力和保护地下水。

10. 涉及排放技术特征、定位和相关环境的地区条件，许可应作出进一步规定，以便保障排放，包括与此相关的功能性作业，符合本立法令第三部分的规定，并不会对接受水体、公共健康和环境造成任何损害。

11. 为了对本立法令第三部分规定的排放许可申请进行预审而实施的必要勘测、查证、监管和现场勘探所产生的费用由申请人负担。在预审之前，主管机关临时性决定申请人应以保证金的名义履行何种支付以满足相应申请的必要条件。预审结束后，该机关在预收取的费用的基础上结清应收取费用。

12. 针对转移到其他地点的定居点、建筑物或场所，或者针对将场地另做他用、扩大或缩小场地范围后，其所排放的污水的特性在质量和/或数量上不同于之前的排放特性的，上述主体必须以后一排放为对象申请新的排污许可。若排放特性没有出现质量或数量上的变化，也应通知主管机关对排放与接收水体的匹配度进行查证，并最终作出其认为必要的规定。

第125条　排放工业废水许可的申请

1. 排放工业废水的许可申请必须附带排放的质量和数量特征说明和年排放总量说明、接收水体种类、检测取样预定点的确定、包括进行功能性作业在内的对整个排放体系的描述、可能使用的排放流量测量系统，或经要求，还应配备在生产过程中和排污系统中以及用于达到相关排放限值的净化系统中所使用的设备的说明。

2. 涉及排放含有本立法令第三部分附件5表格3/A中规定的、产生于同一表格标明的生产周期的物质，第1款规定的申请中还应指明：

(1)每一个生产、加工或利用,或者在其排放的污水中含有上述表格中规定的物质的工厂的生产能力。生产能力应表示为:最大产能/小时×最长小时/日×最大工作日数。

(2)每个特定生产程序的用水时间要求。

第126条　城市污水处理厂项目的批准

1. 大区规定批准城市污水处理厂项目的方式。这些规范应该考虑到本立法令第三部分附件5规定的标准和工厂处理能力与服务区域需求之间的匹配度,以及确保遵守排放限值的管理方式。各大区还应规范在处理厂开始阶段和分功能实现的情况下进行必要的临时性许可的方式。

第127条　城市污水处理产生的淤泥

1. 在不影响1992年1月27日第99号立法令之规定的前提下,城市污水处理产生的淤泥应依据垃圾处理规范处理,或者在可行时,作为净化厂实施的整个处理过程的最后一个环节处理。在任何适宜的情况下都应该对淤泥进行再利用。

2. 禁止向地表淡水和咸水中排放淤泥。

第三节　排放检测

第128条　检测主体

1. 主管机关根据方案实施排放检测,以确保检测系统运行的定期、广泛、有效和公正。

2. 除第1款规定之外,综合水服务经营者应根据经营协议中规定的方式,针对向公共污水管道中排放,组织开展适宜的检测服务。

第129条　查访和检查

1. 检测机关有权实施必要的检查、检测和取样,以确保符合排放限值、许可或监管规定中包含的要求,以及实施排放的条件。排放权利人应提供要求的全部信息并允许检测人员进入排放源所在地点。

第130条　违反排放许可规定

1. 除了适用本立法令第三部分第二编第五章的处罚规定外,针对违反排放

许可规定的情况,主管机关可以根据情节的轻重处以:

(1)警告,并限期消除违法情形。

(2)若具有危害公共健康和环境的情形,则处以警告并在一定期限内暂停许可。

(3)未适当履行警告处罚中的规定,以及数次违反规定导致对公共健康和环境产生危害的,撤销许可。

第 131 条 对危险物质排放的检测

1. 排放中含有本立法令第三部分附件 5 表格 5 中规定的物质的,签发许可的主管机关可以规定由排放人负责安装全自动检测设备,并规定对其的管理方式和对相关结果的保存方式,上述结果应自每一次检测结束后保留至少 3 年期限以便检测机关支配。

第 132 条 替代干预措施

1. 未执行本立法令第三部分规定的检测的情形,环境与土地海洋保护部部长应警告大区,在实现环境保护所需的最低期间至 180 日最高期限内采取措施。持续不履行的情况下,环境与土地海洋保护部部长,经与部长委员会商议后,代为采取干预措施,所生费用由违约企业承担。

2. 在行使第 1 款规定的替代性权力时,为了完成大区在现行法律法规框架下所负有的组织检测系统的职能,环境与土地海洋保护部部长应任命一位“行动”专员代为执行必要行动。

第五章 处 罚

第一节 行政处罚

第 133 条 行政处罚

1. 除了构成犯罪和第 29 - 14 条第 2 款、第 3 款规定的处罚的情形外，任何人排放超过本立法令第三部分附件 5 中规定的排放限值，或者超过第 101 条第 2 款中由大区法令规定的不同排放限值，或者第 107 条第 1 款或第 108 条第 1 款规定的由主管机关设定的不同限值的，应处 3000 欧元至 30,000 欧元的行政罚款。若违反限定值向第 94 条规定的用于人类消费的水资源保护区域内排放，或者超过限值向现行法律法规规定的保护区内的水体排放的，应对其处以不低于 20,000 欧元的行政罚款。

2. 任何人开展或实施家庭污水排放或采用污水管网排放，无论是否经过公共净化厂处理，凡未取得第 124 条规定的许可的，或者在许可已经过期或被撤销后仍然实施或维持上述排污的，应处以 6000 欧元至 60,000 欧元的行政罚款。如果排放涉及用于居住使用的独立建筑的，处以 600 欧元至 3000 欧元的罚款。

3. 除第 1 款和第 29-14 条第 2 款规定的情形之外，任何人违反许可办法中的规定或根据第 107 条第 1 款设定的规定实施或持续排放的，处以 1500 欧元至 15,000 欧元的行政罚款。构成犯罪的除外。

4. 任何人未经许可向海水中注入第 109 条第 1 款第(1)项和第(2)项规定的物质，或者开展该条第 5 款规定的海上铺设活动，处以 1500 欧元至 15,000 欧元的行政罚款。构成犯罪的除外。

5. 在第 112 条第 2 款规定的大区法规颁布之前，任何人违反第 170 条第 7 款之规定的，处以 600 欧元至 6000 欧元的行政罚款。构成犯罪的除外。

6. 任何人违反第 127 条第 2 款有关禁止排放淤泥的规定，处以 600 欧元至 6000 欧元的行政罚款。构成犯罪的除外。

7. 除构成犯罪的情况外，任何人实施下述行为，应处以 3000 欧元至 30,000 欧元的罚款：

（1）在对水坝进行的打磨、泄水和脱泥作业中，超过限值或未遵守第 114 条第 2 款有关设备管理特殊方案中包含的其他规定的。

（2）在经营方案被批准之前实施上述作业的。

8. 任何人违反流量和体积测量设备的安装和维护要求，或者违反第 95 条第 3 款规定的传送测量结果的义务的，处以 1500 欧元至 6000 欧元的行政罚款。情节轻微的，罚金数额减少至前述金额的 1/5。

9. 任何人未遵守大区根据第 113 条第 1 款第 2 项的规定制定的法规的，处以 1500 欧元至 15,000 欧元的行政罚款。

第 134 条　针对保护区域的处罚

1. 违反第 94 条规定的禁止在保护区域内实施的活动或目的的相关规定的，处以 600 欧元至 6000 欧元的行政罚款。

第 135 条　职能与管辖权

1. 有关行政违法行为的查证，由违法行为发生地所在的大区或自治省，根据 1981 年 11 月 24 日第 689 号法律第 18 条及其后续条款的规定，以强制命令的形式科处行政罚款；针对第 133 条第 8 款规定的情形的处罚权由市政机关行使；法律规定由其他公共机关管辖的除外。

2. 除了 1998 年 3 月 31 日第 112 号立法令的规定外，违反防止水污染保护法规的不法行为，由环保宪兵司令部（C. C. T. A. ）负责监视和查明；国家森林部队可以进行干预、国家警察和财政监察也可以予以配合。违反本立法令第三部分规定的不法行为，当它们可能引起海洋环境和海岸环境的损害和危险情况时，由港口首府部队、海岸警卫队负责监视和查明。

3. 针对本立法令第三部分生效之前已经开始（尚未审结）的刑事诉讼，除应宣告不予受理或无罪判决的外，司法机关应将其转移至第 1 款规定的机关进行行政处罚。

4. 本立法令第三部分规定的行政罚款不适用 1981 年 11 月 24 日第 689 号法律第 16 条规定的减免情形。

第 136 条　行政处罚的财产收入

1. 本立法令第三部分规定的行政处罚产生的全部收入应归入大区财政，根据水体修复作业和减少污染作业的计划统一再分配。各大区负责对划拨资金总额进行分配用于实施预防措施和修复措施。

第二节　刑 事 处 罚

第 137 条　刑事处罚

1. 除了第 29-14 条第 1 款规定的处罚外，任何人在未经许可的情况下开展或实施工业废水排放，或者在许可被暂停或撤销后仍然继续实施或维持上述排污的，处以 2 个月至 2 年的拘役或 1500 欧元至 10,000 欧元的罚金。

2. 当第 1 款规定的行为涉及排放含有本立法令第三部分附件 5 表格 5 和表格 3/A 中列明的危险物质群或组的工业废水的，处以 3 个月至 3 年拘役并处 5000 欧元至 52,000 欧元的罚金。

3. 除第 5 款或第 29-14 条第 3 款规定的情形外，任何人未遵守许可规定或主管机关根据第 107 条第 1 款和第 108 条第 4 款做出的规定，排放含有本立法令第三部分附件 5 表格 5 和表格 3/A 中列明的危险物质群或组的工业废水的，处以 2 年以下拘役。

4. 任何人违反有关自动化检测的安装和经营规范或违反第 131 条规定的保留上述检测结果的义务的，处以第 3 款规定的刑罚。

5. 除了构成严重犯罪的，任何人所排放的工业废水中含有本立法令第三部分附件 5 表格 5 中列明的物质，超过表格 3 中设定的限值，或者向土壤中排放的情况下，超过本立法令第三部分附件 5 表格 4 中规定的限值的，或者由大区或自治省或主管机关根据第 107 条第 1 款设定的更为严格的限值的，处以 2 年以下拘役并处 3000 欧元至 30,000 欧元罚金。若排放还超过针对该附件 5 表格 3/A 中列明的物质设定的含量限值的，处以 6 个月至 3 年拘役并处 6000 欧元至 120,000欧元罚金。

6. 第 5 款规定的刑罚也适用于城市污水处理厂的经营者超过该款规定的排放限值排放污水的情形。

7. 综合水服务经营者未履行第 110 条第 3 款规定的通报义务，或者未遵守

第110条第5款的规定或禁令的,若其不涉及危险废弃物的,适用3个月至1年的拘役刑罚或处3000欧元至30,000欧元的罚金;若涉及危险废弃物,则处以6个月至2年的拘役刑罚并处3000欧元至30,000欧元罚金。

8. 排污权利人不允许享有第101条第3款和第4款规定的检测职权的主体进入排放点的,处以2年以下拘役,不构成较严重违法的情形除外。负有检测义务的主体根据1981年第689号法律第13条和《刑事诉讼法典》第55条和第354条的规定而享有的实施干预的权利义务不受影响。

9. 任何人不遵守大区根据第113条第3款之规定制定的规范的,处以第137条第1款规定的刑罚。

10. 任何人不遵守主管机关根据第84条第4款,或第85条第2款的规定通过的办法的,处以1500欧元至15,000欧元罚金。

11. 任何人不遵守第103条和第104条规定的禁止排放规定的,处以3年以下拘役。

12. 任何人不遵守大区根据第88条第1款和第2款制定的、有关确保达到或恢复第87条所规定的水体质量目标的规范,或者不遵守主管机关根据第87条第3款通过的办法的,处以2年以下拘役或处4000欧元至40,000欧元罚金。

13. 若船舶或飞行器向海水中排放的废物中含有意大利批准的现行有效的国际公约中绝对禁止排放的物质或材料,则处以2个月至2年的拘役,除非其在很大程度上会因海上自然发生的物理、化学和生物过程而快速降解为无害,并事先获得主管机关的许可。

14. 任何人对第112条规定的畜牧业废水、炼油厂的植物废水以及农场和小型农产品企业的污水进行农艺利用的,超出规定的情况和程序,或者不遵守禁止或暂停实施该条款规定的活动的命令的,处以1500欧元至10,000欧元的罚金或1年以下拘役。该刑罚还可以适用于任何在现行法律法规规定的情况和程序外利用农业废水的人。

第138条　贝类养殖活动的进一步处罚办法

1. 第137条第12款规定的情况中,卫生部、环境与土地海洋保护部以及主管大区和自治省收到犯罪信息副本的,在职权范围内并在刑事判决之外,可以预防性地暂停贝类养殖活动;根据最终确定的审判结果或《刑事诉讼法典》第444条规定作出的决定,经对事实的严重性进行评估后,还可以关闭工厂。

第 139 条　被定罪者的义务

1. 在本立法令第三部分规定的罪行判决中，或者根据《刑事诉讼法典》第 444 条规定作出的决定中，可以针对赔偿损害并实施了安全保障、改善和修复措施的情况，有条件暂缓刑罚的执行。

第 140 条　可以减免罪责的情况

1. 在判决之前或者在强制命令之前，责任人完全修复损害的，本章所规定的刑事和行政处罚可以减少 1/2 至 2/3。

第三编　水资源管理

第一章　一般原则和职能

第141条　适用范围

1. 本编规定的内容用于调整水资源管理、有关环境保护与竞争的水资源综合服务、确定水资源综合服务的基本服务水平以及各省、市和大城市的相关基本职能。

2. 水资源综合服务由一整套公共服务组成，包括民用污水的收集、引流、输送以及回流水的净化；水资源综合服务的运营应本着效率、效益和经济的原则，并遵守国家和欧盟的相关法规。水资源综合服务范围内的工业用水也适用本编规定。

第142条　职权范围

1. 在宪法规定的职权内，除了水资源及废弃物监督管理局的职能外，环境与土地海洋保护部负责履行本编规定的应由国家承担的职能与任务。

2. 各大区履行宪法规定的职能与任务，并行使按照第1款规定授予的国家权力，特别是负责规范辖区内的地方政府行为。

3. 根据本立法令第三部分的规定，地方政府机构，也可以通过第148条第1款[1]规定的区域管理机构，履行下述职能，包括组织提供水资源综合服务、选择管理方式、制定和调整用水费率、委托经营及相关的监管职能。

第143条　基础设施所有权

1. 根据《民法典》第822条及其后续条款的规定，水渠、污水管网、净化设备

---

[1] 第148条已经被废除。第147条第2-2款同此处。

以及其他公共水利基础设施在交付和/或测量之后即属于国有财产，非以法律规定的方式和范围不可转让。

2. 根据《民法典》第 823 条第 2 款，本条第 1 款中规定的财产保护事宜由区域管理机构负责。

第 144 条　水资源的保护与利用

1. 所有地表水、地下水以及未被开采的地下水均归国家所有。

2. 水资源的保护和利用应遵循一致的标准；对水资源的任何使用都应该确保子孙后代对拥有一个完整的环境遗产的期待和拥有它的合法权利。

3. 水资源利用的各项规定应以合理化为目标，旨在避免浪费、促进水资源再生，避免损害水利资产、环境的宜居性、农业、养鱼业、水生植物和水栖动物、妨害地貌变化过程和打破水文平衡。

4. 除居民生活用水之外，对水资源的其他利用必须以水资源充足及不损害水质为前提。

4-2. 为了保护地下水不被污染、促进水资源的合理利用，并基于预防地震及地震引发的其他意外事故的预警原则，在国家批准实施的对碳氢化合物的探寻和开采活动中，严禁探寻和开采页岩天然气、页岩原油，以及签发相关的采矿许可。为此，也禁止使用向底土中压入任何液态或气态流体，包括添加剂的注入技术，导致或促使聚集页岩天然气和页岩原油的岩层发生断裂。在 2014 年 12 月 31 日之前，被许可探寻或特许开采的权利人应将先前针对页岩天然气或页岩原油使用的上述技术的相关数据和信息（包括在实验过程中使用的添加剂的确切化学成分）上报给经济发展部、环境与土地海洋保护部、地球物理学和火山学国家研究中心以及环境保护与研究高等研究所。一旦确认违反本条规定，则相关特许权利或许可自动终止。

5. 对温泉水、矿泉水以及地热用水，按照宪法规范确定的职权，由专门法律法规进行规范。

第 145 条　水利预算平衡

1. 流域管理局应按照第 144 条规定的标准和目标，制定并定期更新水利预算，确保参考区域内可寻获或可开采的水资源与各种用水需求之间的平衡。

2. 为了确保资源与需求之间的平衡，主管的流域管理局应在其职能范围内，根据水资源的用途采取水利经济规划措施。

3. 在山谷或是分水岭等以水资源的持续提取或转移为特点的流域，引水活动应确保地下河床生物生存所必需的流量，且不得破坏相关生态系统的平衡。

第 146 条　节水

1. 自本立法令第三部分生效之日起 1 年内，在听取水资源和废弃物监督管理局的意见后，按照国家立法原则，各大区应制定一定的规范和措施使水资源消耗合理化，并避免水资源浪费，尤其是：

（1）完善对任意用途的供水及水分配管网的维护，以减少损耗。

（2）在建设或更换新的输水和分配水设备（包括内部设备和外部设备）时，必须使用保护金属材质管道的防腐系统。

（3）实现双重供水网络，特别是在新建居住区、商业区以及规模较大的工业区内，使用造价低的水用于可兼容用途。

（4）促进家庭、工业、第三产业和农业领域节约用水方法与技术的信息宣传与推广。

（5）采用高效灌溉系统并辅之以正确的管理，在适当的时候更换具有加压网的光滑管道网。

（6）在每一个居住单元安装用水量计量器，同时针对位于市内的生产活动和第三产业安装不同于居民区的计量器。

（7）当新建居民区的用水终端具备适宜的经济、技术条件时，针对雨水、回流水和初降雨水安装不同的连接系统。

（8）确定地下水补给区域并采取保护措施和管理措施，以便在数量上和质量上确保理想的水补给过程。

2. 在符合城市规划和土地规划且财政允许的条件下，城市规划设施应规定配备双重供水网络，让水资源（包括非饮用水）实现合理使用。建设许可的签发应以项目中明确规定为每个居住单元安装用水量计量器，以及在可行区域内安装双重供水网络连接系统为先决条件。

3. 自本立法令第三部分生效之日起 1 年内，环境与土地海洋保护部在听取水资源和废弃物监督管理局、环境保护与研究高等研究所内陆与海洋水保护部门的意见后，应制定规范明确用以评估水道及下水管道损耗的标准和方式。每年 2 月之前，水服务管理主体应向水资源和废弃物监督管理局以及行业主管政府机构递交按照上述方式取得的评估结果。

第二章　水资源综合服务

第 147 条　本地区水资源综合服务组织

1. 依据 1994 年 1 月 5 日第 36 号法律，在各大区确定的最佳服务区域的基础上应组织开展水资源服务。未确立区域管理机构的，各大区必须在 2014 年 12 月 31 日(不可延长期限)之前以决议的形式确定该机构。上述期限届满后，适用 2003 年 6 月 5 日第 131 号法律。位于最佳服务区域内的各地方政府机构有义务加入由主管大区为每个最佳区域设立的区域管理机构，并向其移交包括第 143 条第 1 款规定的制定水利基础设施规划在内的各项水资源管理职权。

1–2. 若地方政府机构未在大区和自治省设定的期限内(无论如何不得超过作出设立区域管理机构的决议后 60 日)接受并加入第 1 款规定的区域管理机构时，经事先警告并责令上述地方机构在 30 日内履行义务后，大区区长应行使代位权代其履行，相关费用由不履责机构承担。对此适用第 172 条第 4 款最后两句的规定。

2. 大区可以修改最佳服务区域的范围，以提升水资源综合服务的管理，根据效率、效益和经济的标准开展服务，尤其应遵守以下原则：

(1) 支流域、子流域或相邻流域的整体性，鉴于流域规划、资源所在的位置，以及用途和习俗产生的限制，并有利于相关居民区的利益。

(2) 管理的独特性。

(3) 以地貌、人口和技术参量为基础确定的管理范围的适当性。

2–2. 当最佳服务区域与整个大区的地理范围一致时，为了实现管理效率最大化和用户服务质量最优化，在必要时允许将大区内面积不小于一个省或一个大型都市的区域内的水资源综合服务委托给他人运营。以下情况除外：(1) 在根据第 148 条第 5 款设立的居民人口数低于 1000 人的山区，对水利服务进行自治管理;(2)当该城镇同时具有以下特点时,水利服务管理沿用现有的自治形式:供应水源为珍贵水质;水源地位于自然公园、自然保护区或者2004年1月22日第42号立法令颁布的《文化财产与景观法典》中确定的景观财产区域。应确保高效利用水资源并保护水体。为了维护前述第(2)项中的自治管理形式,主管的区域管理机构应负责核实上述条件是否真实存在。

3. 经听取各省意见后,各大区负责制定补充规范,用以监管居民区和生产区向公共污水管网排放污水、规范预处理设备的运行和确保遵守相关许可中的规定和限制。

第148条

本条已被2009年第191号法律废除,后者由2011年12月29日第216号立法令修订。

第149条 区域计划

1. 自本立法令第三部分生效之日起12个月内,区域管理机构应负责制定和/或修订区域计划。该区域计划包括以下内容:

(1)查验基础设施。

(2)干预方案。

(3)管理和组织模式。

(4)财政经济计划。

2. 根据位于最佳区域内的各地方政府机构确认的信息,对即将委托给水资源综合服务管理者管理的基础设施的查验应确认设施的坚固程度,并明确其运行状况。

3. 干预方案应当确定需进行特别维护的工程以及待实施的新工程,包括对现存基础设施的必要调整措施,使其至少达到最低服务水平,以及全面满足对位于山区或人口密度较低区域的基础设施的使用需求。干预方案应与整体管理相适应,细化待实现的具体目标,并指明为达成目标而列入计划的各项基础设施以及计划完成的时间。

4. 财政经济计划由资产负债表、经济账目以及财务报表组成,每年应在扣除任何不可偿还的公共资金后,对管理和投资成本的趋势进行预算。财政经济计划还应纳入年度税费收入预算,延长至整个委托期。该计划必须确保实现财务经济平衡,并在任何情况下都符合管理以及计划投资的效率、效益和经济原则。

5. 管理和组织模式应确定业务结构,通过该业务结构,管理者能够确保用户服务并实现干预方案。

6. 自主管大区批准决议后10日之内，区域计划应传送给水资源和废弃物监督管理局以及环境与土地海洋保护部。自收到计划之日起90日内，水资源和废弃物监督管理局有权将自己的评论或意见告知区域管理机构，并在必要时就下列事项作出相关规定：干预方案，特别是与用以确定管理目标的最低服务水平相关的计划投资的适当性；财政计划，特别是关于收费梯度能否保证管理以及计划投资中的财务经济平衡。

第149-2条　服务委托

1. 区域管理机构在符合第149条规定的区域计划以及对每个最佳区域进行独特管理原则的前提下，区域管理机构在欧盟法规规定的形式内审议确定管理形式，并以此对委托服务进行规定，使委托服务符合在当地经济网中组织开展地区公共服务的国家法律法规。直接委托可以优先委托给符合欧盟法规关于内部管理要求的纯公共企业，至少是有最佳区域内的地方政府机构参与经营的纯公共企业。

2. 在区域委托管理期限届满后，为了保证效率、效能以及水资源综合服务的连续性，区域管理机构应在前一委托到期日前的6个月之内将管理事物委托给区域内的唯一管理者。被委托主体应承担最佳区域内地方政府机构管理下的全部水资源综合服务。

2-2. 为了获得最优惠和最完整的报价并避免相关主体之间的恶性竞争，委托服务的竞标程序中应包括招标细则，明确指出被委托的管理者在服务管理期间应完成的工作。

2-3. 1999年5月11日第141号立法令第4条第1款最后一句已经被2001年12月28日第448号法律第25条第4款代替并废除。

第150条

本条被2014年9月12日第133号立法令（该立法令经修订后写入2014年11月11日第164号法律）废除。

第151条　区域管理机构与水资源综合服务管理主体之间的关系

1. 区域管理机构与水资源综合服务管理主体之间的关系由区域管理机构事前拟定的协议进行规定。该协议以电力、燃气及水利系统管理局制定的、以2011年5月13日第70号法律令（经修订后写入2011年7月12日第106号法律）第10条第14款第b）项以及2011年12月6日第201号法律令（经修订后写入 2011 年 12 月 22 日第 214 号法律)第 21 条规定的事项为内容并带有相关规章的标准协议为基础。

2. 为此,包含相关条款的标准协议必须就下列事项作出特别规定:

(1)选择用于服务管理的法律制度。

(2)委托期限,不得超过 30 年。

(2-2)竞标公告中确定的、在服务管理期内应完成的工作。

(3)实现管理中经济财务平衡的义务以及确保维持这一平衡的措施。

(4)向用户确保提供高效和可靠的服务水平,包括设备的维护。

(5)区域管理机构确定的包括针对不同用户类型的税费执行标准和方法以及每年对其进行更新的标准和方法。

(6)根据现行指导文件制定服务章程的义务。

(7)采取相关措施实现干预方案的义务。

(8)对服务正常运行的监管方式以及根据第 165 条的规定建立适于该目标的技术体系的义务。

(9)在整个委托期内,为组织和开展区域管理机构有能力实施的综合监管体系活动提供各项协作的义务。

(10)在提供服务过程中就所核实的构成违规的或可能造成违规的行为,及时向区域管理机构报告的义务,以及按照电力、燃气及水利系统管理局的要求,采取一切措施消除违规行为的义务。

(11)在委托到期后,将具有良好效率条件和保存状态的水资源综合服务工事、设备以及运输管道进行返还的义务;以及根据 2006 年 4 月 12 日第 163 号立法令第 143 条、第 158 条的规定对提前终止委托关系所导致的后果进行规范,并规定对卸任的管理者经管期间实现的投资的剩余价值进行评估的标准和程序。

(12)提供适当的金融担保和保险担保的义务。

(13)对不履行情形的刑事和行政处罚,以及按照《民法典》的原则进行解决的条件。

(14)管理者就活动的资金使用情况进行报告的方式。

3. 在第 1 款规定的标准协议的基础上或者没有标准协议的情况下,根据现行法规,区域管理机构应预先拟定带有相关规章的协议草案,作为招标细则的附件。已有的协议必须按照电力、燃气及水利系统管理局所确定的方式进行补充约定,以符合第 2 款中的规定。

4. 管理协议附带的规章应以干预方案为基础，必须确定工程项目、特别维护措施以及执行时间方案、财务方案。

5. 接受服务委托的管理者应提供适当的担保。该担保资金应涵盖完成在运营的前5年内应实现的干预措施所需的经费，并保持每年更新，以覆盖下个5年内将要完成的干预措施。

6. 管理主体应在协议规定的期限内负责更新基础设施的查验单。

7. 本款被2014年9月12日第133号立法令（经修订后写入2014年11月11日第164条法律）废除。

8. 受委托提供水资源综合服务的特许经营服务公司，以及由欧洲竞标产生的私人股东所组成的合资公司，可以发行只可由用户持有的债券，债券持有人有权将其变更为普通股份或储蓄性股份。在公司增加注册资本时，应向服务用户提供不低于10%的股份份额。

第152条　监管权及替代性权力

1. 区域管理机构有权进入并检查水利基础设施，包括在其建设过程中。

2. 如果管理者没有履行法律或协议规定的义务，导致资源或环境受到损害，或者未能达到最低服务水平，区域管理机构应及时介入，行使法律或协议赋予其的各项权力，确保管理者履行义务。管理者仍不履行其义务的，除了管理者应承担的刑事责任以及区域管理机构有权解除协议和撤回委托外，区域管理机构在预先警告后，可行使替代性权力，依据有关公共招标的现行法律法规委托第三方代替管理者实施相关工程。

3. 如果区域管理机构没有介入或介入延迟的，大区在预先警告并听取水资源和废弃物监督管理局的意见后，应任命一位“行动特派员”行使必要的替代性权力。如果大区没有在45日内履行上述职责，则环境与土地海洋保护部在预先向大区发出限期20天履行职责的警告后，应任命一位“行动特派员”行使上述替代性权力。

4. 区域管理机构应当每年向环境与土地海洋保护部和水资源和废弃物监督管理局上报管理检查的结果。

第153条　水资源综合服务管理主体的设施配备

1. 在整个委托管理期限内，水资源综合服务的管理者有权免费特许使用第143条规定的属于区域管理机构所有的水利基础设施，并在协议及相关规章规定的期限内承担相应的费用。为此，自本规定生效起6个月（为不可延迟期间）内，水利基础设施所属的地方政府机构应做好移交准备，有关维修保养措施的分期还款剩余份额部分除外。如果出现第172条第1款规定的情况，地方政府机构自水资源综合服务委托生效之日起采取措施。如果地方政府机构没有在规定的期限内采取措施，将适用第172条第4款的规定。违反本规定将承担税收责任。

2. 与水资源综合服务有关的固定资产、债权和债务，包括分期偿还的贷款或贷款本身，扣除资本账户和/或利息账户中的不可收回的资金，均应转移给管理主体，由其继续履行相关义务。在确定税率时应考虑到上述移交，以便确保不增加公共财政负担。管理者应继受与既有融资合同和待偿融资合同相关的担保和义务，并按照电力、燃气及水利系统管理局制订的标准，与前任管理者设定的还款金额保持一致。

第154条　水资源综合服务费

1. 水资源综合服务费为水资源综合服务的对价，由水质、服务质量、工程及必要的调适、工程管理的总成本、保护区管理成本以及一部分区域管理机构运营支出构成，在遵守收回成本原则和"污染者付费"原则的前提下，确保对投资和运营成本的完全回收。水资源综合服务费的所有部分均具有对价性。

2. 根据水资源和废弃物监督管理局的提议，考虑到对环境成本进行补偿的必要性，并按照"污染者付费"的原则，环境与土地海洋保护部应以部长令的形式确定成本的组成部分，以便决定不同行业用水的服务费率。

3. 为了保证相关规则在全国范围内的统一性，经济与财政部应会同环境与土地海洋保护部，以经济与财政部部长令的形式，在兼顾环境成本和资源成本的基础上，为各大区确定公共水资源特许费的一般标准。特许权人对整个或部分生产过程中产生的水进行重复利用的，或者其排放的回流水能达到提取时的同一水质特征的，应减少特许费。特许费更新的周期为3年。

4. 为了起草第149条第1款第（4）项规定的财政经济计划，相关主体应按照2011年5月13日第70号法律令（经修订后写入2011年7月12日第106号法律）第10条第14款第（4）项规定的税率方法预先确定基础费用，同时将该基础费率报电力、燃气管理局批准。

5. 管理主体按照协议及相关规则负责收取税费。

6. 在调整费率时，应根据预先确定的收益等级，保证对家庭生活基本用水和特定类型用水的优惠，也可以通过对其他用水形式提供补偿来实现。为了公平地再分配成本，允许增加对二级住宅、季节性住宿设施以及手工业、商业和工业企业的收费。

7. 各市之间税费的任何调整都应考虑到市政府对本市居民的人均投资，这些投资可被用于组织水资源综合服务。

第 155 条　公共污水管网和净化服务费

1. 公共污水管网和净化服务费由使用者承担，即使在缺少净化设备或该设备暂时无法使用时，用户仍需支付使用。管理主体应根据第 154 条规定的税费表收取费用，并将相关收入汇入区域管理机构名下的指定基金，由管理主体支配用于实施区域计划中关于污水管网以及净化设备的干预措施。用户使用自己的收集和净化系统的，无须支付上述费用，通常这一系统需获得区域管理机构的特别批准。

2. 本地水资源服务尚未委托给水资源综合服务管理者的，对于配备有净化功能设备的市镇，只要该设备仍未报废，则收缴的净化和公共污水管网使用费应优先用于维修净化设备。

3. 对于应缴纳第 1 款规定的公共污水管网使用费的用户，无须向其他公共机构缴纳同样名目的其他任何费用。

4. 为了确定本条规定的费用，排水量与供水量应按照完全相同的计量标准确定。

5. 对于工业用户，本条规定的税费应基于排出的回流水的质量和数量并按照“污染者付费”的原则来确定。直接进行净化的用户和使用公共污水管网的用户，可以减少一定的费用，但相关净化系统需要得到所属区域管理机构的特别批准。

6. 为了鼓励对回流水或者在生产过程中使用过的水的再利用，根据工业用水用户在生产过程中使用回流废水或再利用已使用过的水的情况，相应费用应有所降低。应根据再利用水的数量和初次用水的质量确定降低的税费。

第 156 条　费用的收取

1. 水费由水资源综合服务管理者负责收取。如果根据特别协议及特许授权，水资源服务实施分别管理，则相关的费用由引水服务管理者负责收取。在收取后的 30 日内，其应按照电力、燃气及水利系统管理局的相关规定向其他相关的管理者进行后续分配。

2. 在电力、燃气及水利系统管理局的监管下，应在专门的协议中确定各管理者之间就所收取费用的分配比例。

3. 按照1997年7月9日第241号立法令第3节规定的方式,并事先与意大利税务局签订协议后,可以实施自愿缴费的收费方式。无论是自愿缴费还是强制收费,在履行向公众公开的程序后,都可以委托给1997年12月15日第446号立法令第53条规定的名单中登记的主体进行。

第157条 水资源服务的调整工事

1. 经事先考察水资源服务调整工事与区域管理机构制定的区域计划之间的兼容性,并与水资源服务管理主体签订协议后,地方政府机构有权力兴建必要工事,为城市规划和已进行市政规划区域的新建许可中涉及的水资源服务调整做好准备。一旦上述工程完工,应将管理权限特许委托给水资源服务的管理主体。

第158条 水资源调度工程与干预措施

1. 为了对水资源的使用进行规划,当需要或可能需要在不同大区之间进行水资源调度,且已超出各个水文地质区的范围时,各流域管理局在征求相关大区的意见后,应根据2000年8月18日第267号立法令第34条的规定促成大区间达成水资源调度方案协议。在任何情况下,均应确保实现本立法令第144条规定的目的。为此,环境与土地海洋保护部以及基础设施与交通部应在各自的职能范围内协调一致,按照一个流域管理局或者一个相关大区的申请,或者根据其他相关公私主体提交的书面要求采取适当措施,设定一个签订协议的期限。

2. 在怠于履行、缺乏水利资源使用协议或未执行上述协议的情形中,经事先警告相关主体在适当期限内履行义务后,由意大利总理根据环境与土地海洋保护部的提议代为履行相关职责。

3. 为实现本条目的所必需的工程和设备均是为了实现国家利益。其中属于公共经营的工程和设施,经环境与土地海洋保护部和基础设施与交通部在各自职能范围内提议,并由经济计划部际委员会(CIPE)审议通过后,可以由国家财政负担其建设和管理的全部费用。基础设施与交通部、环境与土地海洋保护部应向使用者公布用水特许经营申请流程并提供相应的协议模版;基础设施与交通部负责确定执行和管理干预措施以及委托建设和管理水利设施的标准和方式。

第158-2条 干预项目的批准与征用部门的确定

1. 本立法令第149条所涉区域计划中包含的投资计划中规定的工程和干预措施的确定项目应由区域或最佳流域管理机构或者是根据2011年8月13日第

138号法律令(经修订后写入2011年9月14日第148号法律)第3-2条之规定成立或指派的同类机构进行批准。上述机构应当按照1990年8月7日第241号法律第14条的规定召集征求意见会议。对上述工程、干预措施和设备进行实质性变更的,也适用同一程序。

2. 第1款规定的批准即为公共使用声明,并构成授权资格,在必要时还可作为对城市规划和国土规划设施的变更,景观规划除外。如果上述批准构成对城市规划和国土规划措施的变更,则根据1992年2月24日第225号法律第3条第6款的规定,上述变更应与民防计划相协调。

3. 第1款中规定的区域或最佳流域管理机构及其同类机构为负责实施本条规定的干预措施的征用部门。在服务委托协议规定的范围内,管理机构可以将其全部或部分征收权委托给水资源综合服务的管理者。每项征收程序的权限都应在委托服务协议中进行详细规定。

第三章　监管、控制和参与

第 159 条

本条被 2006 年 11 月 8 日第 284 号立法令废除。

第 160 条

本条被 2006 年 11 月 8 日第 284 号立法令废除。

第 161 条　水资源利用监管委员会

1. 根据 2006 年 11 月 7 日第 284 号立法令第 1 条第 5 款的规定，环境与土地海洋保护部下设水资源利用监管委员会，以确保贯彻落实本立法令第 141 条第 2 款规定的各项原则，特别是有关确定和调整税费以及维护用户权益的规范。

2. 委员会由 5 名委员组成，由环境与土地海洋保护部部长令进行任命，任期 3 年。其中两人由大区及自治省长官会议指派，其余三人包括委员会主席在内，在遵循性别平衡的原则下，从公共及私营主体中具有司法行政或科学技术高级资质的人士中选取。委员会主席由在科学技术领域具有高级资质的专家担任。在本规定生效后 30 日内，环境与土地海洋保护部以部长令的形式对委员会的五名委员进行任命，以符合本款规定的组织机构设置。在新委员任命生效前，委员会各项工作的开展由本规定生效后任命的委员们负责。

3.（本句被 2009 年 4 月 28 日第 39 号立法令废除，该立法令经修订后写入 2009 年 6 月 24 日第 77 号法律。）各委员不得受雇于相关行业内的私权利主体，也不得对相关私权利主体享有直接或间接利益；如其为公职人员，则在其任职委员期间应将其调整为编外人员，或者如果其为大学教授，则在其委员任期内应为其办理停职。根据环境与土地海洋保护部提议，并经经济与财政部长同意后，以总理令的形式确定委员会成员的薪资待遇。

4. 在 2007 年 5 月 14 日第 90 号共和国总统令第 6 条第 2 款规定的活动范围

内,委员会行使以下具体职责:

(1)审议第154条规定的资费的计费方法和对其定期修订的方式,并将决议提交给环境与土地海洋保护部,后者在听取国家、大区和特伦多、博尔扎诺自治省之间关系常务会议的意见之后,以部委令的形式予以颁布。

(2)审核区域计划的修订版本,并针对技术和经济要素发表意见、评论及指示,以及在用户提出合理要求的情况下,对调整区域管理机构和管理者之间关系的协议条款及法令进行修改的必要性发表意见、评论及指示。

(3)审议一项或多项第151条规定的标准协议,并将决议提交给环境与土地海洋保护部,后者在听取国家、大区和特伦多、博尔扎诺自治省之间关系常务会议的意见之后,以部委令的形式予以颁布。

(4)针对经营账目的透明度及每项服务的成本评估颁布相关指令。

(5)在听取各大区、管理者和消费者协会的意见后,确定所提供的各项服务的最低质量标准。

(6)通过向水利部门的管理者索要相关信息及文件的方式对服务模式进行监管并要求,以便指出水资源服务各项职能中存在的不规范或危急情况。

(7)通过颁布指导性方针的方式保护并保障用户权利,这些方针将对如何确保用户待遇平等、保障服务的连续性和定期检查服务质量与效率指明合理措施。

(8)定期制定关于各项服务的组织情况的报告,以便对各管理者进行比较。

(9)应环境与土地海洋保护部、大区、地方机构、区域管理机构、消费者协会和水资源综合服务的个人用户的要求,委员会就有关服务质量和消费者保障的具体问题提出意见;为履行本款规定的各项职能,委员会应推进行业研究及调查。

(10)每年向众议院呈交关于水资源服务的情况及所开展活动的报告。

5. 委员会应通过2003年6月17日第261号共和国总统令第3条第1款第o)项规定的技术秘书处履行委员会的相关职能并开展监督工作。委员会还可以开展第6款规定的观察所和其他相关行政机关依法进行的监督和检查活动。[1]

---

〔1〕 在最初的法规中第161条第1款即规定了水资源服务观察所(Osservatorio dei servizi idrici),2008年修订时,有关观察所的职能被写入第6款第1句,该句话在2009年的修订中被删除。多次修订可能造成了本条规定内容衔接上的偏差,原本由观察所负责收集、处理、恢复的信息与数据现由委员会负责。

6.（本句被2009年4月28日第39号立法令废除，该立法令经修订后写入2009年6月24日第77号法律。）在涉及以下方面时，委员会应负责收集、处理并恢复统计和了解性数据：

（1）水资源服务管理主体及其规模、技术、财政数据的普查。

（2）水资源服务协议与一般合同条款。

（3）服务和设备所采用的组织、管理、检查和规划方式。

（4）提供服务的质量水平。

（5）实施的费率。

（6）为更新设备及发展服务而制定的投资计划。

6-2. 技术秘书处应在环境与土地海洋保护部已经运作的人力资源、设备和财政方面开展其活动。

7. 水资源服务管理主体应在每年12月31日之前向观察所、各大区及特伦多、博尔扎诺自治省上报第6款中规定的数据和信息。观察所有权直接获取与水资源服务相关的信息，以便委员会可在相关司法部门之前针对各项违反本立法令的行为采取行动，并要求行政部门承担责任、赔偿损失、保护用户的权利。

8. 观察所应确保将收集到的数据和为保护用户利益而处理过的数据向公众公开，包括可通过电子信息渠道获取。

第162条　用户参与、用户保障及用户信息

1. 水资源综合服务的管理者应保证其用户信息渠道畅通，促进水文化推广，保障公民可以获取其主管的最佳区域内有关管理服务的完整信息，包括所使用的技术、设备的功能、所提供及处理的水量和水质情况。

2. 环境与土地海洋保护部、各大区及自治省应在各自职权范围内确保水利工程项目的公开，包括属于或可能属于的大型和小型引水工程、修建堤坝和开凿水渠工程，以及钻井打眼工程。为此，各主管行政机关应在启动相关程序的同时负责公开特许经营申请，除此之外，如涉及跨界和跨国河流的大型引水工程，还应按照1933年12月11日第1775号皇帝令批准的《有关水资源和电力设备法律规定的统一文本》第7条规定的形式，至少在一家全国发行的日报和一家地方发行的日报上进行公布。

3. 根据有关公开公共行政机关文件的现行法律法规，任何人都可以在环境与土地海洋保护部、各大区及自治省的职能部门中查阅本条第2款中规定的有关特许经营申请的全部文件、研究报告和项目书。

第163条　保护区管理

1. 为了保证保护区内的水资源可供人类使用,在符合保护自然资源并满足公民的日常使用的前提下,水资源综合服务管理者可以与国家、大区、地方当局和作为集体财产权利人的协会与农业高校签订关于直接管理上述保护区周边的公共或集体财产的协议。

2. 当出现从一最佳区域向另一区域引水的情况时,用于支付保护区管理成本的税费收入部分应支付给山区集体(如果设有该组织),或者引水区域的地方机构。相关收入将用于环境资源的保护及恢复工作。

第164条　保护区水资源规范

1. 在国家、大区级保护区内,保护区的管理机构在征求流域管理局的意见后,应明确标记对该地区生态系统保护起到必要作用的泉水、流水及地下水,这些水源不可被引流。

2. 对1994年1月5日第36号法律规定的、具有公共属性的地表水或泉水的认证和优先特许经营权的签发,以及疗养院的特许经营许可的签发,应征求自然保护区管理机构的意见。

3. 保护区的管理机构应对本区域已经许可实施的取水和引水情况进行核查,如果发现取水水道的生态系统平衡发生改变,则应要求主管机关对核发的数量进行变更,同时应避免由此导致公共行政部门需支付赔偿金的情形出现,但国家特许经营费相对减少的除外。

第165条　检测

1. 为了保证所供水质优良、监测接受水体中的排放物,每个水资源综合服务管理主体都应配备适当的地区检测服务和水质监测实验室,并将其应用在输送水网络、饮用水处理器和净化器中,或者与其他水资源服务管理主体签订专门的协议。本规定不妨碍现行法律法规中规定的负责水质和水体中的排放物检测的行政主管机关和具有上述职能的相关技术机构开展工作。

2. 供水者提供的水源不是或者不完全是取自公共水道的,应按照水污染防治法规规定的方式每年分固定期限向水资源服务管理主体报告水质定量分析检测结果。

3. 2001年2月2日第31号立法令第19条规定的处罚仅适用于在水质分析结果公布后,水道管理责任人未及时采取适当措施改善水质或者未及时阻断不合格水源的使用或供应的情形。

第四章　水资源的生产利用

第166条　灌溉用水和土地改良用水

1. 土地改良与灌溉康采恩有权在其职责范围内建设并经营以灌溉为主要目的的水利网络、将回流水用于农业利用的设备、乡村水道和其他用于灌溉及土地改良系统的设备。经事先向待建工程项目的主管机关申请，土地改良与灌溉康采恩还有权使用水渠及联合水道中的水来进行水资源回流并使其适用于后续使用，包括用于水力发电和对生产企业的供给。流域管理局应在120日内作出决定，超过上述期限未作出决定的则视为同意申请。针对上述使用，康采恩应根据用水量的多少缴纳相关费用，对此情形同样适用1933年12月11日第1775号皇帝令批准的《有关水资源和电力设备法律规定的统一文本》第36条第2款的规定。

2. 土地改良与灌溉康采恩与参与第1款规定的各项用水的主体之间的关系由1904年5月8日第368号皇帝令第五章第1节的各项规定调整。

3. 除遵守本立法令第三部分有关水体质量和排放物的规定外，任何非土地改良与灌溉康采恩成员使用联合水渠或灌溉用水作为任何自然定居点的排水点，无论所排水是否经过净化或是否可同时用于灌溉，都应根据排水量向康采恩支付费用。

4. 第3款规定的收费标准和支付方式由相关康采恩确定并通知给各使用主体。

4-2. 环境与土地海洋保护部协同农业食品与林业政策部、卫生部，经国家、大区和特伦多、博尔扎诺自治省之间关系常务会议同意，并听取相关研究所的意见后，应于本立法令生效后90日内，以1988年8月23日第400号法律第17条第3款规定的办法的形式，确定用于食品种植业灌溉的水质基本参数及相关的检验方法，但本立法令第112条及相关执行法规另有规定的除外，还应参考2009年3月16日第30号立法令规定的水质标准以及根据该法令开展的相关活动和调查的结果。针对2003年6月12日第185号环境与土地保护部法令中规定的回流水进行再利用的技术标准的检查及修订也由本款规定的办法进行规定。

第167条　农业用水

1. 在干旱期和水资源短缺的情况下应对正在进行中的引水活动做出调整，在保证居民用水的前提下，优先许可包括1992年2月5日第102号法律规定的农业灌溉活动在内的农业用水。

2. 出现第145条第3款规定的情景时，应对引水活动进行调整，主管行政机关在听取引水特许权人的意见后，应采取相应的措施。

3. 从农业基金设立的或个人建筑物中设置的水库和蓄水池中收集雨水的行为不受限制。

4. 第3款规定的收集雨水的行为无需引水凭证或引水特许权；兴建与上述活动相关的建筑项目由有关建筑、抗震地区建设、水坝及拦河坝的法律以及其他特别法进行调整。

5. 1933年12月11日第1775号皇帝令批准的《有关水资源和电力设备法律规定的统一文本》第93条第2款规定的使用地下水用于家庭用水的，仍由该法律规定进行调整但不得影响本立法令第145条规定的水利预算平衡。

第168条　用于水力发电的水资源使用

1. 根据本立法令第三部分规定的各项原则、国家能源计划及水资源多重利用的方针，环境与土地海洋保护部协同生产活动部，在听取流域管理局及各大区、自治省的意见后，就以下事项作出规定，同时应避免由此导致公共行政机关需支付赔偿金的情形出现，但国家特许经营费相对减少的除外：

（1）在沿海发电站的生产过程中获取淡化水的生产活动。

（2）为应对水利方面出现的紧急情况而使用用于水力发电的水库存水。

（3）为保护用于水力发电的水库存水的水量和水质而开展的维护和改良活动。

第169条　计划、研究和调查

1. 国家行政机关和本立法令第三部分规定的具有相关职能的公共机构所开展的计划、研究和调查活动均应通知主管区域的流域管理局，以便后者就委托给他们的计划进行事先准备。

第四编　临时性规定和最终规定

第170条　临时性规定

1. 为了适用第65条，在本立法令第二部分生效之前，有关流域计划的制定和批准程序继续适用1989年5月18日第183号法律规定的有关制定和批准流域计划的各项程序。

2. 为了适用2000年10月12日第279号法律令（经修订后写入2000年12月11日第365号法律）第1条的规定，其所参照的、包含在1998年6月11日第180号法律令（经修订后写入1998年8月3日第267号法律）第1条中的各项标准应理解为本立法令第66条规定的内容；1989年5月18日第183号法律规定的参照标准应理解为本立法令第三部分第一编中相匹配的各项规定。

2-2. 如果出现本立法令第三部分第一编第二章规定的水文地质区兴建延迟和相关立法规范修订延迟的情况，在不新增或加重公共财政负担的前提下，1989年5月18日第183号法律规定的流域管理局的职权将延长至本立法令第63条第3款规定的环境与土地海洋保护部部长令生效为止。

3. 为了适用本立法令第三部分的各项规定：

（1）在第95条第4款和第5款规定的法令颁布之前，继续适用2004年7月28日的政府令。

（2）在第99条第1款规定的法令颁布之前，继续使用2003年6月12日第185号政府令。

（3）在第104条第4款规定的法令颁布之前，适用1994年7月28日的政府令。

（4）在第112条第2款规定的法令颁布之前，适用2005年7月6日的政府令。

（5）在第114条第4款规定的法令颁布之前，继续适用2004年6月30日的政府令。

（6）在第118条第2款规定的法令颁布之前，继续适用2002年9月18日和2003年8月19日的政府令。

(7) 在第123条第2款规定的法令颁布之前,继续适用2003年8月19日的政府令。

(8) 在第146条第3款规定的法令颁布之前,继续适用1997年1月8日第99号政府令。

(9)在第150条第2款规定的法令颁布之前,关于水资源综合服务特许经营的委托和对混合企业的委托事宜,继续适用2001年11月22日政府令以及环境与土地海洋保护部于2004年12月6日发布的公告。

(10) 在第154条第2款规定的法令颁布之前,继续适用1996年8月1日的政府令。

4. 本立法令第三部分包含了以下欧盟指令的实施规则:

(1)关于用于生产饮用水的地表水质的欧洲经济共同体第75/440/CEE号指令。

(2)关于向水生环境中排放特定危险物质造成污染的欧洲经济共同体第76/464/CEE号指令。

(3)关于保护或改善淡水水质以适应鱼类生存的欧洲经济共同体第78/659/CEE号指令。

(4)关于用于生产饮用水的地表水的测量方法、取样和分析频率的欧洲经济共同体第79/869/CEE号指令。

(5)关于用于贝类养殖的水体质量要求的欧洲经济共同体第79/923/CEE号指令。

(6)关于保护地下水免受特定危险物质污染的欧洲经济共同体第80/68/CEE号指令。

(7)关于碱性氯化物电解行业中汞排放限值和排放质量目标的欧洲经济共同体第82/176/CEE号指令。

(8)关于镉排放限值和排放质量目标的欧洲经济共同体第83/513/CEE号指令。

(9)关于产生于非碱性氯化物电解行业的汞排放的极限值和排放质量目标的欧洲经济共同体第84/156/CEE号指令。

(10)关于六氯环己烷(六六六)的排放极限值和排放质量目标的欧洲经济共同体第84/491/CEE号指令。

(11)关于对欧洲经济共同体第86/280/CEE号指令附件11进行修订的欧

洲经济共同体第 88/347/CEE 号指令，第 86/280/CEE 号指令是关于某些危险物质的排放限值和排放质量目标，这些物质规定在欧洲经济共同体第 76/464/CEE 号指令的附件表 1 中。

(12)关于对欧洲经济共同体第 86/280/CEE 号指令进行修订的欧洲经济共同体第 90/415/CEE 号指令，第 86/280/CEE 号指令是关于某些危险物质的排放限值和排放质量目标，这些物质规定在欧洲经济共同体第 76/464/CEE 号指令的附件表 1 中。

(13)关于城市废水处理的欧洲经济共同体第 91/271/CEE 号指令。

(14)关于保护水源免受农业硝酸盐污染的欧洲经济共同体第 91/676/CEE 号指令。

(15)关于对欧洲经济共同体第 91/271/CEE 号指令附件 1 中某些要求进行修订的第 98/15/CE 号指令。

(16) 关于建立水资源共同行动框架的欧盟第 2000/60/CE 号指令。

5. 各大区应确定相关规范的调整时间，包括根据第 101 条第 2 款审议通过的、大区立法中有关执行本立法令第三部分和第 121 条所述保护计划的各项规范，期限不低于 2 年。

6. 1998 年 4 月 24 日第 128 号法律第 36 条的规定和执行欧盟第 96/92/CE 号指令的立法令中的相关规定继续适用。

7. 在第 112 条规定的大区法规颁布之前，实施农业用水活动应遵循自本立法令第三部分生效之日现行有效的各项大区法律法规。

8. 实施本立法令第三部分，不得新增或加大公共财政负担，亦不得减少公共财政收入。

9. 国家财政预算规定的拨款中不低于 10% 和不高于 15% 的份额应保留用于执行本立法令第三部分规定的监测和研究活动。

10. 关于海洋保护的各项规定继续适用。

11. 在执行本立法令第三部分的各相关文件发布之前，在执行第 175 条废除的法律规定时发布的各项决议和文件仍然有效。

12. 国家水利监督管理委员会的建设及运行成本将由 1994 年 1 月 5 日第 36 号法律第 22 条第 6 款中规定的各项资源负责提供。

13. 本款被 2008 年 1 月 16 日第 4 号立法令废除。

14. 在首次适用的过程中，第 112 条第 2 款规定的 180 日期限应自本立法令

第三部分生效之日起开始计算。

第 171 条　公共用水费用

1. 国有水资源向西西里大区转移出现延迟的情况下，自 2002 年 1 月 1 日起，针对位于上述大区的、按照第 96 条第 6 款规定正在办理法律手续的大型引水工程追溯收缴下述各项年费：

(1) 灌溉许可用水收费 40 欧元每计量单位，如果过滤水和残留水可回收至地下含水层，则费用减半。

(2) 具备非征税引水工程的许可灌溉区域，收费 0.40 欧元/每公顷。

(3) 居民许可消费用水收费 1750 欧元每计量单位，最低收费为 300 欧元。

(4) 工业许可用水收费 12,600 欧元每计量单位，最低收费为 1750 欧元。如果特许权人能对其生产过程中产生的全部或部分剩余水进行再利用，或其排出的废水可以达到提取时的水质，则费用减免 50%。1990 年 4 月 27 日第 90 号法律令（经修订后写入 1990 年 6 月 26 日第 1651 号法律）第 12 条第 5 款的规定不适用于工业用水。

(5) 渔业养殖、运动设备清洗和公共绿地灌溉的许可用水收费为 300 欧元每计量单位，最低收费为 100 欧元。

(6) 针对水力发电的特许引水工程许可用水收费为 12 欧元/千瓦额定功率，最低收费为 100 欧元。

(7) 针对卫生用水及公共卫生服务和消防服务的类似用水，包括体育设施、工业设施和特许使用之外的其他设施用水设施，针对自动清洗设备、街道清洗和上述第 (1) 项至第 (6) 项未提到的其他所有使用，收费为 900 欧元。

2. 第 1 款规定的居民消费用水引水收费总额不得低于 250 欧元，工业用水引水收费总额不得低于 1500 欧元。

第 172 条　关于现有管理

1. 区域管理机构尚未制定第 149 条规定的区域计划，或者尚未选择管理形式及启动委托程序的，应在 2015 年 9 月 30 日之前的不可延长期限内采取上述措施，将服务委托给唯一的管理者负责管理，其他不符合现行临时规定的委托关系随即终止。

2. 为了保障在整个最佳区域内遵循统一的管理原则，自本规定生效之日起，水资源综合服务管理者将取代整个区域内各个最后的运营主体。如果上述主体基于许可委托管理服务，符合现行临时性规定且未被依法宣告终止的，水资源综合服务管理者应自服务合同或其他约束双方关系的文件规定的期限届满之日起接替管理服务。

3. 在首次适用过程中，为了确保在整个最佳区域内实现统一管理原则，在遵从现行规定且不属于第 1 款规定的情形时，继第 2 款最后一句所述区域内一项或多项现有管理到期之后，区域管理机构应根据第 149 - 2 条的规定委托唯一的区域管理者提供服务，整个委托流域的规模不得低于该最佳区域内总人口的 25% 。如果最后的运营主体基于许可委托管理服务，符合现行临时性规定且未被依法宣告终止，则被指定的唯一管理者应自服务合同或其他约束双方关系的文件规定的期限届满之日起接替管理服务。为了尽快将服务委托给区域内唯一的管理者，在尚且不能达到本款第一句规定的百分比时，针对整个委托流域规模低于整个最佳区域人口总数 25% 的任何一种情况，主管机关应遵循现行法律法规，在第 2 款最后一句所述区域内一项或多项现有管理到期之后，将相关服务的委托期限控制在不超过达到上述百分比要求时所需的时间之内，或者不超过最先到期的现有管理所剩余的期限，且该委托流域加上上述委托管理的流域对象，总规模应至少达到该最佳区域内人口总数的 25% 。

3-2. 在 2014 年 12 月 31 日之前，且其后每年的 6 月 30 日和 12 月 31 日之前，电力、燃气及水利系统管理局应向议会递交一份有关 2006 年 4 月 3 日第 152 号立法令中各项规定的遵守情况的报告，具体包括：

(1)由各大区负责的区域管理机构组建工作。

(2)由各区域管理机构负责的水资源综合服务的委托工作。

(3)由地方当局负责的关于参与区域管理机构工作和特许被委托的服务管理者免费使用水资源综合服务基础设施的各项事宜。

4. 如果区域管理机构未在规定期限内履行第 1 款、第 2 款、第 3 款规定的义务或未达到法律的进一步规定，大区主席有权在通报环境与土地海洋保护部和电力、燃气及水利系统管理局后，行使替代性权力，确定单个履行程序的完成期限并在 30 日内启动委托程序，产生的相关费用由怠于履行的管理机构承担。在这种情况下，被指定的管理机构在行使替代性权力期间运行成本视为零。如果大区主席没有在确定的期限内采取措施，电力、燃气及水利系统管理局应在 30 日内向意大利总理上报其不作为的行为，并由总理任命一位行动特派员，所产生的相关费用由不作为的机构承担。违反本规定将承担相应的税收责任。

5. 委托期限届满或提前取消经营特许权时，与水资源综合服务有关的离任管理者的财产及设备，应按照协议规定的方式，在规定的范围内直接移交给地方当局。

6. 为了遵循统一管理的原则，经环境与土地海洋保护部提议，在听取各大区、自治省和相关机构的意见后，按照以意大利总理令的形式采纳的计划，于2006年12月31日之前，以特许使用的方式向整个服务区域或大部分服务区域所在的最佳区域的水资源综合服务管理者移交由1978年3月6日第218号共和国总统令批准的《南方事务干预措施法统一文本》第50条所述的工业开发区内由康采恩管理的水道、污水处理和净化设备，以及由其他康采恩或公共机构管理的水道、污水处理和净化设备。

第173条　人员

1. 除1994年1月5日第36号法律第12条规定的大区立法之外，截至2005年12月31日或委托服务前8个月，人事关系属于水资源服务行业内的公共行政机构、前市政公司、康采恩和私营企业以及合作企业的人员，在不影响终止劳动关系的前提下，应将其工作关系立即直接转入新的水资源综合服务管理主体处，保留之前有效的集体和个人劳动合同条款。在公共机构、前市政或康采恩和私营企业以及合作企业的人员转移到水资源综合服务管理者的情况下，根据2001年3月30日第165号立法令第31条的规定，上述人事关系变动需遵循《民法典》第2112条有关公司分支机构转让的各项规定。

第174条　实施及执行规定

1. 在环境与土地海洋保护部采纳本立法令第三部分第三编的新实施规定之前，继续适用发表在1994年3月14日第62号政府公报上的1996年3月4日意大利总理令。

2. 环境与土地海洋保护部在听取水资源和废弃物监督管理局和国家、大区和特伦多、博尔扎诺自治省之间关系常务会议的意见之后，在本立法令第三部分生效之后的1年内，通过专门的制度性协议，在不增加本部委额外支出的前提下，应制定使水净化水平达到欧洲经济共同体第91/271/CEE号指令规定的等级的具体方案。在其聚集的最佳区域内赋予其行使第152条规定的替代性权力，相关费用由针对违反上述指令而提起违法诉讼程序的行为人承担。

第175条　规定的废除

1. 自本立法令第三部分生效之日起，与其相矛盾或不相容的各项规定应被废除或保持废除状态，具体包括：

(1) 1933年12月11日第1775号皇帝令第42条第3款，经1993年7月12

日第275号立法令第8条修订。

（2）1976年5月10日第319号法律。

（3）1976年10月8日第690号法律，经修订后写入1976年8月10日第544号法律令。

（4）1979年12月24日第650号法律。

（5）1982年3月5日第62号法律，经修订后写入1981年12月30日第801号法律令。

（6）1982年7月3日第515号共和国总统令。

（7）1984年7月25日第381号法律，经修订后写入1984年5月27日第176号法律令。

（8）1986年1月24日第7号法律第5、6、7条，经修订后写入1985年11月25日第667号法律令。

（9）1988年5月24日第236号共和国总统令第4、5、6、7条。

（10）1989年5月18日第183号法律。

（11）1990年4月5日第71号法律第4、5条，经修订后写入1990年2月5日第16号法律令。

（12）1991年1月9日第9号法律第32条。

（13）1992年1月25日第130号立法令。

（14）1992年1月27日第131号立法令。

（15）1992年1月27日第132号立法令。

（16）1992年1月27日第133号立法令。

（17）1993年7月12日第275号立法令第12条。

（18）1993年12月6日第502号法律第2条第1款，经修订后写入1993年10月9日第408号法律令。

（19）1994年1月5日第36号法律，其中第22条第6款除外。

（20）1996年12月20日第642号法律第9-2条，经修订后写入1996年10月23日第552号法律令。

（21）1995年5月17日第172号法律，经修订后写入1995年3月17日第79号法律令。

（22）1998年6月11日第180号法律令第1条，经修订后写入1998年8月3日第267号法律。

(23)1999 年 5 月 11 日第 152 号立法令,经 2000 年 8 月 18 日第 258 号立法令修订。

(24)2000 年 10 月 12 日第 279 号法律令第 1-2 条,经修订后写入 2000 年 10 月 11 日第 365 号法律。

第 176 条　最终规定

1. 根据《宪法》第 117 条第 3 款,本立法令第三部分共同立法的各项规定构成基本原则。

2. 本立法令第三部分各项规定同样适用于具有特殊地位的大区以及特伦多和博尔扎诺自治省,并应与其各自的法律规范相兼容。

3. 对于属于特伦多和博尔扎诺自治省的水利资源,特伦蒂诺—上阿迪杰(Trentino-Alto Adige)大区的特别法规及其现行相关法规中关于公共水资源利用职权和水利工程职能的规定继续适用。

第四部分

废弃物管理和污染场所改造的规定

第一章　废弃物管理

第一节　一般规范

第177条　适用范围和宗旨

1. 本立法令第四部分规定废弃物的管理和污染场所的改造，以及在贯彻实施欧盟法令，尤其是欧洲共同体第2008/98/CE号指令的过程中，规定保护环境和人类健康的措施，避免或减少废弃物生产和管理中产生的消极影响，降低资源使用的综合影响并提高资源使用效率。

2. 废弃物管理属于涉及公共利益的活动。

3. 在贯彻实施有关特定类型废弃物管理的欧盟指令时，都应遵守本立法令第四部分规定的原则，有特别规定、例外规定或者补充性规定的除外。

4. 废弃物管理不得对人类健康产生危害，并且不得采用可能对环境造成不利影响的程序或方法，特别是：

（1）不得对水、空气、土壤，以及动、植物区系造成风险。

（2）不得产生噪音或气味的妨害。

（3）不得破坏现行法律保护的具有特别利益的风景和场所。

5. 为实现前述第1款至第4款所规定的宗旨和目的，国家、大区、自治省和地方当局根据本立法令第四部分的规定，各自行使相应的废弃物管理职能，开展适当的活动，并在适当的条件下，通过与其他公私主体签订协议、计划合同或协作议定书（甚至是试验性的）履行其职能。

6. 同时，前述第5款涉及的各类主体构成一个完整的协作体系，根据欧盟指令及其相关实施规范，特别是1986年6月21日第317号法律中规定的，与情报信息企业服务相关的规则、技术规范和行业规范中规定的信息传输程序，按照第

195 条第 2 款第(1)项规定的标准和方式,在一个统一的背景下,协作实现相关目标,负责起草与环境事项特别是废物管理直接或间接相关的技术标准、检测制度和认证制度。

7. 自本规定生效起 1 年内,大区和自治省应调整各自的规章,以适应本立法令第四部分有关生态系统和环境保护的规定。

8. 为实现本立法令第四部分规定的原则和目标,在不新增或扩大公共财政负担的前提下,环境与土地海洋保护部可以利用环境保护与研究高等研究所提供的技术支持。

第 178 条　原则

1. 废弃物管理应当遵循预警原则、预防原则、可持续发展原则、比例原则、责任原则,在产生废弃物的物品的生产、销售、使用和消费环节中与各方主体合作的原则,以及"污染者付费"原则。为此,应该按照效力、效率、经济节约、透明公开,技术和经济上的可行性标准进行废弃物管理,并遵守现行有关参与和获取环境信息的规定。

第 178-2 条　生产者的延伸责任

1. 为了在资源的整个生命周期中,包括在废弃物的再利用、再循环和回收阶段,防止废弃物的出现并促进对资源的有效利用,避免妨害商品在市场中的自由流通,经与各利益主体事先协商,并听取 1997 年 8 月 28 日第 281 号立法令第 8 条所规定的联合会议的意见后,环境与土地海洋保护部可以颁布一个或多个部委令,将相关责任追究的方式和标准延伸适用于产品的生产者,将之视为任何其他在废弃物管理系统组织中职业性地开展、制造、改造、加工、买卖产品,以及接收产品利用之后剩下的废弃物和回收性产品的自然人或法人。基于同样的目的,经与经济发展部协商一致,环境与土地海洋保护部可以以一个或多个部委令的形式规定:

(1)产品生产者的废弃物管理方式及其相应财政责任的标准。环境与土地海洋保护部经同经济与财政部协商一致,颁布本项规定的法令。

(2)公开有关产品可再利用和可回收措施的方式和标准。

(3)旨在减少产品对环境影响的设计方法和标准。

(4)旨在减少或消除在产品的生产及后续使用中产生废弃物的设计方法和标准,确保按照第 177 条和第 179 条规定的标准对产生废弃物的产品进行回收和处理。

(5)旨在促进和鼓励开发、生产和销售具有多重用途且技术上耐用的产品,并在其成为废弃物后,采用适当且安全的方式回收,并采用与环境兼容的方式处理。

2. 除第188条第1款规定的废弃物管理责任和现行法律有关特定产品和废弃物处理规定之外,可以追究产品生产者的延伸责任。

3. 本条第1款规定的法令还可以规定废弃物管理的部分或全部费用由导致废弃物产生的产品生产者承担。如果产品的生产者只部分地参与废弃物的产生,则产品的销售者应就其余费用承担连带责任。

4. 自本条款生效之日起,不得新增或扩大公共财政负担。

第179条 废弃物管理中的优先标准

1. 废弃物管理要遵循以下优先等级:

(1)防止产生。

(2)准备再利用。

(3)再循环。

(4)其他类型的回收,如能源回收。

(5)处理。

2. 原则上,该等级确定了最有利于环境的优先等级。在实践前款所规定的等级差时,必须遵守本立法令第177条第1款、第4款和第178条的规定,采用旨在鼓励整体最优化选择的措施,并充分考虑卫生健康、社会、经济影响,包括技术上的可行性和经济上的可适用性。

3. 在遵循预警原则以及可持续发展原则的前提下,基于对某特定废弃物的生产和管理的综合性影响的特定分析,既包括在其产品周期中对环境和健康卫生影响的分析,也包括对与技术可行性和资源保护需求相关的社会和经济影响的分析,在确有正当理由时,某些特定的废弃物管理可以以例外形式不遵守本条第1款规定的优先等级。

4. 经与卫生部协商后,环境与土地海洋保护部应遵守本条第1款至第3款的规定,就特定废弃物的单次处理颁布一个或多个部委令,确定能够保障最有利于保护人类健康和环境目标的优先权。

5. 在履行其相应职责时,公共行政机关应倡导有利于遵守本条第1款所规定的优先等级的废弃物处理方式,尤其可以通过以下方式:

(1)促进发展能够更合理、更节约地使用自然资源的清洁技术。

(2)促进对产品的技术发展和市场引入,以使其在生产、使用及处理中不导致或尽可能少地导致废弃物的数量增加、危害加大和污染风险加剧。

(3)促进适于消除废弃物中所含危险物质的技术的发展,以便于废弃物的回收。

(4)在招标条件中规定使用或部分使用从废弃物回收中获得的材料、物质以及由废弃物回收材料制作的产品,以促进上述材料的市场化。

(5)将废弃物用于燃料生产及其后续利用,并且在通常情况下,将使用废弃物作为能源生产的其他方式。

6. 在遵循第1款规定的废弃物处理等级时,对废弃物的准备再利用、再循环以及其他一些回收性操作应优先于将废弃物作为能源原料。

7. 公共行政机关应推动采用环境保护与研究高等研究所指导方针中规定的、针对所有类型产品的统一方法进行产品使用周期分析,制定生态预算,并根据2005年8月19日第195号立法令的规定加大信息推广,鼓励使用经济手段、公开招标程序的标准和其他必要手段。

8. 相关行政机关在实施本条规定时,可以使用现行法律所规定的人力、物力和财力资源,且不得新增或扩大公共财政负担。

第180条　防止废弃物的产生

1. 为了优先促进防止和减少废弃物产生、降低废弃物危害,第179条规定的倡议主要是指:

(1)为正确评估某特定产品在其整个生命周期中对环境的影响,鼓励使用经济手段、生态预算、环境认证体系、利用最佳可得技术、产品的生命周期分析、消费者信息和意识行为,使用质量体系以及发展生态标签体系。

(2)规定招标条款或邀请函,用于评估相关主体防止废弃物产生的技术能力和权限。

(3)鼓励使用可以防止废弃物产生和减少其数量及危害性的计划协议与合同,甚至试验性的议定书。

(4)本项被2010年12月3日第205号立法令废除。

1-2. 根据本立法令第177条、第178条、第178-2条、第179条的规定,在2012年12月31日之前,环境与土地海洋保护部应制定一个防止废弃物产生的国家规划,并作出说明,以便将该规划纳入第199条规定的废弃物管理计划。一旦纳入废弃物管理计划,应明确规定防止废弃物产生的措施。自2013年开始,每年的12月31日之前,环境与土地海洋保护部应向参众两院提供一份有关防止废弃物产生的国家规划的更新报告,并指出在防止废弃物产生过程中获得的成果和应加以处理的危机。

1-3. 前款所述规划应确定防止废弃物产生的目标。环境与土地海洋保护部应描述现有的预防措施,并评估附件L中规定的示范措施或其他适当措施的有用性。

1-4. 环境与土地海洋保护部应针对防止废弃物产生措施确定适合的、专门的质量或数量标准,以便监控并评价在实施防止措施的过程中已经取得的进展,并可以设定具体的目标和质量或数量指标。

1-5. 环境与土地海洋保护部应确保有关防止废弃物的最佳实践信息能够为公众获知,在某些情况下,还应拟定指导意见以协助大区准备有关第199条第3款第(16)项的规划。

1-6. 相关行政机关就本条规定的实施负责提供现行法律规定允许其支配的人力、物力和财力资源,但不得新增或扩大公共财政负担。

1-7. 为了减少有机废弃物的产生并降低因其管理而产生的环境影响,环境与土地海洋保护部、各大区和市镇应在其各自的职责范围内,鼓励在有机废弃物产生地进行堆肥实践,如自主堆肥和市镇堆肥,还可以通过本立法令第199条规定的计划手段进行处理。对于符合本款规定、有效减少废弃物产生的用户,市镇可以根据2013年12月27日第147号法律第1条第641款的规定,减免其应缴税费。

1-8. 自本规定生效之日起90日内,经与卫生部协商后,环境与土地海洋保护部应以部委令的形式,规定市镇堆肥处理有机废弃物的操作标准和简化许可程序。在本款规定的部委令生效之前,根据本立法令第208条或者第214条已经获得许可的市镇堆肥活动,可以基于现行许可继续进行,直至该许可失效。

第180-2条　产品的再利用以及准备废弃物的再利用

1. 公共行政机构在履行各自职责的过程中,应鼓励采取措施以有利于废弃物再利用并为其再利用进行准备。这些激励措施包括:

(1)使用经济手段。

(2)采取后勤措施,如建立和运营有资质的维修/再利用中心或网络。

(3)根据2006年4月12日第163号立法令第83条第1款第e)项,在公共合同的委托程序中采用适当标准,以及该立法令第68条第3款第b)项和第69

条规定预期条件；为此目的，在本规定生效之日起 6 个月内，环境与土地海洋保护部应针对 2008 年 4 月 11 日通过的环境与土地海洋保护部部委令（公布在 2008 年 5 月 8 日第 107 号政府公报上）第 2 条的内容制定执行令。

（4）确定数量目标。

（5）采取教育措施。

（6）提倡使用计划协议。

1-2. 为了实现第 1 款的规定，各市镇可以在第 183 条第 1 款第（32）项规定的回收中心内指定专门区域，用于临时陈列二手货物以及可以再利用的物品，以便于私人间交易。此外，在回收中心还可以划定一些特定区域，作为一些可以维修后再利用的物品以及可再利用的物品的预存放区。在回收中心还可以圈定一些区域用于防止废弃物的产生，即集中那些用于再利用的物品，由城市卫生企业和地方市镇组织许可的废旧物资专业维修人员联合会进行筛选和拦截。

2. 环境与土地海洋保护部经同经济发展部协商一致，在听取 1997 年 8 月 28 日第 281 号立法令第 8 条规定的联合会议的意见之后，可以颁布一个或多个部委令，采取进一步必要措施，以及通过引入商品生产者延伸责任的方式，促进产品的再利用和准备废弃物的再利用。在听取 1997 年 8 月 28 日第 281 号立法令第 8 条规定的联合会议的意见后，自本立法令生效之日起 6 个月内，环境与土地海洋保护部应颁布一个或多个部委令用以规定建造和运营本条第 1 款第（2）项涉及的许可中心和网络的操作模式，包括确定简化许可的程序，并针对可能被再利用或者准备再利用的产品或产品废弃物拟定示例目录。

3. 相关行政机关就实施本条规定负责提供现行法律规定允许其支配的人力、物力和财力资源，但不得新增或扩大公共财政负担。

第 181 条 废弃物的再循环和回收

1. 为了促进高质量再循环且满足针对在不同领域内再循环的必要质量标准，根据环境与土地海洋保护部提供的指示，各大区应制定标准以供各市镇根据该标准推进实施符合第 205 条规定的分类收集。此外，在 2015 年前，主管机关至少要实现纸张、金属、塑料和玻璃（如果可能还应包括木头）的分类收集，并采取必要措施以实现以下目标：

（1）在 2020 年前，针对至少包括纸张、金属、塑料、玻璃在内的家庭废弃物，可能的话，还包括与家庭废弃物来源类似的不同材质的其他废弃物的回收和准备再利用，其重量将综合增长至少达到 50% 以上。

(2)在2020年前,除废弃物目录名册上第170504项中被定义为自然状态的材料外,针对用于建设和拆除的非危险性废弃物材料的再利用、再循环以及其他种类的回收,包括以废弃物代替其他材料进行填灌,其重量将至少增加至70%以上。

2. 在欧盟委员会确定本条第1款所规定目标的实施与评估方式之前,环境与土地海洋保护部可以以部委令的形式进行规范。

3. 环境与土地海洋保护部经同经济发展部协商一致,在听取1997年8月28日第281号立法令第8条规定的联合会议的意见后,颁布一个或者多个部委令,采取措施以推动废弃物的回收符合第179条规定的优先等级顺序和第177条第4款规定的方式,也可以采取商定措施促进高质量的废弃物再循环,优先进行废弃物的分类收集,即使是针对单一材料的分类收集。

4. 为了简化或改善废弃物的回收,在技术、经济和环境条件可行的情况下,应对废弃物分别收集,且不得与其他废物或具有不同特性的其他材料混合。

5. 针对为了进行再循环和回收而分类收集的城市废弃物,允许通过根据第212条第5款规定的机构或者企业在意大利境内自由流通,这些机构或企业登记在环境管理者国家名录中的特定类别项下。为了尽可能地实现对废弃物的回收,针对回收企业优先适用就近原则。

6. 为了促进环境教育和有利于废弃物的分类收集,只要此类系统不具有较高风险且无须进行专业化管理,在教育机构内建立纸张和塑料的分类收集系统无须取得许可。

7. 相关行政机关就实施本条规定负责提供现行法律规定允许其支配的人力、物力和财力资源,但不得新增或扩大公共财政负担。

第181-2条

本条被2010年12月3日第205号立法令废除。

第182条　废弃物处理

1. 废弃物处理是废弃物管理的最后阶段,经主管机关确认在技术和经济上均无法进行第181条规定的回收操作后,方可在安全条件下进行。为此目的,前述审核应考虑在有关工业领域的有效经济和技术条件下可以适用的、在一定范围内发展的技术的可使用性,还应考虑费用和收益,但无须考虑该技术是否在全国范围内适用,尽管在适当条件下也可以在全国适用。

2. 针对等待最终处理的废弃物,必须尽可能缩减其质量和体积,推动防止产生废弃物和有关废弃物的再利用、再循环和回收活动，并在可能的情况下，规定在再循环或回收活动中产生的不可回收的废弃物的优先顺序。

3. 禁止在废弃物产生地以外的其他大区异地处理那些无危险的城市废弃物，除非有大区或者国家间协议，而且相关土地条件、技术和经济指标均达到所要求的最高级别服务水准。

3-2. 如果根据欧盟法规，为了应对某种由于自然灾害导致的紧急事件，（根据1992年2月24日第225号法律，该自然灾害导致宣布进入民事防护的紧急状态），大区主席认为有必要在废弃物产生地之外处理该废弃物的，不适用第3款关于禁止异地处理城市无危险废弃物的规定。

4. 按照2005年5月11日第133号立法令的规定，仅当相关燃烧过程可以确保更高效地回收能源时，才可以许可建造和运营新的工厂。

5. 废弃物处理站内的处理活动应遵循2003年1月13日第36号立法令中有关实施欧洲共同体第1999/31/CE指令的规定。

6. 污水管道内的废弃物处理应遵守本立法令第107条第3款的规定。

6-2. 第185条第1款第（6）项规定的在产生地进行的、针对小堆及日产量不超过3立方米的植物材料进行的收集和燃烧活动，构成常规性农业实践，是被许可的对肥料或改良物质材料的再利用，不属于废弃物管理活动。当存在大区所宣布的较高森林火险等级时，禁止燃烧农业和林业植物性残余。如果存在不利的气象、气候或环境条件，以及在任何情况下，特别是按照年度可吸入颗粒物（PM10）标准，此种燃烧行为将会给公共和私人安全以及人类健康带来风险，各市镇和其他主管环境的行政机关有权暂停、推迟或禁止公开燃烧本款所规定植物性废弃物的行为。

7. 本款被2010年12月3日第205号立法令废除。

8. 2008年1月16日第4号立法令，修订为2008年11月6日第172号立法令，经修订后写入2008年12月30日第210号法律，最终废除本款规定。

第182-2条　自给自足原则和就近原则

1. 废弃物的处理和对未分类的城市废弃物的回收应通过一个综合网络和适当的工厂来实施，考虑到最佳可得技术并衡量整体开支和收益的比例，以达到以下目的：

（1）在处理无危险的城市废弃物，以及处理在最佳地域范围内进行废弃物处理时产生的废弃物，应遵循自给自足原则。

(2)考虑到地理环境,或者特定类型的废弃物对专业设备的需求,为了减少废弃物的移动,允许在产生或收集地附近的适当工厂内对未分类的城市废弃物进行处理和回收。

(3)使用更适宜的技术和方式进行处理,以确保对环境和公共卫生提供高水平的保护。

2. 如果经证实某类废弃物一旦进入国家领土内,将导致必须采用与废弃物管理计划不相符的方式处理,则根据各大区和特伦多、博尔扎诺自治省的请求,环境与土地海洋保护部可以颁布法令限制这些拟采用分类焚化炉作为其回收设备的废弃物进入意大利境内。此外,基于环境原因,根据欧洲共同体第 1010/2006 号条例的规定,也可采取上述同样的方式,限制将废弃物运往其他欧盟成员国。

3. 实施第 2 款规定的措施应报告给欧盟委员会。

第 182–3 条　有机废弃物

1. 必须采用可以反复倒空使用的容器或符合 UNI EN13432 – 2002 规范认证、可降解的袋子单独收集有机废弃物。

2. 自本立法令第四部分生效之日起 180 日内,为了实现第 1 款规定的目标,各大区、自治省、市镇和最佳地域范围,在现行法律规定的可支配资源及各自的职责范围内,采取措施以鼓励:

(1)有机废弃物的单独收集。

(2)以有利于实现高水平环境保护的方式处理有机废弃物。

(3)为保护人类健康和环境,对有机废弃物中获取的安全物质进行利用。

第 183 条　定义

1. 本立法令第四部分涉及内容,除非有其他特别规范予以进一步界定,定义如下:

(1)废弃物:任何持有者有意图扔掉或有义务扔掉的物质或客体。

(2)危险废弃物:具备本立法令第四部分附件 I 中规定的一个或多个特征的废弃物。

(3)废油:任何变得不再适于其初始用途的工业用油或润滑油、矿物油或合成油,如发动机燃烧过的油和传动装置用过的油,以及液压传动和旋转装置用过的油。

(4)有机废弃物:花园、公园中的可生物降解的废弃物,家庭、餐馆、餐饮服务、零售店产生的厨余废弃物，以及以分类方式收集的食品工业产生的类似废弃物。

（5）自主堆肥：由家庭用户以及非家庭用户自主将其产生的废弃物中的有机废料予以堆肥，以便在材料产生地进行利用。

（6）废弃物制造者：实施了产生废弃物的活动的主体，以及任何合法涉及此类生产的主体（初始生产者），或任何涉及对废弃物进行预处理、混合或其他改变废弃物性质或成分操作的主体（新的生产者）。

（7）产品生产者：任何职业性地发展、建造、改造、处理、售卖或进口产品的自然人或法人。

（8）持有者：废弃物的制造者或者占有废弃物的自然人或法人。

（9）贸易商：任何作为订货人以便购入废弃物并随后卖出的企业，包括那些并未实际占有废弃物的贸易商。

（10）中间商：任何负责为第三方安排回收和处理废弃物的企业，包括那些并未实际取得废弃物的企业。

（11）防止措施：在某物质、材料或某产品变为废弃物之前采取的措施，以减少：

1）废弃物的数量，也可通过对产品进行再利用或延长其生命周期的方式实现；

2）废弃物对环境和人类健康产生的不利影响；

3）材料或产品中的危险物质的含量。

（12）管理：废弃物的收集、运输、回收和处理，包括对此类活动以及后续关闭废弃物处理点的介入措施的监督，还包括对贸易商和中间商所实施的措施的监督。抽取、集中、分拣和预存放由大气或气象事件中产生的材料或物质（包括由于海啸或洪涝灾害产生的废弃物，以及在上述大气或气象事件发生地沉积下来的、由于进行了紧急技术处理而人为掺杂进其他物质的废弃物）的活动，不属于废弃物管理活动。

（13）收集：废弃物的取得，包括收集之前的预先分拣和预存放，其中还包括为了在处理企业内部运输废弃物而对第（32）项规定的收集中心的管理。

（14）分类收集：为了便于进行个性化处置，根据废弃物的性质和种类进行分别收集。

（15）准备再利用：检查、清洗、拆卸、修理已经成为废弃物的产品或其构件，使其无须其他任何预处理即可以被再利用。

(16)再利用:通过对属于废弃物的产品或其构件实施任何操作,使得其按照其先前被设计的用途被再次使用。

(17)处理:回收或者处理操作,包括回收和处理之前的准备工作。

(18)回收:任何操作行为,其主要成果表现为使废弃物获得一个功用,在企业内部或者一般的经济活动中替代其他具备特殊功用的材料,或使其承担这种特殊功用。本立法令第四部分附件C包含一个非穷尽的回收性操作清单。

(19)再循环:任何回收性操作,使废弃物被加工为某种产品、材料或者物质,以便按照其初始设计功用或者其他功用来使用。包括对有机材料的处理,但不包括为了获得用作燃料或填充操作的材料而进行的能源回收和再处理。

(20)废油的再生:任何再循环操作,通过该类操作,可以从废油中提炼出基础油,具体表现为在废油中分离污染物、氧化物和添加物。

(21)处理:与废弃物回收不同的操作,即使此种操作也会产生物质或能量回收作为次生结果。本立法令第四部分附件B包含一个非穷尽处理措施的清单。

(22)封存:对本立法令第四部分附件B第D15点规定的废弃物的预存放操作中的处理活动,以及对附件C第R13点规定的废弃物的存储操作中的回收活动。

(23)临时存放:为了在处理企业内运送废弃物,在废弃物被收集之前,在废弃物的产生地,并延伸至开展制造废弃物活动的整个区域内,对废弃物的聚集和存放,或者针对《民法典》第2135条规定的农场主,包括农场主是其会员的农业康采恩,在农业合作社依法可支配的范围内进行的聚集和存放。临时存放应遵循以下条件:

1)如果废弃物中包含有欧洲共同体第850/2004号条例及其后续修订中涉及的顽固性有机污染物,则此类废弃物的存放必须遵守有关含有危险物质废弃物的封存和包装技术规范,并根据此类规范进行管理。

2)废弃物的产生者可以选择下述一种方式收集废弃物并对其启动回收或处理操作:无论存放废弃物的数量如何,应每3个月操作一次;当废弃物堆集的总量达到30立方米,其中危险废弃物的总量最多达到10立方米时,应操作一次。任何情况下,当废弃物总量没有超越年度限制时,临时存放期限不得超过1年。

3)临时存放必须将同类型废弃物堆放在一起,同时,遵守相关技术规范，对于危险性废弃物，应遵循包含危险性物质的废弃物的存放规范。

4）必须遵守有关危险物质标注和包装的规范。

5）对于某些特定种类的废弃物，由环境与土地海洋保护部经同经济发展部协商一致，以部委令的形式确定此类废弃物临时存放的管理方式。

（24）次级固体燃料（CSS）：由废弃物产生的固体燃料，其种类划分及其特征遵循 UNI CEN/TS 15359 号技术规范及其后续修订和补充；除了继续适用第 184－3 条的情况外，次级固体燃料被划分为特殊废弃物。

（25）生物固化的废弃物：根据国家制定的特殊技术规范，对同类废弃物进行生物有氧处理或者厌氧处理后获得的废弃物，以限定其与环境保护和健康保护兼容的内容和用途，尤其要限定其质量等级。

（26）高品质混合肥料：按照 2010 年 4 月 29 日第 75 号立法令附件 2 及其后续修订中规定的条件和特征，将分别收集的有机废弃物堆肥后获得的产品。

（27）高品质分解物：按照环境与土地海洋保护部经同农业食品与林业政策部协商一致后，颁布的技术规范中规定的条件限制，将分别收集的有机废弃物进行厌氧分解后获得的产品。

（28）空气排放：第 268 条第 1 款第（2）项规定的对大气排放。

（29）水排放：第 74 条第 1 款第（27）项规定的回流水排放。

（30）空气污染：第 268 条第 1 款第（1）项规定的大气发生的任何改变。

（31）废弃物的综合管理：旨在实现废弃物管理最优化的全部活动，包括本条第（34）项规定的道路清洁。

（32）收集中心：在不新增或扩大公共财政负担的前提下，配置并安排用于开展收集城市废弃物活动的区域，对由废弃物持有者提交的同类型物进行分类聚集并运输至回收和处置工厂。有关收集中心的规范，由环境与土地海洋保护部在听取 1997 年 8 月 28 日第 281 号立法令规定的联合会议的意见后以部委令的形式予以规范。

（33）最佳可得技术：本立法令第 5 条第 1 款第（10－3）项定义的当前可用技术中的最优技术。

（34）街道清扫：通过清洁街道、公共区域、用于公共用途的私人领域的方式进行的废弃物收集，但不包括处理街道及其附属物上的雪，此项操作仅在于保障通行畅通、安全。

（35）废弃物收集组织网：特定类型废弃物的收集系统。这些系统根据本立法令第四部分以及行业规范的规定，由康采恩组建，或者根据公共行政机关和企业代表组织就国家计划或地区衔接达成的方案协议，或者根据这些企业代表组织和废弃物接收平台或运输企业的负责人之间签订的有关废弃物的最终处理框架协议而组建。为了履行上述方案协议或者框架协议，在方案协议或者框架协议的基础上，必须在单个生产者和废弃物接受平台或运输企业的负责人之间签订服务合同。

（36）副产品：任何满足第184-2条第1款规定的条件，或者符合第184-2条第2款规定的标准的物质或者物品。

（36-2）集体堆肥：为了利用由适宜用户产生的堆肥，由多个家庭用户和非家庭用户就其自身产生的城市废弃物中的有机成分进行的集体堆肥。

第184条　分类

1. 为了实施本立法令第四部分的规定，对废弃物进行分类。根据废弃物的来源，可分为城市废弃物和特殊废弃物；根据其危险程度，可分为危险性废弃物和无危险性废弃物。

2. 以下属于城市废弃物：

（1）来自民用居住地、区域的家庭废弃物，包括体积比较大的家庭废弃物。

（2）根据第198条第2款第（7）项的规定，来自不属于第（1）项所述民用居住地的地点和区域，在质量和数量上类似于城市废弃物的无危险性废弃物。

（3）清扫道路获得的废弃物。

（4）具备任何性质或来源的废弃物，包括积存在公共道路和公共区域，或者用于公共用途的私人道路和区域，或者海滩、湖滩以及水道两岸的废弃物。

（5）来自绿地，包括花园、公园、公墓区域的植物性废弃物。

（6）挖掘坟墓产生的废弃物，以及其他由墓地活动产生的、有别于第（2）项、第（3）项、第（5）项规定的废弃物。

3. 以下属于特殊废弃物：

（1）根据《民法典》第2135条的效力，开展农业活动、工农业活动所产生的废弃物。

（2）拆除、建设活动产生的废弃物，以及挖掘活动产生的废弃物，第184-2条规定的除外。

（3）工业活动产生的废弃物。

（4）手工业活动产生的废弃物。

(5)商业活动产生的废弃物。

(6)服务业活动产生的废弃物。

(7)废弃物回收和处理活动产生的废弃物,饮用水净化和其他水处理、回流水的净化提纯以及除烟活动中产生的淤泥。

(8)卫生活动产生的废弃物。

(9)本项被2010年12月3日第205号立法令废除。

(10)本项被2010年12月3日第205号立法令废除。

(11)本项被2010年12月3日第205号立法令废除。

(12)本项被2008年1月16日第4号立法令废除。

4. 具备本立法令第四部分附件I所述特征的废弃物属于危险性废弃物。

5. 本立法令第四部分附件D规定的废弃物表格应包括危险性废弃物,并且应考虑到废弃物的来源、组成,以及在必要情况下考虑危险物质的浓度限值。上述规定对如何认定危险性废弃物具有约束力。含有列表中的一种物质或者一种对象并不意味着其在所有情况下都属于废弃物,第183条的定义仍然有效。自本规定生效之日起180日内,环境与土地海洋保护部可以通过部委令的形式规定有关附件D和I中所涉及废弃物分类操作的特别指导纲领。

5-2. 在遵循欧盟规范和本立法令规定的前提下,国防部经同环境与土地海洋保护部、卫生部、基础建设与交通部、经济与财政部协商一致,颁布一个或多个部委令,对用于军事防御和国家安全等国防部法令中规定的目的的武器系统、运输工具、材料和基础设施产生的废弃物的处理设备的管理、封存、看管,以及许可和无障碍运行的特别程序,包括对军舰、用于战争的武装舰船、勤务舰、宪兵武装船舶、税务稽查船舶、港务局武装船舶,在国家武装船舶名册上予以登记并承担特定任务的类似船舶的回流水和油污的处理和处理。

5-2.1. 在军队的每个军事射击场,指挥官负有对射击活动进行登记的义务。每项活动结束后应立即在登记簿上注明:

(1)使用的武器或武器系统。

(2)使用的弹药。

(3)射击日期以及子弹的发射和降落地点。

5-2.2. 前款规定的登记簿自最后一次记录之日起应至少保存10年。应环境监督和检测机关与劳动安全和卫生机关的要求,应向有关机关出示该登记簿,以便履行各自职权范围内的查明事项。

5-2.3. 在演习期结束后30日内,射击场主管应开始回收所用弹药残余的活动。该活动必须在180日内完成,以便确保2009年10月22日国防部部委令(发布在2010年4月15日第87号政府公报)第1条及其后续条款规定的后续履行。

5-3. 不得通过稀释或者混合危险性废弃物的方法将废弃物中所含危险物质的浓度或比值降低到临界值以下,从而使危险性废弃物变为无危险性废弃物。

5-4. 第193条规定的对危险性废弃物予以标注的义务,以及第190条规定的将危险性废弃物予以登记的义务并不适用于私人家庭产生的危险性废弃物的各零散部件,直到这些废弃物由一个获得相关许可的机构或企业,或者根据第208条、第212条、第214条、第216条进行了登记的机构或企业进行收集、处理或回收为止。

第184-2条 副产品

1. 根据第183条第1款第(1)项,任何满足以下条件的物质或者客体,都属于副产品而不是废弃物:

(1)在一个生产过程中产生的物质或者客体,该过程是整个生产程序中不可分割的一部分,且其初始目的并非为了生产此种物质或者客体。

(2)可以肯定的是,该物质或者客体,在同一生产过程,或者随后的生产或利用过程中,将被同一生产者或第三方使用。

(3)该物质或者客体可以直接使用,无须经过有别于常规工业实践的进一步处理。

(4)且进一步利用是合法的,即针对特定用途,该物质或客体满足有关产品和保护健康和环境的所有条件,并且不会给环境或人类健康带来消极影响。

2. 在第1款所规定条件的基础上,可以采取措施规定质量或数量标准,满足该标准的特定种类物质或客体应被视为副产品而非废弃物。根据1988年8月23日第400号法律第17条第3款,并遵循有关欧盟规定,环境与土地海洋保护部可以通过一个或多个法令规定此种标准。

2-2. 本款被2017年6月13日第120号共和国总统令废除。

第184-3条 终止废弃物资格

1. 当对某个废弃物进行包括再循环和准备再利用的回收操作并按照下列条件满足特殊标准的,不再是废弃物:

(1)该物质或者客体被普遍用于特殊目的。

(2)对此种物质或客体存在市场或需求。

(3)该物质或客体符合特殊目的的技术要求,符合适用于该类产品的现行规范和标准。

(4)使用该物质或客体不会给环境或人类健康带来消极的综合影响。

2. 回收性操作可以简单地理解为检查废弃物以核查其是否符合根据前述条件制定的标准。如果有欧盟规范,则第 1 款所述标准应符合欧盟规范;如果没有,则根据 1998 年 8 月 23 日第 400 号法律第 17 条第 3 款,环境与土地海洋保护部应就单个特定类型的废弃物制定一个或多个法令予以规范。如果有必要,上述标准应包括污染物的限定值,并考虑这些物质或客体可能对环境产生的所有负面影响。

3. 在第 2 款涉及的一个或多个法令迟延颁布时,仍然适用环境与土地保护部颁布的 1998 年 2 月 5 日部委令、2002 年 6 月 12 日第 161 号部委令和 2005 年 11 月 17 日第 269 号部委令,以及 2008 年 11 月 6 日第 172 号法律令(经修订后写入 2008 年 12 月 30 日第 210 号法律)第 9-2 条第 a)项和第 b)项的规定。1999 年 6 月 28 日环境部第 3402/V/MIN 号通报仅在本立法令生效后 6 个月内有效。

4. 根据本条规定而终结废弃物资格的废弃物可用于估算本立法令、2003 年 6 月 24 日第 209 号立法令、2005 年 7 月 25 日第 151 号立法令、2008 年 11 月 20 日第 188 号立法令以及后续欧盟规范的接纳性文件中所规定的废弃物回收和再循环目标的实现程度,只要它满足上述文件所规定的再循环或回收条件。

5. 在终止废弃物资格之前,应一直对其适用有关废弃物管理的规范。

第 184-4 条　疏浚物质的使用

1. 从淤泥槽或者其他根据现行法律许可的装置中挖掘出来的疏浚物质,如果经过回收操作,包括对其进行分类、筛选后,满足以下条件、可以被再利用的,则不再是废弃物:

(1)根据使用地的城市规划,其浓度值不超过第四部分第五章附件 V 表 1 中 A 项和 B 项所列污染物的浓度限值,或者,如果在生产过程中直接利用的,应符合下面第(2)项第二句中规定的技术要求。

(2)其处理地点应为确定的,并可以在该地点被直接使用,包括为了环境重塑或再利用,不得给相关环境基质带来风险,尤其不会给地下水和地表水造成污染。如果在一个生产过程中直接使用这些疏浚物质,则应该遵守基于特定目的的确定的技术要求,以及当前适用于该类产品和原材料的技术条件和规定,尤其是对环境排放不得超过或者在性质上异于签发工厂运行许可时所确定的与产品或原材料使用相关的排放要求。

2. 为了排除对地下水的污染,在某地使用疏浚物质时,必须根据环境部1998年2月5日部委令(发布在1998年4月16日第88号政府公报第72号普通副刊)附件3所规定的方法和限制进行废弃物终结测试。如果疏浚物质被用于朝向海滨的区域,并且符合土壤和地层的盐浓度水平,则主管机关可以对其免除适用氯化物和硫酸盐的浓度限值的规定。

3. 疏浚物质的生产者或者持有者应作出一个符合性声明,除了有关生产者、持有者或者使用者的信息外,还包括要使用物质的种类和数量、所开展的回收活动、处理地点、其他规定的利用方式,以及有关遵守了本条规定的标准的证明。该符合性声明要呈交给主管机关以开展回收活动,并在开始交付操作之前30日内提交给疏浚物质处理地或者使用疏浚物质的生产活动所在区域的大区环境保护办事处。自该符合性申明签发之日起,所有参与对本条所涉及物质进行回收或者使用的主体都必须持有该申明的副本至少1年,以便在主管机关要求时备查。

4. 第3款所述申明呈交后30日内,回收程序的主管机关应审核是否符合本条所规定的条件和程序,如果认为不符合或者违反了本条规定时,应禁止使用第1款所述物质,则该物质仍受废弃物的有关制度调整。

5. 在搬运第1款和第2款规定的那些终止废弃物资格的物质时,应附有第3款规定的声明和运输文件,或者书面的运输合同复印件,或者2005年11月21日第286号立法令第6条和第7-2条规定的运输卡。

第185条　排除适用的领域

1. 以下不属于本立法令第四部分的适用领域:

(1)排放于大气中的气态流动物,以及根据接受欧洲共同体第2009/31/CE号关于二氧化碳地质封存的立法令,为了进行地质封存而输送和截取的二氧化碳,和没有与其他地层流体进行交换而封存在地层中的二氧化碳。

(2)土地(在原地),包括未挖掘的受污染土地以及与该土地永久附着的建筑物,有关污染地改良的第239条及其后续条款仍然有效。

(3)没有被污染的土地,以及在建设过程中挖掘出的、处于自然状态且确定将以其自然状态在被挖掘地重复利用于建设的材料。

（4）放射性废弃物。

（5）废弃的爆炸性材料。

（6）不在本条第2款第（2）项涉及范围内的粪便，第184条第2款第（5）项和第3款第（1）项规定的活动产生的麦秸、修剪的枝条和草料，以及用于一般农业、畜牧业实践，或者用于农业、林业，或者以此种生物材料制造能源，以及通过无害环境且不得危害人类健康的过程或方式，在这些物质的产生地以外或者转让给第三方加以利用的其他各种农、林业非危险性的自然材料。

2. 以下事项不属于本立法令第四部分的适用范围，由其他欧盟规范约束，包括对欧盟规范予以接受的相关国内法进行调整：

（1）废水。

（2）由欧洲共同体第1774/2002号条例规定的动物副产品，包括加工产品，但被用于焚化的、在垃圾处理站处理的，或者在沼气生产设备或者堆肥设备中加以利用的除外。

（3）非屠宰死亡动物的尸骨，包括为了消灭动物疫情而杀死并按照欧洲共同体第1774/2002号条例进行清理的动物。

（4）根据2008年5月30日第117号立法令，在矿藏勘探、开采、处理、储备或者洞穴开挖中产生的废弃物。

3. 除非有源于欧盟特别法的义务，为了对水体和水道进行管理，或者在预防洪灾或减少洪灾或旱灾或土地重建过程中产生的影响而迁移到地表水内部或水利附属动产范围内的沉积物，如果根据欧盟委员会2000年5月3日第2000/532/CE号决议及其后续修订，该沉积物属于无危险性沉积物，则其不在本立法令第四部分的适用范围之内。

4. 开挖出来的未受污染的土壤以及其他处于自然状态的物质，在其开挖地以外的其他地点加以利用时，必须依据规定审核其是否符合第183条第1款第（1）项、第184-2条和第184-3条的规定。

第186条 待开采的土壤和岩石

1. 除了第185条规定以外，待开采的土壤、岩石和隧道，包括其副产品，可以通过再填埋、再装料、再造型和再堆积的方式加以利用，只要：（1）直接作用于预先确定和定义的工程和干预措施中。（2）从生产阶段就可以进行完整利用。（3）针对再利用的部分的完整利用在技术上可行，无须为了满足商品化要求和适宜的环境质量要求而进行预处理或前期加工，以确保对它们的利用不会产生排放，且一般而言不会在质量和数量上对计划使用它们的地点产生不同于通常允许和许可的环境影响。(4)保障较高的环境保护水平。(5)经核实并非来源于污染地，或者本立法令第四部分第五章规定的土壤改造。(6)这些物质的化学和化学—物理特性使得在选定地点对其进行利用时，不会对人类健康和相关环境基质产生风险，并且符合有关地表水和地下水、动植物种群、栖息地和自然保护区的保护规范。尤其应表明，就其用途而言，欲使用的物质不属于污染物并且与使用地点相兼容。(7)必须展示对该物质进行完整利用的确定性。根据第183条第1款第(14)项，允许将工业生产过程中产生的、作为副产品的开挖泥土替代矿石材料。

2. 当开采土壤和岩石的生产过程发生在实施受环境影响评价或综合环境许可调整的工程或活动中，必须在一个特定的方案中载明第1款规定的要求和法律规定不能超过1年的待利用存放时间，并由相关程序的主管机关予以批准。如果方案中规定在同一项目中再利用待开采土壤与岩石，则可能的存放时间就取决于项目的进展程度，但总之不能超过3年。

3. 如果要在不同于第2款规定的且需要建设许可或活动开始通知的工程或活动中开采土壤和岩石，则第1款所述条件以及不能超过1年的待利用存放时间必须在申请建设许可程序中，或者在必要的情况下根据活动开始声明的方式，进行论证审核。

4. 除了第2款最后一句规定的情形外，如果需要开采土壤和岩石的公共工程既不需要环境影响评价也不需要建设许可或者活动开始通知，则该工程方案的附件中必须适当记载第1款规定的条件以及不超过1年的待利用存放时间，并由设计者署名。

5. 待开采的土壤和岩石，如果未按照本条规定的条件利用，则由本立法令第四部分关于废弃物的规范调整。

6. 根据本立法令第四部分第五章规定的方式确定污染地点和需要进行改良干预的地点的特征。查明本立法令规定的待开采土壤和岩石并非来自上述地点的活动由生产者开展并承担其费用，主管机关根据第2款、第3款、第4款规定的程序进行核实。

7. 除了第2款最后一句规定的情形外，对于在本立法令生效前已获批准并正在运作中的使用项目，利害关系人可以继续完成该项目，并在90日内将项目遵循规定条件的情况，以及有关使用地点、使用条件和方式、不超过1年的待利用潜在存放时间的必要信息告知主管机关。主管机关可以在收到告知后的60日内作出指示或说明，而无须要求该项目重复进行环境影响评价、综合环境许可、建设许可或活动开始通知程序。

7-2. 如果核实了待开采土壤和岩石的环境特性，可以将其用于改善环境和未降级地点的干预措施。在最后实施时，这些干预措施必须确保以下条件之一：

（1）提高树木的覆盖质量或农林牧业活动的功能性。

（2）提高山坡水土保持、雨水收集和流量控制的水文条件。

（3）提升景观的感知力。

7-3. 为了实施本条款，开采大理石和石头产生的残余物同等适用待开采土壤和岩石的规定。此外，具备第184-2条规定的特征的石头和大理石生产活动中产生的残余物也同等适用上述规定。如果在环境回收作业中使用上述残余物，必须满足为特定目的设定的技术条件和本立法令第四部分附件5针对可能出现的污染物质设定的限值，并考虑利用此种物质或材料可能给环境带来的所有消极影响。

第187条　禁止混合危险废弃物

1. 禁止混合具有不同危险特性的废弃物，也不能将危险性废弃物与非危险性废弃物混合。所谓混合也包括稀释危险物质浓度。

2. 作为第1款的例外，根据第208条、第209条、第211条，并遵循以下条件时，可以许可将未呈现同一危险特性的危险性废弃物，或其他废弃物、物质或者材料进行混合：

（1）遵循第177条第4款规定的条件，且废弃物管理不会增加对人类健康和环境的消极影响。

（2）负责实施该混合操作的机构或者企业应获得第208条、第209条、第211条规定的许可。

（3）该混合作业应符合第183条第1款第(33)项规定的最佳可得技术。

2-2. 根据本条款和本立法令第四部分附件G规定而核发的、规定在2010年12月3日第205号立法令生效之前的有效文本中的、有关混合特定废弃物的回收或处理设备的运行许可，其效力持续到对该许可进行重审为止。

3. 除了适用特别处罚，尤其是第256条第5款规定的制裁措施外，在技术和经济上可行并符合第177条第4款规定的前提下，任何人违反了第1款规定的禁令都应该自费对混合的废弃物进行分离。

3-2. 本条款未禁止的混合无须申请许可，此外，即使是由第 208 条、第 209 条和第211 条许可的机构或企业实施的混合，也不得要求其遵守与法律规定不同的或更严格的规定或限制。

第 188 条　废弃物管理责任

1. 废弃物的初始制造者或者其他持有者应直接对废弃物进行处理，或者将之交付给中间商、贸易商、负责废弃物处理作业的机构或者企业，或者按照第 177 条和第 179 条的规定交给一个指定的负责收集废弃物的公共或私人主体。除了本条款下各项规定外，废弃物的初始制造者和其他持有者对整个处理环节负责，如果废弃物的初始制造者或其他持有者将该废弃物转移给本款规定的、对废弃物进行预处理的主体之一，通常这种责任仍然存在。

1-2. 不直接负责处理铜或黑色金属以及有色金属废弃物的初始制造者或其他持有者，必须统一将之交付给被许可从事废弃物运输和收集或土壤改良活动的企业，或者被许可从事不持有废弃物的商业贸易或中介服务的企业，或者交付给按照第 212 条第 5 款的规定实施废弃物处理的机构或企业或者被指定负责收集废弃物的公共或私人主体。第 266 条第 5 款的规定不适用于铜、黑色金属以及有色金属废弃物的收集和运输。

2. 除了在违法事实中的共谋以及欧洲共同体第 1013/2006 号条例规定的情形以外，如果废弃物的初始制造者、生产者和持有者注册过第 188-2 条第 2 款第（1）项规定的废弃物踪迹追踪监控系统并履行了其义务，则上述主体的责任仅限于该系统规定的相应职责范围内。

3. 除了在违法事实中的共谋和欧洲共同体第 1013/2006 号条例规定的情形以外，没有在第 188 -2 条第 2 款第（1）项规定的废弃物踪迹追踪监控系统中注册的主体，根据第 212 条第 8 款的规定，应负责收集并运输其自己产生的非危险性废弃物，但下列情形除外：

（1）根据事先的协议，将废弃物交付给负责收集的公共服务主体。

（2）如果自将废弃物交付给运输者之日起 3 个月内，废弃物的制造者持有接收人出具的经过签署的、第 193 条规定的表格，或者自上述期限经过后，已经向大省发出没有收到表格的通告，则将废弃物汇集交付给经许可开展回收或者处理活动的主体。（本句被 2014 年 6 月 24 日第 91 号立法令所废除，该立法令经修订后写入 2014 年 8 月 11 日第 116 号法律。）

4. 专业负责收集或运输废弃物的机构或企业，将收集和运输的废弃物交付给根据第208条、第209条、第211条、第213条、第214条规定许可并按照第177条第4款的规定进行废弃物管理的企业。

5. 废弃物管理的费用由废弃物的初始制造者、现时持有者或前任持有者承担。

第188-2条　废弃物踪迹追踪监控

1. 为实施第177条第4款的规定，对废弃物的踪迹追踪必须确保从其产生开始直至最终处理。

2. 为此，废弃物管理必须：

(1)遵守2009年7月1日第78号法律令第14-2条(经修订后写入2009年8月3日第102号法律)以及环境与土地海洋保护部于2009年12月17日颁布的部委令的规定；或者

(2)遵守有关保管装卸登记册，以及第190条和第193条规定的资格鉴定表的义务。

3. 根据本条第2款第(1)项规定参加了废弃物踪迹追踪监控系统的主体，无须履行第190条规定的装卸登记册和第193条规定的废弃物资格鉴定表格的保管义务。有关企业和社团在运输废弃物的过程中要配备本条第2款第(1)项规定的废弃物踪迹追踪监控系统中的搬运卡的纸质副本。按时间顺序排列的登记簿和废弃物踪迹追踪监控系统中的搬运卡应保持备用状态，以便随时应对监管机关的检查要求，义务主体应保存这些记录的电子版本，自其登记之日或者搬运废弃物之日起至少3年。在垃圾处理站处理废弃物的操作不在此限，与之相关的电子记录必须无限期保存，且在活动结束时必须交给签发许可的机关。对于垃圾处理企业，2003年1月13日第36号立法令继续有效，按时间顺序排列的登记簿必须保存至垃圾处理站运营管理中止位置。

4. 没有在上述第2款第(1)项规定的废弃物踪迹追踪监控系统中注册的主体，必须履行第190条规定的装卸登记册和第193条规定的废弃物资格鉴定表的保管义务。

4-2. 基于技术革新并遵循欧盟规范，在听取用户代表组织的意见后，或者根据用户满意度调查，环境与土地海洋保护部应定期颁布部委令以简化和优化废弃物踪迹追踪监控系统。意大利数字技术办事处必须事先对该系统的简化和优化进行技术和成本适当性的核查。简化和优化是为了确保废弃物踪迹追踪的效率，并降低系统运行成本，即不得阻碍对废弃物踪迹的正确追踪，也不得增加环境或健康风险；还可以结合采用其他处理有关人员、商品的逻辑和流动数据的系统以及允许将有关废弃物操作管理委托给用户组织进行的革新程序，上述操作必须由环境与土地海洋保护部按部就班地进行委任，以本款规定的法令中所确定的特定的技术和组织要求为基础，并确保技术设备的更改、替代或者革新，还要考虑到对数据进行测量和证实的外围设备。为了降低成本和改善用户的生产过程，环境与土地海洋保护部在听取个人信息保障局的意见后，可以许可信息系统使用人或其他继任者发布土地信息，作为公共信息系统整合的一部分，以利于其他公共机构或者完全由公共资本持股的企业，按照欧洲议会和理事会第2007/2/CE号指令实施条例中规定的技术规范进行适当处理，同时也是为了在不新增或扩大用户负担的前提下提供更多的附加服务。总之，必须确保废弃物踪迹追踪数据的安全性和完整性。此外，本款提及的部委令中还应重新确定自部委令颁布后的财政年度起向用户收取的与降低成本相关的费用，或者决定各个服务组件供应商的报酬。

第188-3条　废弃物踪迹追踪监控系统

1. 以下主体有义务加入第188－2条第2款第(1)项规定的废弃物踪迹追踪监控系统，包括最初产生特殊危险性废弃物的机构或者企业、专业收集或者运输特殊危险性废弃物的机构或企业(包括在意大利境内运营的外国运输企业，或者城市废弃物和危险性废弃物的处理、回收、处理、买卖和中介活动的机构和企业，其中又包括处理或产生危险性废弃物的新的制造者)。此外，在联合运输的情况下，受委托接受特殊危险性废弃物，等待由船务公司、铁路运输企业或负责后续承运的企业对其进行装载的主体也有义务加入废弃物踪迹追踪监控系统。自本立法令生效之日起60日内，环境与土地海洋保护部在听取经济发展部和基础设施与交通部的意见后，以一个或多个部委令的形式确定在联合运输中适用废弃物踪迹追踪监控系统的方式。

2. 第1款规定以外的废弃物制造者、管理者、中间商和贸易商可以自愿加入第188－2条第2款第(1)项规定的废弃物踪迹追踪监控系统。

3. 除了环境与土地海洋保护部2014年4月24日颁布的部委令(发布在2014年4月30日第99期政府公报上)中规定的内容，环境与土地海洋保护部在听取经济发展部和基础设施与交通部的意见后，以一个或者多个部委令的形式确定第1款规定的主体类别，并在实施废弃物处理的机构或者企业中，进一步确定有必要纳入第188-2条规定的废弃物踪迹追踪监控体系中的主体类别。

4. 坎帕尼亚(Campania)大区境内的城市废弃物运输企业和市镇都有义务加入第188-2条第2款第(1)项规定的废弃物踪迹追踪监控系统。

5. 本款被2013年8月31日第101号立法令废除条款,上述立法令经修订后写入2013年10月30日第125号法律。

6. 自本立法令生效之日起3个月内,环境与土地海洋保护部经同基础设施与交通部协商一致,在遵循欧盟法规的基础上,以一个或者多个部委令的形式规定据以实施第188-2第2款第(1)项和欧洲共同体第1013/2006第8号条例及其后续修订的、关于废弃物托运相关程序(包括该条例第4段第26条规定的数据交换系统的采用)中涉及的废弃物踪迹追踪监控系统的标准和条件。若上述部委令延迟颁布,则2009年12月17日通过的有关跨境运输中有关意大利境内段的义务继续有效。

7. 根据1988年8月23日第400号法律第17条第2款的规定及其后续修订,以一个或多个条例的形式认可的制度,包括本立法令中认可的,自上述部委令生效之日起全部废除。

8. 与国防和国家军事安全、保护公共安全和秩序、公共救援和民事防护相对应的,有关军队、警察和消防部队的组织和运作要求,针对与之相对应的中国国家行政机关适用废弃物踪迹追踪监控系统的程序和方式,由环境与土地海洋保护部、经济与财政部,如果涉及相应职权范围,还有内政部和国防部,在本立法令生效后120日内,以部委令的形式予以确定。

9. 环境与土地海洋保护部可以颁布部委令确定危险性废弃物的制造者在第188-2条第2款第(1)项规定的废弃物踪迹追踪监控系统中进行注册的简化程序。

10. 在意外产生危险性废弃物的情况中,制造者有义务在核实该废弃物具有危险性之日起3个工作日内,向废弃物踪迹追踪监控系统提出注册申请。

第189条 废弃物地籍注册

1. 1988年9月9日第397号法律令(经修订后写入1988年11月9日第475号法律)第3条规定了废弃物的地籍注册。地籍注册的机构由一个设在罗马的、环境保护与研究高等研究所内部的全国总部,以及设在大区和自治省环境保护办事处内的各大区或特伦多和博尔扎诺自治省分部联合组成。

2. 废弃物地籍注册应确保经由第188-2条第2款第(1)项规定的废弃物踪迹追踪监控系统获得的数据和第3款规定的信息能够完整识别并持续更新,同时服务于规划废弃物管理活动。

3. 市镇政府或者他们的康采恩和山区联合会应按照1994年1月25日第70号法律规定的方式，每年向商业、工业、手工业和农业联合会汇报上一年度内与下述内容相关的信息：

(1)在其辖区内收集的城市废弃物数量。

(2)根据与公共或私人主体之间拟定的特别协议，在其辖区内收集的特定废弃物的数量。

(3)负责废弃物管理的主体，明确其所开展的活动，管理的废弃物数量和种类。

(4)有关废弃物管理活动的投资资助、技术折旧和管理费用，以及根据第238条的费用收益以及来自废弃物回收康采恩的收益。

(5)有关废弃物分类收集的数据。

(6)根据与废弃物回收康采恩的协议，按照材料分类收集的废弃物数量。

4. 第3款的规定不适用于坎帕尼亚大区的各个市镇，他们有义务加入第188-2条第2款第(1)项规定的废弃物踪迹追踪监控系统。第3款第(4)项的信息，通过废弃物地籍注册和2008年11月6日第172号法律令(经修订后写入2008年12月30日第210号法律)第2条第2-2款规定的坎帕尼亚大区废弃物踪迹追踪监控系统直接联系提交给环境保护与研究高等研究所。本款规定的活动应该在现行法律许可的人力、物力和财力资源范围内开展，不得新增或扩大公共财政负担。

5. 本条第3款的规定，除第(4)项规定的信息外，不适用于第188-3条第2款第(5)项规定的市镇，这些市镇受第188-2第2款第(1)项规定的废弃物踪迹追踪监控系统的约束。

6. 废弃物地籍注册的大区和省级分部负责拟定第188-3条第1款和第2款规定的数据，并在收到上述数据后30日内，传送至废弃物地籍注册的全国总部，由全国总部将其发送给主管废弃物的大区和省级行政机关。环境保护与研究高等研究所负责每年汇集该数据并进行公开。相关行政机关在现行法律许可的人力、物力和财力资源范围内负责实施本款规定的活动，不得新增或扩大公共财政负担。

7. 有关包装废弃物的报告，适用第220条第2款的规定。

第190条　废弃物装卸登记

1. 以下主体有义务编制和保管废弃物装卸登记册：

(1)第 184 条第 3 款第(3)项和第(4)项规定的特殊危险性废弃物和特殊非危险性废弃物的初始生产机构和企业,以及第 184 条第 3 款第(8)项规定的饮用水和其他水处理产生的特殊非危险性废弃物的初始生产机构和企业。

(2)废弃物的其他持有者,负责收集和运输废弃物的机构和企业,或者具体实施对废弃物进行准备再利用、处理、回收和处理的机构和企业,包括新的生产者,第 188-3 条第 1 款最后一句规定的受委托接收特殊废弃物,等待船务公司、铁路运输企业或负责后续承运的企业对其进行装载的主体。

(3)废弃物交易的中间商和贸易商。

1-2. 以下主体不承担保管装卸货登记册的义务:

(1)强制或者自愿加入第 188-2 条第 2 款第(1)项规定的废弃物踪迹追踪监控系统的机构和企业,自其实际使用该系统之日起。

(2)由初始制造者就其自己制造的特殊非危险性废弃物实施的收集和运输活动。

1-3.《民法典》第 2135 条规定的农场主作为危险性废弃物的初始制造者,应采用以下两种方式之一来履行其保管废弃物装卸登记册的义务:

(1)以第 193 条第 1 款规定的、与废弃物运输相关的资格鉴定表格,或者第 188-2 条第 2 款第(1)项规定的废弃物踪迹追踪监控系统中的表格复印件,累计保存 3 年。

(2)以第 183 条第 1 款第(35)项规定的有组织收集链中负责收集农业活动产生的危险性废弃物的主体签发的有关前述废弃物的交付文件,保存 3 年。

1-4. 废弃物装卸登记册中还应注明所产生的废弃物的质量和数量特征,或者其是否应接受本立法令第四部分所规定的其他不同处理。应按照下述要求进行注释:

(1)对于初始产生废弃物的机构或企业,自其生产以及卸载废弃物之日起 10 个工作日内。

(2)对于负责实施废弃物准备再利用的机构或企业,自其装载废弃物和卸载该活动产生的废弃物之日起 10 个工作日内。

(3)对于负责处理废弃物的机构或企业,自其装载和结束处理操作之日起 2 个工作日内。

(4)对于中间商和贸易商,自其开始操作之前至少 2 日,以及自其结束操作之日起 10 个工作日内。

1-5. 本条第 1-3 款规定的农场主可以以电子数据形式保存收货人发出的废弃物踪迹追踪监控系统中的保存表，以替代装卸登记册。该信息档案可以在网上收货人信息栏的专题部分获取，输入用户名和特定的密码即可。

2. 每一个废弃物制造企业都应该保存装卸登记册（如果这样会导致负担过重的话，应在废弃物产生地保存该记录，）以及第 193 条第 1 款规定的有关废弃物运输的资格鉴定表，或者与第 188-2 条第 2 款第（1）项规定的、由废弃物最终处理企业提交的废弃物踪迹追踪监控系统中的表格副本，上述记录自最后一项记录之日起必须保留 5 年。

3. 本条第 1 款第（1）项规定的特殊非危险性废弃物的初始制造者，其生产的非危险性废弃物的年产量不超过 10 吨的，可以履行保管废弃物装卸登记册的义务，也可以通过相关的企业家协会或者服务企业直接处理上述事务，后者负责每月记录规定的数据，并在企业所在地保存所提交数据的副本。

3-2. 与水资源综合服务网络相关的设备维护活动产生的废弃物的装卸登记册可以保存在管理者的组织协调地，或者事先向监管和审查机构告知，将该记录保管在其他类似中心机构中。

4. 任何时候监管机构都可以要求获取废弃物装卸登记册中的信息。

5. 应按照增值税登记规范所规定的程序和方式对废弃物装卸登记册进行编号、签章和管理。为了正确履行废弃物装卸登记册保管义务还必须使用 A4 纸并按顺序编号。登记册必须经过主管区域的商业协会进行编号和签章。

6. 1998 年 4 月 1 日环境部第 148 号部委令是有关废弃物装卸登记的国家规定，本条第 7 款对其进行了修改。

7. 1998 年 4 月 1 日环境部第 148 号部委令附件 C1 第 3 节第 c）项中，“公升”之后的连接词“和”改为“或”。

8. 不属于某个机构或企业组织成员的危险性废弃物制造者也有义务保留废弃物装卸登记册，他们应按照年代保留第 188 -2 条第 2 款第（1）项规定的废弃物踪迹追踪监控系统中、与其生产的废弃物相关的、由废弃物的运输者签发的表格副本。

9. 仅当第 183 条第 1 款第（32）项规定的废弃物收集中心内的经营管理活动不涉及危险性废弃物时，才不适用本条规定的保管义务。对于危险性废弃物的装卸登记可以自废弃物离开收集中心同时进行，累计记录每个废弃物清单编号。

第191条 紧急法令和替代性权力

1. 现行有关环境保护、健康保护和公共安全的规范仍然有效,尤其是1992年2月24日关于设立国家民事防护服务的第225号法律第5条规定的发布法令的权力,任何时候,只要证实存在保护公共健康和环境的紧急必要和例外情形,且无法采取其他措施时,大区政府主席或者省政府主席或者市长可以在其各自的职权范围内颁布临时的紧急法令,允许临时使用特殊的废弃物管理形式,以及在违背现行法规的情况下,也仍需遵守欧盟指令中的法律规范,确保健康和环境保护达到较高水平。自颁发紧急法令之日起3日内,应将其上报总理、环境与土地海洋保护部、卫生部生产活动部、大区主席以及第201条规定的有关机关,该紧急法令的有效期不得超过6个月。

2. 自颁布第1款规定的紧急法令之日起120日内,大区政府主席应推动并采取必要措施以保障废弃物的分类收集、再利用、回收和处理。该期间届满且查证大区政府主席不作为的,环境与土地海洋保护部部长应警告大区政府主席,要求其在60日内采取措施,依旧怠于履行的,则环境与土地海洋保护部部长可以替代性地采取前述必要措施。

3. 第1款规定的命令中应指明其要违背的规定,并根据当地技术和技术—卫生机构专门就其环境结果阐释的意见作出采纳。

4. 针对每一特殊的废弃物管理形式,第1款规定的命令可以在不超过18个月的时间内反复使用。如果确有必要,经同环境与土地海洋保护部协商一致,大区政府主席也可以超过上述期间颁布第1款规定的命令以发布特别指示。

5. 第1款规定的紧急命令允许对危险性废弃物临时采用特殊管理形式的,应由环境与土地海洋保护部部长向欧盟委员会报告。

第192条 禁止抛弃废弃物

1. 禁止向地上和地下抛弃废弃物及不加控制地存储。

2. 同时,也禁止将任何性质的固体或者液体废弃物引入地表水和地下水。

3. 除了适用第255条和第256条规定的处罚外,任何人违反第1款和第2款的禁止性规定,都有义务负责清理、开始回收或处理废弃物,并对场所状态进行恢复,场地的所有权人、不动产权利人或使用该地区的人员负有连带责任。上述违反行为可归咎为故意或过失,由指定的监管主体使用与相关主体对质的方式进行查证。市长以法令的形式规定需要采取的措施和履行期限,自该期限届满后开始在义务主体造成的损害范围内执行并索要预付款项。

4. 根据2001年6月8日关于法人、企业和协会的行政责任的第231号立法令的规定，如果本条第3款规定的不法事实的责任人为管理者或法定代表人，则法人和继任该权利的主体均应承担连带责任。

第193条　废弃物运输

1. 针对未被强制或未自愿加入第188-2条第2款第(1)项的废弃物踪迹追踪监控系统的废弃物收集、运输机构和企业，其所收集和运输的废弃物必须同时持有废弃物资格鉴定的表格，该表格中至少要包含以下数据：

(1)废弃物制造者和持有者的名称和地址。

(2)废弃物的来源、种类和数量。

(3)废弃物最终目的地。

(4)经过路径的数据和过程。

(5)最终目的地的名称和地址。

2. 第1款规定的废弃物资格鉴定表格必须按照四部分编写，由废弃物的制造者编制、注明日期并署名，承运者副署，以此说明接收了该废弃物。《民法典》第2135条规定的农场主可以委托其所属的农业合作社保管和编制废弃物资格鉴定表，根据第183条第1款第23项，农业合作社安排作为成员的农场主提供地点，以供临时存放废弃物。在农场主将废弃物临时存放在其所属的农业合作社的情况下，环境与土地海洋保护部在听取更具代表性的组织的意见后，可以颁布部委令，就废弃物资格鉴定表格的保管和编制规定更简化的方式。废弃物资格鉴定表格的副本，一份必须保留在制造者处，另外三份在废弃物抵达接收者处时由其签署并注明日期，一份交给接收者持有，两份由运输人取得并将其中一份转交给上述废弃物的制造者。该表格副本必须保存5年。

3. 承运人对于废弃物制造者或者持有者在废弃物踪迹追踪监控系统—搬运卡，或者第1款涉及的废弃物资格鉴定表格中指明的内容，以及对废弃物的描述与其实际性质和一致性之间可能存在的不一致不承担责任，除非依据任务性质所要求的注意义务，该不一致是可以被发现的。

4. 收集和运输具有危险性的废弃物时，必须符合现行法律关于危险物质的包装和标注规定。

5. 除了针对在坎帕尼亚大区内负责运输城市废弃物的市镇和企业加入第188-2条第2款第(1)项规定的废弃物踪迹追踪监控系统的规定，以及针对第188-3条第2款第(5)项规定的、在其他大区负责运输城市废弃物的市镇和企业需加入废弃物踪迹追踪监控系统的规定外，第1款规定不适用于管理公共服务的主体进行的城市废弃物运输，也不适用于非危险性废弃物制造者不定期偶然实施的、数量不超过30公斤或者30升的非危险性废弃物运输，以及第183条第1款第(32)项规定的在收集中心由城市废弃物制造者自己实施的运输。每年不超过4次、每日不超过30公斤或30升，或者每年不超过100公斤或者100升的废弃物运输被视为不定期偶然实施的废弃物运输。

6. 关于废弃物资格鉴定表格的模式和内容，适用环境部1998年4月1日第145号部委令。

7. 废弃物资格鉴定表格必须由税务局或者商业、工业、手工业和农业协会，或者大区和省主管废弃物的机构进行编号和签章，并在消费增值税登记簿上予以注明。对废弃物资格鉴定表格的签章是免费的，不受任何税法或税收规定约束。

8. 对于收集和运输自己产生的非危险性废弃物的企业，未自愿加入废弃物踪迹追踪监控系统的，当涉及跨境运输废弃物时，可以用第194条涉及的欧盟法规中规定的文件替代废弃物资格鉴定表，此规定也适用于国内运输段。

9. 1992年1月27日第99号立法令第13条规规定的、有关在农业领域使用淤泥净化的随行卡，由2009年12月17日环境与土地海洋保护部部委令中规定的废弃物踪迹追踪监控系统—搬运卡替代，或者对于没有自愿加入第188-2条第2款第(1)项规定的废弃物踪迹追踪监控系统的企业，其随行卡由第1款规定的废弃物资格鉴定表替代。1992年第99号立法令IIIA附件所规定的特别信息，必须在废弃物踪迹追踪监控系统—搬运卡或者废弃物资格鉴定表的相关记录中标明。完全在私人区域内进行的废弃物搬运不属于本立法令第四部分规定的废弃物运输。

9-2. 在同一农业公司所有的不同土地之间进行的废弃物搬运，即便使用了公共道路，只要通过客观和明确的要素证明其仅仅是为了到达用来临时储存废弃物的地点并且两地之间的距离不超过10公里，则不被认为是本立法令规定的运输。此外，由《民法典》第2135条规定的农场主实施的从自己的土地运往农业合作组织管辖的区域，包括其作为成员之一的农业康采恩管辖的区域，只要其目的是临时存放废弃物，则此种搬运也不视为废弃物运输。

10. 废弃物的微量收集，即由一个收集者或者运输者以同一个运输工具面向多个废弃物制造者或者持有者开展的废弃物收集，必须在技术上可行的最短时间内完成。在第 188 - 2 条第 2 款第(1)项规定的有关废弃物搬运的废弃物踪迹追踪监控系统卡和废弃物资格鉴定表中,必须在相关行程的空白处标明所有预计的中间停留。如果行程有变,承运人必须在相关备注的空白处注明实际执行的路线。

11. 废弃物运输过程中运输车辆的停留,以及为了更换运输工具而进行的技术性停留,包括使用大箱子和可卸载设备进行的更换,不属于第 183 条第 1 款第(20)项所规定的存储活动,只要该停留是为了运输废弃物的需求,并且不超过 48 小时,禁止流转的时间不计算在内。

12. 在使用多种方式联合运输废弃物的情况下,装卸活动,更换运输工具的活动,以及在港口和铁路港、物流港、终端工厂和货运站内的技术性停留,都不属于第 183 条第 1 款第(22)项规定的存储活动,只要其在尽可能短的时间内完成,并且自其开始该活动之日起不超过 6 日,意外或不可抗力导致的不可能完成除外。因前述意外或者不可抗力而无法遵守该期限时,废弃物的持有者有义务在废弃物踪迹追踪监控系统—搬运卡的相关处予以标注,并应该在该期限届满之前立即通知主管的地区市镇和省政府,并说明与情况相关的各个方面。除了监管机关应履行的职权外,废弃物的持有者必须立刻自费采取所有恰当的措施,以避免可能对环境和人类健康产生的损害。因意外和不可抗力导致本款第 1 句规定的活动自开始之日起持续不可履行超过 30 日的,废弃物的持有者有义务自费将该废弃物交给中间商、贸易商、处理废弃物的公司或企业,或者根据第 177 条和第 179 条,交给专门收集废弃物的公共主体或者私人主体。

13. 第 188–2 条第 2 款第(1)项规定的有关废弃物搬运的废弃物踪迹追踪监控系统卡,以及第 1 款规定弃物资格鉴定表的纸质副本,与 2005 年 11 月 21 日第 286 号立法令第 7–2 条和基础设施与交通部 2009 年 6 月 30 日部委令中规定的运输卡具有同等的文本效力。

第 194 条　跨境运输

1. 废弃物的跨境运输受规范材料的欧盟条例、欧洲共同体第 1013/2006 号条例第 41 条和第 43 条规定的双边协定,以及第 4 款规定的法令的约束。

2. 欧洲共同体第 1013/2006 号条例第 41 条和第 43 条的规定,梵蒂冈、圣马力诺共和国和意大利共和国之间生效的协定仍然有效。从梵蒂冈和圣马力诺共和国输入的城市废弃物或类似废弃物不适用上述条例第 42 条的规定。

3. 有关国际货物运输的法律法规仍然有效,在意大利境内执行跨境运输的企业应在第212条规定的环境管理者国家名录上登记。只要其目的仅为执行跨境运输，则在该名录上注册无须给付第212条第10款规定的财政保证金。（本句被2012年3月2日第16号立法令废除，该立法令经修订后写入2012年4月26日第44号法律。）

4. 在遵循欧洲共同体第1013/2006号条例的前提下，环境与土地海洋保护部经同经济发展部、卫生部、经济与财政部、基础设施与交通部协商一致，以部委令的形式规定下述事项：

（1）上述条例第6条规定的为了运输废弃物而需支付的最低数额财政保证金的计算标准；对于根据欧洲议会和理事会于2001年3月19日颁布的第761/2001号条例进行注册的企业，该保证金减免50%，针对持有根据意大利国家标准化协会UNI EN ISO 14001颁发的环境认证资格的企业，该保证金减免40%。

（2）根据欧洲共同体第1013/2006号条例第29条由通知人承担的行政费用。

（3）在第2款规定的成员国内运输废弃物的特殊方式。

5. 在第4款规定的法令实施以前，继续适用环境部1998年9月3日第370号部委令。

6. 根据欧洲共同体第1013/2006号条例：

（1）主管装运和分配废弃物的机关为各大区和自治省。

（2）过境管理机关为环境与土地海洋保护部。

（3）通讯机关为环境与土地海洋保护部。

7. 大区和自治省将欧洲共同体第1013/2006号条例第56条所规定的信息报送给环境与土地海洋保护部，随后，由该部将信息传达给欧盟委员会，在每年的9月30日之前，将巴塞尔公约第13条第3款所规定的上一年有关数据进行传送，该公约经1993年8月18日第340号法律所接受。

第194-2条　废弃物踪迹追踪以及追缴应付给废弃物踪迹追踪监控系统费用的简易程序

1. 为了实施《数字行政法典》，即2005年3月7日第82号立法令的规定，并为了允许对引用数据进行完整解读，有关编辑和持有本立法令第190条和193条规定的废弃物装卸登记和运输表格的方式的实施可以通过数字形式实现。

2. 环境与土地海洋保护部在听取基础设施与交通部、经济发展部、意大利数字局、意大利商会联合会的意见后，可以规定第1款规定的实施的数字形式。

3. 允许传送第 193 条第 2 款规定的第四份废弃物运输表格副本，也可以通过经认证的电子邮件传送。

4. 对于环境与土地海洋保护部 2016 年 3 月 30 日第 78 号部委令中涉及的条例的第 7 条所规定的费用，适用《民法典》第 2946 条规定的一般失效期限。

5. 环境与土地海洋保护部可以颁布非标准性法令，在符合下述标准的前提下，设定一个或多个程序，以便追缴废弃物踪迹追踪监控系统用户应缴但未交给废弃物踪迹追踪监控系统的费用，或偿付、结余款项：

(1) 对于应缴未缴或部分未缴付的费用，在开始对环境与土地海洋保护部主张的债权进行强制收回之前，应寄出催缴单以示程序启动。

(2) 统一结算债务与债权，以应偿还的到期债权抵消应缴付的费用。

(3) 预定简易方式以便调整对废弃物踪迹追踪监控系统负有缴费义务的用户的缴费情况，直至其转变为自本规定生效后，该用户通过艰难悔改、默认或在对质中的共同查明等方式仍未缴纳或部分未缴纳的年度付款项。

(4) 确定司法调解手段，以便有利于环境与土地海洋保护部与废弃物踪迹追踪监控系统用户在程序中就有关支付或费用缴纳问题达成一致。

6. 作为规范缴费情况的结果，本条第 2 款规定的程序实验决定废除第260-2条第 2 款的处罚，且无须支付利息。

第二节　职　　责

第 195 条　国家职责

1. 除特别规定中进一步规定的国家职责，以及本立法令第四部分中规定的国家职责外，下列职责也属于国家：

(1) 为执行本立法令第四部分所必要的，在 2003 年 6 月 5 日第 131 号法律第 8 条第 6 款规定的限度内，根据 1997 年 3 月 15 日第 59 号法律第 8 条需要国家履行的协调和指导职责。

(2) 确定废弃物综合管理的一般准则和方式。

(2-2) 听取 1997 年 8 月 28 日第 281 号立法令第 8 条规定的联合会议的意见后，就根据第 208 条、第 215 条和第 216 条签发的许可的基本内容规定指导方针。

(2-3)听取1997年8月28日第281号立法令第8条规定的联合会议的意见后,对废弃物的能源回收活动规定指导方针。

(3)规定预防和限制废弃物产生以及减少其危险性的倡议和措施,甚至可以通过向消费物品征收保证金的形式。

(4)确定具有较高环境风险的废弃物的生产量,这些废弃物或因其基本产品中含有的物质或因废弃物的综合数量而显现较大的处理难度或特别的回收需求。

(5)制定编纂有关减少、再循环、回收和优化废弃物流的行业计划的一般准则。

(6)在遵循宪法赋予各大区的职权的前提下,为实现国家的现代化和发展,确定待建设的、具有重大国家利益的废弃物回收和处理设备;在听取1997年8月28日第281号立法令第8条规定的联合会议的意见后,以方案的形式落实上述确定事项,根据环境与土地海洋保护部的建议以总理令的形式颁布,并纳入经济—财政规划文件,标明兴建上述设备所必需的财政拨款。在确定本款涉及的战略选址和基础设施时,中央政府应考虑到国家各地区之间的社会经济平衡。根据1978年8月5日第468号法律第11条第3款第(9-3)项的规定,中央政府在财政法案中应列明必要的财政资源,包括为此目的而可支配的公共、集体和私人资金,上述资源也可用于补贴地方当局。

(7)在遵循宪法赋予各大区的职权的前提下,制定环境信息认知和沟通的国家计划。在听取1997年8月28日第281号立法令第8条规定的联合会议的意见后,以方案的形式落实,根据环境与土地海洋保护部的建议,以总理令形式提出,并将之纳入经济—财政计划文件,标明实现所必需的财政拨款。

(8)指明实现废弃物收集、分拣和回收合理化的鼓励措施。

(9)根据2001年12月28日第448号法律第52条第56款第a)项,以及环境与领土保护部2003年5月8日第203号部委令,为了有利于废弃物的再循环与回收,以及促进废弃物回收材料的市场化和公共行政机关、经济主体对上述材料的使用,确定一些倡议和行动,包括经济方面的。

(10)确定废弃物管理服务的质量目标。

(11)为了制定第199条规定的大区计划,特别是经过1997年8月28日第281号立法令第8条规定的联合会议同意后,制定有关确定最佳区域范围(根据第200条之规定将要成立的)和各大区计划协同合作的指导方针,确定有别于城市废弃物和特殊废弃物的一般准则。

(12)关于废弃物综合管理服务特许经营权的分配,经1997年8月28日第281号立法令第8条规定的联合会议同意,确定有关招投标的指导方针,尤其是企业准入条件、招标细则,也应参考有关现有企业的经济因素。

(13)经1997年8月28日第281号立法令第8条规定的联合会议同意,根据公开透明、效率、效益和经济性标准,确定有关地方当局合作形式和方式的指导方针,以及在同一最佳区域范围内重复出现的城市废弃物的收费问题。

(14)确定不适于作为废弃物处理企业选址的地区特征的一般准则。

(15)确定有关组织和实施城市废弃物分类收集活动的一般准则,其中包括颁布特别的指导方针。

(16)经1997年8月28日第281号立法令第8条规定的联合会议同意,确定污染地区土壤改良的指导方针、一般准则和标准,以及确定改良干预措施的准则,这些措施在减轻与相关区域延展和当前污染地区的数量和危险性有关的环境影响方面涉及国家利益。

(17)为实施第196条第1款第(14)项,确定回收物质的定义和计算方式。

(18)根据欧盟指令、决定和条例调整本立法令第四部分。

2. 以下也属于国家的职责范围:

(1)根据统一、完整和协作原则,制定危险废弃物和特殊种类废弃物的管理技术规范的标准和方式,也可以参考第178条第5款规定的核实和认证体系。

(2)制定第214条、第215条和第216条规定的适用简易程序的规范和条件,其中包括上述条款规定的通知后面需要附上的报告说明的指导方针。

(3)在对某些废弃物进行特殊利用时,确定其中包含的物质的可接收限度及其化学、物理和生物特性。

(4)经卫生部和生产活动部同意,通过环境与土地海洋保护部部长令,确定并规范石棉制品、包含石棉的物品和产品的回收活动。

(5)确定同化特殊废弃物和城市废弃物的定性和定性—定量标准,以便进行收集和处理。(本句被2011年12月6日第201号立法令废除,该立法令经修订后写入2011年12月22日第214号法律。)(本句被2011年12月6日第201号立法令废除,该立法令经修订后写入2011年12月22日第214号法律。)(本句被2011年12月6日第201号立法令废除,该立法令经修订后写入2011年12月22日第214号法律。)(本句被2011年12月6日第201号立法令废除,该立法

令经修订后写入2011年12月22日第214号法律。)(本句被2011年12月6日第201号立法令废除,该立法令经修订后写入2011年12月22日第214号法律。)征得经济发展部同意后,环境与土地海洋保护部在90日内颁布部委令,确定城市废弃物的同化标准。

(6)确定废弃物取样和分析的方式、程序和标准。

(7)确定开展废弃物管理活动的技术、资金能力和条件,包括确定有利于大区财政保障的一般准则,尤其是有利于按照第212条第9款规定的方式,在该条款规定的国家废弃物管理资格表上注册的义务主体。

(8)确定第193条规定的表格的内容和格式以及废弃物运输的规范。

(9)基于技术、环境和经济原因的支持确定可以直接在废弃物处理站处理的废弃物种类。

(10)制定第190条规定的登记表格的统一格式,并确定其保存方式,以及可能替代该登记表格的文件。

(11)界定第227条第1款第(1)项规定的电子废弃物和电气废弃物。

(12)更新本立法令第四部分的附件。

(13)针对根据2010年4月29日第75号立法令规定的,通过堆肥方式,特别是作为肥料的农业利用方式获得的产品,以及通过对分类收集的有机废弃物进行堆肥获得的产品,制定使用技术规范、使用方式和使用条件。

(14)遵循现行有效的相关欧盟规范和国际公约的规定,根据距离废弃物处理点最近的港口或装载待处理废弃物的船舶出发的港口的海事主管部门的申请,由环境与土地海洋保护部负责签发的在该海域内处理废弃物的许可。

(15)考虑到设备的规模、蓄电池的数量和与所开展活动类型相关的倒灌风险,经大学或者专业机构测试,确定对吸收性物质和中和性物质的管理措施,其中必须为蓄电池准备特定的储存、装载、保管、存放和替换装置,以防止对土壤、地下土造成污染,并避免酸泄漏对健康和环境造成的损害。

(16)遵循欧盟规定并在本立法令第四部分规定之外,自本规范生效之日起3个月,以环境与土地海洋保护部部委令的形式确定并规范收集和运输的简易行政履行形式,以便对待回收的特定种类废弃物进行收集和运输。上述废弃物由产生废弃物的最终用户直接交付于生产者、销售者、任何在该家庭用户处开展安装和维修活动的人员或者根据本立法令第四部分附件C的R2、R3、R4、R5、R6和R9项目被许可从事回收作业的企业。

(17)更新废弃物地籍注册登记。

(18)预先设定关于确定回收和处理作业的统一编码的指导方针,由主管机关将其纳入许可办法,也要符合欧洲共同体第2008/12/CE号指令及其后续修订的规定。

(19)确定在第208条、第209条和第211条规定的许可办法中需要纳入的最低限度的技术性内容。

(20)根据本立法令第四部分附件D规定的危险性废弃物,预先设定关于确定其分类的分析程序、标准和方法的指导方针。

3. 除本立法令第四部分另有规定以外,经生产活动部、卫生部、内务部同意,由环境与土地海洋保护部建议,在听取1997年8月28日第281号立法令第8条规定的联合会议、各大区和特伦多、博尔扎诺自治省的意见后,根据1988年8月23日第400号法律的规定履行第1款涉及的职责。

4. 除本立法令第四部分另有规定外,根据1988年8月23日第400号法律第17条第3款的规定,由环境与土地海洋保护部经生产活动部、卫生部和内务部同意,以部委令的形式制定第2款所规定的管理和技术规范。当上述规范涉及农业废弃物和废弃物运输时,还应相应地取得农业与林业政策部、基础设施与交通部的意见。

5. 除1991年3月31日第112号立法令的规定外,为监督和查证违反废弃物规范的不法行为,抑制废弃物的非法交易和违法处理,由环境保护宪兵司令部、和港务局部队负责行动;同时,国家林业部队可以干预,税务卫队和国家警察都可以联合参与。

第196条　大区职责

1. 根据本立法令第四部分和现行法律法规规定的原则,包括第195条的规定,大区具有以下职责:

(1)根据各省、市镇和区域管理局的意见,制定、颁布并更新第199条规定的大区废弃物管理计划。

(2)规范废弃物管理活动,包括城市废弃物及危险性废弃物的分类收集,根据区分食物性来源废弃物和动植物产品残余的一般标准进行,或者至少在高湿度比的情况下从废弃物残余中进行分离。

(3)拟定、批准、更新其职责范围内的污染地区改良计划。

(4)批准用于废弃物及危险性废弃物管理的新企业规划,其中包括危险性废弃物,许可对现有设备的改造,第 195 条第 1 款第(6)项和第 7 条第 4-2 款规定的国家职责除外。

(5)许可进行废弃物及危险性废弃物的回收和处理作业,第 7 条第 4-2 款规定的国家职责除外。

(6)1993 年 2 月 1 日欧洲经济共同体第 259/93 号条例授权负责发送和接收的主管机关从事废弃物跨境发送活动。

(7)根据第 195 条第 1 款第(11)项规定的指导方针,划定管理城市废弃物及类似废弃物的最佳区域范围。

(8)根据第 195 条第 1 款第(16)项的规定,起草预先设定和批准土壤改良和安全处置项目的指导方针和准则,以及确定无须许可的项目类别指导方针和准则。

(9)促进废弃物的综合管理。

(10)推动减少废弃物的产生,鼓励废弃物的回收。

(11)根据第 195 条第 2 款第(2)项制定的指导方针,阐明第 214 条、第 215 条和第 216 条中涉及的通知后需要附加的报告的内容。

(12)根据第 195 条第 1 款第(14)项的规定,制定准则以便各省确定不适合作为废弃物回收和处理企业选址的地区。

(13)制定准则以便确定适宜处理的地点或企业,并根据第 195 条第 2 款第(1)项规定的技术规范,决定针对特殊类型废弃物的特殊规范。

(14)经与生产活动部、卫生部协商,并听取大区事务部的意见,自本立法令第四部分生效之日起 60 日,在环境与土地海洋保护部颁布的专项部委令规定的计算方法和标准的基础上,制定必要的规范以便公共机关、公共资本控股的企业(也包括服务管理企业)满足概不为零中指明的有关制成品和财物的年度需求,即使用再循环材料获得的产品的比例不低于年度该需求的 30%。为此目的,上述主体应将之作为一个条件纳入招标书或作为优先选择中标者的特定条款,与其他招标要求和条件等同。在上述法令颁布之前,继续适用 2003 年 5 月 8 日环境与领土保护部第 203 号部委令及其后续实施条例的规定。同时,现行大区规范仍然有效。

2. 大区可以通过大区环境保护办事处履行第 1 款所规定的职责。

3. 各大区应优先在工业地区兴建与地区特征相适应的废弃物回收和处理企业,鼓励自动处理措施。该规定不适用于废弃物处理站。

第 197 条　省的职责

1. 为了实施 2000 年 8 月 18 日第 267 号立法令第 19 条，在现行立法规定的可支配人力、设备和财政资源下，各省在一般准则的指导下履行省级有关废弃物回收和处理的方案规划和组织的行政功能，特别是：

(1)检测和核查土壤改良措施，并对结果进行监控。

(2)对废弃物的管理、中介和商贸活动进行定期检测，包括查明是否有违反本立法令第四部分的行为。

(3)按照第 214 条、第 215 条和第 216 条规定的方式，核查并检测是否按照规定条件适用简易程序。

(4)根据 2000 年 8 月 18 日第 267 号立法令第 20 条第 2 款规定的区域协作计划的规定和本法第 199 条第 3 款第(4)项和第(8)项(当其已经通过后)的规定，以及在听取区域管理局和市镇的意见后，确定适于设置废弃物处理企业的地区和不适于设置废弃物回收和处理企业的地区。

2. 为了履行其职责，各省可以通过订立专门的协议，利用具有相关经验和技术的公共组织，包括大区环境保护办事处。第 214 条、第 215 条和第 216 条关于简化程序的规定仍然有效。

3. 负责监测的机构有权在生产或者开展废弃物管理活动的工厂、设备或企业内部进行巡视、核查和取样。不能以工业秘密为由拒绝上述检查，但是根据现行法律，监测机构有义务保守该秘密。

4. 环境保护宪兵司令部的人员有权进行必要的巡视和检查，以便履行 1986 年 6 月 8 日第 349 号法律第 8 条规定的职责，该法律设立了环境部。

5. 在第 1 款规定的职责范围内，各省应定期对产生危险性废弃物的机构和企业、专业收集和运输废弃物的企业、清理或者回收废弃物的工厂和企业进行检查，尤其应注意对第 214 条、第 215 条和第 216 条规定的适用简化程序的活动进行定期的专门监测，以及在涉及危险性废弃物收集和运输的检测中特别关注废弃物的产生来源及其最终目的地。

5-2. 在规划本条规定的巡视和检查活动时，各省在确定巡查频率时可以考虑接收人在欧盟生态管理和审核体系(EMAS)中的注册登记。

6. 特别规范中规定的其他有关监察和检测的现行规定继续有效。

第 198 条　市镇的职责

1. 在第 200 条规定的最佳区域级别开展的活动范围中并按照该条规定的方

式，各市镇负责城市废弃物及类似废弃物的管理。在区域管理局根据第202条的规定召集承包商开始公开招投标活动之前，各市镇按照2000年8月18日第267号立法令第113条第5款规定的形式，继续管理专营的城市废弃物或类似废物的处理活动。

2. 遵循公开透明、效率、效益和经济性原则，并与第201条第3款采用的区域计划相协调，各市镇可以通过订立专门的规章规范城市废弃物的管理，特别应规定：

（1）在废弃物管理的各个阶段保障卫生健康的措施。

（2）开展收集和运输城市废弃物服务的方式。

（3）确定城市废弃物和类似废弃物的交付、分类收集和运输方式，以确保对废弃物的不同部件实施区别管理并促进对它们的回收。

（4）制定规范以保障对危险性城市废弃物和源于第184条第2款第（6）项规定的来自挖掘工作的废弃物提供有差别且适当的管理。

（5）旨在优化用来强化其他商品部件的初级包装废弃物的交付、收集和运输形式的必要措施，确定需要遵守的最低标准。

（6）将城市废弃物送交回收和处理之前的称重方式。

（7）根据第195条第2款第（5）项规定的标准，将一定质量和数量的非危险性特殊废弃物同化为城市废弃物，第184条第2款第（3）项和第（4）项的规定继续有效。

3. 市镇有义务向大区、省和区域管理局提供其所要求获悉的全部城市废弃物管理信息。

4. 此外，市镇有义务就大区拟批准的污染地改良计划发表自己的意见。

第三节　废弃物综合管理

第199条　大区计划

1. 经听取各省、市镇的意见，以及当涉及城市废弃物时，还应听取第201条规定的区域管理局的意见，并遵守第177条、第178条、第179条、第180条、第181条、第182条和第182－2条规定的原则和宗旨，第195条第1款第（13）项以及本条规定的一般准则，大区负责拟定并通过大区废弃物管理计划。批准大区计划应采用本立法令第二部分关于战略环境评价的程序。同一办公室还应提供有关公众参与进程的信息、据以做出决定以及提交有关书面意见的理由。

2. 第 1 款所涉及的废弃物管理计划包括对即存于相关地理区域内的废弃物管理的分析、为了提高不同的废弃物管理作业的环境功效而需采取的措施，以及对该计划在实现本立法令第四部分的目标和规范中所起作用的评估。

3. 大区废弃物管理计划还应规定：

(1)区域内产生废弃物的种类、数量和来源，按照有关城市废弃物的最佳区域范围细分预计要输入或输出国境的废弃物并评估废弃物未来的数量，以及确定要达到的废弃物分类收集的大区目录。第 205 条的规定继续有效。

(2)废弃物收集系统和现有的处理和回收企业，包括针对废油、危险性废弃物或者由欧盟特别规范调整的废弃物流的特别系统。

(3)根据第 181 条、第 182 条和第 182-2 条规定的自给自足原则和就近原则，评估采用新的废弃物收集系统、关闭现存废弃物企业和进一步修建用于废弃物处理设备的基础设施的必要性，并在必要时对相关投资进行评估。

(4)如有必要的话，应包括有关确定将来的废弃物处理企业或大型废弃物回收企业的选址和处理能力的参考标准的信息。

(5)废弃物管理的一般政策，包括废弃物规划管理的技术和方式，或针对造成特殊管理问题的废弃物的管理政策。

(6)根据第 195 条第 1 款第(13)项规定的指导方针，划定大区范围内的每一个最佳区域范围。

(7)必要设备的活动总量和需求总量，以便确保在第 200 条规定的每一个最佳区域范围内按照非危险性城市废弃物管理应遵守的公开透明、效率、效益、经济和自给自足原则对城市废弃物进行管理，以及保证在废弃物产生地附近进行特殊废弃物的处理和回收从而减少废弃物的移动。

(8)促进最佳区域范围的废弃物管理，通过采用适当的激励措施，在现行法律许可支配的资源范围内，对更值得的区域投入较大资助；为达到此目的，大区可以在其预算案中设立一个特定基金。

(9)估算城市废弃物回收和处理活动的费用。

(10)按照第 195 条第 1 款第(16)项规定的一般准则，制定标准以便各省据此确定不适宜作为废弃物回收和处理企业选址的区域，以及确定适合处理废弃物的地点和工厂。

(11)旨在促进废料能源的再利用、再循环和回收,包括对其产生的废弃物的回收和处理的措施。

(12)旨在促进按大区实施城市废弃物收集、分拣和处理活动的措施。

(13)根据第195条第2款第(1)项的规定,决定针对特殊种类废弃物的特殊规范。

(14)有关第225条第6款规定的包装以及包装废弃物的预防和管理规范。

(15)2003年1月13日第36号立法令第5条规定的减少废弃物处理站内可生物降解废弃物的方案。

(16)在第180条规定的预防废弃物的国家方案的基础上,拟定预防废弃物产生的方案,其中应描述既有的预防措施并确定将进一步采取的适当措施。该方案中还应设定预防目标。上述措施和目标旨在使经济增长脱离与废弃物生产相关的环境影响。方案中必须包括针对预防措施的具体定性和定量标准,也可以通过制定一定的指标,以便监督和评估已经完成的进程。

4. 考虑到计划目标区域的地理覆盖面积和水平,废弃物管理计划中可以包含以下要素:

(1)与废弃物管理相关的组织要素。

(2)考虑到持续确保国内市场良好运行的必要性,评估与解决废弃物相关问题的经济手段和其他种类手段的有用性和适当性。

(3)为一般公众或特定类别的消费者开展宣传活动,向其传播信息。

5. 大区废弃物管理计划应与现行法律规定的大区职责范围内的其他计划措施相协调。

6. 对污染地区的改良计划构成大区计划的组成部分,其中必须包括:

(1)根据环境保护与研究高等研究所的风险评估报告,确定干预措施的优先等级。

(2)确定要进行土壤改良的区域和目前污染的一般特征。

(3)土壤改良和环境治理的方式,其中应优先使用城市废弃物回收活动产生的材料。

(4)财政负担评估。

(5)去除材料的处理方式。

7. 批准或修订大区计划是获得国家财政补贴的必要条件。

8. 大区应在2013年12月12日之前批准或修订计划。在此之前,现行有效的大区计划继续有效。

9. 如果第 8 款规定期限届满而大区经查证没有批准或修订其计划，则根据 1998 年 3 月 31 日第 112 号立法令第 5 条第 1 款的规定，根据环境与土地海洋保护部部长的建议，总理应警告负有职责的大区机关在适当的时间内采取措施，若仍然不作为的，则总理应以替代的方式采取必要的措施拟定、批准或者修订大区计划。

10. 为了实现本立法令第四部分的宗旨，在听取相关各省的意见后，各大区可以根据它们之间的协议或单独负责至少每 6 年对更新计划的必要性进行一次评估，以及负责在现有法律规定的资源限制内依法定程序规划要实施的干预措施。

11. 各大区和自治省应及时向环境与土地海洋保护部报告本条规定的废弃物管理计划和预防方案的制定和修订，以便于其随后向欧盟委员会报告。

12. 各大区和自治省通过其决议，保障每年在其各自的网站上公布本条规定的有关大区计划和方案实施状态的全部有益信息。

12-2. 对废弃物管理的监督活动至少应确保可以利用以下信息：

(1) 如果已经划分了最佳区域范围，则按照每个最佳区域范围统计城市固体废弃物的总量和人均量；如果没有建立最佳区域范围，则按照每个市镇来统计。

(2) 分类收集废弃物的总百分比和实际上循环再利用废弃物的百分比。

(3) 分类收集材料的交付平台、多种材料的分拣设备、机械—生物处理设备、堆肥设备、所有用于处理未分类城市固体废弃物的其他设备、焚化炉和联合焚化炉的位置、产权、许可额定生产能力和技术能力。

(4) 除第(3)项规定之外，所有生物—机械处理设备和所有用于为处理分类城市固态废弃物的其他设备，按照《欧洲废物名录》(CER)细分的废弃物的输入量和输出量。

(5) 除第(3)项规定之外，焚化炉和联合焚化炉，按照《欧洲废物名录》细分的废弃物的输入量。

(6) 废弃物处理站的建筑选址、产权、许可、许可容量、可支配的剩余容量，以及按照《欧洲废物名录》细分的材料的接收量，以及所产生的垃圾渗沥液的数量。

13. 实施本条规定不得新增或扩大公共财政负担。

第 200 条　按地域组织城市废弃物综合管理服务

1. 城市废弃物管理以最佳区域范围(ATO)为基础进行组织。最佳区域范围由第 199 条规定的大区计划来划定,应遵守第 195 条第 1 款第(13)项、第(14)项、第(15)项规定的指导方针及以下各项标准:

(1)通过废弃物综合管理服务来克服管理的碎片化。

(2)基于自然科学、人口统计学和技术标准,并在政治—行政相分离的基础上,达到适当的管理规模。

(3)为了优化最佳区域范围内部的运输,应对公路和铁路系统进行适当评估。

(4)评估废弃物生产和管理中的共同需求及其关联性。

(5)了解现有建成和运行的废弃物管理企业。

(6)重视既有的区域划分,以便于能够仅基于效益、效率和经济性的合理需求区分新旧最佳区域范围。

2. 根据第 195 条第 1 款第(13)项规定的指导方针,经听取相关各省和市镇的意见后,自本立法令第四部分生效之日起 6 个月内,各大区在其主管的方案和计划活动范围内负责划定最佳区域范围,并将此举措告知相关各省和市镇。

3. 如果最佳区域范围涉及两个或两个以上大区的,应由相关大区协商一致划定界限。

4. 各大区负责(也可以替代的方式)规范对废弃物管理作业、相关设备的功能以及是否遵守了相关许可规定的限制和条件的监管。

5. 城市或者市镇居民区的规模超过一个最佳区域范围的均值的,可以按照第 1 款规定的标准进行细分。

6. 自接到第 2 款规定的告知之日起 30 日内,单个市镇可以提出动议要求对指定的特定区域范围进行修改并提交所要求的文件,也可以提交动议和文件用以要求被分配到与指定区域接壤的另一个区域范围内。

7. 各大区可以采用替代模式或者作为最佳区域范围模式的例外模式,在该模式内拟定大区废弃物计划,展示其自身的适当性符和现行法律法规规定的战略目标,特别是参照一般准则和第 195 条规定的适用于国家的指导方针。

第 201 条

本条被 2009 年 12 月 23 日第 191 号法律所废除,该法律由 2011 年 12 月 29 日第 216 号立法令修订后写入 2012 年 2 月 24 日第 14 号法律。

第 202 条 服务委托

1. 根据有关地方公共服务委托的现行规范(这些规范符合 2000 年 8 月 18 日第 267 号立法令第 113 条第 7 款规定的标准),以及参考其开展的管理活动的费用总额(鉴于技术保障和竞争者之前的特殊经验),根据环境与土地海洋保护部部委令里按照大区相关职责而确定的方式和期限,区域管理局通过由欧盟原则和规范规定的招标程序决定城市废弃物综合管理服务的委托。

2. 参加竞标的主体必须在报价中附加专门的技术说明报告,阐明优化管理、减少待处理的废弃物数量和改善环境要素的建议,并提出各自缩减管理费用的计划,以实现还要就其自定义目标的实现提出各自的管理费用缩减计划。

3. 在评估竞标主体的提案时,尤其应考虑用户在经济上和由其所负责的操作的复杂性上所面临的负担。

4. 在委派废弃物管理服务时,地方当局现有的设备和其他资产设施应出借转移给被委派该服务的主体。

5. 根据 2000 年 8 月 18 日第 267 号立法令第 113 条第 5 - 3 款,若服务委托主体具备现行法律规定的条件,可以直接兴建新设备,或者通过 1994 年 2 月 11 日第 109 号法律规定的程序,即根据该法第 37 - 2 条及后续条款所规定的金融规划,兴建新设备。

6. 截至 2005 年 12 月 31 日或委托服务前 8 个月,在公共行政机构、前市政公司、康采恩和私营企业以及合作企业的市政服务部门从事废弃物管理的人员,在不终止劳动关系的前提下,应将其工作关系立即直接转入新的废弃物综合服务管理主体处,并保留之前有效的集体和个人劳动合同条款。根据 2001 年 3 月 30 日第 165 号立法令第 31 条的规定,公共机构、前市政或康采恩和私营企业以及合作企业人员转移到废弃物综合服务管理者的,人事关系变动需遵循《民法典》第 2112 条有关公司分支机构转让的各项规定。

第 203 条 服务合同的标准文本

1. 区域管理局和废弃物综合服务委托主体之间的关系由服务合同规范,该合同应附在招标细则后,并符合大区按照第 195 条第 1 款第(13)项、第(14)项和第(15)项规定的准则和指导方针而采用的标准文本。

2. 标准文本应规定:

(1)服务管理所适用的法律制度。

(2)实现管理的经济—财政目标平衡的义务。

(3)委托期限,不得低于15年。

(4)用于规定废弃物综合管理服务经济—财政计划的标准。

(5)监督管理服务正确实施的方式。

(6)与服务层次和开展监督活动有关的报酬方式、期限和程序,以及所建议的必要的组织结构特性相关的监督活动和种类的一般原则与规范。

(7)通报和传送管理人的数据、信息和文件以及相关制裁义务。

(8)针对不履行义务情形的刑罚和行政处罚,并按照《民法典》规定的原则针对不同的监管类型设定解除合同的条件。

(9)向用户保障的服务效率和信赖度等级,也要涉及对设备的维持。

(10)根据1986年10月4日第902号共和国总统令批准的规章的第1章第2节中规定的原则,确定取消合同的资格。

(11)有义务将效能和保存状态良好的工程、设备和其他财产设施交还给服务供给。

(12)适当的财政保障和保险保障。

(13)由地方当局确定并负责修订的费用的适用标准和方式,也要参考不同的用户类型。

(14)有义务代表废弃物综合服务管理者,与不属于公共行政机关的人员签订环境卫生部门的国家劳动集体合同,该合同由最具代表性的工会组织订立,并符合现行有效的法律法规的有关规定。

3.为了确定第2款规定的标准文本的内容,区域管理局应负责查明现存的工程和设备,并向大区传送相关数据。此外,区域管理局应确定实现本立法令第四部分所规定目标的程序和方式(即使需要数年完成),并在大区确定的准则和指导方针基础上,拟订一个区域计划,其中包括一个含有必要干预措施的方案,并附带一个财政计划和与之相关联的管理和组织计划。财政计划中尤其要指出可支配的资源、待筹集的资源以及在相应期间内由废弃物管理收费所产生的收益。

第204条　现有管理

1.自本立法令第四部分生效后,提供服务的主体,包括经济上提供服务的主体,继续履行其管理任务,直至区域管理局建立并组织废弃物综合管理服务。

2.当2000年8月18日第267号立法令第113条15-2款规定的期限届满,区域管理局应按照本立法令第四部分的规定,在其生效9个月内进行新的委托。

3. 如果区域管理局没有在规定的期限内履行第 1 款、第 2 款规定的义务,大区政府主席应通报环境与土地海洋保护部部长以及水资源和废弃物监督管理局,行使替代性权力,任命一位行动特派员,在 45 日内开启委托程序并为每个启动的履行程序确定限期。如果大区特派员没有在规定期限内履责,则由环境与土地海洋保护部部长行使预定的替代性权力以完成委托程序。

4. 第 1 款规定的管理期限届满或者服务合同提前解除的,已经被特许的财产和设备应按照委托合同中规定的方式,在限定范围内直接转移给做出授权的地方当局。

第 205 条 促进分类收集的措施

1. 除第 1-2 款的规定之外,在每一个最佳区域范围内(若已经建立),或者在每一个市镇内,都必须保证按照以下产生废弃物的最低百分比分类收集城市废弃物:

(1)在 2006 年 12 月 31 日前至少达到 35%。

(2)在 2008 年 12 月 31 日前至少达到 45%。

(3)在 2012 年 12 月 31 日前至少达到 65%。

1-2. 从技术、环境和经济的角度看,在无法实现第 1 款规定的目标的情况下,市镇可以向环境与土地海洋保护部部长提出申请免予履行第 1 款规定的义务。环境与土地海洋保护部部长在核实存在第 1 句中设定的要件后,在不新增或扩大公共财政负担的前提下,经与相关大区、地方当局达成方案协议后,可以免除该义务,方案协议中应规定:

(1)申请的市镇拟实现第 181 条第 1 款规定的目标的方式。上述方式可以与其他市镇实现目标互补。

(2)如果不能进行材料回收,则对分类收集废弃物中残余的未分类废弃物,以及对未分类废弃物进行处置后产生的废弃物规定能源回收的措施。

(3)提出申请的市镇有义务实施的、用于再循环的城市废弃物分类收集的百分比。

1-3. 在与现行法律规定一致的前提下,前款规定的方案协议可以为提出申请的市镇设定义务,以便其实现本立法令第四部分第一章规定的目标,以及设定查证是否履行了在方案协议范围内应履行的义务的方式,并针对可能的不履行行为制定规范。大区计划应与本条所涉及的方案协议规定的内容相一致。

2. 本款被 2008 年 1 月 16 日第 4 号立法令废除。

3. 在最佳区域范围(如果已经建立)的层级上,或者在每一个市镇,当出现无法实现本条所规定的最低目标的情况时,针对在单个市镇内废弃物分类收集份额没有达到第1款所规定的百分比的市镇,对其所卸载的废弃物应增加20%的税费。

3-2. 为了促进对城市废弃物和类似废弃物的分类收集,1995年12月28日第549号法律第3条24款规定的税收根据超出废弃物分类收集(RD)的百分比份额来调整,除了1995年第549号法律第3条第29款所规定的最低数额外,根据下述表格调整:

超过国家法律规定的废弃物分类收集标准	税费减免
从0.01%至低于10%	30%
10%、15%、20%、25%	40%、50%、60%、70%

3-3. 上一年度分类收集废弃物的价值是确定税费的参照。根据每一个市镇的相关数据,每年计算分类收集废弃物的效率等级。

3-4. 大区应充分利用大区废弃物地籍注册管理者或其他进行此类活动的公共组织的科学技术支持,根据环境与土地海洋保护部在本规定生效后90日内以部委令的形式确定指导方针,以特别决议的方式确定一个标准方法以便计算和评估每一个市镇在进行城市固体废弃物或类似废弃物分类收集时所达到的百分比。大区应确定市镇为核实所达到的废弃物分类收集百分比而进行调查和传输数据的格式、期限和方式,以及根据相关百分比基数进行补偿或者清算的方式。

3-5. 各市镇每年通过向大区废弃物地籍注册所采用的信息系统进行录入的方式来实施第3-4款规定的数据传递。如果市镇遗漏或者进行了不完整、不准确的信息传输,则排除对其适用第3-2款中的税费减免。

3-6. 大区环境保护办公室或者第3-4款规定的组织负责验证所收集的数据并将之传送给大区,大区应逐年规定与每个市镇和每个最佳区域范围相关的废弃物分类收集水平,以便收取税费。

3-7. 第3款所规定的附加税不适用于已经获得第1-2款规定的豁免权的市镇,也不适用于根据大区废弃物地籍注册系统提供的数据结果,以及作为启动了预防废弃物产生干预措施的结果,其在相关年度内废弃物的人均产量至少低于其所属最佳区域范围内平均值30%的市镇。

3-8. 第3款规定的附加税收入大区，应将其放入专门设立的大区基金用于资助第199条所述大区计划中规定的预防废弃物产生的干预措施，鼓励购买第206-4条和第206-5条规定的回收产品和材料，共同资助向公众宣传废弃物分类收集信息的活动和企业。

4. 经1997年8月28日第281号立法令第8条规定的联合会议同意，环境与土地海洋保护部经生产活动部同意，以部委令的形式规定计算第1款和第2款所涉及的百分比的计算方式和标准，以及重新确定1995年12月28日第549号法律第3条第29款规定的、与实现第1款和第2款的目标相关的调校系数。

5. 在第4款规定的部委令颁布之前，继续适用1995年12月28日第549号法律第3条第24款至第40款的实施规则。

6. 除了第181条第1款第(1)项规定的目标(这些目标的实现与否按照环境与土地海洋保护部根据欧盟委员会2011年11月18日第2011/753/UE号决定而选取的方法进行评价)外，事先经环境与土地海洋保护部同意，各大区可以颁布专门的法律以制定更高水平的再循环和回收目标。

第206条　方案协议、方案合同、鼓励机制

1. 为了合理化与简化程序，遵循本立法令第四部分规定的目标和原则，特别是当涉及小微企业时，环境与土地海洋保护部和其他主管机关可以和公共机构、部门企业、公共或者私人主体和行业协会签订专门的协议和方案合同。协议和方案合同主要涉及：(1)实施有关减少、回收和优化废弃物流的特定部门计划；(2)为预防或减少废弃物的产生、降低其危险性并优化废弃物回收，试验、升级、落实、发展生产、流通过程和适合的净化技术；(3)在生产系统中推动革新，以便有利于使用污染较小并可循环利用的材料的商品生产方式；(4)改善生产流程，重新配置各要素、机器和监督手段；(5)为减少废弃物数量、降低其危险性及其对环境的威胁，试验、提高并进行有计划的、带包装的、直接用于销售的商品生产；(6)试验、推进和落实废弃物的再利用、再循环和回收活动；(7)采用技术手段以便于在废弃物产生企业内进行废弃物的再利用和再循环；(8)发展适当的技术和监测系统，以便消除废弃物和其中包含的危险物质；(9)鼓励经济主体和公共主体使用在城市废弃物分类收集中回收的材料；(10)使用回收和减少废弃物的监测系统。

2. 此外，环境与土地海洋保护部可以与公共和私人主体或行业协会签订专门的方案协议和合同，以便于：(1)推动和有利于使用2001年3月19日欧洲议会和欧盟理事会第761/2001 号条例规定的环境认证系统;(2)在消费品的使用周期终了时为了进行再利用、再循环和回收,实施消费品回收方案。

3. 本条规定的方案协议和合同不得规定有违于欧盟规定的内容,但可以规定简化行政程序。

4. 经经济发展部、经济与财政部同意,环境与土地海洋保护部根据专门的财政立法规定,以部委令的形式确定用于实现第 1 款、第 2 款规定的方案协议和合同的财政资源,并确定签订的方式。

5. 根据欧洲共同体委员会 2002 年 7 月 17 日第 2002/412 号通告,还可以签订环境协定,在自治领域内通过支持或者认可这些协定的方式,委员会可以适用这些协定,或者在共同治理的领域内作为建议,以便立法者在适当的时候使用此类协定。

第 206-2 条　废弃物管理的监督和管控

1. 为了确保落实本立法令第四部分的规范,特别是涉及防止废弃物的生产数量和危险性,废弃物、包装和包装废弃物管理的效率、效益和经济性,以及保护公共健康与环境,环境与土地海洋保护部应特别履行以下职责:

(1)对废弃物、包装和包装废弃物的管理进行监督。

(2)负责拟定和持续更新行动的准则和特定目标,以及确定并持续更新有关废弃物预防和管理的体系框架,也可以通过拟定有关废弃物管理模式的指导方针以便提高废弃物管理的效率、效益和质量,推动传播有关预防废弃物产生、分类收集、再循环和处理的良好实践和最佳可得技术。

(3)如果国家包装康采恩没有在规定的时间内采取行动,安排第 225 条规定的预防总方案。

(4)核查第 225 条规定的预防总方案的实施,更新回收和再循环的目标。

(5)核查废弃物管理的花费、该花费中的各项支出、管理的模式,对不同的管理领域进行比较分析,查实可能的异常。

(6)核查所提供服务的质量水平。

(7)对于废弃物管理、包装管理和包装废弃物管理出具年度报告,并将该报告抄送至环境与土地海洋保护部部长。

(7-2)按照 2010 年 11 月 26 日第 216 号立法令第 5 条规定的决定程序,拟定标准以便确定标准费用,并在欧盟规范中的“污染者付费”原则和全面覆盖运营和投资的有效花费的基础上,确定一个公平、透明的收费体系。

(7-3)拟定一个或者多个关于第203条规定的服务合同的标准文本。

(7-4)核查是否遵守了第204条规定的期限,并将不作为的情形报告给总理。

(7-5)核查是否达到了欧盟设定的有关废弃物的目标,并核实商品生产者和进口商是否遵守了生产者延伸责任。

2. 本款被2015年12月28日第221号法律废除。

3. 本款被2015年12月28日第221号法律废除。

4. 为了履行对废弃物的监督和管控职能,环境与土地海洋保护部应利用环境保护与研究高等研究所,为此可以使用第6款规定的资源。

5. 本款被2015年12月28日第221号法律废除。

6. 履行本条规定的监督和管控职能而产生的费用约为200万欧元,根据通货膨胀率每年更新,由第224条规定的国家包装康采恩、第221条第3款第(1)项和第(3)项规定的主体和第233条、第234条、第235条、第236条规定的康采恩,以及根据第227条和第228条成立的协会通过相同数额的捐款负责承担。环境与土地海洋保护部自本规定生效后90日内,并在以后每年的1月31日前颁布部委令,确定以上所述各康采恩和各个主体所应该承担的份额。上述款项由国家包装康采恩和其他主体与康采恩缴纳后归入国家预算中,由经济与财政部以部委令的形式再分配到环境与土地海洋保护部预算的特定项。

第206-3条　鼓励购买由二手材料或拆卸复合产品产生的回收下脚料和材料制成的产品的方案协议和合同

1. 为了鼓励节约材料和再循环利用,提倡通过购买由二手材料或拆卸复合产品产生的回收下脚料和材料制成的产品,经环境与土地海洋保护部同意,经济发展部可以与下述主体签订专门的方案协议和合同:

(1)生产由二手材料或拆卸复合产品产生的回收下脚料和材料制成的产品的企业,优先考虑利用废弃物生产的产品。

(2)公共机关。

(3)公共或者私人主体。

(4)行业协会包括从事再利用、预备再利用和再循环的企业协会。

(5)非营利组织、社会促进组织以及手工业企业和个人企业。

(6)负责开展适用生产者延伸责任原则相关的活动的主体。

2. 第1款规定的方案协议和合同应调整下列事项:

(1)提供激励措施,鼓励企业从事利用二手材料或拆卸复合产品产生的回收下脚料和材料生产产品的活动,优先考虑利用废弃物生产的产品,后者必须遵守本立法令和欧盟法规达到收集和再循环的目标;鼓励企业从事二手材料或拆卸复合产品产生的回收下脚料和材料的生产和准备再利用活动;鼓励企业从事使产品及其成分可以按照最初设计的目的被再次利用的生产和交易活动。

(2)提供激励措施,鼓励企业从事带有加入再循环 CE 标志(根据联合国 UNI EN 13242:2013 和 UNI EN 12620:2013 号规范定义)的商品交易活动,以及由电气和电子设备废弃物产生的和退役轮胎产品,或者由服役期满产品处理后获得的塑料材料产生的产品,即按照联合国 UNI 10667-13:2013 号规范界定的,二手材料或拆卸复合产品产生的回收下脚料和材料产生的产品的交易活动。

(3)提供激励措施,鼓励经济体和公共主体购买第(1)项和第(2)项规定的产品。

3. 本规定生效后 6 个月内,经济发展部经环境与土地海洋保护部、经济与财政部同意,根据专门的财政立法规定,以部委令的形式将现行立法允许支配的财政资源分配给第 1 款和第 2 款所述的方案协议和合同,并确定订立上述协议和合同的方式,应优先考虑旨在再利用、生产或取得再循环产品的活动,相较于传统方式,这些再循环产品被用于原始目的和生产系统时产生的环境影响更小。

第 206-4 条　针对由二手材料或拆卸复合产品产生的回收下脚料和材料制成的产品的激励措施

1. 本规定生效后 6 个月内,经环境与土地海洋保护部、经济与财政部同意,经济发展部以部委令的形式确定激励措施(也属于税收性质)的程度,和二手材料或由拆卸复合产品产生的回收下脚料和材料获得的材料的最低百分比。基于产品的整个生命周期,既要考虑到节约的材料也要考虑到在回收利用材料时节约的能源,上述材料必须在制品中体现出来,作为给予第 206-3 条规定的激励措施的依据。回收材料和二手再回收材料或由拆卸复合产品产生的回收下脚料和材料生成的材料的百分比可以通过有资格的机构进行证明。上述部委令应规定有关购销使用过的产品和使用过的产品部件的激励手段和措施,以便延长产品的生命周期。

2. 对于购买和销售由再生混合聚合材料制成的产品,根据本部分附件 L-2 中规定的标准和百分比,激励措施应根据产品类别而有所不同。

3. 第 2 款规定的激励措施仅适用于利用二手材料或由拆卸复合产品产生的

回收下脚料和材料产生的待回收混杂聚合材料制成的产品,上述材料的比例至少要等同于本部分附件 L-2 中标明的百分比。本款规定的产品中所含的待回收混杂聚合材料,必须根据现行法律法规由适宜的认证予以保障。

4. 按照 2013 年 12 月 18 日欧盟委员会第 1407/2013 号条例中规定的、旨在鼓励欧盟成员国的某些企业或生产者的小额援助规定,也可以适用本条规定的激励措施。

第 206-5 条 鼓励购买和销售由二手材料或拆卸复合产品产生的回收下脚料和材料制成的产品的激励措施

1. 经环境与土地海洋保护部、经济与财政部同意,经济发展部自本规定生效后 120 日内,根据 1988 年 8 月 23 日第 400 号法律第 17 条第 3 款的规定,制定规章规定激励措施(也属于税收性质)的标准和程度,以鼓励购买由二手材料或拆卸复合产品产生的回收下脚料和材料制成的产品,包括源自分类收集的非聚合材料废弃物制成的产品。

第 206-6 条 鼓励在校舍建筑、铺设路面和声障屏等措施中使用由二手材料或拆卸复合产品产生的回收下脚料和材料制成的产品的奖励措施

1. 在大区尚未针对在学校建筑的专门干预规划制定通过特殊技术规范时,在提高学校能源效率和重建或建设的招投标中,为了确保在声学角度达到满意的功效,公共行政机关应规定使用适于达到联合国第 UNI 11367:2010 和第 UNI 11532:2014 号规范中噪声指示器所标数值的规划材料和解决方案。在招标书中,应根据 2006 年 4 月 12 日第 163 号立法令劳动、服务和供应的公共合同法则第 83 条第 1 款第(5)项及其后续修订、规定报价的评估标准,针对成分中含有二手材料或拆卸复合产品产生的回收下脚料和材料,在本条第 3 款涉及的部委令所确定的百分比中应有奖励加分。

2. 在铺设道路和建造声障屏的招投标中,也是为了执行根据 2000 年 11 月 29 日环境部部委令(发布在 2000 年 12 月 6 日第 285 号政府公报上)而实施的声学改造干预措施,公共行政机关和基础设施的管理企业应根据 2006 年 4 月 12 日第 163 号立法令劳动、服务和供应的公共合同法则第 83 条第 1 款第(5)项及其后续修订、规定报价的评估标准,针对成分中含有二手材料或拆卸复合产品产生的回收下脚料和材料,在本条第 3 款涉及的部委令所确定的百分比中应有奖励加分。

3. 自本规定生效 6 个月后,环境与土地海洋保护部以一个或者多个部委令的形式，也可以通过环境与土地海洋保护部2008年4月11日部委令（发布在2008年5月8日第107号政府公报上）中规定的在公共行政部门内推广环境可持续性消费的行动计划的执行令规定：

（1）奖励分数数值和可获奖励的材料特征，包括第206-3条第2款第（1）项规定的材料和使用粉碎的报废轮胎获得的材料。

（2）在招投标和相关参考值中要考虑的噪音指示器。

（3）生产残余和由二手材料或拆卸复合产品产生的回收下脚料和材料制成的材料的最低百分比，基于产品的整个生命周期，既要考虑节约的材料也要考虑在回收利用材料时节约的能源，上述材料必须出现在制品中，作为可以给予奖励分数的依据。

（4）必须对二手材料或拆卸复合产品产生的回收下脚料和材料制成的材料进行预处理后再使用，以免污染环境或危害人类健康。

第207条

本条被2006年11月8日第284号立法令废除。

第四节　许可和注册

第208条　新建废弃物处理和回收设备的统一许可

1. 有意建设和管理新的废弃物（包括危险性废弃物）处理和回收设备的主体，必须向区域主管大区提出专门申请，并在申请中附上设备的最终方案以及现行有关市政、环境保护、健康、劳动安全和公共卫生的法律规范规定的为了实现上述方案而要求的技术文件。根据现行法律，该设备还必须接受环境影响评价，并在申请后附上向主管机关提交的环境影响评价申请。第3款和第8款规定的期限中断，直至取得本立法令第二部分规定的环境兼容性报告。

2. 针对第6条第13款涉及的设施，本条规定的许可将由环境综合许可取代。为此，涉及废弃物处理或回收活动的：

（1）如果本条所规定的决定已经作出，则以环境综合许可申请终止。

（2）如果申请不是专门为了更新或者调整实施许可，而是涉及新建或者修改的，则第29-4条第5款规定的参与征求意见会的主体应扩充至第208条第3款规定的征求意见会的所有参与者。

(3)根据第208条第11款第(7)项的规定,大区或者大区授权的机关在征求意见会上应明确欲索要的财务担保。

(4)应将第208条第11款规定的要件适当补充进入环境综合许可的内容中。

(5)第208条第11款规定的财务担保应提交给大区或者大区授权管理相关事务的机关。

(6)第208条第18款规定的通报应由签发环境综合许可的行政机关执行。

(7)第208条第19款规定的通报应由调查相关事件的公共主体执行。

3. 自收到第1款规定的申请之日起30日内,大区应指定程序负责人并召开特定的征求意见会议。应至少提前20日发出会议预先通知,大区主管机关的责任人、兴建工厂所在区域的区域主管机关和地方机构代表以及许可申请人或其代表人应出席征求意见会以便获得相关文件、信息和说明。同样在20日期限内,第1款规定的文件应发送给参与征求意见会的成员。征求意见会根据多数原则作出决议,相关决议中应记录会议期间的不同意见并说明理由。

4. 自召集之日起90日内,征求意见会应:

(1)进行项目评估。

(2)获取并评估与项目兼容性相关的全部要素是否符合第177条第4款的规定。

(3)如果现行法律规定,应获取环境兼容性评估。

(4)将其结论和相关文件提交给大区。

5. 大区可以通过大区环境保护办事处对申请进行技术性预审。

6. 自收到征求意见会结论后30日内,大区应对其结果进行评估,如果项目评估结果为肯定,则大区应许可兴建和管理设备。该批准将取代各大区机关、省和市镇的签署、意见、许可和特许,并在必要时构成对城市规划的变更,表明诸项工作具有公共用途、情况紧急并且不可迟延。

7. 如果该项目涉及2004年1月22日第42号立法令规定的受限区域,则应适用该立法令第146条有关许可的规定。

8. 自提交第1款所述申请之日起150日内结束预审,签发统一许可或者附理由驳回申请。

9. 第8款规定的期限,仅因程序负责人可能向利害关系人进行预审查而中断,且只能中断一次,自收到利害关系人提交的各项要素起恢复计算。

10. 除对根据现行法律法规可能产生的责任进行评估外，若主管机关没有在第 8 款规定的期限内作出统一许可，则应适用 1998 年 3 月 31 日第 112 号立法令第 5 条规定的替代性权力。

11. 许可中应规定必要的条件和规范以确保落实第 178 条规定的原则，并至少包括以下要件：

(1)可以处理的废弃物的种类和数量。

(2)针对每一种许可操作，应规定技术要求，尤其是涉及场地的兼容性、所使用的设备、废弃物的种类和最大数量，以及核查、监测和检验设备是否符合已批准项目的方式。

(3)拟采用的预防措施和安全措施。

(4)被许可设备的位置。

(5)每一种操作拟采用的方式。

(6)有关在必要情况下关闭和采取后续干预措施的规定。

(7)所要求的财务担保，必须仅在设备有效启动运转之时提交；用于管理废弃物处理站及其后续关闭阶段的财务担保必须按照 2003 年 1 月 13 日第 36 号立法令第 14 条的规定提交。

(8)许可的失效日期，应与第 12 款的规定一致。

(9)废弃物热处理过程中的对大气排放限值，该过程也伴随着能量回收。

11-2. 制约能量回收的废弃物焚化或联合焚化的许可条件是，鉴于最佳可得技术，应确保达到高能效水平的回收。

12. 除了对第 6 条第 13 款规定的设备适用第 29-8 条外，第 1 款规定的许可的有效期为 10 年并可再延长。为此，至少在许可期满前 180 日，必须向大区提出专门申请以便大区在许可过期前作出决定。在任何情况下，在延长所提交的财务担保后，均可继续开展活动直至作出决定为止。在签发许可后至少 5 年直至过期前，在紧急的环境条件下，考虑到最佳可得技术的发展，并遵循 1990 年第 241 号法律规定的程序保障，可以对许可中的规定进行更改。

12-2. 针对包含在第 6 条第 13 款规定的设施中的废弃物处理或回收设备，如果已经延长所提交的财务担保，则本条规定许可的更新、变更和重审由第二部分第三(乙)章规范。

13. 除了适用本立法令第四部分第六章规定的处罚外，在违反许可规定的情况下，主管机关根据违反情节的严重程度，处以：

(1)作出警告,并设定期限,在该期限内必须消除违法情形。

(2)如果对公共健康和环境产生危险,则应做出警告,并责令在一定期间内暂停许可活动。

(3)经警告后未按照规定进行整改,以及多次违法造成公共健康和环境危险的,撤销许可。

14. 在港口区域对废弃物装载、卸载、转运、存放和使用操作的监管和许可由1994年1月28日第84号法律和2003年6月24日第182号立法令(执行欧洲共同体第2000/59/CE号关于船舶上产生的废弃物的指令)中的特别规定和现行法律法规中的其他规定调整。当涉及废弃物跨境运输时,如果申请人不能证明已经履行了本立法令第193条第1款规定的义务,则不得为其签发装卸货操作许可。

15. 处理和回收废弃物的移动设备(不包括对净化设备产生的泥浆进行脱水的移动设备和在作业中重新将水注入净化过程的移动设备,也不包括仅仅负责缩减容量和分离无关部分的情形)由利害关系人法定注册地所在的大区或者作为设备所有人的外国公司的代表处所在的大区明确地作出许可。针对在国境内的单一大区开展活动的情况,利害关系人必须在安装设备前至少60日,向其预选址所在的大区报告有关大区内活动的细节,并附上第1款规定的许可和在国家环境保护管理者名册上的注册,以及所要求的其他文件。大区可以制定综合性规定,或者若在特定地点开展的活动与保护环境或公共健康不匹配,大区也可以制定附理由决定禁止该活动。

16. 本条规定也适用于自本立法令第四部分生效后仍在进行中的程序,不包括那些已经完成了环境影响评价的情况。

17. 除了第190条规定的主体所负有的持有装卸货登记义务和第187条规定的禁止混合外,本条规定不适用于按照第183条第1款第(13)项规定的条件而实施的临时存放。

17-2. 负责签发许可的主管行政机构必须按照与环境保护与研究高等研究所商议的标准,将本条规定的许可通过远程通讯地籍注册通报给第189条规定的废弃物地籍注册登记处。在不增加或扩大公共财政负担的前提下,环境保护与研究高等研究所负责将下述可识别要件纳入一个可为公众获取的全国性清单:

(1)企业名称。

(2)被许可企业的注册办事处。

(3)被许可设备的地址。

(4)被许可的管理活动。

(5)管理活动涉及的废弃物对象。

(6)被许可的数量。

(7)许可的有效期。

17-3. 根据共同标准,第 17-2 款规定的数据在大区既有信息系统和远程地籍注册登记之间的传达不得新增或扩大公共财政负担。

18. 许可出现意外问题的,经事先通知利害关系人,应将相关信息通报给第 189 条规定的废弃物地籍注册登记处。

19. 本条规定的程序也适用于在工程和运营中发生实质性改变的情形,这些改变导致设备与签发的许可不再相符。

19-2. 对于使用农业和养殖活动中生产的天然无害物质残留物进行个体好氧堆肥的非家庭用户和使用自己的厨余有机垃圾、园艺废弃物进行个体好氧堆肥的用户,应减少需缴纳的城市废弃物管理税费。

20. 本款被 2010 年 12 月 3 日第 205 号立法令废除。

第 209 条　获得环境认证企业的许可展期

1. 按照欧盟规范,在完成规定的设备运行许可更新程序的过程中,或者在完成更新第 212 条规定的国家废弃物管理者名册登记的程序中,已经根据欧洲议会和理事会 2009 年 11 月 25 日第 1221/2009 号条例进行了登记(在组织团体自愿加入欧盟生态和审计体系的基础上,该条例废除了欧洲共同体第 761/2001 号条例和委员会第 2001/681/CE 号和第 2006/193/CE 号决定)的企业或接受了意大利国家标准化协会 UNI EN ISO 14001 认证的企业,根据 2000 年 12 月 28 日第 445 号共和国总统令中规定的有关行政文件的立法和管理规定的统一文本,可以向主管机关提交自我证明以替代上述许可。

2. 第 1 款规定的自我证明必须附有一份与根据第 1 款涉及的规定和标准参数获得的登记证明无异的副本,以及继续开展活动的声明,以证明企业工具和设备符合立法和管理规定。如有规定,还应附带为此目的而进行的证据实验的证明。

3. 第 1 款和第 2 款规定的自我证明和相关文件,全面替代第 1 款涉及的法规中所规定的继续或进行活动许可,在相适宜的情况下,对上述证明和文件应适用 1992 年 4 月 26 日第 300 号共和国总统令的规定。此外,也适用 1990 年 8 月 7

日第241号法律第21条的处罚规定。

4. 自我证明和相关文件保有第3款规定的替代效力,直到通知利害关系人登记因各种原因失效后的一段期间,最长不超过180日。上述登记根据第1款规定的规范和参数标准取得。

5. 除了适用特别处罚和构成犯罪的情形外,如果查证在自我证明和相关文件中存在虚假证明,则应对第1款和第2款涉及的文件上的签署人适用《刑法典》第483条的规定。

6. 针对再次进入本立法令第二部分第三(乙)章适用范围的设备,继续适用该章节内有关综合预防和减少污染的规定。

7. 本条规定的资格必须由授予该资格的行政机关报告给环境保护和研究高等研究所。在不增加或扩大公共财政负担的前提下,环境保护与研究高等研究所负责将第208条第17款规定的可识别要件纳入一个可为公众获取的全国性清单。

7-2. 根据共同标准,第7款规定的数据在大区既有信息系统和远程地籍注册登记之间的传达不得新增或扩大公共财政负担。

第210条

本条被2010年12月3日第205号立法令废除。

第211条　研究和试验设备许可

1. 当涉及研究和试验设备的建设和运行许可时,若能遵守以下条件,则第208条和第210条规定的期限减半:

(1)设备管理活动不会带来经济收益。

(2)设备每日的产量不得超过5吨,除非是出于对创新性设备进行验证的需要而进行的调整,才可以作为例外情形,但也必须仅限于该试验期间。

2. 第1款规定的许可期间为2年,事先经对其成果的年度审查后可以给予延期的除外,但延展期不得超过2年。

3. 如果设备的方案或实施未在第1款规定的期间内获得批准和许可,利害关系人可以向环境与土地海洋保护部提出申请,环境与土地海洋保护部经生产活动部、教育高校与研究部同意,应在随后的60日内作出决定。在此情况下,应向国家提交财务担保。

4. 如果从公共卫生的角度看,存在病原体风险或有危险且未知的物质存在,则第1款涉及的许可应由环境与土地海洋保护部经生产活动部、教育高校与研究部同意,在风险发生后的60日内签发。

5. 本条规定的许可必须由负责签发的行政机关报告给环境保护和研究高等研究所。在不增加或扩大公共财政负担的前提下，环境保护与研究高等研究所负责将第208条第16款规定的可识别要件纳入一个可为公众获取的全国性清单。

5-2. 根据共同标准，第5款规定的数据在大区既有信息系统和远程地籍注册登记之间的传达不得新增或扩大公共财政负担。

第212条　环境管理者国家名录

1. 在环境与土地海洋保护部内建立环境管理者国家名录处（以下简称名录处），其中名录处全国委员会设置在环境与土地海洋保护部内，名录处的大区和省分部分别设立在各大区和特伦多、博尔扎诺自治省首府的商业、工业、手工业和农业联合会内。全国委员会、大区和省分部成员的任期为5年。

2. 在不新增或扩大公共财政负担的前提下，针对每项需要在名录上登记的活动，环境与土地海洋保护部以部委令的形式在全国委员会内设立各个特别部门，确定其组成和职权。名录处全国委员享会有决定权，由19名有资质的、具有与环境问题相关的技术经济或法律经验的正式成员组成，由环境与土地海洋保护部以部委令的形式任命，其设置如下：

（1）环境与土地海洋保护部人员2名，其中一位任全国委员会主席。

（2）经济发展部人员1名，任全国委员会副主席。

（3）卫生部人员1名。

（4）经济与财政部任命1名。

（5）基础设施与交通部人员1名。

（6）内政部人员1名。

（7）大区人员3名。

（8）意大利商业、工业、手工业和农业联合会人员1名。

（9）相关经济领域较具代表性的企业家组织人员8名，其中汽车运输行业组织代表人员2名，废弃物管理者组织代表人员2名，进行场所改良和含石棉产品整治活动的企业组织代表人员1名。并为每位正式成员任命一位代理者。

3. 名录处的大区和省分部由环境与土地海洋保护部以部委令的形式设立，其成员为：

（1）商业、工业、手工业和农业联合会主席，或者为此目的而设定的联合会理事会成员1名，任分部主任。

（2）由大区或者自治省任命的、在环境领域具有可验证经验的工作人员或者领导1名,任分部副主任。

(3)由省或者自治省的大区联合会任命的、在环境领域具有可验证经验的工作人员或者领导1名。

(4)由环境与土地海洋保护部任命的、在环境领域具有可验证经验的专家1名。

(5)本项被2008年1月16日第4号立法令废除。

(6)本项被2008年1月16日第4号立法令废除。

4.本款被2010年12月3日第205号立法令废除。

5.开展废弃物收集和运输、场所改良、含石棉产品整治、在不持有废弃物的情况下进行的买卖和中介活动都需要在名录处进行登记。2008年11月20日第188号立法令第221条第3款第a)项和第e)项、第223条、第224条、第228条、第233条、第234条、第235条、第236条,以及2005年7月25日第151号立法令中规定的组织,仅当其就上述条款中规定的废弃物进行不持有买卖和中介活动时,无须履行本款规定的义务。对于2000年8月18日第267号立法令中规定的、从事公共服务管理的特殊企业、市镇康采恩和公司,其在名录处的注册应由市镇或市镇康采恩专门告知主管的大区分部,其效力及于该市镇内生产的城市废弃物的管理服务。本规定生效之前已经实施了本款规定的注册的,其效力持续至自然失效。

6.注册必须每5年更新一次,构成开展废弃物收集、运输、买卖和中介活动的资格;针对其他活动,该注册赋予开展这些活动的权利。

7.已经在名录处注册开展危险性废弃物收集和运输的机构和企业无须注册即可以从事收集和运输非危险性废弃物的活动,但此种活动不得与该企业注册的等级有异。

8.非危险性废弃物的初始制造者实施收集和运输其自己产生的废弃物作业,以及危险性废弃物的初始制造者实施收集和运输其自己产生的危险性废弃物且每日不超过30千克或者30升的,若上述作业构成生产该废弃物的企业组织中不可分割的附带部分,则不受本条第5款、第6款、第7款规定的调整。这些主体无须提交财务担保,通过向主管区域所在的名录处大区或省分部提交一份报告即可在在该名录的专项内进行注册,各分部应在注册后的30日内作出相关决定。根据1990年第241号法律第21条,在该通告中,利害关系人应就其职责范围证实:(1)企业所在地,产生废弃物的活动或多项活动;(2)产生废弃物的特点和性质;(3)用于运输废弃物的工具的可辨识特征和技术适当性,也要考虑到实施运输的方式本身;(4)根据1998年4月28日环境部第406号部委令第21条重新确定的标准,已经缴纳年度注册费50欧元。该注册必须每10年更新一次,企业有义务报告注册后发生的各项变化。在2008年4月14日之前根据当时有效的法律进行本款规定的注册,必须自本规定生效之日起1年内进行更新。

9. 第5款和第8款规定的企业有义务加入第188-2条第2款第(1)项规定的废弃物轨迹追踪监控系统,针对其所使用的每一辆废弃物收集和运输的机动车辆,应履行环境与土地海洋保护部2009年12月17日部委令第3条第6款第c)项规定的义务。自本规定生效之日起2个月内,在首次适用本规定的过程中,对于没有履行上述义务的车辆,名录处大区分部以名录处的名义暂停其使用。暂停3个月内仍然未履行上述义务的,则应依法立即将该机动车辆从名册上删除。

10. 针对危险性废弃物的收集和运输活动、在不持有废弃物的情况下进行中介和买卖活动,其在名录处进行注册时必须向国家缴纳财务担保,其数额和方式由环境与土地海洋保护部经经济与财政部同意,以一个或多个部委令的形式规定。针对根据欧洲共同体第1221/2009号条例注册的企业,该担保缩减50%,针对根据国际标准化组织UNI EN ISO 14001规范获得了环境认证的企业,该担保缩减40%。直至上述立法令生效之前,财务担保的方式和数额适用环境部1996年10月8日部委令(发布在1997年1月2日第1号政府公报,后该部委令又被发布在1999年6月26日第148号政府公报上的环境部1999年4月23日部委令所修改)中的规定。

11. 根据第195条第2款第(7)项所规定的一般准则,开展场所改良活动和含石棉产品整治活动的企业,对其所开展的每一个改良措施,都必须向主管大区缴纳适当的财务担保。针对根据欧盟第761/2001号条例进行了登记的企业,该担保减免50%,针对根据国际标准化组织UNI EN ISO 14001获得环境认证的企业,该担保减免40%。

12. 在多种交通方式联运的情况下,在火车站、内陆交通枢纽港、终端设备、货运码头和港口内操作的企业和物流运营商均应在环境管理者国家名录处注册,负责接收由铁路或船舶企业或执行后续运输任务的企业交付的待装载的废弃物。在海运的情况下,根据1977年4月4日第135号法律,海洋运货代理商受负责运输的船主或者租船者委托履行第188-2条第2款第(1)项规定的、与废弃物轨迹追踪监控系统相关的义务。该注册必须每5年更新一次,且无须缴纳财务担保。

13. 根据现行法律以及名录处全国委员会颁布的指令，在名录处的注册，有关注册的暂停、撤销、废除和宣布无效的决定，以及接受、撤销以及赎回应交予国家的财务担保，都由相关企业注册地所在的名录处大区分部决定。

14. 利害关系人对于名录处大区分部的决定不服的，可以在得知该决定之日起 30 日内，向名录处的全国委员会提出申诉。

15. 环境与土地海洋保护部在听取名录处全国委员会的意见后，经经济发展部、基础设施与交通部同意，在本立法令第四部分生效之日起 90 日内，以部委令的形式确定名录处的职权和组织方式、针对企业的技术和财政要求、对技术负责人的要求、注册的期限和方式、注册年费。在上述部委令颁布之前，如果不冲突的话，继续适用环境部 1998 年 4 月 28 日第 406 号部委令以及名录处全国委员会的决定。本款规定的部委令应遵循下列原则：

(1) 为了统一程序，确定对所有分部都有效的注册条件。

(2) 与第 1 项规定的目的一致，协调有关公路运输、铁路运输、海上运输和内河运输的现行法律法规。

(3) 通过秘书服务费和注册年费有效覆盖各项支出。

(4) 重新界定在名录处注册的废弃物运输企业的注册年费。

(5) 与主管的公共行政机关就持有公共登记进行互联互通和联合操作。

(6) 重新制定名录处的管理—处分制度，以及撤销注册的缘由。

(7) 确定技术负责人的职权和责任。

16. 如果本条规定的部委令迟延颁布，则继续适用自本立法令第四部分生效之后、用于调整全国废弃物管理企业名录的规定，直至上述部委令颁布之日起失效。

17. 关于名录处全国委员会和大区、省分部的运行开支，根据相关规定以及缴纳和使用的方式，由秘书服务费用和注册年费收入负担。环境与土地海洋保护部经经济与财政部同意，以部委令的形式确定这些费用的缴纳和使用方式。在该法令制定前，继续适用环境部 1993 年 12 月 29 日部委令及其后续修订和环境部 1995 年 12 月 13 日部委令（发布在 1995 年 3 月 1 日第 51 期政府公报上）的规定。1993 年 12 月 29 日环境部部委令第 7 条第 7 款规定的款项总收入，应纳入国家预算收入第 32 节第 2592 章第 4 条，由经济与财政部将之再分配至环境与土地海洋保护部预算的第 7082 章中。

18. 名录处全国委员会和大区分部各成员的相应酬劳应按照 1998 年 4 月 28

日第406号环境部部委令第7条第5款确定。

19. 根据1990年8月7日第241号法律第19条、第20条，针对可以根据活动开始申报进行的私人活动的情形，其监管规范不适用环境管理者国家名录的注册申请和职权文件。

19-2.《民法典》第2135条规定的农场主，作为废弃物的初始制造者，在其所在大区或者省的区域内运输自己产生的废弃物，以便将其送至第183条第1款第(35)项规定的废弃物收集组织系统的，免除其在环境管理者国家名录上注册的义务。

20. 本款被2010年12月3日第205号立法令废除。

21. 本款被2010年12月3日第205号立法令废除。

22. 2010年12月3日第205号立法令确认废除本款。

23. 本款被2010年12月3日第205号立法令废除。

24. 2010年12月3日第205号立法令确认废除本款。

25. 2010年12月3日第205号立法令确认废除本款。

26. 本款被2010年12月3日第205号立法令废除。

27. 本款被2010年12月3日第205号立法令废除。

28. 本款被2010年12月3日第205号立法令废除。

第213条　环境综合许可

1. 根据2005年2月18日第59号立法令签发的环境综合许可，按照以下规定的方式全面取代：

(1)本节涉及的许可。

(2)第216条规定的通报，仅限于不属于2005年2月18日第59号立法令附件Ⅰ第5类中的活动，如果按照简易程序开展，则排除适用环境综合许可，但不影响其后续适用第5节规定的简易程序的可能。

2. 本款被2010年12月3日第205号立法令废除。

第五节　简易程序

第214条　确定允许适用简易程序的活动和废弃物特征

1. 依据并遵守第177条第4款的规定，本节规定的简易程序必须保证在任何情况下都达到较高水平的环境保护和有效监督。

2. 经经济发展部、卫生部同意，环境与土地海洋保护部在涉及农业废弃物以及生产肥料的活动时，还要经农业与林业政策部同意，以部委令的形式针对每一种活动制定规范，确定废弃物的种类和数量，废弃物生产者在废弃物产生地实施非危险性废弃物处理活动的条件，和本立法令第四部分附件C涉及的废弃物回收活动可以适用第215条和第216条规定的简易程序的条件。此程序也适用于更新上述技术规范和使用条件。

3. 第2款涉及的规范和条件以及简易程序必须确保废弃物的种类或者数量、废弃物处理和回收过程和方式不会对人类健康带来风险，也不会造成环境损害。尤其是除2005年5月11日第133号立法令的规定外，为了适用简易程序，热处理活动和能量回收活动还必须遵循下列条件：

(1)使用城市废弃物或者划归为同类物质的特殊废弃物作为燃料。

(2)不得超过现行法律针对焚化设备和联合焚化设备所规定的排放限值，特别是2005年5月11日第133号立法令相关规定。

(3)保证每年废弃物燃烧热量转化为可用能源的最低比例。

(4)遵守第215条第1款、第2款和第216条第1款、第2款、第3款规定的条件、技术规范和特别规定。

4. 在第2款涉及的部委令颁布之前，有关废弃物回收活动继续适用环境部1998年2月5日部委令(发布在1998年4月16日第88号政府公报上和2002年6月12日第161号政府公报常规增刊上)的规定。

5. 适用第2款的规范和条件时，必须首先参考欧盟第1013/2006号条例附件Ⅲ绿色表格中列出的废弃物。

6. 为了保管第215条第3款和第216条第3款的登记和定期实施监督检查，利害关系人应向所在的主管大区缴纳注册年费，经经济发展部、经济与财政部同意，该年费由环境与土地海洋保护部以部委令的形式予以规范。迟延颁布上述部委令时，应适用环境部1998年7月21日第350号部委令的规定。各省在现行法律规定的可支配人力、物力和财力资源范围内执行本款所规定的任务，不得新增或扩大公共财政负担。

7. 按照第2款、第3款规定的条件、规定和技术要求兴建的废弃物回收设备，受有关空气质量、工业企业对大气污染的国家和欧盟规定，以及调整工业企业建设的其他规范。本条未就上述废弃物回收作业设备明确运行许可的，应始终由第208条、第209条、第211条的规定调整。

7-2. 除第7款的规定外，在不影响欧盟指令和条例规定的前提下，使用农业、养殖业活动或者厨房、食堂、市场、花园、公园产生的可生物降解废弃物进行有氧堆肥，年处理能力不超过80吨，且在上述废弃物产生的市镇内或在就废弃物联合管理签订了联合协定的临近市镇内对所收集的废弃物进行排他性处理的企业，在听取大区环境保护办事处的意见，由其预先制定一个设备管理规范，并负责在市镇范围内任命一位待确定的管理者后，可以根据2001年6月6日第380号共和国总统令有关建筑立法规定和规章的统一文本，且在农业领域内符合有关城市规划、抗震规范、环境、安全、防火和卫生健康规定，符合能源效力规范的规定以及符合2004年1月22日第42号立法令《文化财产与景观法典》的规定的前提下，以作出活动开始申报的方式实施兴建并投入运行。

8. 在不冲突的情况下，本节所规范的宣告、通知、申请适用1990年8月7日第241号法律第19条、第20条有关调整私人活动的规范。此外，还适用1990年8月7日第241号法律第21条的规定。在遵守根据第216条第1款、第2款、第3款制定的条件、技术规定和特别措施的条件下，可以在向省政府作出活动开始申报90日后实施废弃物回收活动。

9. 各省必须按照与环境保护与研究高等研究所商议的标准，通过远程通讯地籍注册向第189条规定的废弃物地籍注册登记处进行通报。在不增加或扩大公共财政负担的前提下，环境保护与研究高等研究所负责将下述有关在第215条第3款和第216条第3款规定的登记中注册的企业的可识别要件纳入一个可为公众获取的全国性清单：

(1)企业名称。

(2)企业注册地。

(3)企业所在地。

(4)管理活动涉及的废弃物类型。

(5)相关数量。

(6)管理活动。

(7)第215条第3款和第216条第3款规定的登记上的注册信息。

10. 根据共同标准，第9款规定的数据在大区既有信息系统和远程地籍注册登记之间的传达不得新增或扩大公共财政负担。

11. 根据1988年8月23日第400号法律第17条及其后续修订，经环境与土地海洋保护部建议,并听取经济发展部部长的意见,可以颁布一个或多个部委令确定在第二部分第三(乙)章规定的设备中使用可部分替代传统煤炭燃料的替代燃料的条件,这些设备取得环境质量认证,或者作为非实质修改将取得该认证。根据第177条第4款,上述部委令可以规定整合和统一程序的适当方式及前提条件,以便更新环境综合许可,全面吸收和取代其他同意行为的效力。针对在工厂内建立的任何必要结构,包括用于储存和供给替代燃料的结构,若其尚未根据前句规定取得许可,则对其适用2001年6月6日第380号共和国总统令有关建筑立法规定和规章的统一文本第22条和第23条的规范。

第214-2条　除雪

1. 公共行政机关或者公共行政机关的代理人、基础设施网络或者基础设施的特许经营权人所实施的除雪活动不构成第183条第1款第(1)项规定的持有(废弃物)。

第215条　自动处理

1. 如果遵守了第214条第1款、第2款、第3款的技术规范和特别规定,并且考虑了最佳可得技术,在废弃物产生地对非危险性废弃物的清理活动可以自向区域主管省份做出活动开始申报90日后开始实施。

2. 第1款规定的技术规范主要规定以下事项:

(1)要处理的废弃物种类、数量和特征。

(2)废弃物来源轨迹。

(3)设立和运行设备的条件。

(4)处理设备的特征。

(5)向环境中排放气体和排水的质量。

3. 省政府应在一个专门的登记册上对发出活动开始申报的企业记进行注册,并在第1款规定的期限内尽职核实其是否符合要求的前提和条件。为此目的,在企业法定代表人签署的活动开始申报后面应附带一份报告用于说明以下事项:

(1)符合第1款规定的条件和特殊技术规范。

(2)符合现行法律规定的安全技术规范和许可程序。

4. 若省政府查明企业没有遵守第1款规定的技术规范和要件,则应作出禁止开始活动或者禁止继续该活动的附理由决定。利害关系人未按照公共行政机关的要求、在规定期限内调整上述活动及其效果使其符合现行法律法规的除外。

5. 第 1 款规定的活动开始申报必须每 5 年更新一次，以及当自动处理活动有实质性变化时，也必须进行更新。

6. 危险性废弃物的自动处理活动和废弃物处理站继续由第 208 条、第 209 条、第 210 条和第 211 条的规定调整。

第 216 条　回收作业

1. 如果符合第 214 条第 1 款、第 2 款和第 3 款规定的技术规范和特殊规定，经向区域主管的省政府作出活动开始申报 90 日后，可以开始实施废弃物回收活动。如果涉及第 227 条第 1 款第(1)项规定的电器和电子废弃物、第 227 条第 1 款第(3)项规定的报废汽车和联合焚化设备，在开启活动前必须由区域主管省政府进行一次预防性访问，该访问应在呈交上述活动开始申报后 60 日内实施。

2. 第 1 款就每一种活动所规定的条件和技术规范，应特别规定以下：

(1) 针对非危险性废弃物：

1) 可以使用的最大数量；

2) 可用废弃物的来源、类型和特征，以及活动受本条规定调整的具体条件；

3) 可用废弃物的来源，类型和特征，以及活动受本条规定的纪律处理的具体条件。

(2) 针对危险性废弃物：

1) 可以使用的最大数量；

2) 废弃物的来源、种类和特征；

3) 有关废弃物中危险物质的限值、每一种废弃物的排放限值、活动类型和所使用设备的类型的特别条件，以及有关在场所内出现的其他排放的特殊条件；

4) 有关进行不同形式回收的其他必要条件；

5) 有关废弃物中所含危险物质的种类、质量和回收方法的必要规定，以便确保该待回收的废弃物不会对人类健康产生危险，也不会使用可能对环境造成危害的程序和方法。

3. 省政府应在一个专门的登记册上对发出活动开始申报的企业进行注册，并在第 1 款规定的期限内尽职核实其是否符合要求的前提和条件。为此目的，在企业法定代表人签署的活动开始申报后面应附带一份报告用于说明以下事项：

(1)符合第1款规定的条件和特殊技术规范。

(2)具备废弃物管理所要求的主体资格条件。

(3)拟开展的回收活动。

(4)工厂、回收能力和用于回收废弃物的处理流程或燃烧流程,以及可能使用的移动设备。

(5)回收流程后所获产品的商品特征。

4. 如果主管的名录处大区分部查证核实企业没有遵循第1款规定的技术规范和条件则该分部应提请省做出禁止开始活动或者禁止继续活动的附理由决定。利害关系人未按照公共行政机关的要求、在规定期限内调整上述活动及其效果使其符合现行法律法规的除外。

5. 第1款规定的通报必须每5年更新一次,以及当回收作业发生实质性变化时,也必须进行更新。

6. 当设备发生实质性变更时,本条所规定的简易程序替代第269条的许可,但仅限于按照第1款规定的技术规范确定的废弃物排放限值发生质量和数量的变化,该款已经根据上述回收活动自身设定了排放限值。

7. 对于本条所规定的活动,如果其涉及的废弃物不是为了用于有效回收,则完全适用有关废弃物回收和处理的一般规范。

8. 除了遵守第214条第4款第(2)项规定的对大气排放限值和现行法律规定的其他污染排放限值,并除去遵守有关环境保护和健康保护的其他限制外,在本立法令第四部分生效60日内,环境与土地海洋保护部经生产活动部同意,以促进优先使用废弃物进行再循环和回收作业以获取材料、物质、客体,以及作为生产电能的燃料,规定与许可现行法律规定的财政奖励有关的方式、条件和限度。也要考虑在发电厂里为了生产废弃物燃料而对城市废弃物进行预防性处理作业的过程中进行的能量回收所涉及的主要公共利益,和2003年12月29日第387号立法令及其后续修订以及欧盟第2009/28号指令和相关接受规范中的规定。

8-2. 仅当在本立法令第四部分附件C中第R1点至第R9点规定的实施再循环和回收作业的企业内对按照本条规定确定的危险性废弃物进行保存作业时,才可以采用活动开始申报的简易程序。

8-3. 除了第8款的规定,第1款、第2款和第3款的技术规范应确定非危险性废弃物保存中心的设备特征,上述中心不得坐落于按照本立法令第四部分附件C第R1点至第R9点确定的实施再循环和回收作业的企业内，以及存储方式和最长期限，超过此期限必须开始上述作业。

8-4. 按照2008年11月19日欧洲议会和理事会第2008/98/CE号指令（该指令确定了不再将特定种类的废弃物认定为废弃物的准则）第6条第2段的规定所调整的处理活动适用本立法令第214条和本条款规定的简易程序，条件是这些活动应符合上述规范所规定的所有要件、标准、主体和客体，特别是：

（1）待处理的废弃物的质量和特征。

（2）在开展活动中必须遵循的特殊条件。

（3）必要规定以便确保对废弃物的处理不会对人类健康带来危险，且以其最低检测义务为参考，不会使用可能造成环境损害的程序和方法。

（4）对不再被视为废弃物的废弃物规定使用用途。

8-5. 回收作业可以作为对废弃物材料的单纯检测，以便核实在规定的条件下，废弃物是否因为满足了制定的标准而不再被视为废弃物。与其他作业一样，该回收作业也适用本立法令第214条和本条款规定的简易程序只要其符合上述规范规定的要件、标准、主体和客体，特别是：

（1）待处理废弃物的质量和特征。

（2）在开展活动中必须遵循的特殊条件。

（3）必要规定以便确保对废弃物的处理不会对人类健康带来危险，且以其最低检测义务为参考，不会使用可能造成环境损害的程序和方法。

（4）对不再被视为废弃物的废弃物规定使用用途。

8-6. 根据环境部1998年2月5日部委令（发布在1998年4月16日第88号政府公报第72号常规增刊上）的规定、环境和土地保护部2002年6月12日第161号部委令和2005年11月17日第269号部委令规定的规章，2008年11月6日第172号法律令（经修订后写入2008年12月30日第210号法律）第9-2条的规定，由本条第8-4款规定的规范调整的、从特定种类的废弃物中回收次生原料的作业，在第8-4款所涉及规章生效后6个月内，应按照本条第8-4款的规定或者本立法令第208条的规定调整其活动。此期限届满后，根据环境部1998年2月5日部委令规定，环境和土地保护部2002年第161号、2005年第269号以及2008年第172号法律令（经修订后写入2008年第210号法律）第9-2条规定的规章，许可上述活动持续进行。无论如何，不影响第二句所涉规范中规定的最大数量。

8-7. 在符合相关最佳可得技术报告，并在活动开始前 45 日向主管的环境机关提交活动开始申报的前提下，为了更有效率地使用资源，促进环境和就业的循环经济，欧洲议会和理事会 2006 年 6 月 14 日第 1013/2006 号条例的绿色表格中规定的废弃物，可以在根据本立法令第 29-6 条及其后续条款中有关综合环境许可的规范进行许可的工业企业中使用。在此情况下，这些废弃物还要遵守有关废弃物运输和资格表的专有规范。

9. 本款被 2008 年 1 月 16 日第 4 号立法令废除。

10. 本款被 2008 年 1 月 16 日第 4 号立法令废除。

11. 本款被 2010 年 12 月 3 日第 205 号立法令废除。

12. 本款被 2010 年 12 月 3 日第 205 号立法令废除。

13. 本款被 2010 年 12 月 3 日第 205 号立法令废除。

14. 本款被 2010 年 12 月 3 日第 205 号立法令废除。

15. 本款被 2010 年 12 月 3 日第 205 号立法令废除。

第 216-2 条　废油

1. 除了有关危险性废弃物的管理义务外，按照本立法令第四部分的规定，特别是第 179 条第 1 款规定的优先顺序，对废油的管理应以第 184 条的分类为基础开展，尤其要遵守。

2. 作为第 187 条第 1 款规定的例外，除了第 187 条第 2 款第（1）项、第（2）项、第（3）项规定的要件外，对废油的临时存放及后续管理，包括混合废油应始终保持分离，在技术可行的情况下，根据第 179 条第 1 款规定的优先顺序，将废油分配给不同的处理程序。总之，禁止将废油与其他种类的废弃物或者物质混合。

3. 废油必须按照以下方式管理：

（1）优先考虑通过再生方式将废油变为润滑底油。

（2）作为补充方式，在遵守第 179 条第 1 款规定的优先顺序的情况下，若在技术上无法实现再生且在经济上不现实，则按照本立法令第二部分第三（乙）章规定以及 2005 年 5 月 11 日第 133 号立法令的规定，通过燃烧的方式处理。

（3）如果由于废油的成分，上述第（1）项和第（2）项规定的处理模式在技术上不可行，则作为剩余方式，通过本立法令第四部分附件 B 中的处理作业处理。

4. 为了优先对废油进行再生处理，从意大利国土内向设置在国土外的焚化设备和联合焚化设备跨境运输废油时，不适用在满足欧洲共同体第 1013/2006

号条例第11 条和第 12 条规定条件下应采用的措施。对此,适用第 177 条和第 178 条规定的原则,以及就近原则。

5. 从意大利国土内向设置在国土外的再生设备进行废油跨境运输时,应根据欧洲共同体第 1013/2006 号条例,尤其是其中第 12 条对其进行评估。

6. 为了实现第 5 款,环境与土地海洋保护部可以根据运输或过境机构在履行欧洲共同体第 1013/2006 号条例第 11 条、第 12 条规定的职责时的能力,以一个或多个部委令的形式确定评估的要素。

7. 根据 1988 年 8 月 23 日第 400 号法律第 17 条第 3 款,环境与土地海洋保护部经经济发展部同意,在本规定生效后 180 日内,以一个或者多个部委令的形式确定符合本条规定的废油管理技术规范。如第 1 句涉及的部委令发布延迟的,则根据欧盟规范,主管机关可以许可废油的再生作业不适用 1996 年 5 月 16 日第 392 号部委令附件 A 第 3 表格的规定,上述表格中设定的有关 PCB/PCT 的指标限值除外。

8. 部分混合了矿物油或合成油的二手流体或者液体混合物,包括水池的油状剩余物、水油混合物、乳化物和其他油类混合物都应遵循废油使用规范。

第 216-3 条　向欧盟委员会通报

1. 第 199 条第 1 款和第 3 款第(16)项规定的管理计划和预防方案以及可能出现的实质性修订,均应采用欧盟要求的格式报送环境与土地海洋保护部,并由其后续通报欧盟委员会。

2. 环境与土地海洋保护部应每 3 年向欧盟委员会报送有关适用欧洲共同体第 2008/98/CE 号指令的信息,并发送一份部门报告,根据欧盟委员会所提供的问卷调查表或大纲,以电子版的形式在上述部门报告完成之日起 6 个月内发送。

3. 自 2010 年 12 月 12 日,3 年期满后 9 个月内,应首次向欧盟委员会提交第 2 款涉及的报告,除上述信息外,该报告还应涉及废油管理信息、在实施第 199 条第 3 款第(16)项规定的废弃物预防方案中已完成的阶段,以及根据第 178-2 条第 1 款第(1)项生产者延伸责任的执行原则所规定的措施。

4. 第 181 条规定的、有关废弃物准备再利用和再循环的目标,应按照第 2 款和第 3 款规定的时间和方式报告欧盟委员会。

5. 本立法令第四部分以及有关废弃物管理的行政决定应报告欧盟委员会。

第二章 包 装 管 理

第 217 条 适用范围

1. 本章用以规范包装管理和包装用品废弃物管理,既为了预防和减少对环境的影响,也有助于持续减少塑料袋的使用,确保较高的环境保护水平;此外,也为了保障市场的运转以及避免歧视进口产品、防止出现贸易壁垒和不良竞争;并保障包装和包装用品废弃物潜在功能的最大化。在符合 1994 年 12 月 20 日欧洲议会和理事会第 94/62/CE 号指令[由欧洲议会和理事会第 2004/12/CE 号指令、第(UE)2015/720 号指令的补充和修改]的前提下,本立法令第四部分的规定构成国内法规对上述指令的接受。必须允许经济利害关系人参与该管理系统。

2. 第 1 款的规定涉及对所有进入欧盟市场的包装的管理和因使用它们而产生的所有包装用品废弃物的管理,包括在工业、商业运营、办公室、商店、服务业、家庭中使用或产生的,或由其他任何生产或使用包装或包装用品废弃物的主体所使用或产生的,也包括其构成材料。按照"共同责任"的原则,各个包装线上的所有操作者作为一个整体,共同担保包装和包装用品废弃物在其整个使用周期中的环境危害已经降至可以达到的最低限度。

3. 有关包装质量的现行规定继续有效,即有关包装产品的安全、保护健康和卫生的规范,以及有关运输和危险性废弃物的现行规定继续有效。

3 - 2. 在实施欧洲共同体第 94/62/CE 号指令第 18 条时,应保障输入国内市场的包装符合本章规定以及其他按照第 94/62/CE 号指令制定的规范性文件的要求,欧洲共同体第 94/62/CE 号指令或其他欧盟规范对第 18 条涉及的情况另有规定的除外。

第 218 条 定义

1. 为了实施本章规定,对下列术语定义如下:

(1)包装:由任何性质材料组成的产品,用于容纳特定商品(从初级材料到最终产品)、保护这些商品,使生产者可以对其进行配置并将其交付给消费者或使用者,确保其展示,以及用于相同目的的一次性商品。

(2)销售包装或者初级包装:在销售意义上,此种包装是指向最终用户或消费者提供的、构成一个销售个体的包装。

(3)多重包装或二次包装:在销售意义上,此种包装是指由一定数目的销售个体构成的集合,不论是出卖给最终用户或消费者,或者只是供应给销售点的填充货架。此种包装可以从产品上分离而不改变其性质。

(4)运输包装或第三次包装:此种包装是指为了便于配置和运输商品(从初级材料到最终产品)、一定数量的销售个体或多重包装而进行的包装,以避免在运输中对其进行操作和损坏,不包括公路、铁路、船舶和航空运输集装箱。

(5)可再利用包装:在包装或包装成分的使用周期中,所构思和设计的包装或包装成分可以支持最少次数的循环利用。

(6)包装用品废弃物:所有被纳入第 183 条第 1 款第(1)项的包装或者包装材料,不包括生产剩余物。

(7)包装用品废弃物管理:第 183 条第 1 款第(4)项规定的管理活动。

(8)预防:着重通过发展无污染的产品和技术,减少包装和包装用品废弃物中使用的材料和物质对环境的危害和数量,减少包装和包装用品废弃物在生产过程中以及商业贸易、分配、使用和消费后管理中对环境的危害和数量。

(9)再利用:指在任何一种操作中,被构思和设计为能够在其生命周期中实现最低次数循环利用的包装按照当初设计的使用目的,借助或者不借助有利于该包装被重新利用的市场辅助产品,被重新填充或利用;当其不可被再利用时,该再利用包装成为包装用品废弃物。

(10)再循环:按照包装的初始功用或者其他目的,在生产过程中对包装用品废弃物进行的再处理,包括有机再循环,并排除能源回收。

(11)包装产生的废弃物的回收:利用包装用品废弃物,通过机械的、热能的、化学的或者生物处理,包括分拣、特别是本立法令第四部分附件 C 中规定的操作,以便生成次生原材料、产品或燃料。

(12)能源回收:利用可燃的包装用品废弃物作为产生能源的手段,通过与其他废弃物一同燃烧或单独燃烧而回收热能。

(13)有机再循环:利用微生物在可控条件下作业,对包装用品废弃物的可生物降解部分进行有氧处理[堆肥]或者厌氧处理[生物发酵]处理,产生稳定的有机残留物或者甲烷,但不包括在垃圾场进行的填埋,其不可被视为一种有机再循环形式。

(14)处理:旨在永久性地将包装或者包装用品废弃物从经济流通和/或收集过程中处理的各项操作,尤指本立法令第四部分附件B规定的操作。

(15)经济运营者:生产者、使用者、回收者、再循环作业者,最终用户,公共行政机关和管理者。

(16)生产者:包装材料的提供者、空包装和包装材料的制造者、改造者和进口商。

(17)使用者:贸易商、分销商、打包的人、包装的用户、完整包装的进口商。

(18)公共行政机关和管理者:以本立法令第四部分规定的形式存在的负责组织、监督、管理城市废弃物的收集、运输、回收和处理的服务的主体和机构或者他们的特许权人。

(19)最终用户:在其职业活动中购买包装物品或包装商品作为工具性财产的主体。

(20)消费者:在职业活动之外,为满足自身的包装性使用而购买或者进口包装物品或者包装商品的主体。

(21)自愿协议:有权的公共行政机关和相关经济部门之间签署的正式协议,用于规范实现第220条规定目标的方式、工具和活动,对所有主体都开放。

(22)产业链:是指从制造周期开始直至产品包装完成各自开展自身活动的经济组织和生产组织,以及在包装用品生命周期结束时开展回收和再循环活动的经济组织和生产组织。

(23)收回:由城市卫生服务作业人员或其他类似人员管理的、重新获取初级包装用品废弃物,以及其他类似特殊废弃物,或者最终交给公共服务机构的操作。

(24)重新获取:从使用者或最终用户(不包括消费者)将第二次和第三次使用过的包装沿着提供商品的逻辑链条逆向归还提供商品的提供者或分配者直至包装生产者的操作。

(25)使用过的包装:已经被第二次或者第三次使用过的包装,等待被收回或者重新获取。

(25-2)塑料:根据欧洲议会和理事会第1907/2006号条例第3条第5)点的规定,是指一种聚合物可以对其添加一些添加剂或其他物质,且其可以作为包袋的主要构成成分。

(25-3)塑料袋:有手柄或者没有手柄的塑料袋,提供给消费者运输商品或产品。

(25-4)轻质塑料袋:单壁厚度不超过50微米的、用于运输的塑料袋。

(25-5)超轻塑料袋:单壁厚度不超过15微米的塑料袋,被要求用于卫生用途,或者作为散装食品的初级包装的塑料袋。

(25-6)氧降解塑料袋:由塑料材质构成的塑料袋,其中添加了加速将塑料分解至微小成分的添加剂。

(25-7)可生物降解的复合性塑料袋:经认证机构认证的、符合欧盟规范委员会规定尤其是EN 13432号规范(由UNI EN 13432:2002号国内规范所接受)规定的生物降解和复合性要求的塑料袋。

(25-8)塑料袋的商业化:指在商品或产品销售中,由生产者和经销商以及商家付费或者免费提供塑料袋。

2. 第1款第(1)项至第(5)项关于包装的定义还要遵循欧洲经济共同体第94/62/CEE号指令[1](该指令被欧洲共同体第2004/12/CE号指令修改)第3条所规定的说明性标准,和本立法令第四部分附件E所列出的阐释性例子。

第219条 包装用品废弃物管理活动的通知准则

1. 包装和包装用品废弃物的管理活动应遵循以下原则进行通知:

(1)在包装和包装用品废弃物的生产过程中,应鼓励和提倡从源头减少其数量和危害性,特别是通过符合欧盟法律原则的经济性倡导措施,推动清洁技术的发展,从开端减少包装的生产和使用,并促进可重复性利用包装的生产及其在实际上的再利用。

(2)鼓励初级材料的再循环和回收,发展包装用品废弃物的分类收集,促进市场化机会以鼓励使用从再循环和回收的包装品中获取的材料。

(3)通过其他回收形式减少进入最终处理的包装用品废弃物数量。

---

[1] 该指令结尾使用CEE,意为欧洲经济共同体,经译者考证,应与文中欧洲共同体第94/62/CE号指令为同一文件。

(4)经事先咨询相关经济运营者的意见后,适用待采纳的国家方案或类似文件中含有的预防性措施。

2. 为了确保经济运营者的责任符合"污染者付费"原则以及按照"共同责任"原则由其合作开展包装用品废弃物的管理活动还应遵循以下原则:

(1)明确每一个经济运营者的义务,保障包装用品废弃物的分类收集、评估和处理的费用由生产者和使用者根据进入国内市场的包装数量比例承担,保障公共行政机关组织废弃物分类收集。

(2)丰富公共主体和私人主体之间的合作形式。

(3)根据2005年8月19日第195号立法令(用于实施欧洲共同体第2003/4/CE号有关公众获取环境信息的指令)中的规范,向用户尤其是消费者告知包装信息。

(4)鼓励消费者归还使用过的包装,并对包装用品废弃物进行分类收集。

3. 第2款第(3)项规定的信息主要涉及:

(1)可使用的归还、收集和回收系统。

(2)在包装和包装用品废弃物的再利用、回收和再循环过程中,包装用户和消费者的角色。

(3)出现在市场中的特定包装商标的意义。

(4)第225条第1款规定的包装和包装用品废弃物管理方案中的重要元素,和根据第225条第6款规定的大区计划中包含的特别规定中的重要元素。

(4-2)塑料袋对环境的影响,以及为了实现减少使用塑料袋的目标所采取的必要措施。

(4-3)使用可生物降解的和复合性塑料袋的可持续性。

(4-4)委员会根据欧洲共同体第94/62/CE号指令第20-2条第2段所定义的有氧降解包装袋的影响。

3-2. 为了向消费者提供适当的信息传递方式,使消费者辨识可销售的塑料袋,除了规定的认证之外,第226-2条和第226-3条规定的包装袋生产者必须在此类包装袋上放置其自身的辨识标记,以及合适的说明,以证明所生产的包装袋属于可销售的类型之一。根据欧洲共同体第94/62/CE指令第8-2条规定,对于可生物降解的和复合性的包装袋,适用欧盟委员会所采用的标签和商标规范。

4. 根据欧盟委员会的决定,环境与土地海洋保护部经生产活动部同意,以部委令的形式规定实施本条规定的必要技术措施,特别是涉及危险包装(也包括家用危险包装），以及医疗器械和药品的初级包装、小包装和大包装。若涉及卫生问题，上述部委令还需与卫生部协商。

5. 所有包装都必须按照环境与土地海洋保护部经生产活动部同意后，根据欧盟委员会决议颁布的部委令中所规定的方式进行适当标注，以便于包装的收集、再利用、回收和再循环，以及向消费者正确告知包装的最终去处。根据欧盟委员会第97/129/CE号决定，为了便于相关工厂对包装进行识别和分类，上述部委令还必须规定说明包装使用材料的义务。

第219–2条　食品用特殊种类包装的归还系统

1. 为了防止包装用品废弃物的产生，提倡使用二手包装，自本规定生效之日起6个月内，在个体业主自愿的基础上，针对在旅馆、度假村、饭店、酒吧以及其他消费场所提供给公众的啤酒或矿泉水包装，实验性的引入押金换空瓶制度。

2. 第1款规定的实验应持续12个月。

3. 为了实施第1款规定，用户在购买完整包装品时应缴纳押金，当其归还使用过的包装时，有权取回等额押金。

4. 根据1988年8月23日第400号法律第17条第3款，环境与土地海洋保护部经经济发展部同意，在本规定生效后90日内，以部委令的形式颁布条例规定本条的实验方式。该条例还应确定鼓励的形式及其适用方法，以及本条规定的各种包装的押金数额。在实验期末期，应根据实验结果并听取相关行业意见，评估该实验是否成功以及是否将押金换空瓶制度扩展到其他种类的产品及其他种类的消费。

第220条　回收和再循环目标

1. 为了符合第219条规定的原则，生产者和使用者必须达到符合本立法令第四部分附件E中指明的欧盟法规的包装用品废弃物再循环和回收的最终目标。

2. 为了保障对再循环和回收目标的实现情况进行监管，第224条规定的国家包装康采恩应向包装和包装用品废弃物行业内的所有从业主体处获取有关再循环和回收上述产品的数据，并采用1994年1月25日第70号法律第1条规定的统一声明模板，每年将之报送给废弃物地籍注册的国家总部。上述数据是指上一自然年度进入市场的各种材料、各个种类包装的数量，以及每种材料中来自国内市场的再利用包装数量及再循环和回收的包装用品废弃物的数量。上述报告可以由第221条第3款第（1）项和第（3）项规定的、遵从所规定的管理体系的主体呈交，并同时向国家包装康采恩提交报告。为了履行义务并实现第1款规定的目标,仅当有适当的文件证明已经采用与欧盟法律规定类似的方式进行回收和/或再循环操作时,才可以从欧盟出口包装用品废弃物。第 207 条规定的机构,在其成立后 120 日内应拟定一个欧盟外国家名录清单,考虑欧盟的有关决定和指导方针,在这些国家中实施的回收和/或再循环操作可以被视为等同欧盟立法规定的水平。

3. 本款被 2008 年 1 月 16 日第 4 号立法令废除。

4. 公共行政机关和管理者应通过以下措施,在适当时鼓励使用从再循环的包装用品废弃物获得的材料来制造包装和其他产品:

(1)改善上述材料的市场流通条件。

(2)修改阻碍使用上述材料的现行规范。

5. 除第 224 条第 3 款第(5)项的规定外,如果第 1 款确定的包装用品废弃物再循环和回收的综合目标未在期限届满时实现,则根据环境与土地海洋保护部和生产活动部的提议,经由内阁决议,以总理令的形式针对不同种类的包装材料,按照每个目标未实现的比例,适用经济性措施,其收入应纳入国家财政,由经济与财政部以部委令形式将之再分配给环境与土地海洋保护部的特定项。上述款项将用于推进包装用品废弃物的预防、分类收集、再循环和回收。

6. 第 1 款规定的目标涉及在国内产生的包装用品废弃物,以及除去废品外的所有再循环和回收系统,并经生产活动部同意,由环境与土地海洋保护部以部委令的形式按照欧盟规范予以规定和更新。

7. 根据并按照 1994 年 12 月 20 日欧洲议会和理事会第 94/62/CE 号指令第 12 条、第 16 条和第 17 条规定的方式,经生产活动部同意后,环境与土地海洋保护部应向欧盟委员会汇报有关本章规范实施情况的报告,并附上根据第 2 款规定获取的数据,和拟在本章范围内采取的措施方案。

8. 根据欧盟委员会在 2005 年 3 月 22 日第 2005/270/CE 号决定中采用的表格和图表,环境与土地海洋保护部及生产活动部应定期向欧盟和其他欧盟成员国提供有关包装和包装用品废弃物的数据。

第 220-2 条　报告塑料袋使用情况的义务

1. 第 224 条规定的国家包装康采恩应向塑料袋的生产者和经销商收集必要的数据,以便拟定欧洲共同体第 94/62/CE 号指令第 4 条第 1-2 段规定的年度报告,并通过采用 1994 年 1 月 25 日第 70 号法律规定的环境声明模板(该法律专门就此声明方式作出了修改)将这些数据报告废弃物地籍注册国家总部。该信息以远程电信模式传输，并应涉及第218条第1款第(25-3)项、第(25-4)项、第(25-5)项、第(25-6)项和第(25-7)项规定的各种塑料袋种类。

2. 环境保护与研究高等研究所根据欧洲共同体第94/62/CE号指令第4条第1-2段规定的塑料袋年度人均消费的计算方法和标识方法拟定上述数据，有关轻质材料制作的塑料袋的年度使用数据应按照该指令第12条的规定，通过包装和包装用品废弃物的报告，汇报欧盟理事会。

第221条　生产者和使用者的义务

1. 生产者和使用者对其产品消费过程中产生的包装和包装用品废弃物的环境管理的正确性和效率负责。

2. 在第205条和第220条规定的目标和第225条规定的方案中，生产者和使用者应根据服务管理者的要求，并按照第224条第5款涉及的方案协议中的规定，履行回收初级包装用品废弃物或交付公共服务的初级包装用品废弃物，并进行分类收集的义务。为此目的，为了确保与公共行政机关组织的废弃物分类收集活动的必要衔接，和确保第224条规定的其他宗旨，生产者和使用者应加入国家包装康采恩，已经采用本条第3款第(1)项和第(3)项规定的制度之一的情况除外。

3. 为了履行再循环和回收义务以及重新获取使用过包装的义务和在私人领地上收集第二次或者第三次包装用品废弃物的义务，并且根据第224条规定中国家包装康采恩的指示，当涉及收回交付给公共服务的包装用品废弃物的义务时，生产者也可以：

(1)自发的组织，也可以通过集体的形式，对其在境内的包装用品废弃物进行管理。

(2)加入第223条规定的其中一个康采恩。

(3)证明已经建立了回收自家包装的制度，履行了自己的责任，并且按照第5款和第6款规定的标准和方式，通过适当的文件来证明该制度的可行性。

4. 为了第3款的目的，根据生产者与使用者达成的协议，使用者有义务将第二次和第三次使用过的包装，以及第二次和第三次使用过的包装用品废弃物交付生产者组织的收集地点。在根据第195条第2款第(5)项确定的标准的产生的限度内，使用者也可以将上述包装和包装用品废弃物交付给公共服务。（本句被2008年1月16日第4号立法令废除。）

5. 生产者不愿意加入国家包装康采恩和第223条规定的其中一个康采恩

的,必须向国家废弃物监测局提交第3款第(1)项或第(3)项规定的制度方案,并根据适当的材料要求进行确认。上述方案必须在根据第218条第1款第(16)项取得生产者身份之日起或者推出上述某个康采恩之前90日内提交。在任何情况下,仅当国家废弃物监测局介入确认,核实该系统的运转通报国家包装康采恩后,退出才生效。第224条第3款第(8)项规定的缴纳环境费的义务,自对基于适当文件的方案介入确认时暂停支付,直至就核实该系统是否运转作出最终决定并报告国家包装康采恩。为了获得确认,生产者必须证明其已经根据效益、效率和经济性准则组建系统,且该系统将自主有效运转,并在其所开展的活动范围内在一定程度上实现第220条规定的回收和再循环目标。此外,生产者还必须确保包装的使用者和最终用户将被告知所采用系统的方式。国家废弃物监测局从环境保护与研究高等研究所获得必要的评估要素后,应在申请后90日内作出评估。未在上述期间内作出答复的,利害关系人可申请环境与土地海洋保护部在随后60日内作出替代性决定。国家废弃物监测局有义务将其所实施的全部调查活动作出一个概括性年度报告。已经根据之前有效的法律规范所作出的确认继续有效。针对本款所规定的申请,在不冲突的情况下,适用1990年8月7日第241号法律第19条和第20条有关调整私人活动的规范。如果符合本条规定的条件、技术规范和特别规定,第3款第(1)项和第(3)项规定的活动可以在本条款规定的环境与土地海洋保护部履行替代性权力的期限届满90日后开始进行。

6. 第5款规定的生产者应拟定一份有关自身的特别预防方案并提交给第224条规定的国家包装康采恩,该方案构成第225条规定的总方案的基础。

7. 每年9月30日前,第5款规定的生产者应向第207条规定的有权机关和国家包装康采恩提交一份有关下一年度预防和管理的特别计划,该计划将被纳入第225条规定的预防和管理总方案中。

8. 每年5月31日之前,第5款规定的生产者还应向第207条规定的有权机关和国家包装康采恩提交有关上一年度管理工作的报告,包括列明在包装被消费之前的过程中,参加了特别方案第3款第a)或第c)项规定的系统的使用者,和在包装用品废弃物的回收和再循环中取得的结果。在该报告中可以证实有关制度目标实现中的问题,并提供可能的规范调整建议。

9. 缺少第5款规定的制度确认,或者有权机关撤销确认的,若所获得的结果不足以实现第220条规定的目标或者违反了第6款和第7款规定的义务,经事先通知利害关系人后，生产者必须加入第223条规定的康采恩之一，且其在消费前的各个等级的使用者也必须一并加入第224条规定的康采恩。有权机关的决定应通知相关生产者和国家包装康采恩。仅当涉及支付第224条第3款第(8)项规定的环境费和相关延迟利息时，在实施本款过程中做出的强制加入康采恩的义务才具有溯及力。自收到有权机关通知之日起90日内，生产者和使用者没有加入康采恩并缴纳应缴款项的，还可以对其适用第261条规定的处罚措施。

10. 生产者和使用者应承担：

(1)收回使用过的包装以及收集第二次、第三次包装用品废弃物的费用。

(2)针对区域管理机关要求国家包装康采恩或者第3款规定替代主体负责收回的已经交付给公共服务的包装用品废弃物进行分类收集的大部分开支。

(3)二手包装再利用的费用。

(4)再循环和回收包装用品废弃物的费用。

(5)处理第二次和第三次包装用品废弃物的费用。

11. 归还使用过的包装或者包装用品废弃物，包括交付分类收集的废弃物，不得给消费者造成经济负担。

第222条　分类收集和公共行政机关的义务

1. 公共行政机关必须组建适当的分类收集体系，以便消费者向公共服务机关交付从家庭废弃物以及其他种类包装用品废弃物中筛选出来的包装用品废弃物。尤其是：

(1)考虑地理因素，必须确保能均匀覆盖每一个最佳区域范围。

(2)分类收集的管理必须遵循服务的效率、效益和经济性优先，以及与其他废弃物管理协调的原则。

2. 如果经第207条规定的有权机关核实，公共行政机关没有启用适当的包装用品废弃物分类收集系统，为了实现第205条规定的目标，尤其是第220条规定的回收和再循环目标，可以要求国家包装康采恩替代分类收集服务的管理者，也可以借助由国家包装康采恩通过公开透明的选拔程序确定的公、私主体，以临时应急方式，在不超过24个月内，于明确界定的最佳区域环境范围内，组织和/或补全被认为不够充分的服务。为了实现第220条规定的回收和再循环目标，如果国家包装康采恩决定接受上述要求，则将向其支付用于收集城市废弃物的相应费用，其中应扣除出售材料所获利润和收回包装用品废弃物以及同类商品部件所应支付的对价。如果在收到要求后15日内国家包装康采恩未作出接受的表示，则有权机关在随后的15日内，应通过公开透明的选拔程序确定一个事实和资质文件均可证明其可靠性和能力的主体委托其以临时应急方式代为进行分类收集和向之交付包装用品废弃物，直至常规的服务裁定程序实施完毕且最长不得超过12个月，如果在客观上且有文件证明裁定不可能在12个月内完成，则可再延长12个月。

3. 公共行政机关应在适当场合下鼓励使用源自回收包装用品废弃物的材料制造包装和其他产品。

4. 环境与土地海洋保护部和生产活动部共同负责公布第224条规定的信息活动所涵盖的措施和目标。

5. 经生产活动部同意，环境与土地海洋保护部负责公布接受第226条第3款规定的统一规范的国内规范，并将之报告给欧盟。

第223条　康采恩

1. 不适用第221条第3款第(1)项和第(3)项规定的生产者，应针对本立法令第四部分附件E中规定的每种包装材料设立一个康采恩，在全国范围内作业。与生产者类别不符的回收和再循环人员，经事先与其他康采恩和其所欲参加的康采恩协商后，可以加入该康采恩。

2. 第1款规定的康采恩具有非营利性私法人资格，受其章程约束，该章程应与环境与土地海洋保护部制定的格式模板（经生产活动部同意，由环境与土地海洋保护部制定，并于本立法令第四部分生效后180日内发布在政府公报上）相一致，符合本立法令规定的原则，尤其是效率、效益、经济性和透明原则，以及行业活动自由竞争原则。每一个康采恩制定的章程都要在15日内报送环境与土地海洋保护部，后者经生产活动部同意，在随后的90日内以决定的形式批准该章程。若基于合法性或事实原因，环境与土地海洋保护部认不能批准提交的章程，则应将其退还提出申请的康采恩，并附上相关意见。在2008年12月31日之前，已经为既有法律所确认的康采恩应按照本立法令包含的新格式模板和原则调整其章程，特别是应符合公开透明、效率、效益和经济性原则，以及第221条第2款规定的行业活动自由竞争原则。康采恩的董事会中，代表回收和再循环人员的董事数量应等同于代表初级包装材料生产者的董事数量。每一个康采恩制定的章程都应在15日内报送环境与土地海洋保护部，后者经经济发展部、经济与财政部同意后批准该章程，但是，在附理由意见中要求康采恩在随后的60日内调整其章程的除外。如果康采恩未在规定期限内履行，则经经济发展部同意后，环境与土地海洋保护部以部委令的形式对该章程进行修改。批准康采恩章程的部委令应在政府公报上进行公布。

3. 第1款和第2款的康采恩有义务确保自己的财政平衡。为此目的，用以支持上述康采恩运转的资金来自康采恩成员的缴费。来自第224条第3款第(8)项规定的国家包装康采恩按照第224条第8款规定的方式注入的资金。来自出售重新获取、收集和收回的包装和包装用品废弃物的收益，该出售行为必须遵守竞争原则和正确的环境管理原则。以及其他来自康采恩成员或第三方的收益和缴费。

4. 每年9月30日前，每个康采恩应向国家包装康采恩和国家废弃物监测局阐明并提交一份关于预防包装用品废弃物产生的数年期方案。

5. 每年9月30日前，本条规定的康采恩应向第207条规定的有权机关和国家包装康采恩提交一份有关下一年度的预防和管理特别计划，该计划将被纳入预防和管理和总方案中。

6. 每年5月31日前，本条规定的康采恩还有义务向国家废弃物监测局和国家包装康采恩提交一份关于上一年度的管理报告，其中包括康采恩成员的登记说明、特别方案和在包装用品废弃物回收和再循环利用中取得的成果。

第224条　国家包装康采恩

1. 为了实现回收和循环利用的全球目标并确保分类收集活动的必要协作，按照第221条第2款的规定，生产者和使用者应平等地参与国家包装康采恩。国家包装康采恩具有非营利性私法人资格，受其章程约束，该章程由环境与土地海洋保护部经生产活动部同意后批准。

2. 根据第221条第2款的规定，在2008年6月30日前，国家包装康采恩应调整其章程，使其符合本立法令规定的原则，尤其是公开透明、效率、效益、和经济性原则，以及行业活动的自由竞争原则。国家包装康采恩制定的章程应在15日内报送环境与土地海洋保护部，后者经生产活动部同意后，批准该章程，但是，附理由意见中要求国家包装康采恩必须在随后的60日内调整其章程的除外。如果国家包装康采恩未在期限内履行，则由环境与土地海洋保护部经生产活动部同意后，以其部委令的形式对该章程进行修改。

3. 国家包装康采恩履行以下职能：

(1)经与大区以及相关公共行政机关协商后，确定用于实施综合系统作业的地理区域，该系统包括收集、分拣和将筛选材料运输至收集或处理中心。

(2)与参与上述第(1)款规定的单个综合系统的公共行政机关一起,确定生产者从分类收集的废弃物中收回经挑拣废弃物的一般条件。

(3)在对第221条第6款和第223条第4款规定的预防特别计划进行评估后,拟订并更新第225条规定的有关预防和管理包装和包装用品废弃物的总方案。

(4)推动与经济运营者签订方案协议,以利于对包装用品废弃物的循环利用和回收,并保障其实施。

(5)保障第223条规定的康采恩、第221条第3款第(1)项和第(3)项规定的主体和其他经济运营者之间必要合作;并且,为了实现本立法令第四部分附件E规定的全球性目标,针对那些回收或再循环作业百分比超过总方案指定最低值的康采恩,可以为其设定第(8)项中规定的国家包装康采恩的环境费份额。针对那些没有达到单个回收目标的康采恩,则应将其环境费减少至国家包装康采恩认可的份额。

(6)指导并确保公共行政机关、康采恩和其他经济运营者之间达成必要的协议。

(7)经与公共行政机关协商一致,组织对实施总方案有用的信息推广活动,以及环境教育活动和使消费者认识塑料袋对环境的影响的活动,特别是通过第219条第3款第(4-2)项、第(4-3)项和第(4-4)项规定的信息传播方式。

(8)按照进入国内市场的包装材料的总数量、重量和类型,扣除上一年度每一种类型材料中被再利用的二手包装的数量,就实施第221条第10款第(2)项规定的分类收集的最大成本,以及循环利用和回收交付给分类收集服务的包装用品废弃物的成本在生产者和使用者之间进行相应分配。为此目的,应按照章程确定的方式,并根据第8款规定的用途和标准,确定并由康采恩成员负担所谓的国家包装康采恩环境费。

(9)推动与第222条规定的其他废弃物管理的协调合作,并确定适用范围。

(10)在自愿的基础上,推动第223条规定的康采恩和第221条第3款第(1)项及第(3)项规定的主体,与公、私人主体之间签订协议。此种协议涉及由包装康采恩进行干预的同一类型包装材料的环境管理,任何情况下都排除适用国家包装康采恩环境费。

(11)根据第207条规定的有权机关的要求提供数据和信息,并确保遵守该要旨的方针。

(12)从国内或国外的公共或私人机构获取有关输入和输出国境的包装流量的数据,以及所牵涉的经济运营者的数据。根据第178条第1款的规定,将这些数据传输给国家包装康采恩,以及对这些数据的收集、编辑、使用被视为涉及2003年6月30日第196号立法令第53条规定的有关公共利益。

4. 为了实现回收和循环利用的数年目标,国家包装康采恩以及第223条规定的其他康采恩在构成其净资产的储备金中储存的管理盈余不构成任何形式的收入,但是,禁止以任何形式将康采恩和国家包装康采恩的盈余和储备金分配给康采恩成员和参与者,即使是在上述管理体系终止情况下。

5. 国家包装康采恩可以与意大利市镇国家联合会、意大利省联盟或者区域内的有权机关在全国范围内签订框架方案协议,以确保在生产者、使用者和公共行政机关之间实施共同责任原则。该协议应具体规定:

(1)应向主管公共行政机关缴纳的、第221条第10款第(2)项所述对包装用品废弃物实施分类收集的大部分开支的数额,该数额根据废弃物分类收集管理服务的效率、效益、经济性和的公开透明的准则确定,并自第238条生效之日起以该条款规定的费率为基础。

(2)合同当事人应承担的义务和处罚。

(3)与循环利用和回收活动要求相关的包装用品废弃物的收集模式。

6. 第5款规定的方案协议要报送第207条规定的有权机关,该有权机关可以要求在随后的60日内对方案协议进行修改和完善。

7. 分摊第3款第(8)项涉及的成本时,事先缴纳保证金后投入市场的可重复使用包装不计算在内。

8. 国家包装康采恩的环境费要优先用于收回初级包装或其他交付公共服务的包装,其次用于第二次和第三次包装用品废弃物的收集、回收和循环利用。为此,国家包装康采恩,根据进入国内市场的包装材料的类型、重量和总数量,扣除上一年度每一种材料被重复使用的二手包装数量,根据特定协议,将此种环境费按比例分配于第223条规定的主体。为履行其职能,遵循压缩开支、管理活动以及本章职能运行高效的准则,国家包装康采恩以其活动盈余、参与康采恩各组织缴纳的费用,以及国家包装康采恩的一个环境费份额,还有一些来自参加康采恩的主体和第三方的其他缴费和收益,包括第221条第(1)项和第(3)项规定的主体的缴费和收益,形成必要的财务来源,应通过必要的计量来确定国家包装康采恩的环境费份额,以便其开展履行本立法令规定的活动。

9. 国家包装康采恩环境费的适用对象应排除构成其他捐助的财产以及原料，这些捐助具有本立法令第四部分规定的，或适用本立法令时设立的环境性目的。

10. 环境与土地海洋保护部和生产活动部应指定一位具有投票权的消费者代表加入国家包装康采恩董事会。

11. 本款被 2008 年 1 月 16 日第 4 号立法令废除。

12. 未签署第 5 款规定的协议的情况下，在本立法令生效 90 日内，环境与土地海洋保护部应要求当事人于 60 日内达成共识，如果该期限届满而未达成协议，则环境与土地海洋保护部应协同经济发展部，直接确定第 5 款第(1)项的相应数额。由于涉及收回每一种包装材料废弃物的特殊技术和经济条件，第 223 条规定的主管的康采恩也应在第 5 款规定的协议上签名。如果某个康采恩没有签名，并且/或者没有就收回包装用品废弃物的问题与地方机构达成必要协议，则国家包装康采恩应取代其缔结地方协议，以确保实现第 220 条规定的回收和循环利用目标。

13. 如果在全国层面上超越了第 225 条所述有关预防和管理包装的总方案中指出的包装用品废弃物的循环利用和回收的最终目标，则国家包装康采恩应就在自己的财力范围内，在本立法令第四部分附件 E 规定的循环利用最大限度内，针对尚未实现第 205 条第 1 款规定的分类收集目标的区域采取特别形式的刺激措施以促进对包装用品废弃物的收回。

第 225 条　包装和包装用品废弃物的预防和管理总方案

1. 在第 221 条第 6 款和第 223 条第 4 款规定的特别预防方案的基础上，国家包装康采恩应每年起草一个关于预防和管理包装和包装用品废弃物的总方案，针对每一种类的包装材料，规定实现以下目标的措施：

(1)预防包装用品废弃物的形成。

(2)相较于不可回收的包装数量，提高可回收包装用品废弃物的数量比例。

(3)相较于不可重复使用的包装数量，提高可重复使用的包装用品废弃物的数量比例。

(4)改善包装的特性使其满足在可预见的常规使用条件下使用更多的里程或者次数的目的。

(5)实现回收和循环利用的目标。

2. 预防总方案还应规定：

（1）每5年内待回收每一种类的包装用品废弃物的重量百分比，和在全球目标范围内，各个期限内待回收的单一种类包装材料的重量百分比，以及任一材料的最小重量百分比。

（2）针对第（1）项规定的目标的、有关回收和循环利用的中间目标。

3. 每年9月30日前，国家包装康采恩应向国家废弃物监测局提交一份有关下一自然年度预防和管理的特别计划，该计划将被纳入预防和管理的总方案。

4. 每年1月30日前，应向第207条规定的有权机关提交有关上一自然年度的总决算报告以便征求其意见。环境与土地海洋保护部和生产活动部协同国家、大区和特伦多、博尔扎诺自治省关系常务会议以及意大利市镇联合会，以部委令的形式负责批准、修改以及完善有关预防和管理包装和包装用品废弃物的总方案。

5. 在未事先拟定总方案的情况下，应由第207条规定的有权机关代为拟定。在此情况下，回收和循环利用的目标应为本立法令第四部分附件E规定的最大限值。

6. 第199条规定的大区计划应在本条规定的方案的基础上补充有关包装和包装用品废弃物管理的特别规定。

第226条　禁止

1. 禁止在垃圾处理站中处理回收的包装和容器，但是，对包装用品废弃物进行筛选、再循环和回收操作后产生的废料进行处理的除外。

2. 除第221条第4款的规定外，禁止将任何属性的三次包装引入城市废弃物的正常收集网络。针对少数消费者未返还给使用者的二次包装，则仅当在第221条第4款规定的限制下已经启动分类收集时，方可将其交付给公共服务进行分类收集。

3. 仅有符合欧洲经济共同体第94/62/CEE号指令设定的和本立法令第四部分附件F中包含的全部实质要件的包装，才可以被交易。如果这些包装符合在欧盟官方公报上列出文本号的相关欧盟统一标准，或者符合那些接受这些欧盟统一标准的国内标准的，以及在缺少上述标准的情况下，符合欧洲标准化委员会确定的标准的，均被视为满足了上述条件。缺少欧盟统一标准时，若包装符合根据欧洲共同体第94/62/CE号指令第9条第3段节制定的国内相关法规的，则视为满足了欧洲共同体第94/62/CE号指令和本立法令第四部分附件F中规定的实质性要件。环境与土地海洋保护部经生产活动部同意，并参考欧盟委员会第2005/C44/13号通告，以部委令的形式对上述标准进行更新。在上述部委令颁布之前，仍然适用本立法令第四部分附件F的规定。

4. 禁止在市场上投放单位重量中含铅、汞、镉和六价铬的整体浓度水平超过100ppm（百万分之一百）的包装或包装零件，完全由玻璃构成的除外。对于玻璃包装，适用2001年2月19日第2001/171/CE号决定，对于塑料包装则适用1999年2月8日第1999/177/CE号决定。

5. 经生产活动部同意，环境与土地海洋保护部根据欧盟决议，以部委令的形式确定以下内容：

（1）针对存在于封闭和受控的生产链中的再循环材料和生产线路，第4款规定的浓度水平条件不予适用。

（2）不适用第4款规定的条件的包装类型。

第226-2条　禁止塑料袋的商业化销售

1. 除销售可生物降解的和可堆肥的塑料袋之外，禁止商业化销售轻质塑料袋，以及其他不符合以下特征的塑料袋：

（1）带有外部手柄的可重复使用的塑料袋，其口袋的使用规模为：

1）作为食品销售的运输包装品而提供的、单壁厚度超过200微米（μm）、回收塑料所占比例至少达到30%的塑料袋；

2）作为食品外其他商品和产品销售的运输包装而提供的、单壁厚度超过100微米（μm）、回收塑料所占比例至少达到10%的塑料袋。

（2）带有内部手柄的可重复使用的塑料袋，其口袋的使用规模为：

1）作为食品销售的运输包装品而提供的、单壁厚度超过100微米（μm）且其中包含至少30%的回收塑料的，在食品销售中用于运输的包装塑料袋；

2）作为除食品外其他商品和产品销售的运输包装而提供的、单壁厚度超过60微米（μm）且其中包含至少10%的回收塑料的，在塑料袋非食品行业的生产和销售领域用于运输的包装。

2. 不能免费发放第1款规定的塑料袋，为此，单个塑料袋的销售价格必须体现在所购买商品或运输产品的收据或发票中。

第226-3条　减少超轻塑料袋的商业化销售

1. 在执行欧盟第2015/720号指令的过程中，为了持续减少对塑料袋的使用，应逐步减少由认证组织签发资格认证的、不具备以下两个特征的超轻塑料袋的商业化销售：

(1)根据第 UNI EN13432:2002 号统一规范确定的可生物降解性和可混合堆肥性。

(2)在第 4 款所述标准的基础上，根据第 2 款第(1)项、第(2)项和第(3)项规定的百分比确定的可再生原料的最低含量。

2. 按照以下方式逐步减少超轻塑料袋的使用：

(1)从 2018 年 1 月 1 日起，可以开始专门销售可生物降解和可堆肥的、可重复使用原料的最低含量不低于 40% 的塑料袋。

(2)从 2020 年 1 月 1 日起，可以开始专门销售可生物降解和可堆肥的、可重复使用原料的最低含量不低于 50% 的塑料袋。

(3)从 2021 年 1 月 1 日起，可以开始专门销售可生物降解和可堆肥的、可重复使用原料的最低含量不低于 60% 的塑料袋。

3. 在采取第 1 款和第 2 款规定的措施时，有义务遵守为实施欧盟第 10/2011 号条例、欧洲共同体第 1935/2004 号和欧洲共同体第 2023/2006 号条例而制定的、有关与食品接触材料的使用规范，以及禁止使用再生塑料制作食品接触性口袋的禁令。

4. 认证机构通过确定在塑料袋中生物源含碳量占总碳含量的百分比，并为此而使用现行有关确定塑料中生物源碳含量的国际标准或者第 UNI CEN/TS16640 号标准，负责查证可重复使用原料的最低含量。

5. 不能免费发放超轻塑料袋，为此，单个塑料袋的价格必须体现在所购买的商品或者所包装的产品的收据或发票中。

第三章　特殊种类废弃物的管理

第227条　电气和电子废弃物、电池和电瓶废弃物、医疗废弃物、报废车辆和含石棉的产品

1.有关特殊种类废弃物(尤其是下列废弃物)管理的特别规定、国家规定和欧盟规定继续有效:

(1)电气和电子废弃物:欧洲共同体第2000/53/CE号指令、第2002/95/CE号指令、第2003/108/CE号指令以及实施2005年7月25日第151号立法令的相关规定。在上述规范还未生效期间,继续适用1997年2月5日第22号立法令第44条的规定。

(2)医疗废弃物:第2003年7月15日第254号共和国总统令。

(3)报废汽车:欧洲共同体第2000/53/CE号指令、2003年6月24日第209号立法令,第2000/53/CE号指令第5条第4款关于报废汽车回收和处理费用在经营者之间进行分担的规定继续有效。

(4)对包含石棉的商品和产品性废弃物的回收:2004年7月29日第248号部委令。

(4-2)电池和蓄电瓶废弃物:欧洲共同体第2006/66/CE号指令,以及实施2008年11月20日第188号立法令的相关法令。

第228条　报废轮胎

1.2003年6月24日第209号立法令和本立法令第179条和第180条规定继续有效。为实现环境保护目标,通过采用最佳可得技术,采用研究、培训和教育活动的方式以优化报废轮胎的回收,通过恢复原状的方式减少报废轮胎的产生,轮胎生产者和进口商有义务以每年至少一次的固定周期,以单独或者协作的方式进行管理使其生产投入市场和进口到国内市场进行销售的轮胎数量与报废轮胎的数量相同，生产者和进口商还应按照第177条第1款的规定开展旨在优化废旧轮胎管理的研究、培训和教育活动。

2. 经国家、大区以及特伦多和博尔扎诺自治省之间关系常务会议同意，环境与土地海洋保护部部长应在本立法令第四部分生效后120日内颁布法令，规定第1款义务的实施期限和方式。在轮胎销售的所有阶段内，账单中应载明由最终不同种类的轮胎用户应承担的必要费用，以应对第1款规定的义务所产生的费用。作为销售对价不可分割的一部分，此种费用适用增值税，并应在账单中明确地列出。轮胎进入国内交易市场时，生产者或进口商适用各自现行的费用标准。在轮胎交易的所有后续阶段中，对每一个后续销售者而言，该费用保持不变，且有义务在账单中单独且明确列明购买者所支付的费用。

3. 根据上一年度进入国内市场的轮胎数量所计算的用于报废轮胎管理的应缴税费，如果被轮胎的生产者或者进口商转让给其作为成员的合伙组织，则视为该生产者或者进口商履行了第1款的义务，并免除其应负的所有相关责任。

3-2. 轮胎的生产者或进口商，或者其作为成员的合伙组织，每年确定各自必要的缴费总额，以便在下一自然年度内履行第1款的义务，并在每年的10月31日前，将之报告环境与土地海洋保护部，并说明该缴费总额的构成和要完成的任务。如果觉得有必要，环境与土地海洋保护部部长可以要求对此进行补充和说明，以保障其在相应年度的12月31日前，通过其自己的信息终端，传播完整的信息素材。当然，轮胎的生产者和进口商或者由其组成的合伙组织，当年仍然可以再决定其应缴纳的费用。

4. 对于没有履行第1款义务的轮胎生产者和进口商，要根据其不履行的严重程度，按照一定比例承担行政罚款，但最多不超过该期间未缴纳费用的2倍。

第229条

本条被2010年12月3日第205号立法令废除。

第230条　基础设施维修所产生的废弃物

1. 由基础设施网、供应设施和公益服务的管理者或者第三方直接进行的基础设施维修活动产生的废弃物的生产地点，可以与维修活动管理所在地，或者当基础设施管理者的职权属于维修作业相关的基础设施协议时，与管理者的现场驻地协调一致；或者与建筑剔除材料的运输集中地协调一致，为了有效、直接且客观地确定该材料是否无须其他处置就可被再利用，将在上述地点进行后续技术评估。

1-2. 道路基础设施清洁、收集活动产生的废弃物，不包括由涉及公共利益的服务或者其他经济活动所产生的废弃物，由基础设施网管理者直接收集并交付城市固体废弃物管理者。

2. 第1款所涉及的基础设施管理者技术评估，在工程完结后60日内实施。有关技术评估的文件材料（包括装卸登记）应统一保存5年。

3. 第1款和第2款的规定还适用于公共服务供应管理者直接提供或者通过第三方开展的、针对第1款涉及的基础设施中的用户设备和工具的维修活动而产生的废弃物。

4. 第190条第3款的规定继续有效，本条规定的活动和主体所产生废弃物的装卸登记，可以保存在第1款所确定的废弃物产生地。

5. 任何类型的下水道管网（不管是公共管网，还是连接私人建筑物的管网）清洁维修活动产生的废弃物都被视为由维修清洁活动主体所产生的废弃物。这些废弃物可以直接送交处理或者回收企业，或者在开展维修清洁活动的主体所在地或当地厂房内临时堆积。开展下水道管网维修清洁活动的主体应加入第188-3条第1款第(6)项规定的废弃物轨迹追踪监控系统。开展维修清洁活动的主体有义务在第212条第5款规定的环境管理者名册上注册，以开展废弃物的收集和运输活动。

第231条　不受2003年6月24日第209号立法令规范的报废汽车

1. 汽车、摩托车或者拖车的所有人，如果要拆毁机动车辆，应将之交付一个根据第208条、第209条和第210条获得许可的收集中心，以便对其进行安全存放、拆除、材料回收和切割。这些收集中心还可以接收由机动车零件构成的废弃物。适用2002年6月24日209号立法令的除外。

2. 第1款涉及的、要拆毁机动车或者拖车的所有人，如果计划在处理上述机动车或拖车后购入新的机动车或拖车，也可以将其交给特许经销商或者建筑公司的分公司，以便其随后将之交给第1款的收集中心。

3. 第1款规定的机动车或者拖车由公共组织发现或者没有所有人主张权利的，以及根据《民法典》第927条、第928条、第929条和第923条的规定、为工作而购买的机动车或者拖车，应按照内政部经经济与财政部、环境和领土保护部、基础建设与交通部同意后颁布的法令中规定的条件和程序交付第1款的收集中心。在此法令颁布之前，适用1999年10月22日第460号法令。

4. 收集中心或特许经销商或者建筑分公司应向要拆毁机动车或拖车的所有

人签发一张证书，证书上应记载交付日期、授权中心的具体情况、机动车资格证件的主要内容、所有人身份，并由收集中心管理者、特许经销商或建筑分公司直接将该车辆从机动车公共登记系统（PRA）中删除。

5. 收集中心或者特许经销商或者建筑分公司专门负责将送交拆毁的机动车或拖车从机动车公共登记系统中删除，不得增加机动车或拖车所有人的负担。为此，在车辆所有人交付机动车或拖车之日起 90 日内，收集中心管理者、特许经销商或建筑分公司负责人应向机动车辆公共登记系统中的有权机关报告其已经接收应拆毁车辆，并向其提交所有权人证书、流通证书和牌照，由该机关根据 1992 年 4 月 30 日第 285 号立法令第 103 条第 1 款的规定开展工作。

6. 转移占有第 4 款规定的证书后，机动车所有人将不再承担由该机动车导致的民事、刑事和行政责任。

7. 第 1 款、第 2 款规定的收集中心管理者、特许经销商以及建筑分公司责任人应先履行第 5 款规定的任务后才能转让、拆卸或者处理机动车和拖车并将其变为废料。

8. 有关接收报废车辆并向有权机构提交了机动车牌照和文本的细节资料，都应标注在 1992 年 4 月 30 日第 285 号立法令规定的机动车入籍除籍的特别登记簿中。

9. 在根据 1992 年 4 月 30 日第 285 号立法令第 215 条第 4 款的规定对机动车进行拆毁的情况下，由其他根据 1992 年 4 月 30 日第 285 号立法令第 159 条对这些机动车进行看管的地方或收集中心负责履行第 7 款和第 8 款规定的义务。

10. 从机动车或拖车上拆卸下来并经回收后的零部件可以销售，但与安全有关的部分除外。在向用户提供的发票和收据上必须标注用于销售的替换零部件来源。

11. 有关机动车安全的替换零部件仅可用于 1992 年 2 月 5 日第 122 号法律规定的进行汽车修理的活动，在使用这些零部件前，每个汽车修理企业都有义务核实其适当性和功能性。

12. 从事汽车修理活动的企业使用第 10 款和第 11 款规定的替换零部件，必须在向用户提供的收据中注明。

13. 自本立法令第四部分生效之日起 6 个月内，经生产活动部、基础建设与交通部同意，环境与土地海洋保护部颁布与拆卸设备特征、安全操作和第 11 款规定的、确认有关安全的替换部件的技术规范。在此法令颁布之前，继续适用

2003 年 6 月 24 日第 209 号立法令附件Ⅰ关于机动车处置模式和收集中心应具备条件的规定。

第 232 条 船舶和装载残留物产生的废弃物

1. 2003 年 6 月 24 日第 182 号立法令是有关船舶和装载残留物产生的废弃物管理的全国性规范。

2. 接收已经在依现行法获得许可的设备内经过预处理的船底废水的企业，可以适用 2005 年 11 月 17 日第 269 号立法令的简易程序，其包含的产品和初级材料必须具备上述法令附件 3 中第 6.6.4 点规定的特征。上述立法令后被本条第 3 款所修改。

3. 2005 年 11 月 17 日第 269 号立法令附件 1 第 2.4 点和附件 3 第 6.6.4 点中的“和”改为“或”。

第 232-2 条 吸烟产生的废弃物

1. 各市镇应在道路、公园和人群聚集地适当地安装烟蒂收集器。

2. 为了使消费者理解随地丢弃烟蒂对环境的危害，香烟生产者应与环境与土地海洋保护部合作实施宣传推广。

3. 禁止将烟蒂丢弃在土壤、水流和排水系统中。

第 232-3 条 禁止丢弃特别微小的废弃物

1. 为维护集中居住区市容，限制极度微小尺寸的废弃物（如购物小票、纸巾、口香糖等）不受控制地分散对环境带来的不利影响，禁止将此类废弃物丢弃在土壤、水流和排水系统中。

第 233 条 收集和处理使用过的动植物油脂的国家康采恩

1. 为了合理化和组织开展针对使用过的动植物油脂的管理工作，所有的产业链经营主体应组成一个康采恩。所采用的管理体系必须符合第 237 条规定的原则。

2. 第 1 款所述康采恩如果已经为先前法律所认可，则具有私法上非营利组织的法人资格，但应按照经经济发展部同意后，环境与土地海洋保护部通过的格式模版，在该模板发布在政府公报上之日起 120 日内调整其章程，并符合本立法令所规定的原则，尤其是公开透明、效率、效力和经济性原则，以及行业领域内自由竞争的原则。在康采恩行政管理委员会内部，代表废弃物收集和回收主体的行政委员的数目应等同于代表原始材料生产者的数目。康采恩所采用的章程应在15日内报送环境与土地海洋保护部,该部经与经济发展部协商后批准通过该章程,如有附理由的说明,则该康采恩应在随后的60日内调整其章程。如果康采恩不遵循上述期限规定调整其章程,则环境与土地海洋保护部与经济发展部协商后,颁布法令以对之进行适当修改;批准通过该章程的部委令应在政府公报上公布。

3. 该康采恩在全国范围内履行下列职责:

(1)确保由第12款的主体收集、运输、存储、处理和回收使用过的动植物油脂。

(2)遵守现行有关污染的规定,确保处理那些不可能或者不易于再生的、使用过的动植物油脂。

(3)推动市场调研和行业研究,以便从技术和经济性上提升对使用过的动植物油脂的收集、运输、存储、处理和回收。

4. 康采恩管理机构根据本立法令第四部分和其章程的规定所作出的每一个决定,对所有康采恩企业成员都具有拘束力。

5. 参与康采恩的主体有:

(1)生产、进口或者持有使用过的动植物油脂的企业。

(2)回收和再利用使用过的动植物油脂的企业。

(3)收集、运输、储存使用过的动植物油脂的企业。

(4)可能存在的、根据第10款第(4)项规定已经交付废弃物回收费的企业。

6. 康采恩成员的配额应根据每一个康采恩成员的生产能力与隶属于同一行业的所有康采恩成员的总体生产能力的比例来确定。

7. 康采恩中行政管理委员会成员的组成比例应根据章程每年进行确定和分配。

8. 如果没有能力或者不可能履行本立法令第四部分所规定的收集、运输、存储、处理以及再利用使用过的动植物油脂的义务,则康采恩可以通过其成员,在章程所规定的范围和模式内,与公共和私人企业签订合同以履行上述义务。

9. 没有根据第1款加入康采恩的经营主体,自第2款规定的章程格式模版在政府公报上颁布之日起120日内,可以在全国范围内自主地组织管理使用过的动植物油脂。在此情况下,此类经营主体应在提交相关文本资料之后,申请第207条的主管部门认可其所采用制度。为此,上述经营主体必须展示其已经根据效率、效益和经济性标准对系统进行了组织,且该系统是有效且自主运行的,并可以在其开展的活动范围内实现本条规定的目标。此外,经营者还应确保使用者和最终用户已经知晓了该系统。接受申请的主管机关获得必要的评估要素后,应在收到申请后 90 日内作出决定。逾期未作出决定的,利害关系人可以要求环境与土地海洋保护部部长在随后的 60 日内采取相关替代措施。主管机关应就其所作的调查提交一份年度总结报告。

10. 康采恩有义务确保自身的财务管理平衡。康采恩的财务资金由以下构成:

(1)从康采恩开展的活动收益中获得。

(2)从合作基金的财产管理中获得。

(3)来自合伙份额。

(4)动植物油脂的生产者和进口商缴纳的环境补贴费用。为保障康采恩的收支平衡,经生产活动部同意,环境与土地海洋保护部每年颁布部委令以确定进入国内市场的食用动植物油脂的生产者和进口商所应承担的、符合第 1 款所述合作宗旨的环境补贴费标准。

11. 第 1 款涉及的康采恩和第 9 款涉及的主体,每年应自其预决算案通过之日起 60 日内向环境与土地海洋保护部和生产活动部提交该预决算案;此外,每年 5 月 31 日前,这些主体还应向上述两部委提交一份关于该康采恩以及单个康采恩成员在上一自然年度内开展活动的综合报告。

12. 自第 2 款规定的、通过康采恩章程的法令在政府公报上刊载之日起 90 日后,任何因其所开展的职业活动而持有使用过的动植物油脂的主体都有义务将之直接交给康采恩或者交给由一个康采恩委托的主体,第 9 款的规定继续有效。此种交付义务不排除该持有者将这些使用过的动植物油脂转卖给其他欧盟成员国的企业。

13. 任何主体因其所开展的职业活动持有废弃动植物油脂并准备向康采恩实施交付时,在持有期间,有义务将之存储在符合现行法令规定的有关处理材质的特定容器中。

14. 有关动物来源的产品、副产品和废弃物的欧盟规定和国家规定继续有效。

15. 在本立法令第四部分生效后,属于第 5 款类别的法律主体被组建或开始开展相关活动的,应自其被组建或者开始活动之日起 60 日内,加入第 1 款所述康采恩,或者采用第 9 款的制度。(本句被 2008 年 1 月 16 日第 4 号立法令废除。)

第234条　回收聚乙烯产品废弃物的国家康采恩

1.为了合理化组织、管理聚乙烯产品废弃物的回收和处置,建立回收聚乙烯产品废弃物的国家康采恩[第218条第1款第(1)项、第(2)项、第(3)项、第(4)项、第(5)项和第(25)项规定的包装,第227条第1款第(1)项、第(2)项、第(3)项和第231条规定的财产和相关废弃物除外]所采用的制度应符合第237条规定的原则。

2.本款被2014年9月12日第133号立法令(经修订后并写入2014年11月11日第164号法律)废除。

3.第1款规定的、已经为之前的法令所认可的康采恩具有私法上的非营利组织法人资格。经经济发展部同意,上述康采恩应在环境与土地海洋保护部通过的章程格式模版在政府公报上发布之日起120日内,调整其自己的章程以与之相符,并遵守本立法令所包含的原则,尤其是透明、效率、效益和经济性原则,以及在行业活动中的自由竞争原则。在康采恩的行政委员会中,代表废弃物收集和回收的代表委员数目应等同于代表生产者的代表委员数目。康采恩所制定的章程应于15日内报送环境与土地海洋保护部,经其与经济发展部协商后通过,如果提出附理由的意见,则该康采恩应在随后的60日内修改其章程。如果康采恩没有在上述期限内履行该义务,经经济发展部同意,则由环境与土地海洋保护部颁布部委令对其进行修改;通过康采恩章程的部委令应在政府公报上刊载。任何情况下,康采恩的行政委员应由相关生产领域全国范围内具有较大代表性的协会指定,由环境与土地海洋保护部同经济发展部协商后颁布法令任命。

4.参加该康采恩的有:

(1)聚乙烯产品的生产者和进口商。

(2)聚乙烯产品的使用者和销售者。

(3)聚乙烯产品废弃物的回收者再利用。

5.为了生产聚乙烯产品而生产和进口聚乙烯原料的生产者和进口商,以及收集、运输和存储聚乙烯产品的企业,可以作为替补会员参与该康采恩。其参与模式在第3款的章程中确定。

6.在本立法令第四部分生效后,属于第4款类别的法律主体被组建或者随后开展其行业活动的,在其被组建或者开展活动之日起60日内,应参与第1款所规定的一个康采恩,或者采用第7款规定的制度。(本句被2008年1月16日第4号立法令废除。)

7. 自第 2 款的章程格式模版在政府公报上发布之日起 120 日内，没有根据第 1 款开展活动的经营者可以：

(1)在全国范围内自主组织聚乙烯产品废弃物的管理。

(2)通过事先与开展相关活动的企业签订协议，确定收集的数量并提供文本资料，在聚乙烯产品使用到期后启动收集和归还制度，以开始对其进行回收和回收活动。在上述情况下，该经营者应经事先提供适当资料，申请废弃物国家监测站认可其采用的制度。为此目的，上述经营者应表明其已经根据效率、效益和经济性原则建立了制度，且该制度可以有效自主运行，并有能力在其开展活动的范围内实现本条所规定的目标。此外，经营者还应保证使用者和最终用户已经得知其所采用的制度模式。有权机关在获知相关必要评估要素后，自收到申请之日起 90 日内作出决定。如果在上述期限内没有作出决定，利害关系人可以要求环境与土地海洋保护部在随后的 60 日内作出替代性措施。有权机关应每年就其开展的调查活动提交一份总结报告。

8. 第 1 款规定的康采恩的首要目标是促进收回使用完毕的聚乙烯产品，以便将其用于回收和回收活动。为此，康采恩在全国范围内履行下列职能：

(1)推动聚乙烯产品的流量管理。

(2)保障聚乙烯废弃物的收集、回收利用和其他形式回收。

(3)促进评估不可再利用的聚乙烯碎片。

(4)推动向用户进行宣传，致力于减少材料消费，并采用正确的收集和处理形式。

(5)遵守反污染的规定，如果不可能或者经济上不便进行回收，保障消除聚乙烯废弃物。

9. 在销售康采恩成员的产品时，康采恩可能需采用保证金形式。

10. 康采恩应保障自己的财政平衡。康采恩运行的财政资源来自：

(1)康采恩开展活动的收益。

(2)参与主体的捐助。

(3)联合基金的财产管理收益。

(4)第 13 款规定的潜在的回收再利用的比例收费。

11. 康采恩的机关根据本立法令第四部分以及章程宗旨作出的每一个决定，对所有参与者都有约束力。

12. 第 1 款规定的康采恩以及第 7 款规定的主体，每年自其预决算案通过后

60 日内,向环境与土地海洋保护部以及生产活动部提交该预决算案。第 1 款规定的康采恩和第 7 款规定的主体,在每年 5 月 31 日前,就其上一年度内康采恩及其成员所开展总体活动提供一份技术报告。

13. 环境与土地海洋保护部同生产活动部协商后,每两年颁布其部委令以确定循环利用的最低目标。如果上述目标没有实现,则可以根据聚乙烯产品生产企业和进口商装货清单上所载明的、在国内市场的净输入,以确定回收再利用的比例收费。环境与土地海洋保护部与生产活动部协商后,自本立法令第四部分生效后 90 日内,确定前两年要达到的回收目标。根据产品中包含的聚乙烯比例以及该产品的使用期限来确定回收再利用的比例收费。本款规定的法令还可以确定第 10 款第(2)项的收费总额。

14. 自第 3 款规定的有关通过章程的法令在政府公报上发布之日起 90 日内,任何主体若因其自己的活动而持有聚乙烯产品的,应将之直接交付受法律认可的康采恩组织,或者交付该康采恩委托的组织,第 7 款的规定仍然有效。交付聚乙烯产品的义务并不排除持有者将这些含聚乙烯的废弃物转让给其他欧盟成员国的企业。

第 235 条

本条被 2008 年 11 月 20 日第 188 号立法令废除。

第 236 条　管理、收集、处理使用过的矿物油的国家康采恩

1. 为了合理组织管理使用过的矿物油,强制对使用过的矿物油进行基础油再生产,第 4 款规定的企业通过参与 1992 年 1 月 27 日第 95 号立法令第 11 条的康采恩,可以免除履行第 12 款所规定的任务。康采恩根据第 237 条规定的原则制定管理制度。

2. 第 1 款规定的、已经为之前的法令所认可的康采恩具有私法上的非营利组织法人资格。经经济发展部同意后,上述康采恩应在环境与土地海洋保护部通过的章程格式模版在政府公报上刊载之日起 120 日内,依章程格式模板调整其自己的章程,并遵守本立法令所包含的原则,尤其是透明、效率、效益和经济性原则,以及在行业活动中的自由竞争原则。在康采恩的行政委员会中,代表废弃物收集和回收的代表委员数目应等同于代表生产者的代表委员数目。康采恩所制定的章程应于 15 日内报送环境与土地海洋保护部,经其与经济发展部协商后通过,如果提出附理由的意见,则该康采恩应在随后的 60 日内修改其章程。如果康采恩没有在上述期限内履行该义务,经经济发展部同意,则由环境与土地海洋保护部颁布部委令对其进行修改;通过康采恩章程的部委令应在政府公报上刊载。

3.(本句被2008年1月16日第4号立法令废除。)通过联合焚化处理使用过的矿物油的企业以及根据需要逐步被许可的企业,还有其他本条所涉及的康采恩,应向1992年1月27日第95号立法令第11条规定的国家康采恩,提交第12款第(8)项规定的技术数据,以便该康采恩汇集全国所有的数据,提交一份描述性报告给那些履行监督职能的部委。如果违反义务,则适用第258条对没有根据第189条第3款予以报告行为的惩戒措施。

4.下列所有企业均以代表人数相等的方式加入康采恩:

(1)生产、进口或者交易原始基础油的企业。

(2)通过再生程序生产基础油的企业。

(3)对使用过的油进行收集和回收处理的企业。

(4)替换和销售润滑油的企业。

5.康采恩的参与份额按第4款所述企业的类别进行划分,且每一类企业的份额应按照所生产的、再生后投入市场的或回收的润滑剂数量的比例进行分配。

6.康采恩的机构据本立法令第四部分以及章程宗旨作出的每一个决定,对所有参与者都有约束力。(本句被2008年1月16日第4号立法令废除。)

7.以当年履行本条规定的义务而承担的费用和获得的净利润为基础,康采恩每年确定下一年度将要消费的每千克润滑油的费用。根据本立法令第四部分的规定,基础润滑油和成品油润滑在缴纳消费税时即被视为已被消费。

8.参与康采恩的企业应根据第9款规定的方式和范围向该康采恩缴纳费用。

9.经环境与领土保护部、生产活动部同意,经济与财政部以部委令确定第8款所涉及费用的缴纳、核实与取回,该部委令应在通过该康采恩的章程后1个月内发布在政府公报上。

10.第1款规定的康采恩,自其预算和决算案通过后60日内,每年向环境与土地海洋保护部以及生产活动部提交该预算和决算案。在每年5月31日前,第1款规定的康采恩应向环境与土地海洋保护部以及生产活动部提交一份该康采恩及其单个成员在上一自然年度内所开展的活动的整体技术报告。

11.第2款所规定的章程要特别规定康采恩的各个机构及其任命方式。

12.康采恩在全国范围内履行以下职能:

(1)提升公众舆论对废油收集问题的敏感度。

(2)保障并鼓励从持有者以及许可企业收集使用过的油。

(3)若持有者申请其所在的区域收集工作非常困难或者在经济上不合算,则直接结束其废油收集工作。

(4)筛选废油,以便通过再生、燃烧或者处理的方式正确消除。

(5)转移所收集的废油:

1)优先转移给用于生产基础油的再生程序;

2)因技术、经济和组织原因受阻的情况下,则转移用于燃烧或者联合焚化;

3)不符合以上各项使用要求的,则转移进行焚化处理或者永久保存。

(6)力求达到并鼓励新的处置流程和替代方式的研究、实验和建构。

(7)开展活动时应遵守竞争原则、产品自由流通原则、管理的经济性原则,以及保护环境和人类健康,避免大气、水、和土壤污染的原则。

(8)编写并记录所有废油收集和处理的技术数据,每年向1992年1月27日第95号立法令第11条规定的国家康采恩传输该数据,以便该康采恩将之纳入一份描述性报告再传输给那些履行监督职能的部委。

(9)与开展再生活动的企业协商,确定挑选适用于再生程序的废油的技术标准。

(10)鼓励可再生废油的收集。

(10-2)经企业提出要求,根据所要求的数量和所收集的数量之间的比率关系(对于已经运行的设备,则根据相关许可中规定的设备生产能力与之前达到消费质量要求的再生基础润滑油生产力之间的比率关系),将收集的可再生废油转让给该再生企业。

(10-3)向再生企业支付的处理报酬应根据再生基础润滑油的市场流通状态、提炼成本和从废油开始到燃烧再利用的获取价格进行确定。此种报酬应根据每吨废油中所获得的润滑剂数量,从康采恩转让给该企业的废油的再生程序中有效获取的、适于消费的质量来提供。

(10-4)在将不可再生但可以再利用的废油以及再生企业没有收取的可再生油送交燃烧及处理不可再利用的废油时,应保证遵守有关反污染的规定。

13.康采恩可以直接履行其职能,也可以将该职能委托给开展特定且限定行业活动,或者在特定区域内的企业来履行。受委托开展的活动应接受该康采恩的监督并由其承担责任。

14. 属于第 4 款规定行业的法律主体，自本立法令第四部分生效之日起组建或者开始其行业活动的，要在组建之日或者开始其活动之日起 60 日内参与第 1 款规定的康采恩。（本句被 2008 年 1 月 16 日第 4 号立法令废除。）

15. 自第 2 款规定的通过康采恩章程的法令在政府公报上发布之日起 90 日后，任何持有使用过的矿物油的主体均有义务将之直接交给第 1 款的康采恩或者交给由一个康采恩委托的主体即根据现行法律实施此类废弃物管理活动的主体。此种交付义务不排除持有者将使用过的矿物油转卖给其他欧盟成员国的企业。

16. 为了实现长期回收和再循环的目标，第 1 款规定的康采恩在构成其净资产的储备金中另外存放的管理盈余不列入收入，但是不得以任何形式向其康采恩成员签发此类盈余和储备金，即使在该康采恩终止后。

第 237 条　管理系统的指导标准

1. 在任何情形下，所采取的管理系统都必须向所有经营者开放，并且保障公开透明、不歧视、不损害竞争、自由流通以及利益最大化的原则。

第三(乙)章　废弃物的焚化和联合焚化

第237-2条　宗旨和对象

1. 本章规定了预防或在不可预防的情况下减少废弃物焚化或者联合焚化对环境产生不利影响的措施和程序,尤其是减少此类活动对大气、土壤、地表水和地下水的污染排放,以追求较高的环境和人类健康保护水平。

2. 为了实现第1款的规定,本章对下列事项作出规范:

(1)废弃物焚化和联合焚化设备的排放限值。

(2)对废弃物焚化和联合焚化设备造成的污染进行取样、分析和评估的方法。

(3)有关废弃物焚化设备和联合焚化设备的运行条件、建设性和功能性特征的一般技术规范和标准,特别是在应对由于废弃物焚化和联合焚化所产生排放时确保高水平环境保护的要求。

第237-3条　定义

1. 为了实施本章内容,定义如下:

(1)城市混合废弃物:本立法令第184条第2款规定的废弃物,属于第四部分附件D中第20.01小节中规定的、应当被分类收集的废弃物以及第20.02小节中所规定的废弃物除外。

(2)焚化设备:通过废弃物有氧焚化以及热解作用、气化作用、等离子程序等其他处理程序(前提条件是从这些程序中产生出来的物质随后被焚化)对废弃物进行热能处理的任何固定或者移动的成套技术器材和整体,无论其是否利用废弃物燃烧所产生的热能进行废弃物回收。焚化设备的概念是指,焚化地点和全部焚化线以及进入设备的废弃物接收地点、存储地点、替代的预处理装置,在废弃物、易燃的辅料和燃烧的空气中提供动力的系统、锅炉、残留物及回流水的替代存储或者处置设备、烟囱、焚化操作监督系统和设备、对焚化条件进行注册和审核的系统和设备。如果采用有别于氧化热能处置的其他废弃物热能处置手段,如热解作用、气化作用、等离子程序,废弃物焚化设备概念中还应包括热能处置程序以及随后的焚化程序。

(3)联合焚化设备:通过废弃物有氧焚化以及热解作用、气化作用、等离子程序等其他处理程序(前提条件是从这些程序中产生出来的物质随后被焚化)对废弃物进行热能处理,或将废弃物用作一般燃烧物或者辅助燃烧物,且主要功能在于生产能源或者材料的任何固定或者移动的技术整体。联合焚化设备的概念中包括设备的地点和概况、联合焚化线、进入设备和储存地之前的废弃物接受点、替代的预处理设备、废弃物、辅助燃烧物、燃烧空气中提供动能的系统、热能发生器、回流水和共同焚烧产生废弃物的运行、储存和处置设备、气体废弃物的处理装置、烟囱、联合焚化条件的登记和审核、不同操作流程的监督制度和设备。如果废弃物热能处置中采用了不用于氧化作用的程序,如热解作用、气化作用、等离子程序,则废弃物联合焚化设备的概念中既包括热能处置程序,也包括随后的联合焚化程序。如果废弃物的联合焚化不是产生能源或者材料,而是通过热能处置处理废弃物,则该设备视为第(2)项的焚化设备。

(4)现有的焚化设备与联合焚化设备:在2002年12月28日前被许可,且在2003年12月28日前开始运转的焚化设备和联合焚化设备;或者在2002年12月28日前向主管机关申请许可,并在2004年12月28日前投入运转的焚化设备和联合焚化设备。

(5)新的焚化设备与联合焚化设备:不同于“现有的焚化设备与联合焚化设备”的设备。

(6)实质性改变:废弃物的燃烧装置或设备、焚化设备或者联合焚化设备、发生特性或功能的改变或性能的升级可能对人类健康和环境产生重大消极影响。

(7)烟囱:某种建筑结构,其中包含一个或者多个排泄管道,气体排放物通过这些管道进入大气中。

(8)额定功率:由建造者宣称、管理者认可的、构成焚化设备或者联合焚化设备的熔炉的焚化能力总额,表示为其在一个小时内可以焚烧的废弃物总量,该总量也与废弃物宣称的制热能力有关。

(9)额定热负荷:由建造者宣称、管理者认可的、构成设备的熔炉的焚化能力总额,表示为每小时焚化废弃物的数量和废弃物产生热能之间的乘积。

(10)工作时间:以小时计算的时间,在该期间内,燃烧设备的整体或部分在运行并且向大气排放,排除启动或者中断时间。

(11)排放:从设备的点源或非点源直接或者间接地向空气、水或者土壤中排放物质、震动、热能或者噪声。

(12)排放限值:在一个时期或者多个期间内不得超越的量(以确定的特别参数表示)、浓度或者排放水平。

(13)二噁英和呋喃:所有附件1段落A第4点第a)项注释1中规定的二苄基对二噁英和聚氯化双苯唑呋喃。

(14)管理者:第5条第1款第(15-2)项规定的自然人或者法人。

(15)残留物:第183条第1款第(1)项所定义的、从焚化或者联合焚化、废气或回流水处理或者焚化或者联合焚化设备内部其他流程中产生的任何液体或者固体材料,包括炉渣和重型烟灰、轻型烟灰、锅炉灰尘、烟气处置后所出现的固体废弃物、回流水处置后所产生的淤泥、使用过的催化剂、使用过的活性炭。

(16)生物质:生物质是指:

1)由农业或者林业产生的植物性材料构成的产品,可用作燃料以回收其所含能源;

2)以下废弃物:

2.1)来自农业和林业活动的植物性废弃物;

2.2)来自食品加工业的植物性废弃物,如果其所产生的热能可以回收;

2.3)糙纸纸浆加工以及从纸浆中造纸所产生的植物性纤维废弃物,如果在产生地进行了联合焚化,且所产生的热能可被回收;

2.4)软木废弃物;

2.5)木头废弃物,通过某种处置或者涂层而获得的、可能包含卤代有机化合物或者重金属的木头废弃物除外,尤其是来自建筑物建造和拆除废弃物中的此类木头废弃物。

(17)许可:主管机关根据本章规定颁布的一个或者多个书面决定,用以许可建设和运行第(2)项和第(3)项规定的设备。

第237-4条　适用范围和例外

1.本章适用于固体废弃物或液体废弃物焚化设备和联合焚化设备。

2.以下情形不适用本章规定:

(1)废弃物热能处置产生的气体已被净化,净化后的气体在其被焚化前不会再产生废弃物，且所产生的排放也不超过自然气体燃烧所产生的排放的气化或者热解设备。

(2)单一处置以下废弃物的设备：

1)第 237-3 条第 1 款第(16)项第 2 点所规定的废弃物；

2)放射性废弃物；

3)动物废弃物，即欧洲议会和理事会 2009 年 10 月 21 日第 1069/2009 号条例所规范的，有关不用于人类消费的、动物来源副产品的卫生规范；

4)在石油资源和天然气勘探和开采活动中，在其离岸设备中产生并在设备边缘进行焚化的废弃物。

(3)为了优化焚化流程，每年处理不超过 50 吨废弃物、用于研究、开发和试验的实验设备。

第 237-5 条　申请许可

1. 在本章规定适用的范围内，建造和运行废弃物焚化设备和联合焚化设备的活动，必须根据以下规范申请许可：

(1)对于不适用第 6 条第 13 款规定的环境综合许可的企业，适用第 208 条。

(2)对于适用本立法令第 6 条第 13 款规定的综合环境许可的企业，适用本立法令第二部分第三(乙)章的规定。

2. 申请签发许可必须特别包含对规定措施的描述以确保其遵守下列规定：

(1)该设备已根据要焚化和联合焚化的废弃物类型特点进行设计和装备，并将根据符合本章要求的方法进行维护。

(2)在焚化和联合焚化过程中产生的热能尽可能通过产生热量、蒸汽或能量来回收利用。

(3)残留物的数量和有害性降至最低，并在适当情况下回收利用。

(4)不能避免产生、限制或者回收的残余物应根据第四部分的规定予以处理。

(5)根据本章附件 1 第 c)项、附件 2 第 c)项规定的条件，采用测量废水和废气排放的技术。

3. 对于通过联合焚化来生产电能的企业，生产者能够提供适当的文件表明其具备采用可再生能源的生产能力，自该设备开始运行之日起 5 年内，具备超过 50% 的电力能源综合生产力，则可以对其适用 2003 年 12 月 29 日第 387 号立法令第12 条规定的程序。

第237-6条　许可内容

1. 焚化和联合焚化设备的建造和运行许可必须明确指出以下内容：

(1)该设备内所有可以处理的废弃物种类的列表，通过参照《欧洲废物名录》的相关编码来确定，并标明每一种被许可的废弃物的数量。

(2)设备被许可的额定功率和额定热负荷。

(3)每个污染物在大气和水中的排放限值。

(4)为了符合设定的排放监测条件而待采用的取样和测量的程序、频率和地点。

(5)当净化设备和测量设备出现不可避免的停运、故障或技术中断时，可以超过规定限值进行废气排放和回流水排放的最长期限。

(6)启动和制动的最长期间，根据本章第237-8条第11款规定，在该期间内不得为设备供给废弃物，并且根据附件1 A段第5点和C段第1点的规定，该期间应相应地排除在设备的有效运行期间之外。

(7)如果没有不同的规定，为核实是否遵循了许可中规定的条件和内容，各大区和省的环境保护办事处应采取的计划性检测的方式和频率，费用由设备管理者承担。

(8)设备在运行和调试之间必须经过的期间。在开始运行前至少15日必须通知主管机关。许可中还应当规定一个日期，在该日期之前必须向主管机关报告设备从调试开始的连续控制运行期间内实施的相关排放数据，持续的时间以及欲取得的样本数量。

2. 为实现第1款的规定，针对使用危险废弃物的焚化和联合焚化设备所签发的许可应包含：

(1)可以在设备中处理的、不同类型危险废弃物的数量及其生热能力的最小值和最大值。

(2)此种危险废弃物的最小和最大通量，其最小和最大生热能力，及其含有多氯联苯、五氯酚、氯、氟、硫、重金属和其他污染物质的最大含量。

3. 如果涉及在木浆和纸浆工厂内使用树皮烧锅炉的方式联合焚烧其自行生产的废弃物的，所签发的许可至少要满足以下条件：

(1)必须采用适当的技术，以保障其整体的碳排放符合附件1第A段所规定的限值。

(2)相较于实施本条规定后可获得的残余物，所许可的实施条件不得造成较大的残余量,或残余物中含较高的有机污染物。

3-2. 如有必要,主管机关应定期审查和更新许可条件。

第 237-7 条　废弃物的交付和接收

1. 为避免或者减少对环境的消极影响,尤其是避免或减少对空气、土壤、地表水、地下水及其他环境产生损害、异味、噪声,以及造成对人类健康的直接风险,焚化设备和联合焚化设备的管理者应对废弃物的交付和接收采取一切必要的预防措施。此种措施至少必须满足第 3 款、第 4 款、第 5 款的规定。

2. 在焚化设备或者联合焚化设备接收废弃物之前,管理者应根据《欧洲废物名录》确定每一种废弃物的量。

3. 在焚化设备或者联合焚化设备接收危险废弃物之前,管理者应收集废弃物的信息,以核实其是否遵守了许可规定的条件,尤其是第 237-6 条规定的条件。

4. 第 3 款规定的信息应包括以下内容:

(1)与第 5 款第(1)项涉及的文件中包含的生产过程相关的所有管理数据。

(2)废弃物的物理构成,如果可能,还应包括其化学构成以及所有其他必要的信息,用以评估其是否适合既定的焚化或者联合焚化过程。

(3)废弃物的危险性、不能与之混合的物质以及处理废弃物时应采取的预防措施。

5. 在焚化设备或者联合焚化设备接收危险性废弃物之前,管理者至少要执行以下程序:

(1)根据第四部分审查规定的文件,以及在某些情况下审查 2006 年 6 月 14 日欧洲议会和理事会第 1013/2006 号条例规定的有关废弃物装运的文件和有关危险商品运输立法中规定的文件。

(2)除一些有传染风险的危险性医疗废弃物和主管当局确定的任何其他不适合抽样的废弃物以外,都必须提取代表性样品。在设备接收废弃物之前应尽可能地实施该操作,以便核实其是否符合许可以及第 3 款、第 4 款规定的其他信息,并便于主管机关确定被处理废弃物的性质。在废弃物焚化或者联合焚化后,所提取的样本应至少保存 1 个月。

6. 针对属于第二部分第三(乙)章规定的设施一部分的焚化设备或联合焚化设备,主管机关在许可中可以免除第 2 款、第 3 款、第 4 款和第 5 款第(1)项的规定,只要这些设备仅在该废弃物的产生地焚化或者联合焚化其自己生产的废弃物，并保障遵守本章的规定，也可以是基于此类废弃物的量和类别而作出的有关特别措施的规定。

第237-8条　焚化设备和联合焚化设备的运行条件

1. 在焚烧或联合焚烧设备的运行中，必须采取一切措施以便依据最佳可得技术确保用于接收、储存、预处理和搬运废弃物的设备以及搬运或储存所产生的残余物的设备都按照有利于减少排放和气味的方式进行设计和管理。

2. 运营焚化设备必须尽可能达到最完整的焚烧水平，必要时可对废弃物采用适当的预处理技术。焚化过程中产生的煤渣和重型炉灰，以总有机碳量（TOC）来计量其未燃烧的分量不得超过重量的3%，或者干燥时的燃烧损耗不超过重量的5%。

3. 必须以适当的方式设计、建造、装备和管理焚化设备，以确保最后一次注入燃烧气体后，即使在最不利的条件下，焚化产生的气体也能以受控制且均匀地方式保持850℃以上至少2秒。该温度应在最接近燃烧室内壁的地方测量，或者在主管机关指定的、燃烧室内其他具有代表性的点位测量。

4. 必须以适当的方式设计、建造、装备和管理焚化设备，以确保最后一次注入燃烧气体后，即使在最不利的条件下，焚化产生的气体也能以受控制且均匀地方式保持850℃以上至少2秒。

5. 如果焚化和联合焚化的危险废弃物中包含超过1%的卤素混合有机物质，即氯，有关第2款和第3款规定的必要温度和时间应至少保持在1100℃以上，且持续至少2秒。

6. 焚化设备的每一条生产线都必须配备至少一个辅助燃烧器，以在设备启动和制动期间提高和维持第3款和第5款以及第237-9条规定的最低温度，直至有废弃物进入燃烧室。这些辅助燃烧器必须自主运行，即使在最不利的条件下，也应避免在燃烧空气最后一次注入后，燃烧气体的温度不会降至第3款和第5款以及第237-9条规定的最低温度之下，直至其中有废弃物燃烧。禁止向辅助燃烧器添加燃烧排放量超过汽油、液化气和天然气燃烧排放量的燃料。

7. 在开始焚化或联合焚化之前，主管机关应审核该设备是否符合签发许可时附加的条件规定。此审核的费用由设备的权利人承担。审核结果并不减少管理者的责任。

8. 如果主管机关在收到申请后30日内没有实施前款所述审核的，设备权利人可以申请由具备从业资格的主体评估该设备是否满足签发许可所附加的条件和规定。评估结果应在15日内送交主管机关，如果满足条件，则应允许启动设备。

9. 为了降低向焚化设备运送废弃物时产生的影响，在设计阶段可以计划修建专门的铁路连接点，费用由设备管理主体承担。在必要时，在许可程序中批准上述设计要素将构成对市政规划设施的改变，并表明工作具有公共用途、情况紧急并且不可迟延。

10. 根据现行法律，必须在最大的安全保障条件下废弃设备，并保证对废弃区域进行生物改良和回收。

11. 焚化设备和联合焚化设备应采用自动化运行系统，以阻止在下列情形下将废弃物送入燃烧室：

(1)在启动阶段，直至达到第3款、第4款、第5款规定的最低温度和第237-9条规定的温度。

(2)当燃烧室内的温度降低至第3款、第4款、第5款规定的最低温度或者第237-9条规定的温度以下。

(3)由于运行不畅或排气净化装置损坏，对流出污染物的持续测量显示超过了某一排放限值。

12. 焚化或者联合焚化过程中产生的热能，应在现有技术条件允许的情况下回收。

13. 有传染风险的危险性医疗废弃物直接引入焚烧炉，无须先与其他废弃物类别混合，也无须直接处理。

14. 废弃物焚化设备和联合焚化设备的操作管理必须委托给具备技术资质的个人。

第237-9条　运行条件的更改和活动的实质变更

1. 对于特定的废弃物种类或者特定的热处理程序，主管机关在签发许可时可以明确规定适用有别于第237-8条第2款、第3款、第4款、第5款、第6款的规定，当涉及温度时还可以适用第237-8条第11款的规定，只要在焚化设备和联合焚化设备内采用了相关技术以确保：

(1)遵守附件1 A部分中有关焚化设备的排放限值和附件2 A部分中有关联合焚化设备的排放限值。

(2)相较于实施第237-8条所获得的残余物，所许可的运行条件不会带来较多的残余物，或者在残余物中有较高含量的有机污染。

1-2. 对于获得授权、改变运行条件的废弃物焚化设备,其中总有机碳和一氧化碳的排放,仍然要遵守附件 1 A 段中确定的排放限值。

2. 主管机关应向环境与土地海洋保护部报告本条规定的全部许可运行条件和按照第 237-17 条规定的年度报告实施的核查的各项结果。环境与土地海洋保护部向欧洲委员会报告第 29-13 条涉及的报告里含有的信息。

3. 如果将专门处理不具危险性废弃物的废弃物焚化设备或联合焚化设备修改为处理危险废弃物的设备,则视为实质性改变。

第 237-10 条 废油的联合焚化

1. 禁止联合焚化含有 PCB/PCT 的废油及其浓度超过 50ppm(百万分之五十)混合物。本禁令必须在主管机关签发给危险性废弃物的联合焚化设备的许可中明确列出。

2. 除了第 1 款规定的禁令外,废油的联合焚化应根据本章的规定进行许可,前提是这些活动必须遵守下列进一步的规定:

(1)第 183 条第 1 款第(3)项界定的废油,应符合以下条件:

1)1999 年 5 月 22 日第 209 号立法令及其后续修订中规定的多氯联苯(PCB)和多氯化烃的浓度不超过 50ppm(百万分之五十);

2)这些废弃物不具有危险性因其含有第四部分附件 D 列举的其他物质,其数量或者浓度与第 177 条第 4 款所规定目标不相符;

3)产生热量的能力至少低于每千克 30 兆焦。

(2)将废油作为燃料设备中的单个装置的额定热功率等于或者大于 6 兆瓦。

第 237-11 条 适用欧盟第 1069/2009/UE 号条例的动物废弃物的联合焚化

1. 针对欧洲议会和理事会 2009 年 10 月 21 日第 1069/2009 号条例中规定的第 1 类、第 2 类、第 3 类材料的转化产品进行的联合焚化,应根据第 237 -5 条和第 237 -6 条的规定进行许可,只要其遵守附件 3 中规定的运行要求、模式和相关规定。

2. 签发许可的申请也应发送至主管地区的地方卫生局(ASL)。

3. 在环境部 1998 年 4 月 1 日第 148 号部委令规定的文件中,和 1994 年 1 月 25 日第 70 号法律及其后续修订所规定的环境声明统一模板中,在确定和区分本条规定的废弃物的部分,必须指出其在《欧洲废物名录》中的编码:020203“不可用于消费和改造的废弃物”。

第 237-12 条 对大气排放

1. 为了维护人类健康和环境，焚化和联合焚化设备的气态排放物必须通过高度适当且具备有利于气流扩散的速度和焓含量的烟囱进行控制性排放，特别应遵守有关空气质量的法律规范。

2. 废弃物焚化设备和联合焚化设备的设计、建造、配置和管理，应确保其对大气排放不超过本章附件 1A 段、附件 2A 段规定的排放限值。

3. 如果危险性废弃物联合焚化设备中释放的热能超过了设备中释放总热能的 40%，或者在设备中联合焚化未经处理的混合城市废弃物时，其排放限值为本章附件 1 的规定，则相应地，不再对其适用附件 2A 段规定的混合模式。

4. 为了核实是否遵守了第 1 款规定的排放限值而实施的测量的结果，应根据本章附件 1 B 项规定的条件进行规范，应按照附件 1 C 点和附件 2 C 点的规定进行排放检测。

5. 为了核实是否遵守第 2 款规定的排放限值而测量的结果，应根据本章附件 2 B 项规定的条件进行规范。

6. 应根据本章附件 1 C 点和附件 2 C 点的规定，对自动测量系统的建设和运行进行年度监控和测试。

7. 在联合焚化未经处理的混合城市废弃物时，其排放限值为附件 1 A 段中设定的限值。

8. 在许可中，主管机关应根据环境质量保护规范以及在需要具体范例时，根据本立法令第二部分第三（乙）章的规定，评估允许设定附件 1 和附件 2 规定的特别例外的可能性。

第 237-13 条 回流水的排放

1. 应尽可能限制焚化设备和联合焚化设备中排出气体净化后产生的回流水，并且在任何情况下均受第 237-6 条规定的许可内容的约束。

2. 根据第三（乙）章的规定，焚化设备和联合焚化设备排出气体净化之后产生的回流水受主管机关签发的许可的约束。

3. 当涉及排出气体净化后产生的回流水排放时，许可申请中必须附带有关该排放数量和质量特征、自然年度内提取水的数量、为进行监督而规定的回流水提取点的说明；对整体排放系统的描述，其中包括相关功能性的操作，如有要求，还应包括关于排放流量的测量系统的描述；和有关在生产和排放系统中采用的技术手段的说明，以及有关为了达到第3款规定的排放限值而采用的净化系统的说明。

4. 第237-6条规定的有关气体排放物净化后产生的回流水的排放许可应规定下列事项：

(1)本章附件1 D点中规定的污染物的排放限值。

(2)回流水的pH值、温度和流量检测操作标准。

(3)为监督排水而进行相关测量的规定，例如，对经处理的回流水中污染物质含量的测量频率，以及取样或者测量点的位置。

(4)用以实现第76条及后续条款所确定的、接受回流水的水体质量的功能性技术规范。

(5)可能存在的用以确保这些排放符合本立法令的规定，且不会对接受水体的质量、公共卫生和环境带来不利影响的进一步规范。

5. 气体排放物净化后产生的、排放到地表水中的回流水必须至少遵守附件1D段规定的排放限值。禁止向土壤、底土和地下水中排放。

6. 气体排放物净化后产生的回流水必须遵守第三部分中规定的排放限值，并与冷却水和初雨水区分开。

7. 如果气体排放物净化后产生的回流水与其他来源的回流水一起处理，则必须进行以下测量：

(1)在进入到回流水的集合处置设备之前，对气体排放物净化后产生的回流水进行测量。

(2)在进入到回流水的集合处置设备之前，对其他回流水进行测量。

(3)在处理之后，在最终排放点对排出的回流水进行测量。

8. 为了核实气体排放物净化后产生的回流水流量是否遵守了附件1D段规定的排放限值，应采用适当的流量平衡计算方法，以便在最终的回流水总量中能够确定焚化设备或联合焚化设备中的气体排放物净化后产生的回流水的排放水平。

9. 排放限值应适用于从废弃物焚化设备或者废弃物联合焚化设备排出的、气体排放物净化后产生的回流水的排放点。

10. 任何情况下，都不得通过稀释回流水的方式来达到排放限值。

11. 除了禁止向地下水直接排放或注入雨水外，根据本立法令第三部分的规定，为了防止水文和环境风险，冲刷地面后的雨水、初级雨水和洗涤用水、撒肥或者在外部地区实施灭火作业而产生的污水必须被适当运送和处理。

12. 必须采取适当措施以消除和减少消耗，促进回流水或者如冷凝水等在生产过程中使用过的水的再循环和再利用，也可以通过第三部分规定的最佳可得技术实现。

13. 如果气体排出物净化后产生的回流水在专门用于处理此类回流水的处理企业的废弃物焚化或联合焚化设备外进行了处理，则附件 1D 项表格中规定的排放限值应适用于处理企业排出回流水的排放点。

14. 废弃物焚化设备和联合焚化设备的所在地点(包括废弃物的储存地)的设计和管理应避免未经许可或意外地向土壤、地表水和地下水中注入任何污染物。

15. 针对从废弃物焚化设备或者联合焚化设备涌出的受污染的雨水，或者由于撒肥或灭火作业而受污染的水，应预先配置一定的储存能力。此储存能力必须足以确保这些污水在必要时可以被化验，并且在必要时经处理后再排放。

第 237-14 条　焚化设备和联合焚化设备对大气排放的取样和分析

1. 关于对大气排放的取样、分析和评估方法以及数据的获取、证实、拟定和存档程序，第五部分附件Ⅵ中没有规定的，根据本章附件 1 C 项、附件 2 C 项进行规定和更新。

2. 焚化设备和联合焚化设备的排放限值应相应地遵守附件 1 C 段第 1 点和附件 2 C 段第 1 点的规定。

3. 在焚化设备和联合焚化设备中，必须持续地测量和记录气体排放物中所含的 CO、NOx、SO_2、全部粉尘、TOC、氢氯酸(HCl)、氢氟酸(HF)和 NH_3 的浓度。如果管理者证明在任何情况下这些污染物的排放都不可能超过规定的排放限值，则主管机关可以许可管理者以定期测量 HCl、HF 和 SO_2 来代替持续测量。如果企业在气体排放物中采用了氢氯酸处理系统以保障遵守此种物质的排放限值，则可以以定期测量替代对氢氟酸的持续测量。

4. 如果管理者基于有关废弃物质量、所使用的技术以及检测的排放数据等相关信息能够证明在任何情况下，NOx 的排放都不会超过规定的限值，则主管机关可以决定对现有的额定生产能力低于每小时 6 吨的废弃物焚化设备或者联合焚化设备的 NOx 排放不实施持续测量，而采用第 5 款规定的定期测量。

5. 此外，还必须持续测量和记录气体排放物中的氧容量、温度、压力、水蒸气容量和气体排放物流量。如果被取样的气体排放物在分析前已经被干燥，则无须进行水蒸气容量的持续测量。

6. 另外，根据主管机关签发的许可要求，还必须持续测量和记录内壁附近或者燃烧室内其他具有代表性的点位附近的气体的温度。

7. 必须至少每 4 个月测量一次附件 1 A 段第 3 点和第 4 点规定的物质，以及第 2 款所述主管机关规定必须定期测量的其他污染物质；在设备运行的前 12 个月内，必须至少每 3 个月测量上述物质一次。

8. 企业投产运行后，应主管机关提出动议，必须在最严格的运行条件下对第 237-8 条和第 237-9 条所确定的下列与排放气体相关的参数进行检测：

(1)持久温度。

(2)最低温度。

(3)氧含量。

9. 联合焚化设备必须保证测量和记录每一个熔炉或其他设备中投入的燃烧物以及废弃物的数量。

10. 所有的测量数据都均应记录、编写并呈报给主管机关，以便其按照其所签发的许可中所确定的程序来审核是否遵循了许可中规定的运行条件和排放限值。

11. 如果所获取的测量数据显示超过了本条所规定的对大气排放限值，管理者应立即将该信息通知主管机关、大区或省环境保护办事处，第 237-18 条的规定继续有效。

12. 签发许可的主管机关负责检测气体排放自动测试系统的安装和运行。主管机关必须至少每 3 年一次采用类似技术审核上述系统的调校。

第 237-15 条　水体排放的检查和监督

1. 为了监测焚化或联合焚化程序中固有物质的参数、条件和浓度，应采用测量技术并配置相关设备。第 237-13 条的规定继续有效。

2. 在回流水的排放点测量水体环境中的排放必须符合附件 1 E 段第 1 点的规定。

3. 如果符合附件 1 E 段第 2 点的规定，则认为符合排放限值。

4. 所有的测量数据都均应记录、编写并呈报给主管机关，以便其按照其所签发的许可中所确定的程序来审核是否遵循了许可中规定的运行条件和排放限值。

5. 如果所获取的测量结果显示超过了水体环境的排放限值，则必须立即地将该信息通知主管机关、大区或者省环境保护办事处，第 237－17 条规定继续有效。

6. 签发许可的主管机关负责检测排水自动测试系统的安装和运行。主管机关必须至少每 3 年一次采用类似技术审核上述系统的调校。

7. 为了检测和监督，必须按照环境保护和技术服务局（APAT）的方法进行取样、保存、运输和分析确定。

第 237-16 条　残余物

1. 焚化设备和联合焚化设备运行期间产生的残余物数量和危险性必须降至最低。适当情况下，残余物应按照本立法令第四部分的规定在该设备内部或者其外部直接进行再循环。无法再循环的残余物必须按照本立法令的规定予以处理。

2. 对以粉末形式存在的干燥残余物的中间运输和储存必须按照有利于避免上述残余物在环境中扩散的方式实施，如通过采用封闭储存罐的方式。

3. 对焚化设备和联合焚化设备中产生的残余物进行再循环或者处理之前，必须对残余物进行适当分析以确定其物理和化学特性，以及确定不同残余物的污染性。上述分析必须特别涉及全部可溶解部分和重金属的可溶解部分。

第 237-17 条　通知、咨询、获取信息以及参与的义务

1. 环境与土地海洋保护部应将有关本条适用的数据整合至第 29-13 条第 2 款规定的报告中，也可以利用下面第 5 款规定的从焚化设备和联合焚化设备管理者处所获取的信息。

2. 为了保证环境与土地海洋保护部获得实施第 1 款的必要信息基础，主管机关应根据环境与土地海洋保护部提供的指示，将与适用本条相关的信息补充到根据第 29-13 条第 1 款的规定所转交的定期通知中。

3. 仅当根据行业规范的规定确保能够获取相关信息之后，才能签发焚化设备和联合焚化设备的建设和运行许可。

4. 除了 2005 年 8 月 19 日第 195 号立法令，并排除适用第二部分第三（乙）章有关公共信息规定的情形以外，焚化设备和联合焚化设备的许可申请和更新应在一个适当的期间内（不得少于 30 日），在主管市镇的区域范围内一个或多个对公众开放的地点供公众查阅，以便任何人都能在主管机关做出决定之前表达自己的观点。主管机关的决定、许可或任何其他对许可的后续更新，都必须以同等方式供公众查阅。

5. 对于额定生产能力为每小时 2 兆瓦及以上的焚化设备和联合焚化设备，在次年的 4 月 30 日之前，管理者应就本年度设备的运行和监测准备一份年度报告，并将之传送给主管机关，由该主管机关以第 4 款规定的方式供公众查阅。作为最低条件，该报告应提供按照本章规定的排放规范开展的对大气和对水排放进程信息和排放信息。

6. 主管机关应拟定一个有关额定生产能力低于每小时 2 吨的焚化设备和联合焚化设备的清单，上述清单可供公众查阅。

7. 为了实现第 1 款规定的宗旨，签发的许可的复本，以及第 4 款所述报告和第 5 款所述清单的副本，均须报送环境与土地海洋保护部以及环境保护与研究高等研究所。

第 237-18 条　运行的异常情况

1. 针对因净化装置和测量装置不可避免地出现技术故障、阻碍或者中断，主管机关应在许可中确定一个最长时间，在此期间内按规定出现在对大气排放物和净化回流水中的物质的浓度可以超过许可规定的排放限值为上述情况持续的时间。

2. 在设备出现故障的情况下，管理者应立刻减少或者中断活动，直至设备恢复常规运行。

3. 除了第 237-8 条第 11 款第(3)项外，在超过排放限值的情况下，无论何种原因焚化设备或联合焚化设备，或者焚化线持续焚烧废弃物的时间都不得超过 4 小时。在上述情况下，1 年内累积运行的时间必须低于 60 小时。60 小时的规定适用于所有与燃烧气体污染净化装置相连接的整个企业生产线。

4. 在第 1 款和第 2 款所述的情形下，如果管理者决定减少焚化设备的活动时，排放在大气中的整体粉尘浓度（表示为 30 分钟内的均值）在任何情况下均不得超过 150 毫克/立方米。也不能超过附件 1A 项第 2 点和第 5 点以及第(2)目规定的 TOC 和 CO 的大气排放限值。此外，还必须遵守第 237-8 条和第 237-9条的全部其他规定。

5. 一旦确定第 1 款和第 2 款规定的异常情况，管理者应在尽可能短的时间内通知主管机关和检测机关。一旦整个设备恢复正常运转，也要立即通知上述机关。

第 237-19 条　事故或损害

1. 除了第六部分中为贯彻实施欧洲议会和理事会 2004 年 4 月 21 日第 2004/35/CE 号指令而制定的有关预防和补救环境损害的环境责任的规定，并排除适用第29-11条规范的情形外，在发生重大影响环境的事故或者损害时，管理者：

(1)必须立即向区域内主管的大区、省和市汇报。

(2)必须立即采取措施以限制对环境的不利影响，并进一步预防更多可能的事故或损害。

2. 为了实施第1款规定，区域内主管的大区和省应告诫管理者采取所有适当和必要的措施以限制对环境的不利影响，并进一步预防更多可能的事故或损害。

第237-20条　进入和监察

1. 负有检测职能的主体有权在任何时间进入焚化设备和联合焚化设备进行必要的监察、检测、采集和取样，以便查明其是否遵守了对大气和水体环境排放的限值，以及是否遵守了有关废弃物和残余物的接收储存规定、废弃物的预处理和搬运规定、许可和规章中包含的其他规定及本立法令中包含的所有其他规定。

2. 设备的所有者或者管理者有义务根据第1款主体的要求，提供所有供其履行职责所必需的信息、数据和文件，并同意其进入设备。

第237-21条　费用

1. 在实施本章规定时，有关监察和检测的费用以及为了签发许可而进行的调查的费用和对企业的审核费用，根据大区规范规定的费率和缴费方式，以提供服务的实际花费为基础，由许可权利人负担。本立法令第二部分规定的情形除外。

2. 除第1款规定外，属于行政机关和相关机构职责范围内规定的活动和措施，均由财政资源按照现行立法确定的目标支付。

3. 在实施本章规定时，不得新增或加重公共财政负担。

第237-22条　临时规定和最终规定

1. 在2016年1月10日之前根据本章规定对现有设备进行调整。

2. 对于现有设备，第1款规定的、由管理者承担的调整义务继续有效，对在本规定生效之后发生的环境许可的首次更新、签发或重审，由签发许可的主管机关根据本立法令规定的一般性规定和技术性规定负责对其进行修订。

3. 对于联合焚化非危险性废弃物的既有设备，欲采用第四部分第一章第五节规定的简化程序的，应进行上述第五节条款中规定的更新告知，第1款规定的管理者的调整义务继续有效。

4. 对于无须申请环境综合许可的联合焚化设备，可以适用第四部分第一章第五节规定的简易程序，但使用危险废弃物的设备除外。经允许适用简易程序进行废弃物联合焚化活动的设备要在活动开始时进行报告，报告内容除第237-5条第2款和第237-6条第1款规定的内容外，还应包括根据第215条第3款规定的报告。废弃物联合焚化设备开始运行前，大区应根据大区现有规范要求管理者缴纳适当的保证金，该保证金数额应与联合焚化设备的最大焚化能力成比例。接到开始活动告知之后60日内，区域内主管的省机关还应对其进行预防性检查。后续检查至少每年进行一次，审核内容如下：

（1）联合焚化废弃物的数量和种类。

（2）联合焚化活动是否符合第214条、第215条以及相关实施细则的规定。

5. 如果区域内省级主管机关根据第4款的检查结果，查明违反了该款规定的事实，经过事先警告并确定一个履行期限后，如果设备权利人在规定期限内没有根据现行规范进行整改，则主管机关应禁止其开展或继续开展活动。

6. 如果迟延签发第2款、第3款规定的许可，管理者可根据事先取得的许可继续运营。

7. 针对根据第208条被许可的设备，如果第6款规定的许可权利人在2015年1月10日前没有定期更新许可，则在该期间内，现有的废弃物焚化设备或者联合焚化设备的管理者可以向主管机关提出许可展期申请，以满足第1款的规定。

8. 经事先通知卫生部和生产活动部后，环境与土地海洋保护部颁布部委令对本章附件进行修改以接受欧盟技术规范；如果新的欧盟规范为转化规定了裁量权，则环境与土地海洋保护部应经卫生部和生产活动部同意，在听取联合会议的意见后，颁布上述法令。

第四章　城市废弃物管理费

第 238 条　城市废弃物管理费

1. 任何存在于市政管辖区域内的房屋或不属于房屋附属物的、公用或私用露天区域，无论其用途为何，如果产生城市废弃物，则以任何名义所有或使用该房屋或露天区域的权利人必须支付一定的废弃物管理费用。该费用用于开展城市固体废弃物的收集、回收和处理活动，还包括 2003 年 1 月 13 日第 36 号立法令第 15 条所列明的花费。除了第 11 款规定之外，1997 年 2 月 5 日第 22 号立法令第 49 条规定的费用自本条生效之后被废除。

2. 在第 6 款规定的条例所确定的参数（该参数还考虑区域范围内用户的收入层次）的基础上，按照开展活动的类型和用途的不同，废弃物管理的费用应与单位面积上产生的废弃物平均数量和质量相适应。

3. 自第 6 款规定的法令生效之日起 3 个月内，区域管理局应确定税费，并在第 6 款所述条例确定的标准基础上，由受委托进行废弃物综合管理服务的主体予以执行和收取。在确定税费时，还应涵盖城市废弃物管理的相关附加费用，如清扫街道的费用。如果上述费用被涵盖在税费中，则必须在被委托服务主体的财务计划和预算中明确列出。

4. 依据服务费用的基本构成要素确定税费的一部分份额，尤其是指对工程的投资及其相关折旧，以及一部分与所交付处理的废弃物数量、提供的服务和管理成本相关的份额，以确保全面覆盖整个投资和运营成本。

5. 区域管理局负责批准财政计划和由被委托实施综合管理服务的主体拟定的相关报告，并向第 207 条规定的机关呈交。自第 6 款规定的条例生效之日起 4 年内，应逐步保障费用全覆盖。

6. 经与生产活动部协商一致，环境与土地海洋保护部听取国家、大区和特伦多、博尔扎诺自治省之间关系常务会议以及环境政策社会和经济理事会内有资格的社会和经济利益代表、相关利益主体的意见后，自本立法令第四部分生效之日起6个月内，按照本条款的规定，颁布专门的条例规定基本准则，以便在此基础上确定废弃物管理费用的组成并由此决定税费，也要考虑第7款规定的优惠条件，以确保不会造成相关机构的负担。

7. 在确定税费时，可以针对经过适当记录并核实的家庭用户和季节性或非持续性使用的用户规定优惠条件，也要考虑区域内用户的收入层次。在此情况下，根据第6款所述条例中确定的准则，必须在财政计划中指出必要的资源，以确保全面弥补优惠条件所导致的税费收入减少。

8. 第6款所述条例还应考虑提高生产力和服务质量的目标和通货膨胀率。

9. 进行税费调整时应考虑市镇或者管理者做出的有利于组织服务的投资。

10. 如果生产者通过由实施同类废弃物回收活动的主体开具的证明证实自身已经实施了回收，则应根据所回收的同类废弃物的数量对管理费适用按比例减免系数。

11. 直至第6款所述条例颁布并完成适用税费的步骤之前，继续适用现有的管理规定。

12. 根据1973年9月29日第602号共和国总统令，通过与税务局签订协议，可以采用自愿缴纳和强制缴纳费用制度。

第五章　污染地改良

第 239 条　适用的原则和范围

1. 根据欧盟原则和规范，尤其是“污染者付费”的原则，本章调整污染地改良和环境修复措施，确定开展必要作业的程序、准则和方式，以便消除污染源和最终减少污染物质的浓度。

2. 本立法令第四部分第一章的规定继续有效，本章规定不适用于：

(1)由本立法令第四部分调整的遗弃废弃物的行为。在上述情形下，若经过移除，已经开始回收、处理被遗弃的或随意放置的废弃物的，如经查证超过警戒值的，必须标记此区域，以便实施本章规定的土壤改良和环境修复措施。

(2)由特别法规定的土壤改良措施，除非该特别法对此有明确限制或者未做规范。

3. 各大区应制定专门的计划用以规定有关被标记为弥散性污染区域的土壤改良和环境修复措施，上述规定不影响针对具有国家利益的改良地点而规定的职权和程序，且始终应符合本章规定的一般准则。

第 240 条　定义

1. 为实施本章规定，作如下定义：

(1)地点：在地理学上定义并划定的区域或部分领土，存在于不同的环境基质(土壤、回填材料、底土和地下水)内并包含当前可能存在的建筑和植被结构。

(2)污染浓度阈值(CSC)：构成阈值的环境基质的污染水平，超过该值，则有必要依据本立法令第四部分附件 5 的规定对该地点进行标记并作特定地点的风险分析。在此情况下，若潜在污染风险地位于受人类活动或者自然现象影响的区域，且上述人类活动或者自然现象导致超过了一项或者多项污染物浓度阈值的，则假定此浓度值等于所有超标参数的现有基础值。

(3)风险浓度阈值(CSR):按照本立法令第四部分附件1确定的原则,以标记计划的结果为基础,适用特定地点风险分析程序确定具体情况中的环境基质污染水平,一旦超越上述水平则会被要求进行安全处置和土壤改良。所确定的浓度水平构成该地点的可接受水平。

(4)潜在污染地点:在其环境基质中检测到一个或多个污染物质的浓度值高于污染物浓度阈值的地点,上述地点有待进行标记作业并进行特定地点健康风险分析和环境风险分析,以便以风险浓度阈值为基准确定该地点的污染状态。

(5)污染地:根据标记计划的结果,通过采用本立法令第四部分附件1的风险分析程序,其结果显示已经超过了其风险浓度阈值的地点。

(6)未污染地:基质检测其污染浓度低于污染浓度阈值,或者即使超过阈值,其结果也低于根据特定地点健康和环境风险分析所确定的风险浓度阈值的地点。

(7)开展活动的地点:显示开展工业或者商业活动的地点,以及附属区域和用于进行辅助性经济活动,包括为了后续恢复活动而进行财产维护和保护活动的地点。

(8)废弃地:不再用于进行生产活动的地点。

(9)预防措施:针对造成健康或环境紧迫威胁的事件、行为或不作为,即可能在不久的将来造成健康或环境损害的相当风险,所采取的旨在防止或尽量减少上述威胁实现的措施。

(10)补救措施:任何行动或行动组合,包括旨在修复、恢复或更换受损自然资源和/或自然服务的缓解措施或临时措施,或提供与此类资源或服务等效的替代措施。

(11)紧急安全处置:任何直接或短期干预,在任何性质的突发污染事件中,在第(18)项所规定的紧急情况下实施作业,用于控制主要污染源的扩散,防止其与该地点的其他基质接触并将其移除,等待任何进一步的改良措施或临时性或永久性安全处置。

(12)临时安全处置:在地点内与开展的活动同时实施的全部措施,用于确保将人类和环境安全维持在一个适当水平,等待在该活动结束后进一步采取永久性安全处置或者土壤改良。此外,还包括在实施土壤改良或者永久性安全处置之前临时性实施的污染遏制措施,以避免污染在同一基质或者不同基质之间的扩散。

（13）永久性安全处置：旨在确保永久性地隔离污染源和周边环境基质的全部干预措施，以确保人类和环境安全达到较高且稳定的水平。在此情况下，必须针对城市规划规定监测和控制计划和使用限制。

（14）改良：旨在于消除土壤、底土、地下水中的污染源和污染物质，或者将其浓度降低至等于或者低于风险浓度阈值水平的全部措施。

（15）环境修复和重建：对环境和景观进行再开发的干预措施，也作为改良或者永久性安全处置的补充，以便按照城市规划规定的用途将地点恢复到有效且明确的可用程度。

（16）扩散性污染：由扩散性且非单一污染源造成的环境污染或环境基质的化学、物理或生物病变。

（17）特定地点的健康和环境风险分析：按照本立法令第四部分附件 1 中指出的标准实施的、对因长期暴露于污染环境基质中的物质作用产生的人类健康影响进行的地点分析。

（18）紧急条件：一经证实则需要实施紧急干预的事件，例如：

1）在密闭空间内，蒸汽的当前浓度或者潜在浓度接近爆炸水平或者易于造成人类健康的急剧损害后果；

2）在土壤或地表水各水道或岩层中，相对独立阶段内呈现大量产物；

3）饮用水井或者农用水井发生污染；

4）存在燃烧和爆炸的危险。

第 241 条　农业地区规范

1. 环境与土地海洋保护部协同生产活动部、卫生部和农业与林业政策部，以部委令的形式制定有关农业生产和养殖业区域的土壤改良措施、环境修复措施和紧急、临时性和永久性安全处置的规章。

第 241-2 条　军事区域

1. 为了确定在专供军队开展国防活动的区域内采取的预防措施、安全处置、土壤改良措施和对相关项目的调查，应适用本立法令第四部分第五章附件 5 表格 1 中 A 列和 B 列所规定的污染浓度阈值，该浓度值考虑了在军事区域内部有效开展的活动及不同用途。

2. 在第 1 款所述区域内欲实现的干预目标，应在对该区域进行适当的特定地点风险分析后予以确定。在进行上述分析时必须考虑所述区域或部分区域及周边区域的实际使用和环境特征，以便预防、减少或者消除因可能暴露在污染物质中和环境基质内的污染物扩散产生的健康风险。

3. 军事区域转化为居住区域的情况下，继续适用本立法令第四部分第五章附件 5 表格 1 中 A 列所规定的污染物浓度阈值。

4. 对与不属于本立法令第四部分第五章附件 5 表格 1 所规定的军事活动，由高等卫生研究所根据国防部所提交的技术信息来确定其特殊污染物质的浓度阈值。

4-2. 每一个武装部队军用射击场的指挥官应针对在射击场内所开展活动对环境基质成分的影响制定长期监督方案，此外，由主管机关负责，也可以将监督范围延伸至与射击场临近的区域。对于临时射击场或半永久性射击场，限于在军队使用该射击场期间实施上述监督方案。

4-3. 每一个武装部队军用射击场的指挥官，对于在射击场内开展的每一种演习或试验，应每半年拟定一份报告，并在报告中注明在射击场内开展的上述演习或试验活动、实施方式、时间、地点以及其他相关要素，以保护环境和人员健康。

4-4. 武装部队军用射击场的指挥官将第 4-3 款涉及的报告报送至该射击场所在的大区。同时该报告也应呈交所在地的大区环境保护办事处以及主管市镇。

4-5. 武装部队军用射击场所在的大区，针对该军用射击场，在向 2016 年 6 月 28 日第 132 号法律第 11 条规定的国家环境信息网（SINANET）输送信息的大区环境信息系统中，建立一个大区环境监测站。在活动实施期间结束后 30 日内，军用射击场的指挥官向该监测站报送第 4-2 款的环境监测方案的实施情况。大区环境监测站和国防部的合作形式通过专门的议定书予以规范。

4-6. 根据第 184 条第 5-2 款规定的方式，遵循本立法令第六部分第二章的原则，采用适当程序以核实在武装部队军用射击场内是否存在对环境有迫切威胁的活动。

4-7. 国防部与环境与土地海洋保护部、卫生部协商后颁布法令，规定每年在武装部队军用射击场内开展试验活动的最长期间。

4-8. 2009 年 10 月 22 日国防部令（发布在 2010 年 4 月 15 日第 87 号政府公报上）第 9 条规定的职责仍然有效，环境保护和研究高等研究所可以利用大区环境保护办事处，根据国防部与环境与土地海洋保护部协商后颁布法令所确定的方式，监督活动是否符合废弃物管理规范。

4-9. 经同环境与土地海洋保护部协商后，国防部应就第 184 条第 5-2 款第 3 项以及本条第 4-2 款、第 4-8 款所规定活动，确定每年国防部应承担的费用。

5. 针对本条规定的干预措施的规划和实现活动，国防部可以通过特定协议，利用中央行政机关在该部门内开展工作的机构，根据自己的决定确定相关的实施方式。

第 242 条　操作程序和管理程序

1. 当确定某事件可能会对地点造成污染时，污染责任人应在 24 小时内采取必要的预防措施，并根据第 304 条第 2 款及其规定的方式立即报告。当确定历史性污染仍可能具有加重污染状况的风险时，也适用该程序。

2. 实施了必要堆肥预防措施后，污染责任人应在污染的相关区域内针对污染物的参数进行初步调查，在核实没有超越污染物浓度阈值时负责对污染区域进行恢复，并在前述报告提交后 48 小时内以专门的自我证明书的形式向区域内主管的市镇和省提交通知。本条规定的通知程序因自我证明而终结，但是不影响主管机关在随后的 15 日内开展核查和监控活动。如果污染不能归因于某一单个事件，则必须根据该地点的历史以及随着时间所开展的活动按照具体情况确定待评估的参数。

3. 如果第 2 款所述初步调查证实该地点已经超过了污染物浓度阈值，即使只是超过了一个参数阈值，污染责任人也应立即将之报告给区域内主管的市镇和省，并说明其已经采取的预防措施和紧急安全处置。在随后的 30 日内，还应向上述行政机关以及区域内主管的大区呈交一份符合本立法令第四部分附件 2 规定条件的标记计划。随后 30 日内，大区应召开征求意见会，许可该标记计划并作出可能的补充规定。大区的许可构成对所有标记作业的同意，并取代由公共行政机关做出的所有其他许可、特许、同意、默示同意和不反对。

4. 根据标记的结果，对地点适用特定地点风险分析程序以确定风险浓度阈值。环境与土地海洋保护部协同经济发展部、卫生部，在 2008 年 6 月 30 日之前以部委令的形式规定适用风险分析程序的准则。上述法令颁布延迟的，则根据本立法令第四部分附件 1 的规定的准则适用风险分析程序。通过标记计划后 6 个月内，责任主体应向大区提交风险分析的结果。至少提前 20 日向责任主体发出预通知，并开展与其对质的预调查后，大区负责召开征求意见会，自收到风险分析报告后 60 日内批准该报告。在征求意见会设定召开日期至少 20 日之前，必须向征求意见会成员寄发风险分析报告。在多数表决通过的情况下，所作决议中应对会议期间表达出来的不同意见进行适当的分析说明。

5. 如果风险分析程序的结果显示该地点的污染物浓度低于风险浓度阈值，则征求意见会应以批准风险分析报告的方式主动宣布终结该程序。在此情形下，征求意见会可以根据风险分析的结果和该地点的实际用途规定对该地点开展有关核查情况稳定性的监测方案。为此，责任主体在批准上述项目后 60 日内，应向区域内主管的省和大区提交一份监测计划，其中应确定：

（1）待检测的参数。

（2）监测的频率和持续时间。

6. 经听取省的意见后，大区应自收到该监测计划后 30 日内予以批准。如果主管机关认为有必要并通过适当说明理由的文件要求补充文件或者对项目进行深入研究，则该期间可以且仅能中断一次，并应指明适当的履行期限。在此情况下，批准期限自收到项目补充文件之日起计算。监测期届满后，责任主体应向大区和各省发出通知并寄送一份开展监测的结果综合报告。如果监测结果表明超过了一种或者多种风险浓度阈值，则责任主体必须启动第 7 款规定的改良程序。

7. 如果风险分析程序的结果显示该区域的污染浓度超过了风险浓度阈值，责任主体应在风险分析报告通过之日起 6 个月内，向大区提交一份有关改良措施或临时性或永久性安全处置的实施方案，如有必要还应包括进一步的环境治理和修复措施，以便最大程度降低场地污染状态引发的风险并使其达到可接受的程度。为了筛选更适合场地的土壤改良技术，各大区可以许可在场地内试点使用创新性土壤改良技术，也为全面适用该技术确定必要的方案参数，前提是在满足健康和环境风险安全条件的情况下适用该技术。在进行前述土壤改良措施或者安全处置时，由于污染物性质、干预措施、必要的工厂设备或者与干预措施相关的区域延伸的原因导致出现特别的复杂性，可以将该项目分为不同的阶段，以便能够对个别地区或随后的时间段进行干预。在分阶段项目时间表中，应根据行业科学技术发展的前景，对所采用的创新性技术、所呈现的效益和效率以及要承担的费用进行评估。自收到该计划之日起 60 日内，大区通过专门的征求意见会听取相关市镇和省以及责任主体意见后批准该计划并可以对其进行必要的规定和补充。如果大区认为有必要并通过适当说明理由的文件要求补充文件或者对项目进行深入研究，则可以且仅能中断该期间一次，并应指明适当的履行期限。在此情况下，批准期限自收到项目补充文件之日起计算。仅当为了在执行实施方案和为了严格控制在执行该方案所必需的时间内兴建和运营必要的设备和器材，本款规定的大区许可将完全替代现行立法规定的许可、特许、同意、默示同意、不反对、意见和赞成，尤其是包括与环境影响评价相关的或必要的情况下，有关在整个干预目标区域内开采土壤和岩石的管理以及岩层渗水的排泄管理。此外，该许可构成对城市规划的变更，表明工作具有公共用途、情况紧急并且不可迟延。项目批准决定中还应规定实施期限，还应列明实施工作所必需的规定并确定财务担保金额，其数额不得超过干预措施预期成本的50%，该保证金必须提交给大区用以确保干预措施的正确和全面实施。

8. 本立法令第四部分附件3中规定了根据欧盟规范确定的选择和实施土壤改良和环境修复措施、临时性或永久性安全处置的标准以及确定可负担的最佳可得技术的标准。

9. 针对受污染地区的临时性安全处置应保障适当的健康和环境安全并阻止污染蔓延。临时性安全处置方案应附带详细的、针对所采用措施的效力监测计划，指明如果终止该活动是否有必要采取土壤改良措施或者永久性安全处置。此外，只要不妨碍采取适当的风险预防措施实施或完成改良活动，也可以许可对设备和技术网络进行常规和非常规维护措施和安全处置。

10. 针对活动运营中的地点进行标记、土壤改良、安全处置和环境修复时，大区除负有保障公共卫生和环境保护的义务外，在批准方案的过程中还确保上述干预措施能有序衔接并与进行中的活动相匹配。

11. 在本立法令第四部分生效之前发生的事件，如果事件发生当时未显示存在不利于环境和公共健康的紧迫风险的，则相关主体应向有权的大区、省和市镇报告潜在污染的存在和地点标记计划，以便根据污染物浓度阈值中列明的标准确定污染的大小和影响范围，并适用第4款及后续条款规定的程序。

12. 各省负责开展调查和预审活动，可以利用大区环境保护办事处的技术力量，并与其他行政机关合作。

13. 应在大区召集的征求意见会上进行审批标记和改良方案的程序，该征求意见会由通常负责对实施计划和方案内所含的干预措施签发许可、授权和特许的主管行政机关组成。至少在确定的讨论日20日之前，应向参会成员寄送有关文本，多数表决通过的情况下所作决议中应对会议期间表达出来的不同意见进行适当的分析说明。各省有权发放土壤改良认证资格。如果各省没有在收到通过决议之日起30日内发放该认证，则由大区负责发放。

13-2. 对于碳氢燃料的输送网络,适用第252条第4款的简易程序。

第242-2条　改良操作的简易程序

1. 相关操作人员自费实施土壤改良措施以便将污染减少到等于或低于污染浓度限值的,可以向第242条或第252条规定的行政机关提交一份根据地点污染状况数据做出的干预措施方案的完整计划,以及工作日程安排。标记和相关土壤改良计划不适用第242条和第252条规定的批准程序,但是应根据本条第3款和第4款的规定进行监控以便核查具有特殊用途的土壤是否达到了污染浓度阈值。根据1990年8月7日第241号法律第21条的规定,操作人员应对所提供数据和信息的真实性负责。

1-2. 如果第1款所述土壤改良计划所涉及区域超过了15,000平方米,则可以最多分为三个阶段予以实施,每一个阶段都受第2款规定的实施期间限制。当土壤改良地面积超过了400,000平方米,则衔接项目的阶段数目或者功能性批次数目应由其所附的工作日程安排确定,并通过与主管机关达成协议的形式作为最终定稿。工作日程安排必须特别明确地规定与整个区域相关的土壤改良措施、预防措施和安全处置措施,特别是有关地下水的。

2. 为了使土壤改良计划中规定的设备安装和活动开展获得必要的批准,利害关系人应向大部分设备所在地以及活动区域内的大区呈交一份有关该设备和活动采用技术的详细报告,大区应在随后30日内,根据1990年8月7日第241号法律或者相关的大区适用规范,召开专门的征求意见会。征求意见会召开之日起90日内,大区应做出最终决定,该决定将完全替代任何其他许可、特许、不反对或者所谓的同意书。收到同意书通知后30日内,相关主体应向第242条或第252条规定的程序主管行政机关和区域内主管的大区环境保护办事处报告实施土壤改良活动的开始时间,该活动必须在随后18个月内结束,最多可以延长6个月;超过该期限,除非有正当理由的暂停,必须启动第242条或者第252条规定的普通程序。

2-2. 在选择干预策略时,必须优先考虑能够在最大限度上减少在垃圾填埋场处理废弃物的技术方式。根据本立法令第四部分规定的原则,尤其必须优先考虑处理材料的原地再利用。

3. 土壤改良完成后,利害关系人应向第242条或者第252条规定的主管机关呈交一份标记计划,以便核实是否达到特定用途地点的土壤基质污染物浓度阈值。该计划应在提交后的45日内予以批准。作为试验,对于在2017年12月

31 日前已经开始的程序，如果前述期间已经届满，则标记计划视为已通过。上述标记计划的实施与区域主管的环境保护大区办事处核实的结果相冲突的，环境保护大区办事处负责核实相关数据信息，并在 45 日内将其告知负责土壤改良程序的有权机关。

4. 区域主管的大区环境保护办事处负责验证最终抽样测试计划的结果，证实达到土壤的污染浓度阈值，其构成对土壤的改良活动的认证。对最终取样计划进行监控成本和相关验证的费用由第 1 款规定的主体承担。如果最终抽样测试的结果表明未达到土壤基质的污染物浓度阈值，则区域主管的大区环境保护办事处应向负责土壤改良程序的权力机关和第 1 款规定的主体通告不一致的情形，这些主体必须在随后的 45 日内，按照本立法令第 242 条和第 252 条的普通程序的要求，提交有关土壤改良方案所必需的补充。

5. 如有必要，根据第 242 条和第 252 条规定的程序，对地下水采取预防措施、安全处置和改良措施的义务继续有效。

6. 达到土壤的污染物浓度阈值后，该地点可以用于按照现行城市规划所确定的使用用途，除非评估显示地下水中的挥发性污染物导致该区域的供水可能存在健康风险。

第 243 条　抽取地下水的管理

1. 为了防止和阻止污染地点的地下水污染，除了采取必要的安全处置措施和水污染预防措施外，还可以通过具有抽取和处理功能的水利终端，必须确定和采用最佳可得技术用于消除，或者通过第 242 条规定的处理措施直接、间接地阻断污染源；在进行地下水的抽取和处理时，必须评估在该地点的生产流程中使用抽取水的技术可行性是否符合根本目标和本立法令第三部分设立的保护和节约水资源目标。

2. 仅当根据第 1 款规定的方式不可能实现其目标时，才能采用物理屏障碍。

3. 如果没有按照第 1 款和第 2 款的规定操作，则在向地表水体或者下水道注入抽取水前，必须事先在当地现有运营中的、技术上适宜的地下水专门处理设备或者工业废水处理设备中进行净化处理。

4. 抽取水经过事先的净化处理，通过一个稳定的、无缝连接抽取水的抽取点和注入点的收集系统输送进入接受水体，视同源自一个排泄口的工业回流水，并受本立法令第三部分制度的调整。

5. 仅当为了土壤改良目的时，才可以违反第 104 条第 1 款的规定，将经过处理的抽取水再次注入其被抽取的地下水层。为此,第 242 条规定的方案中必须明确处理类型、再注入水的质量和数量特征、再次注入的方式以及对相关含水层部分的检测和监测措施;也可以通过抽取、处理、再注入反复循环的方式再次注入这些抽取水,但禁止加入其他排泄水或者其他物质,除非这些物质是土壤改良许可中明确规定的、特别强调其使用数量和添加方式的必要物质。

6. 抽取水的处理必须确保有效减少向接受水体中排放的污染物质数量,以避免完全将地下水中的污染物传送至地表水体中。

第 244 条　命令

1. 公共行政机关在履行其职能时,应确定经核实污染水平超越了污染物浓度阈值的地点,并将其报告给主管的大区、省和市镇。

2. 主管的省在接收到第 1 款的通报后,经过开展只在确定超标责任人的适当调查并听取市镇意见后,应向潜在污染的责任主体发出附理由的命令,要求其根据本章规定采取措施。

3. 根据第 253 条的规定,第 2 款规定的命令也要通知该污染超标地点的所有权人。

4. 如果责任主体难以确定或者不执行命令,或者污染地点所有权人和其他利害关系人也不执行命令的,则主管行政机关应根据第 250 条的规定采取本章规定的必要干预措施。

第 245 条　非潜在污染责任人的干预和告知义务

1. 非责任主体的利害关系人也可以启动本条所规定的安全处理措施、土壤改良措施和环境治理措施程序。

2. 除了第 242 条规定的应由潜在污染责任主体履行的义务外,涉事区域所有人或者管理者必须向区域主管的大区、省和市镇提交报告,指出该区域污染超过污染物浓度阈值,或者存在具体现实的超标危险,并根据第 242 条的规定采取预防措施。主管的省一旦收到上述报告后,应在听取市镇意见后启动程序确定责任主体,以便于开展土壤改良措施。在任何时候,涉事区域所有者或者其他利益相关主体都有权在其所有或者管理的地区主动实施必要的土壤改良干预措施。

3. 如果相关主体根据第 1 款和第 2 款的规定,在本立法令第四部分生效后 6 个月内实施,或者已经事先进行了相关操作,则其对于发生在本立法令第四部分生效之前的污染事件所负有的土壤改良义务,将由区域主管的大区根据该地区的危险程度来确定,各地区的危险程度通常由土壤改良的大区计划或其摘录确定。在任何情况下相关主体都有权利在上述期限之前采取干预措施。

第 246 条 方案协议

1. 自第 242 条规定的风险分析文件批准之后 6 个月内,有义务采取本章规定采取干预措施的主体和其他相关利益人,有权根据本章的规定与主管行政机关签订专门的方案协议,确定采取干预措施的方式和时间。

2. 如果有主体意欲或者有义务在涉及多个大区的数个地点内同时实施土壤改良措施的,则可以在第 242 条规定的风险分析文件批准之日起 12 个月内,与相关大区签订专门的方案协议确定实施干预措施的时间和方式。

3. 如果有主体意欲或有义务在全国范围内的不同地点同时实施土壤改良措施,或在涉及国家利益的同一地点的土壤改良中牵涉多个相关主体的,则在第 242 条规定的风险分析文件批准之日起 18 个月内,相关主体应与环境与土地海洋保护部签订方案协议确定采取干预措施的时间和方式;签订协议前,环境与土地海洋保护部应就此与卫生部、生产活动部协调一致,并取得国家—大区会议的同意。

第 247 条 被查封的地点

1. 如果受污染地点是被查封的对象,则为了阻止污染的进一步扩散,以及环境状态的加剧恶化,做出查封决定的司法机关可以许可相关人员进入该地点实施安全处置、土壤改良和地区环境治理等干预措施。

第 248 条 监管

1. 有关污染地点的标记计划和实施方案,包括要实施的修复措施和监控措施、根据第 242 条第 4 款规定作出的使用限制和规定,应报送给省和主管的大区环境保护办事处,以便于其针对干预措施是否符合批准的方案进行监管。

2. 根据区域主管的大区环境保护办事处事先提供的技术报告,各省通过专门的认证书来审核土壤改良措施、永久性安全处置和临时性安全处理措施是否完成,以及这些措施是否符合批准的方案。

3. 第 2 款规定的认证书是取回第 242 条第 7 款规定的保证金的资格凭证。

第 249 条 小面积污染区域

1. 针对小面积污染区域的干预措施适用本立法令第四部分附件 4 规定的简化程序。

第 250 条 行政机关进行的土壤改良

1. 如果污染的责任主体没有直接履行本章规定,或者责任主体难以确定,而该地点的所有人和其他利害关系人也没有履行本章规定的,则由区域主管的市镇依职权实施第 242 条规定的程序和干预措施;若市镇没有实施,则由大区根据污染地区的大区计划中确定的优先顺序予以实施,也可以利用其他由公开的专门程序选拔出来的公共或私人主体来实施。为了预估上述干预措施的总体费用,大区可以在其预算范围内建立专项基金。

第 251 条 土壤改良地点的统计和登记

1. 大区根据环境保护和研究高等研究所确定的标准,安排土壤改良地点的登记事宜,其中必须包括:

(1)应实施土壤改良和环境修复措施的地点清单,以及已经在该地点内实施的干预活动清单。

(2)确定负责进行土壤改良的主体。

(3)当义务主体不履行时,为了依职权实施,应明确大区打算利用的公共机构,不影响通过公开招标进行必要工程的委托或者采用第 242 条规定的程序。

2. 如果对特殊地点的风险分析结果证实超过了风险浓度阈值,则该状态应通过城市规划用途证明书以及制图和市镇总体城市规划的技术实施规范进行报告,并通知主管的国家技术办公室。

3. 为了保障收集和传输数据与信息的效力,环境保护与研究高等研究所和大区及大区环境保护办事处合作,确定统计的基本内容和工具,以及在国家环境信息系统网络连接的信息系统中进行转换的方式。

第 252 条 具有国家利益的地点

1. 为了进行土壤改良,应根据地点的特征、现有污染的数量和危险性、在健康风险和生态风险意义上对周边环境的影响评定以及对文化和环境资产损害确定具有国家利益的地点。

2. 经与相关大区协商一致,环境与土地海洋保护部根据下列原则和指导准则,以部委令的形式负责确定具有国家利益的地点:

(1)土壤改良干预措施必须涉及具有特殊环境价值的地区和地域,包括水体。

(2)土壤改良措施必须涉及受 2004 年 1 月 22 日第 42 号立法令保护的地区和地域。

(3)在人口密集或者相关区域发生蔓延的大区,因超过风险浓度阈值所带来的健康和环境风险必须特别高。

(4)由于地区污染带来的社会经济影响必须是显著的。

(5)污染对具有显著国家意义的历史和文化资产构成风险。

(6)要采取的干涉措施必须涉及数个大区的地点。

(6-2)当前或过去持续开展过炼油厂、综合化工厂或炼钢厂的作业活动。

2-2. 在任何情况下,为了土壤改良的目的,有关生产和开采石棉活动的地点均应被确认为具有国家利益的地点。

3. 为了划定地区边界,应听取市镇、省、大区以及其他地方机构的意见,以保障责任主体的参与,如果土壤改良地点的所有权人不是责任主体的,还应确保该土壤改良地点的所有权人的参与。

4. 在听取生产活动部的意见后,针对具有国家利益的地点进行第 242 条规定的土壤改良程序由环境与土地海洋保护部负责实施。环境与土地海洋保护部可以利用环境保护与研究高等研究所、相关地区的大区环境保护办事处、高等卫生研究所以及其他适格的公共或者私人主体。环境与土地海洋保护部采用简化程序进行与碳氢燃料分配网络有关的土壤改良操作。

5. 如果责任主体不履行或者无法确定,或者污染地点的所有权人以及其他相关主体也不履行,则由环境与土地海洋保护部负责采取干预措施,后者可以利用环境保护与研究高等研究所、高等卫生研究所、国家新技术新能源和经济可持续发展总局以及其他适格的公共或私人主体。

6. 项目许可和相关干预措施的许可全面替代现行立法规定的许可、特许、同意、默示同意、不反对、意见和赞成,除此还包括与实施所需的工厂和设备的建造和运营有关的那些。此外,该许可还构成对城市规划的变更,表明工作具有公共用途、情况紧急并且不可迟延。

7. 如果涉及应适用环境影响评价程序的工程的兴建,则土壤改良方案的批准也应包括该评价。

8. 在等待作出前款规定的许可决定的过程中,经过技术审查,应利害关系人的申请或者紧急动议的提出,环境与土地海洋保护部根据其所召集的征求意见会对方案做出的积极评价及可能附加的规定,可以临时许可开始有关土壤改良措施的兴建作业,规定要求取得环境兼容性评价肯定性宣告的除外。临时许可具备第 242 条第 7 款规定的效力。

9. 根据现行法律,格罗瑟托(Grosseto)的前斯提拉热(Strillaie)垃圾处理站的相关土壤改良地区被视为具有国家利益的地点。环境与土地海洋保护部将以部委令的形式确定该地区的范围。

第 252-2 条 因工业转产而具有显著公共利益的国家级污染地点

1. 环境与土地海洋保护部以及经济发展部与相关大区协商后(还需同劳动与社会政策部协商,如涉及对相关地区和不动产提供持续保护而进行特殊限制的相关职权,还需与文化活动和文化财产和旅游部协商),根据主管职权范围,按照 1998 年 12 月 9 日第 426 号法律,在 2007 年 4 月 30 日前确定的具有国家利益的地区内,与污染地区的一个或多个所有权人或者其他相关主体签订规划协议,以完善实施安全处置或土壤改良措施,工业转产措施以及经济发展计划,以推动在卫生安全和环境安全的条件下对这些地点的再利用,保护未受污染的环境基质。排除相关地区适用 2013 年 6 月 4 日第 61 号法律草案(经修改并写入 2013 年 8 月 3 日第 89 号法律)以及随后的修改中所规定的措施。如果企业被允许采用 2003 年 12 月 23 日第 347 号法律草案(经修改并写入 2004 年 2 月 18 日第 39 号法律)所规定的特别行政程序,则此种排除失效。

2. 第 1 款规定的规划协议保障活动协作,以确定项目实施的时间、方式、财政以及其他与功能运行相关的内容,尤其包括以下:

(1)根据大区环境保护办事处所确认的标记结论,确定要实施的土壤改良和安全处理措施。

(2)确定工业转产和经济发展的干预措施,也可以利用大学和专门研究机构所特别提供的研究和设计。

(3)投资的财政经济计划和相关规划的持续时间。

(4)干预措施的实施时间和相关保障。

(5)公共捐助和其他可用的、被赋予的金融经济资助措施。

(6)撤销捐助和其他资助措施的原因,以及解除协议的原因。

(7)确定安全处置、土壤改良措施,以及由相关主体进行的安全处置干预的监测、监督和管理活动的实施主体。

(8)安全处置和土壤改良措施的提交和通过时间。

(9)借助于在全国和大区范围内确定的预备经费,在规划协议规定的土壤改良工作中,确定重新使用废弃企业劳动工的职业培训、资格获取和更新的内容。

(9-2)对项目建设和任务履行管控进行监督的方式。

3. 签订规划协议即表明认可了设立企业、建设工程,及其他为了环境治理和经济发展而采取的功能性干预具有普遍公共利益特色,且具有公共用途。

4. 除第 5 款规定之外,还要考虑公司关联责任,在利益相关公司或关联公司担任领导职务的情况,第 1 款的相关主体无需对实施安全处置和土壤改良、工业转产、经济发展措施地区的污染负责。为此目的,没有造成该地区污染的所有权人和管理者是非责任主体的利害关系人,不承担第 245 条第 2 款规定的义务。

5. 第 1 款的规划协议,也可以在以下情形下,同不具备第 4 款条件的主体签订:

(1)导致污染的事件必须发生在 2007 年 4 月 30 日之前。

(2)除安全处理和土壤改良措施以外,还必须确定本立法令第六部分附件 3 规定的环境损害补救工作。

(3)考虑到不影响经济活动的启动和发展,保障环境损害补救活动的经济可负担性,利害相关主体提出一个不短于 12 年的特殊财政规划,在其中确定环境损害补救活动结束的最终期限。

6. 规划协议确定由利害相关主体进行安全处理、土壤改良、监测、监督和相关管理以及补救任务,排除这些主体其他的土壤改良和环境修复义务,并使之对规划协议之前的所有事实不承担实际负担。旨在对具有国家利益的地点进行土壤改良的措施中规定,对所有发生在规划协议之前的事实废除其实际负担,其前提是,污染的责任相关主体已经根据第 248 条对污染地点采取了安全处理和土壤改良并获得了认证。如果利害关系主体对污染负有责任,第 2 款第(5)项的资助措施和捐助不得涉及该主体职责范围内的安全处理、土壤改良、环境损害补救,而是专门用于购买工业转产以及发展地区经济的工具性资财。

7. 在适用第 5 款规定的情形之外,对于规划协议中确定的安全处理措施和土壤改良措施,以及根据法律规定的方式和模式进一步的土壤改良干预措施和环境损害补救措施所需支付的费用,公共行政可以主动起诉污染责任人以要求其补交费用。

8. 根据环境与土地海洋保护部基于 1990 年 8 月 7 日第 241 号法律第 14 条召开的征求意见会决议,环境与土地海洋保护部与经济发展部以法令许可和通过项目实施的补充干预计划。所有签署规划协议的公共主体或者许可及通过措施的资格主体,总之是被任命的主体,即实施规划协议中规定的干预、操作和活动的主体，以及相关利益主张者，都应参与征求意见会。地方市镇组织代表对主管组织要采取措施的决议作出赞同表示，替代上述组织的所有职务行为。

9. 除了继续适用有关环境影响评价和环境综合许可的规范外，第8款规定的法令负责许可进行安全处理和土壤改良，以及相关设备和关联工程的建设和运行。

10. 对于根据第1款，在具有国家利益的污染地进行经济发展、工业转产、土壤改良综合项目的计划、协调和监测，由现行法律所拨付的款项来负担，经济发展部同环境与土地海洋保护部协商一致，在规划协议中确定一个或者多个“内部”的公司，以现有法律所提供的人力、财力和物力资源范围内进行配备。在公共所有的区域或者由公共主体启动干预的情形下，上述主体要采用具有明显公共价值的程序，即招投标等方式以实施该干预措施，除了与欧盟规范和判例一致的现行规范所规定的。

11. 教育高校与研究部同经济发展部、劳动与社会政策部、大区和自治省协商一致，在高级技术研究所内采取有利于环保领域新的职业能力培养的措施，这些措施由现行立法分配的资源资助，并从2014-2020年规划资源中得到资助，这些资源预先包括在本条第1款的规划协议中。

第253条 不动产义务和特别优先权

1. 由主管机关根据第250条的规定依职权实施本章规定的干预措施，将构成污染地点上的不动产义务。该义务应在土壤改良项目被批准后记入项目方案，并且必须在城市规划用途证书中予以指明。

2. 根据《民法典》第2748条第2款的规定，用于支付第1款所述干预措施的费用可以享有该地区的不动产特别优先权。在不损害第三方取得不动产权利的前提下可以行使该优先权。

3. 仅当主管机关以附理由决定证明无法查实责任人或者无法责令其实施补救措施或该措施无效果时，方可以针对无过错的污染地点或有污染危险性的地点的所有权人行使优先权并索取费用。

4. 在任何情况下，根据附理由决定并遵守1990年8月7日第241号法律的规定，无责任的所有权人可能负有义务偿还由主管机关采取的干预措施的费用，其金额应限制在实施该干预措施后确定的该地点的市场价值内。若对污染无责任的所有权人主动地对污染地点实施了改良措施，则其有权要求污染责任人就已经支付的费用和可能经受的较大损害予以弥补。

5. 针对污染地实施的土壤改良干预措施，若其存在与卫生—健康和环境保护或就业需求相关的显著公共利益，则根据专门的财政立法规定，可以在相关费用范围内获得最大不超过 50% 的公共财政资助。上述公共资助不适用第 1 款和第 2 款的规定。

第六章　处罚、临时性规定和最终规定

第一节　处　　罚

第 254 条　特别规范

1. 现行有效的相关特别规范中规定的处罚仍然有效。

第 255 条　遗弃废弃物

1. 除第 256 条第 2 款的规定外，违反第 192 条第 1 款和第 2 款、第 226 条第 2 款和第 231 条第 1 款和第 2 款的规定，遗弃或随意放置废弃物或者将其引入地表水或者地下水的，处以 300 欧元以上 3000 欧元以下的行政罚款。涉及遗弃危险性废弃物的，处以 600 欧元以上 6000 欧元以下的行政罚款。

1-2. 违反第 232-3 条规定的禁令，处以 30 欧元以上 150 欧元以下的行政罚款。遗弃第 232-2 条规定的吸烟产品的废弃物，则处以 60 欧元以上 300 欧元以下的行政罚款。

2. 收集中心的权利人、被特许人，或建筑公司分公司的权利人违反第 231 条第 5 款规定的，处以 260 欧元以上 1550 欧元以下的行政罚款。

3. 不遵守第 192 条第 3 款规定的市长命令，或不履行第 187 条第 3 款规定的义务，处以 1 年以下拘役。在定罪判决或根据《刑事诉讼法典》第 444 条作出的判决中，若执行第 192 条第 3 款所述命令的规定，或履行了第 187 条第 3 款规定的义务，则暂缓执行上述刑罚。

第 256 条　未经许可的废弃物管理活动

1. 除了根据第 29-14 条第 1 款实施处罚的情形外，未按照第 208 条、第 209 条、第 210 条、第 211 条、第 212 条、第 214 条、第 215 条和第 216 条的规定获得许可、进行注册或者予以通知，而开展废弃物收集、运输、回收、处理、交易和中介活动的，处以：

(1)若涉及非危险性废弃物的，处3个月以上1年以下拘役或处以2600欧元以上26,000欧元以下的罚金。

(2)若涉及危险性废弃物的，处以6个月以上2年以下拘役并处以2600欧元以上26,000欧元以下的罚金。

2. 企业或机构违反第192条第1款和第2款规定的义务，遗弃或随意放置废弃物，或将其引入地表水或地下水中的，对企业的权利人和机构的负责人适用第1款规定的刑罚。

3. 除了根据第29-14条第1款实施处罚的情形外，未经许可兴建或管理垃圾处理站的，处以6个月以上2年以下拘役，并处以2600欧元以上26,000欧元以下的罚金。上述垃圾处理站被用于或部分用于处理危险性废弃物的，则处以1年以上3年以下的拘役，并处以5200欧元以上52,000欧元以下的罚金。根据定罪判决或根据《刑事诉讼法典》第444条作出的判决，若用于违规兴建垃圾处理站的地区属于犯罪行为人或共同参与人所有，则应没收该区域，但对该地区进行土壤改良或恢复原状的义务仍然有效。

4. 如果未遵守许可中包含的内容或要求的规定，或未满足进行注册或者通知所要求的要件和条件的，则第1款、第2款和第3款规定的处罚减半。

5. 违反第187条规定的禁令，未经许可进行废弃物混合活动的，处以第1款第(2)项规定的处罚。

6. 违反第227条第1款第(2)项的规定，在危险性卫生废弃物的产生地进行临时存放的，处以3个月以上1年以下的拘役，或者处以2600欧元以上26,000欧元以下的罚金。对于存放不超过200升或者相当数量的废弃物的，处以2600欧元以上15,500欧元以下的行政罚款。

7. 违反第231条第7款、第8款和第9款、第233条第12款和第13款、第234条第14款规定的义务，处以260欧元以上1550欧元以下的行政罚款。

8. 第233条、第234条、第235条和第236条规定的主体未履行参与义务的，处以8000欧元以上45,000欧元以下的行政罚款，但始终有义务缴纳以前发生的环境费。直至制定第234条第2款规定的法令之前，本款处罚不适用于第234条规定的主体。

9. 在第233条、第234条、第235条和第236条规定的参与义务的履行期限届满后60日内完成参与的,则第8款规定的处罚减半。

第256-2条 非法燃烧废弃物

1. 除构成严重犯罪的事实之外,燃烧遗弃的或随意放置的废弃物的,处以2年以上5年以下的有期徒刑。燃烧危险性废弃物的,则处以3年以上6年以下有期徒刑。责任人有义务将地点恢复原状,修复环境损害并偿付(也可以通过追索的方式)土壤改良的费用。

2. 实施第255条第1款规定的行为和第256条、第259条规定的犯罪行为,负责后续非法燃烧废弃物的,处以同样的刑罚。

3. 如果第1款的犯罪行为发生在一个企业活动中,或为有组织的活动,则刑罚额度应增加1/3。企业负责人或者有组织活动的责任人,因对不法行为的实际行为人的行为疏于监管,在该企业或者该组织承担责任之外,也要承担个人责任;对于上述的企业权利人或者活动责任人,还应适用2001年6月8日第231号立法令第9条第2款规定的处罚。

4. 针对第1款所涉及的事实,如果该违法行为发生之时,或者在过去5年内,根据1992年2月24日第225号法律,犯罪行为地在涉及废弃物方面被宣告或曾经被宣告为处于紧急状态的,则刑罚应增加1/3。

5. 根据第259条第2款的规定,用来运输本条第1款犯罪客体的、即未在许可的地区或者设备内焚化的废弃物的工具应予没收,除非这些工具属于第1款所涉违法行为以外的主体,并且没有参与共同犯罪。根据定罪判决或根据《刑事诉讼法典》第444条作出的判决,若实施犯罪的地区属于犯罪行为人或共同参与人所有,则应没收该区域,但对该地区进行土壤改良或恢复原状的义务仍然有效。

6. 若第1款所述违法行为的对象为第184条第2款第(5)项规定的废弃物的,则适用第255条规定的处罚。第182条第6-2款的规定继续有效,本条规定不适用于燃烧天然的农业或林业材料和源于公共或者私人绿地的材料。

第257条 地区土壤改良

1. 除非构成严重犯罪的事实,造成土壤、地下土、地表水或地下水污染,且该污染超过了风险浓度阈值,如果没有按照主管机关根据第242条及后续条款规定的程序所批准的项目要求采取土壤改良措施的,应处以6个月以上1年以下的拘役,或处以2600欧元以上26,000欧元以下的罚金。未履行第242条规定的通知义务,对违法者处以3个月以上1年以下的拘役或者1000欧元以上

26,000欧元以下的罚金。

2. 如果污染是由危险物质引起的，则处以1年以上2年以下的拘役，并处5200欧元以上52,000欧元以下的罚金。

3. 针对第1款和第2款规定的违法行为的定罪判决中，或者根据《刑事诉讼法典》第444条作出的判决，若实施了紧急干预、土壤改良和环境治理措施的，可以有条件地暂缓执行处罚。

4. 对于第1款所规定的污染行为和其他法律规定为环境违法行为的，若遵守了按照第242条及后续条款规定批准的项目要求，则不予处罚。

第258条　违反通知义务、违反保管强制性登记簿和表格的义务

1. 第190条第1款规定的主体，没有加入第188-2条第2款第(1)项规定的废弃物轨迹追踪监控系统，并疏于保管该条规定的装卸货登记或保存不完整的，处以2600欧元以上15,500欧元以下的行政罚款。

2. 未加入任一机构或企业组织的危险废弃物的生产者，没有按照2006年1月25日第29号法律第1条第1款和2009年12月17日环境与土地海洋保护部部委令（发布在2010年1月13日第9号政府公报的正式增刊部分）第6条第1款所规定的方式履行保管装卸货登记簿义务的，处以15,500欧元以上93,000欧元以下的行政罚款。

3. 针对一个劳动单位的雇用员工数量少于15人的企业，第1款规定的最低和最高罚款数额相应减少为1040欧元以上6200欧元以下。劳动单位的数量应根据一年内全职雇员的平均数值计算，而临时工和季节性用工则构成年度劳动单元的组成部分；为此目的，用于计算的年度应为查证违法行为之前最后一个核准的会计年度。

4. 第212条第8款规定的自行收集和运输其自有非危险性废弃物的企业，未自愿加入第188-2条第2款第(1)项规定的废弃物轨迹追踪监控系统的，在不具备第193条规定的表格的情况下运输废弃物，或者其表格中显示的数据不完整或不准确的，处以1600欧元以上9300欧元以下的行政罚款。在制作废弃物分析证书的过程中，就废弃物的性质、组成、物理—化学特征提供虚假说明的，以及在运输中使用假证书的，适用《刑法典》第483条规定的刑罚。

5. 若第1款和第2款涉及的说明形式上不完整或者不准确，但其在地籍注册通知、装卸货登记、运输废弃物确认表格和其他法律规定的会记账簿上记载的数据可以复原所必需的信息的，处以260欧元以上1550欧元以下的行政罚款。

若第 4 款规定的说明形式上不完整或不准确，但包含所有要件可以复原法律所必需的信息的，以及在义务主体未向主管机关寄送且未保存第 190 条第 1 款规定的登记或第 193 条规定的表格的情况下，应适用同样的刑罚。

5-2. 第 220 条第 2 款规定的主体，未履行规定的通知义务，或者通知不完整或不准确的，处以 2600 欧元以上 15,500 欧元以下的行政罚款；如果在 1994 年 1 月 25 日第 70 号法律规定期限届满后 60 日内履行了通知义务的，对其处以 26 欧元以上 160 欧元以下的行政罚款。

5-3. 市镇的市长未履行第 189 条第 3 款规定的通知，或以通知不完整或不准确的，处以 2600 欧元以上 15,500 欧元以下的行政罚款；如果在 1994 年 1 月 25 日第 70 号法律规定的期限届满后 60 日内履行了通知义务的，处以 26 欧元以上 160 欧元以下的行政罚款。

5-4. 如果违反了本立法令第 184 条第 5-2.1 款和第 5-2.2 款以及第 241-2 条第 4-2 款、第 4-3 款、第 4-4 款规定的一项或多项义务的，对军队军事射击场的指挥官处以 3000 欧元至 10,000 欧元的行政罚款。如果多次违反上述义务的，处以 5000 欧元以上 20,000 欧元以下的行政罚款。

第 259 条　非法运输废弃物

1. 根据 1993 年 2 月 1 日欧洲经济共同体第 259 号条例第 26 条，运送废弃物构成非法运输的，或者违反该条例第 1 条第 3 款第 a）项、第 b）项、第 c）项、第 d）项规定、运送该条例附件Ⅱ中列举的废弃物的，处以 1550 欧元以上 26,000 欧元以下的罚金，并处 2 年以下拘役。运送危险性废弃物，加重刑罚。

2. 在定罪判决，或者根据《刑事诉讼法典》第 444 条作出的判决中，涉及第 1 款规定的非法运输或者第 256 条和第 258 条第 4 款规定的非法运输的，应强制没收运输工具。

第 260 条

本条被 2018 年 3 月 1 日第 21 号立法令废除。

第 260-2 条　废弃物轨迹追踪监控信息系统

1. 义务人未在规定期限内在第 188-2 条第 2 款第（1）项规定的废弃物轨迹追踪监控系统中进行注册的，处以 2600 欧元以上 15,500 欧元以下的行政罚款。涉及危险性废弃物的，处以 15,500 欧元以上 93,000 欧元以下的行政罚款。

2. 义务主体未在规定期限内支付第 188-2 条第 2 款第（1）项规定的废弃物轨迹追踪监控系统的注册费用的，处以 2600 欧元以上 15,500 欧元以下的行政罚款。涉及危险性废弃物的，处以15,500欧元以上93,000欧元以下的行政罚款。一旦核实欠费，应立即中止对违法者提供废弃物轨迹追踪监控系统服务。在重新确定义务主体应缴纳的废弃物轨迹追踪监控系统的注册年费时，必须考虑本款规定的欠费情形。

3. 未按照第1款所述废弃物轨迹追踪监控信息系统规定的时间、程序和方式，填写按时间顺序记录的登记簿或者废弃物轨迹追踪监控系统—搬运卡表格的，或者提供给上述系统的信息不完全或不准确的，欺诈性地改变上述监控信息系统中的任何辅助技术装置，或以任何方式阻止其正常运行的，处以2600欧元以上15,500欧元以下的行政罚款。针对一个劳动单位的雇员数量少于15人的企业，处以1040欧元以上6200欧元以下的行政罚款。劳动单位的数量应根据1年内全职雇员的平均数值计算，而临时工和季节性用工则构成年度劳动单元的组成部分。如果不完整或不准确的说明并不影响废弃物轨迹追踪的，处以260欧元以上1550欧元以下的行政罚款。

4. 若第3款所述行为涉及危险性废弃物，处以15,500欧元以上93,000欧元以下的行政罚款，并对违法主体处以暂停营业1个月以上1年以下的附加行政处罚，其中还包括暂停其管理人职务。涉及危险性废弃物的针对一个劳动单位的雇员数量少于15人的企业，上述规定的最低和最高数额，分别相应地减少至2070欧元以上12,400欧元以下。员工的数量按照第3款规定的方式计算。如果其说明书尽管不完整或不确切准确的说明，但并不影响废弃物轨迹追踪的，处以520欧元以上3100欧元以下行政罚款。

5. 除第1款至第4款规定的情形外，如果主体未履行废弃物轨迹追踪监控系统中其他应尽的义务，对于每一个违法行为，处以2600欧元以上15,500欧元以下的行政罚款。涉及危险性废弃物的，处以15,500欧元以上93,000欧元以下的行政罚款。

6. 在草拟废弃物轨迹追踪系统所使用的废弃物分析证书的过程中提供有关废弃物性质、构成、物理—化学特性的虚假信息，以及将虚假证书纳入待提供给在废弃物轨迹追踪系统所使用的数据的，适用《刑法典》第483条规定的刑罚。

7. 废弃物的运输者疏于在运输废弃物的过程中携带废弃物轨迹追踪监控系统—搬运卡的纸质副本，或者在必要时根据现行法规携带可以确定废弃物性质的分析证书副本的，处以1600欧元以上9300欧元以下的行政罚款。涉及运输危险性废弃物的，适用《刑法典》第483条规定的刑罚。在运输中使用含有有关废弃物性质、构成和物理—化学特性虚假说明的废弃物分析证书的，同样适用《刑法典》第 483 条的刑罚。

8. 运输者在运输废弃物的过程中携带伪造的废弃物轨迹追踪监控系统—搬运卡的纸质副本的，适用《刑法典》第 477 条和第 482 条规定的刑罚。涉及危险性废弃物的，刑罚额度增加 1/3。

9. 若第 7 款规定的行为没有影响废弃物的轨迹追踪，则处以 260 欧元以上 1550 欧元以下的行政罚款。

9–2. 以作为或不作为的方式违反本条的各项规定，或多次违反针对严重违法行为设立的行政处罚规定的，应处以 2 倍的处罚。若基于同一企图，多次以作为或不作为，在不同时期多次实施同一违法行为，或违反本条的不同规定的，同样处以双倍处罚。

9–3. 针对本条规定的行政违法行为，如果行为人在实施行为后的 30 日内履行了第 1 款所述废弃物轨迹追踪监控信息系统相关规范所规定的义务的，不承担相应责任。在接到立即宣布或违法通知后 60 日内，若违法者履行了上述义务的，则可以通过交纳规定罚款数额 1/4 的款项解决该违法争议。顺利解决争议的则不再适用附加处罚。

第 260–3 条　行政附加处罚—没收

1. 责任人处于《刑法典》第 99 条规定的情形，或者 1981 年 11 月 24 日第 689 号法律第 8 – 2 条规定的情形，或之前实施了同一类型的违法行为或是曾经违反了有关废弃物的法规的，一经核实存在第 260 – 2 条第 7 款和第 8 款规定的违法情形，应对运输废弃物的交通工具做出强制暂扣 12 个月的附加处罚。

2. 在相匹配的情况下，应比照适用 1992 年 4 月 30 日第 285 号立法令第 213 条、第 214 条、第 214–2 条和第 224–3 条及其实施规范。

3. 一经核实存在第 260–2 条第 1 款规定的违法情形，应对其运输废弃物的交通工具做出暂扣 12 个月的附加处罚。仅当其进行了登记并且缴纳了相关费用后，才可以归还暂扣的交通工具。

4. 在未经许可运输危险性废弃物的情况下，根据《刑法典》第 240 条第 2 款，应没收其用于废弃物运输的交通工具或其他工具，除非该工具经查实属于案外人所有。

5. 经查证存在第 256 条第 1 款规定的违法情形，同样适用第 1 款规定的暂扣和第 4 款规定的没收。

第 261 条 包装

1. 生产者和使用者未履行第 221 条第 2 款规定的收集义务,或者也没有按照第 221 条第 3 款第(1)项和第(3)项的规定采用管理系统的,处以 5000 欧元的行政罚款。

2. 包装生产者未组织系统履行第 221 条第 3 款规定的义务,且未加入第 223 条规定的康采恩,也没有根据第 221 条第 3 款第(1)项和第(3)项的规定采用退还其包装的制度的,处以 15,500 欧元以上 46,500 欧元以下的行政罚款。使用者未履行第 221 条第 4 款规定的义务的,也适用同样处罚。

3. 违反第 226 条第 1 款和第 4 款规定的禁令,处以 5200 欧元以上 40,000 欧元以下的行政罚款。将不符合第 219 条第 5 款规定的包装投放在国内市场的,也适用同样的处罚。

4. 违反第 226 条第 3 款的规定,处以 2600 欧元以上 15,500 欧元以下的行政罚款。

4-2. 违反第 226-2 条和第 226-3 条的规定,处以 2500 欧元以上 25,000 欧元以下的行政罚款。

4-3. 如果违反禁令的行为涉及的塑料袋数量巨大,或者该塑料袋的价值超过了违法所得的 10%,以及使用逃避第 226-2 条和第 226-3 条规定义务的措辞或其他手段的,第 4-2 款规定的行政处罚加重直至最高额的 4 倍。

4-4. 根据 1981 年 11 月 24 日第 689 号法律适用第 4-2 款和第 4-3 款的处罚;一经核实存在违法行为,行政警察可以依职权或根据举报进行查处。1981 年第 689 号法律第 13 条的规定继续有效。

第 261-2 条 处罚

1. 除构成严重犯罪的情形之外,未获得本章规定的实施许可而从事焚化或联合焚化危险性废弃物的活动,处以 1 年以上 2 年以下拘役,并处 10,000 欧元以上 50,000 欧元以下罚金。

2. 除了构成严重犯罪的情形以外,未获得本章规定的实施许可而在第237-3 条第 1 款第(2)项、第(3)项、第(4)项和第(5)项规定的设备内实施焚化或联合焚化非危险性废弃物的活动,处以 6 个月以上 1 年以下拘役,并处 10,000 欧元以上 30,000 欧元以下罚金。

3. 除构成严重犯罪的情形之外,向土壤、地下土或地下水中排放焚化或联合焚化设备的回流水或第 237-12 条第 5 款规定的气体排放物净化水的,处以 1 年以下拘役,并处以 10,000 欧元以上 30,000 欧元以下罚金。

4. 除构成严重犯罪的情形之外,废弃物焚化或联合焚化设备的所有人和管理者,如果没有按照第 237-8 条第 10 款的规定废弃该设备的,处以 1 年以下拘役并处以 10,000 欧元以上 25,000 欧元以下罚金。

5. 除构成严重犯罪的情形之外,在第 237-17 条第 3 款规定的条件下从事废弃物焚化或联合焚化活动时,超过了所规定的任何一项时间限值的,对其处以 9 个月以下拘役,并处以 5000 欧元以上 30,000 欧元以下罚金。

6. 除构成严重犯罪的情形之外,未遵守附件 1D 段规定的排放限值,将焚化或联合焚化设备的回流水或者第 237-12 条第 5 款规定的气体排放物的净化水排放于地表水,处以 6 个月以下拘役并处以 10,000 欧元以上 30,000 欧元以下罚金。

7. 除构成严重犯罪的情形之外,未取得第 1 款规定的许可而排放第237-12 条规定的回流水的,处以 3 个月以下拘役,并处以 5000 欧元以上 30,000 欧元以下罚金。

8. 除构成严重罪犯的情形之外,在实施焚化或联合焚化活动时超过第 237-11 条规定的排放限值的,处以 1 年以下拘役,或处以 10,000 欧元以上25,000欧元以下罚金。若违反的是附件 1 A 段第 3)点和第 4)点规定的限值,则应对责任人处以 1 年以上 2 年以下拘役,并处以 10,000 欧元以上 40,000 欧元以下罚金。

9. 除构成严重犯罪的情形之外,在针对联合焚化设备进行第 237-8 条第 8 款和第 10 款规定的替代性认证时,专业人士所证明的事项与事实不符,则应对其处以 1 年以下拘役,或处以 5000 欧元以上 25,000 欧元以下罚金。

10. 除构成严重犯罪的情形之外,依据建筑或运营许可运营焚化设备或联合焚化设备的过程中,缺少第 237-8 条第 7 款规定的核查,或者未按照第 237-8 条第 8 款和第 10 款规定的形式报告相关替代性证明的,处以 1 年以下拘役,或处以 3000 欧元以上 25,000 欧元以下罚金。

11. 除构成严重犯罪的情形及第 12 款规定的情形之外,在许可运营焚化或联合焚化设备时,未遵守第 237-5 条第 2 款规定的许可中列明的规定的,其中涉及焚化设备的,未遵守第 237-5 条第 3 款、第 237-7 条第 1 款、第 237-8 条第 1 款的规定的,处以 3000 欧元以上 30,000 欧元以下罚金。

12. 除构成严重犯罪的情形之外,在许可运行焚化或联合焚化设备时,在许可过程中获得了第 237-7 条第 6 款和第 237-9 条规定的部分豁免,但是却未遵守主管机关在签发许可的过程中作出的规定的，处以3000欧元以上25,000欧元以下行政罚款。

13. 除构成犯罪的情形之外，在许可运行焚化或联合焚化设备时，在许可过程中获得第237-11条第6款规定豁免，但是却未遵守主管机关在签发许可的过程中作出的规定的，处以2500欧元以上25,000欧元以下行政罚款。

14. 除构成犯罪的情形之外，在本条规定的情形外，运行焚化或联合焚化设备的过程中未立遵守本立法令的规定，或主管机关在签发许可的过程中作出的规定的，处以1000欧元以上35,000欧元以下的行政罚款。

15. 针对由第二部分第三（乙）章规定调整的装置，不适用第1款、第2款、第5款、第6款、第7款、第8款、第10款、第12款、第13款、第14款和第15款的规定。

第262条　职权和管辖权

1. 除1981年11月24日第689号关于查证行政违法行为的其他规定外，由违法行为发生地的省对违法行为处以本立法令第四部分规定的行政罚款，而第261条第3款规定的有关第226条第1款所涉禁令的处罚则由各市镇负责。

2. 对于第1款有关行政处罚的强制令，可以根据1981年11月24日第689号法律第22条提出异议。

3. 对于在本立法令第四部分生效之日尚未宣判的刑事诉讼，若非必须作出驳回起诉的裁定或无罪判决的，则司法机关应将该违法行为转交给第1款规定的机关以便适用行政处罚。

第263条　行政罚款的收入

1. 因违反本立法令第四部分的规定而产生的行政罚款收入归省所有并应用于履行与环境相关的监管职能，除了第261条第3款规定的有关第226条第1款所述禁令而产生的行政罚款收入，后者归各市镇所有。

2. 根据第261-2条判处的行政罚款收入应纳入主管机关的财政收入，并应用于加强本立法令尤其第29-10条第4款规定的特别环境监察，以及用于核实未许可设备是否遵守了环境义务的监察。

2-2. 根据第255条第1-2款判处的行政罚款收入的50%应纳入国家的财政收入，并再分配给环境与土地海洋保护部预算项下所设的一个专门基金，用于从事第232-2条第1款和第2款规定的活动。其余50%的收入应归属于查证相关违法行为所在的市镇，并用于从事第232-2条第1款规定的活动，和由市镇组织开展特定的宣传活动促使消费者认识到乱扔烟头和第232-3条规定的微小废弃物对环境的危害,以及用于清洁城市下水道系统。自本立法令生效后90日内,环境与土地海洋保护部协同内务部、经济与财政部,以决定的形式确定实施本款的方式。

第二节 临时性规定和最终规定

第264条 废除的规范

1. 自本立法令第四部分生效后,除了本立法令进一步确认其有效性的规范外,下列规范予以废除:

(1)1941年3月20日第366号法律。

(2)1982年9月10日第915号共和国总统令。

(3)1988年9月9日第397号法律令(经修订后写入1988年11月9日第475号法律),除第9条和第9-5条为本立法令所修改。为了确保在从既有规范过渡到本立法令第四部分的规范的过程中没有任何中断,1988年9月9日第397号法律令(经修订后写入1988年11月9日第475号法律)第9-5条规定的实施办法继续适用,直至本立法令第四部分规定的实施办法生效之日。

(4)1987年8月31日第361号法律令(经修订后写入1987年10月29日第441号法律),但是第1条、第1-2条、第1-3条、第1-4条和第1-5条除外。

(5)1988年12月14日第527号法律令(经修订后写入1988年2月10日第45号法律)。

(6)1993年8月30日第331号法律令(经修订后写入1993年10月29日第427号法律)第29-2条。

(7)1992年4月30日第285号立法令第103条第3款、第4款和第5款的第2句。

(8)1994年8月8日共和国总统令(发布在1994年10月26日第251号政府公报上)第5条第1款。

(9)1997年2月5日第22号立法令。为了确保在从既有规范过渡到本立法令第四部分的规范的过程中没有任何中断,1997年2月5日第22号立法令的实施办法继续适用,直至本立法令第四部分规定的实施办法生效之日。

(10)2002年7月8日第138号法律令(经修订后写入2002年8月8日第178号法律第14条)。

(11)2000年11月21日第342号法律第9条第2-2款,最后一句从“第38条第3款第(1)项规定的主体”到“CONAI”。

(12)本款被2008年1月16日第4号立法令废除。

(13)1992年1月27日第95号立法令第4条、第5条、第8条、第12条、第14条和第15条。为了对废油进行管理,直至根据本立法令实现或否决了有关申请,总之自本立法令生效之日起不得超过3年的期间,在本立法令第四部分生效之日,根据现行法律签发的所有许可均继续有效,包括1997年2月5日第22号立法令、1992年1月27日第95号立法令和1996年5月16日第392号法令(发布在1996年7月25日第173号政府公报上)。为了确保在从既有规范过渡到本立法令第四部分的规范的过程中没有任何中断,1992年1月27日第95号立法令第11条规定的实施办法继续适用,直至本立法令第四部分规定的实施办法生效之日。

(14)2001年3月23日第93号法律第19条。

2. 根据1988年8月23日第400号法律第17条第2款,在本立法令第四部分生效后60日内,根据环境与土地海洋保护部与生产活动部的建议,并听取议会主管委员会在收到下议院提交的相关方案后30日内所提出的意见后,中央政府应通过专门的条例进一步确定与本立法令第四部分不相符合的规范性文件,并自该条例生效之日起将其废除。

2-2. 环境与土地海洋保护部协同卫生部、经济与发展部,并听取环境保护与研究高等研究所的意见和1997年8月28日第281号立法令第8条规定的联合会议的意见后,以部委令的形式对本立法令中有关废弃物管理和污染地土壤改良的附带规范进行补充和修改。

第264-2条　对2010年4月27日总理令的废除和修改

1. 针对2010年4月27日总理令(发布在2010年4月28日第98号政府公报的常规副刊上)的附件“环境宣言统一模式分段”作出以下修改:

(1)第一节—废弃物,第4点“编制各个部分的说明”中“简化通知部分”予以废除,第6点“废弃物部分”和第8点“贸易和中介部分”予以废除。

(2)第二节和第三节自2011年公告生效后予以废除。

第264-3条 对2003年6月24日第209号立法令的废除和修改

1.2003年6月24日第209号立法令第11条第3款被如下所替代:“3.自2009年12月17日环境与土地海洋保护部部委令第12条第2款及其后续修改规定的期限届满之日的次日起,有关报废车辆及要处理的材料和部件的数据,以及有关循环利用、再循环和回收的材料、产品和部件的数据,应通过第188-2条第2款第a)项和2009年7月1日第78号法律令(经修订后写入2009年8月3日第102号法律)所规定的废弃物轨迹追踪监控系统提供。”

第264-4条 对2005年7月25日第151号立法令的废除和修改

1.2005年7月25日第151号立法令第9条第4款被如下所替代为:“4.为了查证是否实现了第2款规定的目标,自2009年12月17日环境与土地海洋保护部部委令第12条第2款及其后续修改规定的期限届满之日的次日起,有关出口的、处理的电子和电气化设备废弃物的数据以及来自电子和电气和设备废弃物的相关材料的回收和再利用数据,应通过第188-2条第2款第(1)项和2009年第78号法律令(经修订后写入2009年第102号法律)第14-2条规定的废弃物轨迹追踪监控系统提供。根据附件1A、电子和电气和设备废弃物的重量或者在其不可检测的情况下根据件数,信息中应详细说明电子和电气和设备废弃物所归属的种类。”

第265条 临时性规定

1.用于规范废弃物收集、运输、回收和处理的现行管理和技术规范继续有效,直至通过为执行本立法令第四部分而制定的特别规范。为了确保在从既有规范过渡到本立法令第四部分的规范的过程中没有任何中断,公共行政机关在履行各自职责时,应按照第264条第1款第(9)项的规定,调整以往有关实施本立法令第四部分所含规定的规范。所有关于有毒有害废弃物的规定都被纳入危险性废弃物的范围。

2.在第195条第2款第(1)项规定的有关废弃物运输的特别管理和技术规范出台之前,第188-3条的规定以及2003年6月24日第182号立法令中有关船舶和装载残余产生的废弃物的规定继续有效,这些废弃物被等同于商品,因此适用海上运输管理制度和有关在港口地区装卸货、转运、存放和操作的规范。其中,危险性废弃物被等同于危险商品。

3.环境与土地海洋保护部协同教育高校与研究部、生产活动部,以专门的部委令确定有关鼓励和刺激在大学、企业和康采恩中研究和发展土壤改良新技术的形式。

4. 除了自本立法令第四部分生效后实施的干预措施外，在此期限后 180 日内，可以向主管机关提交一份调整后的技术报告，以便根据本立法令第四部分规定的标准重新设计已经获得许可的土壤改良干预措施的目标。主管机关应审查文件并对项目做出必要调整。

5. 本款被 2012 年 1 月 24 日第 1 号法律令（经修订后写入 2012 年 3 月 24 日第 27 号法律）废除。

6. 自本立法令第四部分生效之日起开始运营，并受 2005 年 2 月 18 日第 59 号立法令所调整的钢铁和冶金企业，经事先提交相关申请，授予其在生产过程中使用含铁废料和不含铁废料的临时许可，直至其最终获得许可或被驳回申请。含铁废料由 1993 年 2 月 1 日欧洲共同体第 259 号条例[1]附件Ⅱ（废弃物的绿色清单）GA 430 规则所确定，不含铁废料物由同一附件的相应规则规定。

6-2. 在本立法令生效之日前已经开展曾被 2006 年第 152 号立法令即本立法令第四部分排除在适用领域之外的、回收含铁废料和不含铁废料活动的主体，可以继续在先前制度下开展这些活动，直至签发或拒绝签发在新制度下开展上述活动的许可。授权或登记的相关申请应在本立法令生效之日起 90 日内提出。

第 266 条　最终规定

1. 1964 年 9 月 29 日第 847 号法律第 4 条第 2 款第（7）项规定的卫生设施，应包括用于处理、回收或销毁城市废弃物、特别废弃物、危险性废弃物、固体和液体废弃物的工程、建筑和设备，以及用于改良污染地区土壤的工程、建筑和设备。

2. 自本立法令第四部分规定实施之日起，不得新增或加重国家负担增，或减少国家收益。

3. 1988 年 9 月 9 日第 397 号法律令（经修订后写入 1988 年 11 月 9 日第 475 号法律）的第 9 条规定的职员的经济待遇和补偿款项，由环境与土地海洋保护部负担，随后一句规定的内容除外。如果职员开展与市镇利益相关的活动，经事先达成协议，其经济待遇仍然由所属的机构负担。

4. 医疗救护或护理活动产生的废弃物应视为在开展此类活动的主体的所在地或住所产生的废弃物。

5. 以流动方式开展废弃物收集和运输的从业主体，仅针对构成其商业客体

---

〔1〕 本处所述条例应与前文第 259 条中所述 1993 年 2 月 1 日欧洲经济共同体第 259 号条例为同一规定。

的废弃物，不适用第 189 条、第 190 条、第 193 条和第 212 条的规定。

6. 除了以终局文件制定的处罚办法继续有效外，自本立法令公布之日起，1997 年 2 月 5 日第 22 号立法令第 48 条第 2 款、第 51 条第 6-3 款规定的义务，以及该立法令第 51 条第 6-2 款、第 6-3 款和第 6-5 款规定处罚规定均不再适用，也涉及在 2004 年 3 月 31 日之后发生的案件事实。

7. 环境与土地海洋保护部协同基础设施与交通部、生产活动部和卫生部，以连续性部委令的形式规范小型建筑工地产生的包括挖掘的土方和岩石在内的材料，按照欧盟相关规定，其生产量不得超过 6000 立方米。

第五部分

空气保护和大气减排的规定

第一章　设备、活动向大气排放的预防和限制

第 267 条　适用范围

1. 为了防止和控制大气污染，本章的规定适用于包括不受第二章调整的民用取暖设备在内的各类设备以及向大气中排放气体的活动，并确定排放值、排放规范、对排放物进行采样和分析的方法及标准，以便评估测量值是否与限值相符合。

2. 至于焚烧设备、联合焚烧设备和其他垃圾热处理设备，排放物限值和其他排放规范由第 208 条规定的许可或第二部分第三（乙）章规定的环境综合许可确定。其中，针对焚烧设备、联合焚烧设备的限值和规范应该以第四部分第三（乙）章的规定和大区的空气质量计划为基础，而针对其他垃圾热处理设备的限值和规范，应以本章第 270 条和第 271 条为基础制定。同一工厂中的其他设备和其他活动以及第 21 条第 8 款规定的情形，继续适用本章规定。

3. 针对由环境综合许可调整的设备，继续适用第二部分第三（乙）章的规定，对于上述设备，无须取得本章规定的排放许可，而由环境综合许可替代。

4. 本款被 2017 年 11 月 15 日第 183 号立法令废除。

第 268 条　定义

1. 为了实现本章之目的，定义如下：

（1）大气污染：由于向大气中引入一定量的一种或多种物质导致的任何大气变化，这些物质会损害或危及人类健康或环境质量，或者会造成物质损害或有损于对环境的合法使用。

（2）大气排放：向大气中引入任何可能导致大气污染的固体、液体或气体物质，以及在进行第 275 条规定的活动中任何直接或间接向大气中排放挥发性有

机化合物(COV)。

(3)点源排放:通过一个或多个特定排放点实施的气流排放。

(4)非点源排放:与第(3)项中规定的排放所不同的排放;对于第275条规定的活动,非点源排放物应包括废水、废弃物和产品中含有的挥发性有机化合物,本立法令第五部分附件3中第三部分另有规定的除外。

(5)技术上可点源排放的排放物:根据最佳可得技术或者所处形势或区域的特殊保护需求,必须对非点源排放进行点源排放的情况。

(6)全部排放物:点源排放物与非点源排放物的总和。

(7)气体流:包含固体、液体或气体排放物的气体垃圾;在正常情况下,相对的流量容积表示为,预先扣除水蒸气含量后,每小时获得的立方米数(立方米/小时),本立法令第五部分由特别规定的除外。

(8)工厂:统一和稳定的整体,表现为由唯一的经营者行使决策权控制下的一个完整的生产流程,其中配置一个或多个产生排放的设备或者实施一种或多种产生排放的活动,如移动装置、手工操作、存储和搬运。以稳定的方式实施一个或多个活动的场所也被视为工厂。

(9)1988年以前的工厂:1988年7月1日之前,投入运行或者全部建设完毕或者根据以前的法律法规取得许可的工厂,以及根据1988年5月24日第203号共和国总统令第12条和第13条的规定签发许可的工厂。

(9-2)2006年以前的工厂:根据1988年5月24日第203号共和国总统令第6条或第11条或第15条第1款第(2)项的规定签发许可,并在2008年4月29日前运营或投入运营的工厂。

(9-3)新工厂:第(9)和第(9-2)款规定之外的工厂。

(10)设备:用于自动开展(也可在更广泛的流程中开展)某项特定活动的固定设施或系统,或设施或系统的集合。

(11)工厂的变更:在工厂安装一台设备或开展一项活动,或更换一台设备或变更一项活动,上述变更构成对第269条第2款规定的项目或技术报告,或第269条第3款规定的许可,或第272条规定的加入一般许可申请,或根据1988年5月24日第203号共和国总统令签发的许可,或前一立法令第12条规定的文件中载明的内容的变更;关于运行方式或使用燃料的改变也包含在本定义中。

(11-2)实质性变更:造成排放物增加或性质改变的变更,或者改变点源排放技术条件,并对环境造成重大负面影响的改变;针对第273条规定的设备,适用第 5 条第 1 款第(10-2)项中的定义;针对第 275 条规定的活动,适用该条第 21 款和第 22 款中的定义;在遵守本定义的前提下,各大区和自治省可以进一步制定有关实质性变更的量化标准,并指明无须履行第 269 条第 8 款所规定的通知义务的非实质性变更。

(12)经营者/管理者:对工厂的安装或运营拥有决定权利的自然人或法人,并负责执行本立法令中相关限制和规范;对于第 273 条规定的设备和第 275 条规定的活动,适用第 5 条第 1 款第(16-2)项中的定义。

(13)主管机关:负责签发排放许可和作出本章规定的其他决定的大区、自治省或大区法律指明的其他机关;对于需要取得环境综合许可并应履行相关义务的工厂而言,主管机关是签发许可的机关。

(14)负责检测的主管机关:根据大区法律负责就是否遵守许可以及本章规定履行常规检测职能的机关,将执行常规监管任务赋予监管职能部门,司法警察机构的职能范围除外;在工厂需取得排放许可的情况下,负责检测的主管机关就是第(13)项规定的机关,大区法令另有规定的除外;对于需要取得环境综合许可的工厂及其相关的检测,负责检测的机关为有关该许可的法规中规定的机关。

(15) 排放限值:排放因素、浓度、百分比或排放的污染物的流量不得超过的数值。以浓度表示的排放限值是参考设备在较苛刻的运行条件下运转设定的,表示为每小时平均值,本章或者许可另有规定的除外。

(16) 排放因素:排放的污染物量与产品或服务的特殊测量单位的比值。

(17) 浓度:排放的污染物量与气态流体积的比值;在本立法令第五部分没有例外规定的前提下,计算以浓度(毫克 / 标准立方米)表示的燃烧设备的排放值时,针对使用液体或气体燃料的,参考氧含量容积为气态流容积的 3%,对于使用固体燃料的,为容积的 6%,对于燃气轮机,则为容积的 15%。

(18)百分比:排放的污染物与生产过程中使用的该物质的比值,再乘以 100%。

(19)流量:在单位时间内排放的污染物数量。

(20) 重要排放阈值:针对单个污染物或单一种类的污染物,在工厂最严苛的运行条件下、减排系统达到峰值时计算的流量,低于该值时,不适用排放限值。

(21)正常条件:温度为 273. 15 开尔文(K),压强为 101. 3 千帕(kPa)。

(22)最佳可得技术:更加高效和先进的活动发展阶段和相关的运行方式,表明特定技术具备避免排放,或者在不可能的情况下,减少排放的实践适用性;

为此,下列术语是指:

1)技术:既包括使用中的技术,也包括设备或活动的规划、建设、维修、运转以及关闭的方法;

2)可得性:技术发展到一定阶段,能够在经济上以及技术上有效应用于相关工业部门,鉴于其成本以及优势,无论其是否能够在全国范围内应用或生产,只要管理者能够通过合理的条件获得该技术;

3)最佳的:能够在整体上实现高水平环境保护的最有效技术;对于第273条规定的设备以及第275条规定的活动,适用第5条第1款第(10-2)项中的定义。

(22-2)运转时间:以小时为单位表示的时间,在该时间内,大型燃烧设备的全部或部分运转并对大气产生排放,不包括启动和停止的时间。

(23)启动期间:经供给能源、燃料或材料后,设备从不实施既定活动或者低于最小技术负荷运转的状态达到或超过最小技术负荷运转所需的时间,许可另有规定的除外。

(24)停止期间:经供给能源、燃料或材料后,设备非因故障原因,从处于或超过最小技术负荷的运转状态到达低于最小技术负荷运转或停止实施既定活动的状态所需的时间,许可另有规定的除外。

(25)运转负荷:相对于设备额定生产能力的生产水平百分比。

(26)最小技术(负荷):设备既定运行活动所能支持的最低运转负荷。

(27)燃烧设备:任何通过氧化燃料以利用其产生的热能的技术装置。

(28)大型燃烧设备:额定热功率不低于50兆瓦的燃烧设备。大型燃烧设备有以下分类:

1)2013年之前的设备:在2013年1月7日之前获得许可或在该日期前提交完整的许可申请,并于2014年1月7日之前投入使用的大型燃烧设备;

2)2002年之前的设备:在2002年11月27日之前获得许可或在该日期前提交完整的许可申请,并于2003年11月27日之前投入使用的大型燃烧设备;

3)新设备:除2)和3)定义之外的大型燃烧设备。

(28-2)中型燃烧设备:额定热功率等于或大于1兆瓦且小于50兆瓦的燃烧设备,包括使用第五部分附件X规定的燃料供给的发动机和燃气轮机或使用

第五部分附件Ⅱ规定的生物质废料供给的发动机和燃气轮机。中型燃烧设备分类为:

1)现有设备:根据当时有效的法律法规,或者排放许可中的规定,或者统一环境许可中的规定,于2018年12月20日之前投入使用的中型燃烧设备,或者根据经营者取得的或于2017年12月19日前加入的环境综合许可中的规定,并在2018年12月20日前投入使用的中型燃烧设备;

2)新设备:第1)项定义之外的中型燃烧设备。

(28-3)发动机:燃气、柴油或双燃料发动机。

(28-4)燃气发动机:内燃机的一种,根据奥托(Otto)循环运行,利用受控点火燃烧燃料。

(28-5)柴油发动机:内燃机的一种,根据柴油循环运行,利用自燃点火燃烧燃料。

(28-6)双燃料发动机:内燃机的一种,使用气体燃料时根据柴油循环运转并利用自燃点火,在使用液体燃料时则根据奥托循环运行,利用受控点火燃烧燃料。

(28-7)燃气轮机:任何将热能转化为机械能的轮机,主要由压缩机、氧化燃料以加热流体发动机的热装置和涡轮机组成。包括开式循环燃气轮机、联合循环燃气轮机,以及可能带有附加燃烧器的热电联产燃气轮机。

(29)燃烧设备的额定热功率:建造者标称的、使用燃料的最低热能与单个燃烧设备燃烧燃料的最大流量的乘积,表示为一定倍数的瓦特热能。

(30)有机化合物:除碳氧化物和无机碳酸盐和碳酸氢盐外,任何至少含有碳元素和氢、卤素、氧、硫、磷、硅或氮元素中一种或多种元素的化合物。

(31)挥发性有机化合物:在293.15开尔文(K)温度下具有大于或等于0.01千帕(kPa)蒸汽压力,或在特定的使用条件下具有相应挥发性的任何有机化合物。根据本立法令第五部分的规定,在293.15开尔文(K)温度蒸汽压力高于0.01千帕(kPa)的杂酚油成分被视为挥发性化合物。

(32)有机溶剂:任何单独或与其他试剂混合、用于溶解原材料产品或废弃物,而不发生化学变化的挥发性有机化合物,或者任何用作清洁试剂来溶解污染物,或作为溶解剂、分散介质、黏度校正剂、表面张力校正剂、增塑剂或防腐剂的挥发性有机化合物。

(33)标称容量:在正常运行条件下并且根据活动设计的产品潜力,开展第

275 条规定的活动时，所使用的有机溶剂的日均最大量。

(34)溶剂消耗：在一个日历年或在任何 12 个月的期间内，一个工厂开展第 275 条规定的活动而使用的溶剂总质量，并减去任何回收再利用的挥发性有机化合物。

(35)溶剂的理论最大消耗值：根据额定容量计算的溶剂消耗量，对于一周 7 日连续实施的活动，按一年 330 日计算，对于其他活动则按照一年 220 日计算，许可中另有规定的除外。

(36)有机溶剂的再利用：使用活动中产生的有机溶剂，并随后进行回收用于任何技术或商业目的，包括作为燃料使用。

(37)消耗阈值：本立法令第五部分附件Ⅲ第二部分规定的、适用于该附件所规定的相关活动的溶剂的消耗值，表示为吨/年。

(37-2)精炼厂：用于精炼矿物油或燃气的工厂。

(38)本项被 2010 年 6 月 29 日第 128 号立法令废除。

(39)分配设备：从存储设备向机动车油箱供应碳氢燃料的设备；就第 277 条的适用而言，已经建成或根据现行法规在 2012 年 1 月 1 日前取得建造和运营许可的汽油分配设备视为既有设备；而根据现行法规，自 2012 年 1 月 1 日之后取得建设和运营许可的汽油分配设备视为新设备；自 2012 年 1 月 1 日起，经过完全重组，即对油管和相关管道进行全面更新或重置的配给设备，等同于新设备。

(39-2)分配器：任何用于供应汽油的设备；汽油分配设备的分配器必须配备一个合适的输送泵，能够从储存设备中抽取碳氢燃料，或者必须连接到集中式泵送系统。

(39-3)汽油蒸汽回收系统：

1)根据第 276 条，在终端进行装载作业时从蒸汽中回收汽油的设备；

2)根据第 277 条，在分配设备给机动车加油期间，对从机动车油箱中逸散出的汽油蒸汽进行回收的设备。

(39-4)第二阶段回收系统：汽油蒸汽回收系统，负责将汽油蒸汽转移到分配设备的存储设备中或为重新投入市场而对其进行重新整合送入一个分配器中。

(39-5) 流量：一年中从分配设备里的任意容量的移动油罐中排出的汽油总量。

(40)汽油：任何石油衍生物，具有或不具有添加剂，对应以下海关编码：NC

2710 1131–2710 1141–2710 1145–2710 1149–2710 1151–2710 1159，或者具有等于或大于27.6千帕的雷德（Reid）蒸汽压力、准备用作机动车燃料的石油衍生物，但不包括液化石油气（GPL）。

(40–2)汽油蒸汽：汽油蒸发产生的气态化合物。

(41)终端：任何用于向/从油罐车、油罐货车或油罐船中装卸汽油的构造，包括构造内的存储设备。

(42)存储设备：任何用于存储燃料的固定油箱；就第277条的适用而言，它是指在分配设备中存储汽油的固定油箱。

(43)装载设备：可以将汽油装在移动油罐中的终端设备。油罐车的装载设备包括一个或多个装载塔。

(44)装载塔：任何终端构造，可以在给定时刻通过该构造将汽油装入单个油罐车中。

(45)临时存储蒸汽：从一个终端向另一个终端转移并后续回收之前，在固定顶棚的存储设备对蒸汽的临时存储。根据本立法令第五部分的规定，在同一终端实施的从一个存储设备向另一存储设备转移蒸汽不视为临时存储蒸汽。

(46) 移动油罐：容量大于1立方米，经由陆路、铁路或水路运输，用于将汽油从一个终端转移至另一个终端或从一个终端转移至碳氢燃料分配设备的油箱。

(47) 油罐车：用于陆路运输汽油的交通工具，包括一个或多个固定装备的油箱或者作为底盘的补充部分，或一个或多个可移动的油箱。

(47–2)燃料：第五部分附件X中规定的任何固体、液体或气体物质，用于燃烧产生能源，不包括废弃物。

(47–3)炼油厂燃料：在原油精炼的蒸馏和转化阶段产生的固态、液态或气态可燃物质，包括炼油厂气体、合成气、炼油厂油料和石油焦炭。

(47–4)重质燃油：任何由代码为NC27101951–27101968、27102031、27102035或27102039的石油产生的液体燃料，或者除柴油外任何产生于石油的液体燃料，基于其自身的蒸馏限制，而被归类为重油用作燃料使用，并且按照石油产品和液体燃料常压蒸馏的标准试验方法（ASTMD86）在250℃时进行蒸馏，其容积应低于65%（含损耗）。尽管根据上述方法并不能确定在250℃下馏出物的百分比。

(47–5)柴油：由代码为NC27101925、27101929、27101947、27101948、27102017

或27102019的石油产生的任何液体燃料，或者根据石油产品和液体燃料常压蒸馏的标准试验方法，在250℃时进行蒸馏，其容积应低于65%（含损耗）的任何液态石油衍生燃料，以及在350℃时进行蒸馏，容积至少为85%（含损耗）的任何液态石油衍生燃料。

（47-6）天然气：天然存在的甲烷，含有不超过20%（体积）的惰性物质和其他成分。

（47-7）粉末：任何形状、结构或密度的颗粒，在取样时呈气态分散状。在某些特定条件下，可以在提取待分析的典型气体样品后通过过滤对它们进行收集，而在另一些特定条件下，经过干燥后，它们停留在过滤器上游和过滤器上。

（47-8）氮氧化物（NOx）：一氧化氮（NO）和表示为二氧化氮（NO_2）的二氧化氮。

（47-9）废弃物：第183条第1款第（1）项定义的废弃物。

第269条　工厂向大气排放的许可

1. 除了第267条第2款、第3款，本条第10款和第272条第1款、第5款另有规定外，所有产生排放的工厂都必须按照本立法令第五部分的规定申请许可。但另有规定的除外。许可针对工厂发放，工厂内的单个设备和单个活动不属于许可的对象。

1-2. 在第3款、第7款、第8款规定的程序中，唯一受环境许可调整的工厂适用2012年2月9日第5号法律令（经修订后写入2012年4月4日第35号法律）第23条第1款的执行令中规定的程序。前述执行令指向适用部门法规的，以及在市政当局参与该程序的情况下，仍然适用第3款、第7款、第8款的规定。第273-2条第13款中进一步规定的期限除外。

2. 意欲兴建新工厂或者将工厂迁址的经营者，应向主管机关提交许可申请，同时应提交下列材料：

（1）该工厂的设计方案，在设计方案中应对设备和活动、所采用的限制向大气排放以及排放物的质量和数量的技术、运行方式、为保证污染物排放合理分散而设置的排放点数量、表征限排技术运行和排放物数量的参数、准备使用的燃料的类型和商品特性进行描述，此外，针对受上述条件约束下的设备，应通过表征设备参数来确定技术最小值。

（2）一份技术报告，在该报告中应当对包含相关设备和活动的完整生产周期进行说明，还应指出设备调试和正常运行之间的预定间隔周期。

2-2. 在配备了中型燃烧设备的工厂的许可申请中，除了第 2 款规定的内容外，还必须指明第五部分附件 I 第 4-2 部分规定的数据。

3. 针对新建工厂签发许可，主管机关应当在接收到申请后的 30 日内，根据 1990 年 8 月 7 日第 241 号法律第 14 条的规定，召开征求意见会。在此过程中，还可对其他行政程序中的相关利益进行预审，尤其根据 2001 年 6 月 6 日第 380 号共和国总统令和 1934 年 7 月 27 日第 1265 号皇帝令规定、由市政当局开展的程序。针对更新和修改许可的，主管机关应预先告知相关市镇，市政当局可在其后 30 日内发表意见，主管机关则应在接到申请后 30 日内启动自动续期和更新程序。在征求意见会或自动程序中，对申请的任何增补都必须在收到原申请后 30 日内送交主管机关；如果在 120 日内（补充申请的情形为收到申请后 150 日内）主管机关未作出任何回复，则经营者可以在之后的 60 日内要求环境与土地海洋保护部采取措施，并指明上述申请和相关主管机关。（本句被 2013 年 3 月 13 日第 59 号共和国总统令废除。）

4. 根据第 270 条、第 271 条，许可应确定下列事项：

（1）对于技术上可集中排放的排放物，应确定收集和集中排放的方法。

（2）对于点源排放或准备进行点源排放的排放物，应确定排放限值、相关规范、取样和分析的方法、评价测量值与限值是否相符的标准和对经营者职能的监管周期，根据相关技术—经济条件而确定的排放点数量，受该条件影响的设备的最低技术要求以及仅允许将排放物被稀释到技术和实操上不可避免的程度的设想流量；必须特别指明适用排放限值的物质、规范以及相关监管。

（3）对于非点源排放物，应确定专门规定和经营特性，以确保遏制主管机关认为有必要进行干预的排放源。

5. 除了第 4 款的规定外，针对工厂设备和活动中产生的任何一种污染物，许可可以规定排放限值，表示为涉及整体排放的年度质量流量，其中包括可能的非点源排放物。（本句被 2014 年 3 月 4 日第 46 号立法令废除。）

6. 许可应规定设备调试和正式运行之间的必要间隔期间。除第 272 条第 3 款的规定外，应在设备运行前至少 15 日将运行事项通知主管机关。许可应确定一个日期，在此日期达到前，应向主管机关提交从设备正式运行到典型运转条件下一个期间内排放物的测量结果、上述期间的持续时间以及待检测的取样数量。负责检测的主管机关应当在一个或多个设备正式运行，或者许可规定的一项或多项活动启动之日起 6 个月内，围绕对许可的遵守情况进行首次评估。

7. 根据本条规定签发的许可有效期为15年。更新许可的申请至少应在到期日1年之前提出。延迟对根据本条签发的许可的更新申请作出通过决定的，经营者根据第3款规定，向环境与土地海洋保护部提出干预申请，而该部未在规定期限内回复的，许可到期后可以继续运行设备。如果出现有必要对许可规定进行变更，以使其符合现行法规规定的空气质量限值，则主管机关可以在原许可到期之前强制更新许可，以及在第281条第1款规定的期限之前强制更新1988年5月24日第203号共和国总统令中规定的许可。

8. 经营者欲对工厂进行改造的应告知主管机关，或者如果改造为实质性变更，则应根据本条提交许可申请。如果已告知主管机关的改造为实质性变更，主管机关应责令经营者根据本条提交许可申请。如果改造为实质性变更，主管机关应进行一次仅限于与更新有关的设备和活动的调查，以便更新工厂许可，或者，当专项调查结果显示出改善环境条件或最佳可得技术的需求，则应通过对整个工厂的广泛调查来更新许可内容。如果是非实质性变更，主管机关应在必要时更新许可。如果主管机关未在60日内作出决定，经营者可以实施已经履行了通知义务的非实质性变更，主管机关保留随后作出决定的权利。(本句被2014年3月4日第46号立法令废除。)第275条第1款规定的内容除外。更新许可有别于变更许可，更新后的有效期为15年。(本句被2017年11月15日第183号立法令废除。)

9. 为了查证是否遵守许可规定，负责检测的主管机关有权在工厂内实施一切被视为必要的监测活动。为了进行检测，经营者应向主管机关提供必要的合作，也可以通过取样活动、分析、收集数据和信息的途径开展检测活动，以便查明是否遵守本立法令第五部分的相关规定。经营者应确保，根据部门技术规范，在任何情况下，都可以安全地进入取样点。

10. 存储矿物油和液化气的设备无须许可。但是经营者亦应采取适当措施遏制非点源排放，并遵守主管机关为了控制排放而颁布的特别办法中的进一步规定。

11. 工厂从一地迁往另一地等同于建立一个新工厂。

12. 本款被2010年6月29日第128号立法令废除。

13. 本款被2010年6月29日第128号立法令废除。

14. 本款被2010年6月29日第128号立法令废除。

15. 本款被2010年6月29日第128号立法令废除。

16. 本款被2010年6月29日第128号立法令废除。

第270条　确定设备与输送排放物

1. 在许可过程中,除第272条规定的内容外,主管机关应当根据最佳可得技术和本立法令第五部分附件Ⅰ的相关规定,核查各个设备和各项活动的非点源排放物是否在技术上可以输送,如果可行,主管机关应安排对其进行收集和输送。

2. 出现危及公共卫生的情形或在需要特殊环境保护的地区,即使所确定的技术不符合第268条第1款第(22)项第2)点规定的可行性要求,主管机关也应对第1款规定的非点源排放物的收集和输送进行规定。

3. 本款被2017年11月15日第183号立法令废除。

4. 如果数个具备相似技术和建筑特征和相同化学—物理特性的排放物的设备位于同一工厂内,且用于进行性质相同的特定活动,主管机关基于技术和经济条件,可以将其视为一个设备,并为其设定一个单独排放点集中输送。在任何情况下,为了设定排放限值,主管机关都必须将上述设备视为一个单独的设备。第282条第2款的规定继续有效。

5. 在点源排放或准备点源排放的情形中,每一个都只能有一个排放点,第6款、第7款规定的内容除外。排放限值适用于每一个排放点,本章另有规定的除外。

6. 当在技术上,也出于安全原因,不能确保符合第5款规定时,主管机关可以允许一个设备设立多个排放点。在这种情况下,排放限值表述为质量流量、排放因子和百分比的,均指设备的整体排放,而用浓度来表示的排放限值则是关于单个排放点的排放。主管机关可以规定,排放限值为来自设备的不同排放点的同一污染物或者属于同一种类且具有相同化学属性的污染物的加权平均排放值;在这种情况下,设备的总质量流量不应高于将排放值适用于所有个别排放点时可能产生的总质量流量。

7. 基于技术和经济条件的考虑,只要所有设备的排放物都具有相同的化学—物理特性,在适当情况下,主管机关可以允许通过一个或多个公用排放点集中输送多个设备的排放物。在上述情况下,对于每个公用排放点应适用更严格的排放限值,表示为针对每个设备规定的浓度,且在某些情况下,应规定参考的氧含量应与输送到该排放点的流量一致。根据第269条第4款第(2)项的规定,许可应对限制稀释排放物作出专门规定。

8. 应在第一次更新许可后3年内，或者根据第281条第1款、第2款、第3款、第4款，或根据第272条第3款的规定取得许可后3年内，或者在许可确定的更短期限内对设备进行调试以符合第5款的规定，或者当技术上不能实现时，对设备进行调试以达到第6款和第7款的规定。为了适用第4款、第5款、第6款、第7款规定，主管机关还应参考第281条第9款所述的委员会所编制的文件。

8-2. 本条规定也适用于大型燃烧设备和中型燃烧设备，第273条第9款、第10款以及第273-2条第8款、第9款中有关设备聚合的进一步规定除外。

第271条　排放限值和设备、活动规范

1. 本条规定了排放限值和适用于工厂内设备和活动的规范。

2. 本款被2017年11月15日第183号立法令废除。

3. 大区和自治省的法律法规中有关排放限值和设备、活动对大气排放的规范，必须参考现行立法中既有的空气质量计划和方案。大区和自治省所颁布的法规，如果与1988年5月24日第203号共和国总统令和1989年7月21日总理令所确定的具体排放限值和规范相一致，则仍然有效。对于第272条第1款规定的所有设备及活动，大区和自治省可以基于最佳可得技术，通过法律或一般性决定设定特定的排放限值和规范，以及相关建设或运营条件与使用的燃料。为了评估排放物稀释的程度，大区和自治省还可通过法律或一般性决定，规定特定种类设备的特征性流量。

4. 基于达到和遵守空气质量的价值和目标的必要性，2010年8月13日第155号立法令规定的空气质量计划和方案中可以设定比本立法令第五部分附件Ⅰ、附件Ⅱ、附件Ⅲ、附件Ⅴ中规定的更为严格的排放限值和规范，以及建设或运行条件。

5. 对于早于1988年以前、2006年以前兴建的工厂或新建工厂内的设备及活动，基于最佳可得技术和根据第3款所述法规、第4款所述计划与方案规定的排放限值和规范进行的预审，许可中应确定排放限值和规范、建设或运行条件以及使用的燃料。当涉及本章规定的工厂以及第二部分第三(乙)章规定的设备时，为实现上述目的，还可以参考与设备种类和活动相关的最佳可得技术结论中规定的与最佳可得技术相关联的排放水平和技术。此外，还应对设备和活动产生的所有排放、其他来源的排放和相关区域空气质量状况进行整体评估。根据上述预审所确定的排放限值和规范不能低于本立法令第五部分附件Ⅰ、附件Ⅱ、附件Ⅲ、附件Ⅴ和因更新许可而适用的限值和规范。

5-2. 针对用于生物燃料生产的先进技术类工厂内的设备和活动，由环境与土地海洋保护部在听取卫生部意见后，以部委令的形式规定确定排放限值的标准。

5-3. 本款被2017年11月15日第183号立法令废除。

6. 对于未设定排放值的物质，许可在为其设定专门的排放限值时应参考针对那些具备相似化学属性并且对健康和环境具有相似影响的物质设定的排放限值。

7. 对于1988年以前、2006年以前兴建的工厂或新建工厂，许可始终应根据第5款规定的预审结果为其设定比本立法令第五部分附件Ⅰ、附件Ⅱ、附件Ⅲ、附件Ⅴ中规定的更严格的排放限值和规范。

8. 本款被2010年6月29日第128号立法令废除。

9. 本款被2010年6月29日第128号立法令废除。

10. 本款被2010年6月29日第128号立法令废除。

11. 排放限值和参考含氧容积量是指，在正常条件下，扣除水蒸气容积量的气态流出物的容积，本立法令第五部分附件Ⅰ另有说明的除外。

12. 除本立法令第五部分附件Ⅰ另有规定外，参考含氧容积量是在该过程中产生的那些。如果排放物中的含氧容积量与参考值不同，则测量的浓度必须通过以下公式进行校正：

$$E = \frac{21 - O_2}{21 - O_{2M}} \times E_M$$

其中：

E_M = 测定浓度

E = 浓度

O_{2M} = 测定含氧量

O_2 = 参考含氧量

13. 排放限值，是指从技术和操作的角度而言，经过不可避免的稀释后产生的每计量单位内的排放量。排放物经过进一步稀释的，应按下列公式校正测定浓度：

$$E = \frac{E_M \times P_M}{P}$$

其中：

P_M = 测定流量

E_M = 测定浓度

P = 经技术和操作上不可避免的稀释后，每计量单位内的其他流出物流量

$E = P$ 的浓度

14. 除本立法令第五部分另有规定外，排放值适用于设备的正常运行期间，即指剔除设备启动期、停运期、异常或故障检修等无法遵守排放限值的期间外的运行期间。许可可以就启动、停运、异常或故障期间设定特别规定，并进一步确定过渡期间，在此期间不适用排放限值。针对排放第272条第4款第(1)项规定的物质的情形，在技术允许的条件下，许可必须做出专门规定，以便对异常或故障检修期间或其他过渡期间排放的这些物质的数量进行估算，并设定适用于上述期间的排放限值，以年流量为单位。如果检查发现异常或故障达到了不能遵守排放限值的程度，则经营者应在其后8小时内通知主管机关，主管机关可以责令减少、停止活动或发出其他指示，经营者应采取措施尽快修复设备功能的义务不受影响。在此情况下，适用第20－3款规定的程序。无论如何，经营者都有义务采取所有适当的预警措施以便将设备启动和停运期间的排放减少到最低值，并确保将这些阶段的持续时间控制在最短。本立法令第五部分对特定类型的设备另有规定的除外。设备功能运行中进行常规检修的波动期间不属于启动或停运期间。

15. 本条也适用于第273条规定的大型燃烧设备、第273-2条规定的中型燃烧设备和第275条规定的设备及活动。

16. 本款被2017年11月15日第183号立法令废除。

17. 第五部分附件Ⅵ中应规定主管机关进行检测和经营者对排放进行监测的标准。在对本章规定的许可进行签发、更新和重审的过程中，主管机关应确定经营者在履行监测职能时需采用的排放物取样和分析方法，确定该方法时可以根据欧洲标准委员会的技术规范，或者在其不可用时，根据相关国家技术规范，或者在后者也不可用时，根据相关ISO技术规范或其他早期的国际或国内规范。由主管机关或者第268条第1款第(14)项规定的机构实施的检测和对超过排放限值的查证，应按照许可中特别指明的对经营者职责进行监测的方法进行，或者当许可中未特别指明方法的，应按照上述罗列的某一技术规范中的方法实施，或者如果相关设施由国家或大区法规规定，或者若许可规定主管机关在检测中也可以使用上述系统的，可以通过符合第五部分附件Ⅵ(遵守UNI EN 14181标准

的质量保障程序）规定的持续检测系统来实施。

18. 针对由经营者履行的排放监测职能，许可应规定执行基于不连续方法的定期测量或使用基于连续方法的监测系统。管理人应使用许可中指定的方法和监管系统履行其监测职能，并将监测结果提交给主管机关，由后者按照本立法令第五部分附件Ⅵ和许可中规定的方式进行检测。使用不同的方法或监管系统或者不符合许可规定的情况下，则根据本章规定，相关的适用结果无效，并应按照第 279 条第 2 款进行处罚。

19. 本款被 2017 年 11 月 15 日第 183 号立法令废除。

20. 根据第 279 条第 2 款规定的罪行，只有当主管机关或者第 268 条第 1 款第 14 项规定的机构基于采样和分析方法或者符合第 17 款规定要求的持续排放检测系统，查明测量值与规定的限值不符时，才能认定为超过了排放限值。在经营者履行监测职能过程中查明的不符，包括与个别值相关的、用于在平均值或百分比的基础上评估限值的那些，查明人必须在确认后 24 小时内特别通报负责检测的主管机关。

20-2. 在主管机关或第 268 条第 1 款第（14）项规定的机构实施的检测过程中，如果查明测量值与规定的限值不符，主管机关应以命令的形式向经营者直接下达尽可能在最短时间内采取修复措施使其相符的指示，只要这些无法通过现行法规定的其他程序下达。如果不相符可能造成人类健康风险或者导致地区空气质量的显著恶化，则必须停止运行设备。

20-3. 在履行自身的监测职能的过程中，经营者查明测量值与规定的限值不符的，则经营者应在尽可能短的时间内采取修复措施使其相符。在此情形下，主管机关应向经营者直接下达采取修复措施使其相符的命令，确定一个履行期限并设定设备在修复期间的运转条件。如果不相符可能造成人类健康风险或者导致地区空气质量的显著恶化，则在某些情况下将不允许继续运行设备。经营者未在设定的期限内履行命令的，针对未履行的行为，对其处以第 279 条第 2 款规定的处罚。

第 272 条　例外的设备与活动

1. 单独配备或专门实施本立法令第五部分附件Ⅵ第 1 部分所列的设备和活动的工厂无须申请本章规定的相关行政许可。上述附件中所列的设备和活动所产生的排放量对大气污染影响甚微，对它们仅适用第 271 条第 3 款和第 4 款规定的计划和方案或条例中规定的排放限值和特别规范。为了确定本立法令第五部分附件Ⅵ第1部分中所列的生产阈值、消耗阈值和额定热功率，必须要整体考虑列表中规定的工厂内的每种设备和活动。在本立法令第五部分附件Ⅹ第2部分第4节和第6节规定的条件下，使用燃料的设备必须至少符合本立法令第五部分附件Ⅰ第3部分、第2部分中针对这些燃料专门规定的排放限值。如果在同一工厂内同时存在属于和不属于本立法令第五部分附件Ⅳ第1部分的清单中所列的设备或活动，则本章规定的许可只适用于那些不属于清单内的设备或活动。本款也适用于在工厂内部使用的、非由工厂的经营者经管的移动装置，或者不在工厂内使用的移动装置。如果上述属于另一经营者的移动设备并非偶然放置在工厂内或偶然使用，则工厂的经营者在提交第269条规定的许可申请时必须将这些设备包括在内，第2款规定的有可能申请加入一般许可的情形除外。主管机关还可以其作出的一般决定规定：经营者应预先向该主管机关或其代理机关通知设备投入运行或活动开始进行的日期，或者在使用移动装置的情况下，要通知每一次使用活动的开始日期。可以按照第281条第5款规定的方式，也可以根据大区、自治省和从事此类生产的代表性协会的指示对本立法令第五部分附件Ⅳ中的清单进行更新和补充。

1-2. 对于第1款规定的、应当适用其规定的排放限值的设备，第271条第3款规定的大区立法应确定对待检测的排放物进行取样和分析的方法，并可以规定由经营者负责的监测义务。对于第1款规定的、应当适用其规定的排放限值的燃烧设备，如果经营者能够提交由制造商签发证明符合排放限值的设备合规声明，并且通过书面审查显示其规范使用了上述声明中规定有关运行和维修的专门技术指导，则负责检测的主管机关可以决定不执行或限制执行对排放的检测。只有当声明中包含有关设备运行和维护的专门技术指导和遵守限值所需的其他信息，如系统配置和适当的管理方法、最佳运行状态、燃料特性和控制系统时，负责检测的主管机关才能做出上述决定。

2. 主管机关可以针对工厂或者一类设备和活动类型，采用一般性许可规定排放限值、规范，还有相关的建设或运行条件、使用的燃料、调试的时间、取样和分析方法以及检测周期。许可还可以制定专门的规定，以便根据第270条预先确定经营者需要获取和输送排放物的情况和条件。在这些情况和条件之外，第270条的规定不适用于受一般性许可调整的工厂里的设备。排放限值和排放规范应根据第271条第5款至第7款的规定设定。一般性许可应确定加入申请的要求，并可提供相应的简化申请模板，其中可以从所使用的原材料和辅助材料的数量推断出排放物的数量和质量。一般性许可优先适用于具备第五部分附件Ⅳ第2部分所列类型的设备和活动的工厂。为了确定本立法令第五部分附件Ⅳ第2部分指明的生产阈值、消耗阈值和额定热功率，必须将工厂里具备的、属于上述列表中某一种类的设备和活动视为一个整体考虑。对于已经获得一般性许可的工厂的经营者，也可以提交第269条规定的许可申请。兴建的工厂中具备一般性许可规定之外的设备和活动的，应取得第269条规定的许可。事先经过加入程序的，允许兴建具备由数个一般性许可分别规定的设备和活动的工厂。事先经过加入程序，在具备一般性许可的工厂里可以被允许安装由其他一般性许可规定的设备和启动由其他一般性许可规定的活动。在共同排放点对产自不同于一般性许可规定的设备的排放物进行点源排放时，对于任何一种相关物质均应适用上述许可中规定的最严格的排放限值。只要大区法规或者一般性许可设定了有关要求和条件，以便限制单个工厂通过加入程序实施变更的最高次数和具体内容的，在拥有第269条规定的许可的工厂内，事先经过加入程序后，允许安装一般许可中规定的设备和启动一般许可中规定的活动；主管机关应根据加入的情况负责对第269条规定的许可进行更新。

3. 出于第2款规定的目的，至少在安装设备前45日，经营者应向主管机关提交加入一般性许可的申请，并附上所要求的文件。加入申请中应特别指明在现行一般性许可中所针对的设备和活动。如果存在不符合一般性许可规定，或第271条第3款和第4款所述的计划和方案或大区立法规定，或者存在对健康或是需要特殊环境保护的地区构成危险的特定情形的，接受申请的主管机关可以决定的形式拒绝其加入一般许可的申请。加入许可的申请可以附上第269条第6款规定的关于试运行的告知书，试运行活动可以在提出申请45日后进行。该程序也适用于经营者打算对工厂进行变更的情况。如果一般许可中没有规定有关设备安装或开启活动的变更，则该工厂仍然由第269条规定的许可进行调整。一般性许可适用于获准加入的工厂，即使被后来的一般性许可所代替，有效期为加入后的15年。该期限对有关工厂变更的加入申请期间不产生影响。在此期限届满前至少45日，经营者应提交加入现行一般性许可的申请，并附上所要求的文件。主管机关应根据本条规定负责对通过的一般性许可进行更新，至少每15年一次。本条规定的程序和时间表取代行政告知和默示同意的现行一般规定。

3-2. 针对具备中型燃烧设备的工厂（可能还具有其他设备和活动）颁发的

一般性许可,还必须对第五部分附件Ⅰ第4-2部分规定的条目[除第a)项、第g)项、第h)项外]制定具体规范。相关的加入许可申请必须包含前述附件所规定的所有数据。

4. 根据欧盟关于物质和混合物的分类、标签与包装规定,针对使用了具有H350、H340、H350i、H360D、H360F、H360FD、H360Df和H360Fd危险指标的物质或混合物的设备或活动,不适用第2款和第3款的规定。由于对物质分类进行修改,导致一般性许可中包含的一个或数个设备或活动属于本款规定的禁止事项,则经营者必须在修改分类后3年内,向主管机关提交第269条规定的许可申请。逾期未提交申请的,视为未经许可运营工厂。

4-2. 本款被2017年11月15日第183号立法令废除。

5. 除第5-2款规定的内容外,本章规定不适用于国防工厂和专门用于与温度、湿度和其他微环境条件相关的工作环境的保护与安全的通风口和空气交换机的排放。无论在何种情况下,专门用于从工作环境排放污染物的排放点产生的排放都应适用本章规定。本章规定也不适用于安全阀、爆破片和其他用于危急或紧急情况的装置,主管机关在许可中另有规定的除外。即使在危急或紧急情况下投入运行,但是作为工厂生产流程补充部分的设备仍然适用本章规定。对于碳氢燃料分配设备仅适用第276条和第277条的相关规定。

5-2. 具有中型燃烧设备的国防工厂应取得许可。在许可中应为其确定专门的排放限值和规范。

第272-2条　气味排放

1. 大区法规和许可可以针对本章所涉及的工厂的气体排放规定预防和限制措施。在适当的前提下,根据设备特征、工厂内开展的活动的特性和相关区域的特质,上述措施也可以包括以第271条规定的方式许可设定更加严格的限值的权力,大区法律另有规定的除外:

(1)以有气味的物质的浓度(毫克/标准立方米)表示的排放限值。

(2)针对可能产生气味影响的工厂和活动制定工厂和管理规范以及测定标准,包括实施遏制计划的义务。

(3)在许可程序内,旨在根据工厂周围的敏感受体来确定测定标准的程序。

(4)在许可程序内,旨在确定工厂气味排放源的最大气味排放量或最大气味排放浓度的标准和程序,该最大量或最大浓度以气味单位(ouE/m^3 o ouE/s)表示。

(5)工厂气味排放源的特定最大气味排放量或最大气味排放浓度,以气味单位(ouE/m³ o ouE/s)表示。

2. 2010 年 8 月 13 日第 155 号立法令第 20 条规定的合作可以起草制定有关本条规定的措施的方针。通过以第 281 条第 6 款规定的方式对第五部分附件 I 进行补充, 也可以根据合作成果,针对本条涉及的工厂的气味排放规定限值和预防与限制规范,包括决定监测方法和确定影响的方法。

第 273 条　大型燃烧设备

1. 本立法令第五部分附件Ⅱ应规定有关大型燃烧设备的排放限值,包括多燃料设备的排放限值、监测和检测排放方法、验证是否符合排放限值的标准,以及设备功能异常或故障的情形。

2. 新建的大型燃烧设备适用第五部分附件Ⅱ第 2 部分第 1 节至第 6 节规定的相关排放限值。

3. 针对 2013 年以前的大型燃烧设备,自 2016 年 1 月 1 日起适用第五部分附件Ⅱ第 2 部分第 1 节至第 6 节规定的有关排放限值。针对自 2016 年 1 月 1 日后运行的、按照第五部分附件Ⅱ第 1 部分第 2 段规定被免除许可的大型燃烧设备,适用第 2 款规定的针对新设备的排放限值。在此日期之前,现行许可应按照本条规定调整有关定期更新的普通程序,如果在该日期之前没有规定定期更新,根据第 29-9 条的规定,经营者应该在 2015 年 1 月 1 日之前提交更新申请。在不影响本立法令第二部分规定的前提下,经营者延迟对许可进行调整的,上述许可仍然构成权利凭证,直至 2016 年 1 月 1 日。在更新过程中签发的许可不得设定比原许可规定的严格程度弱的限值,但不影响有关设备变更申请的预先审查。

3-2. 针对经营者根据第 4 款或第 5 款规定正式提交作为例外处理要求的大型燃烧设备,第 3 款规定的 2016 年 1 月 1 日的截止日期延长至 2017 年 1 月 1 日。在主管机关针对要求作出明确裁决之前,且不得晚于 2017 年 1 月 1 日,只要经营者也遵守例外要求中指明的附加条件,则有关许可仍然构成运行权利凭证。

3-3. 在 2015 年 12 月 31 日前,经营者已经按照本立法令第五部分附件Ⅱ第 1 部分第 3.3 段或第 3.4 段规定,或者本立法令第五部分附件Ⅱ第 2 部分规定,就大型燃烧设备正式提交例外处理要求的,则第 3 款规定的 2016 年 1 月 1 日的截止日期应延长至 2017 年 1 月 1 日。在主管机关针对要求作出明确裁决之前,且不得晚于 2017 年 1 月 1 日,只要经营者也遵守例外要求中指明的附加条件,并且从2016年1月1日起，针对不属于例外申请中涉及的污染物，遵守本立法令第五部分附件Ⅱ第2部分规定的相关最高排放限值，则有关许可仍然构成运行权利凭证。

4. 在2016年1月1日至2023年12月31日，在符合以下条件的情况下，许可可以允许第3款规定的燃烧设备运行时间小于或等于17,500小时，无须遵守第3款规定的排放限值：

（1）在2014年6月30日之前，设备的经营者应向主管机关提交有关定期更新许可的普通程序，或者在上述日期之前没有规定定期更新的，则经营者在根据第29－9条提交的变更申请范围内应出具一份书面声明，承诺在2016年1月1日至2023年12月31日不会运行设备超过17,500小时，并同时将此承诺告知环境与土地海洋保护部。

（2）自2017年起，在每年5月31日前，经营者无论如何都应向主管机关以及环境与土地海洋保护部提交一份记录了自2016年1月1日起设备的使用时间的文件。

（3）在2016年1月1日至2023年12月31日，设备应遵守的排放限值的严格程度不应低于在2015年12月31日之前，根据许可、本章以及第二部分第三（乙）章的规定，设备所应遵守的排放限值。

（4）没有获得第五部分附件Ⅱ第1部分第2段所规定的豁免的设备。

4-2. 如果第4款规定的豁免授予在1987年7月1日以后首次被许可的、以固体燃料供应的、额定热功率总值超过500兆瓦的燃烧设备，则在2016年1月1日至2023年12月31日，在任何情况下，该设备都必须遵守第五部分附件Ⅱ第2部分针对氮氧化合物设定的排放限值。

5. 许可可允许在2016年1月1日至2023年12月31日，2002年以前的、额定热功率总值不超过200兆瓦的燃烧设备，在满足下列条件的情况下可以不遵守第3款中规定的排放限值：

（1）自许可前第5年开始，按照每5年的运动均值计算，至少50%的可用产出热能都以蒸汽或热水的形式供应给远程公共供热网络；自2017年起，经营者应在每年的5月31日之前向主管机关和环境与土地海洋保护部提交一份说明设备所产出的可用热量用于以上用途的百分比的文件。

（2）在2016年1月1日至2023年12月31日，设备应遵守的排放限值的严格程度不应低于在2015年12月31日之前，根据许可、本章以及第二部分第三

(乙)章的规定,设备所应遵守的排放限值。

6. 根据第 271 条第 5 款、第 14 款和第 15 款的规定,所有大型燃烧设备许可中规定的燃烧限值的严格程度不得低于附件Ⅱ第 2 部分第 1 节至第 7 节和第五部分附件Ⅰ中规定的相关限值。

7. 针对大型燃烧设备,每个含有一个或多个排放管道的烟囱,根据第 270 条的规定,相当于一个排放点。

8. 除第 271 条第 14 款的规定外,在出现本立法令第五部分附件Ⅱ第 1 部分规定的异常运转的情况下,按照其规定的条件,运转异常的大型燃烧设备不适用排放限值。

9. 为了决定额定热功率,并以此为依据设定排放限值,针对数个位于同一工厂内的、热功率等于或高于 15 兆瓦、热功率总值等于或高于 50 兆瓦、根据主管机关的技术条件评估结果仅在一个排放点实施点源排放或可以进行点源排放的燃烧设备,应被视为一个单一的大型燃烧设备。对于可点源排放性的评估应参考第 270 条规定的标准。为此目的,在其他设备停用时,用来替代运行的储备设备不在考虑范围之内。主管机关还可以根据技术和经济条件安排这些设备在单独一个排放点进行点源排放,并对此排放点适用排放限值,如果不能点源排放,则对最近的设备适用排放限值。

10. 为满足第 9 款规定而进行的调整应在许可为此规定的期限内实施。

11. 如果大型燃烧设备发生实质性变更,则应对其适用第五部分附件Ⅱ第 2 部分第 1 节至第 5 节 B 项和第 6 节中规定的排放限值。

12. 在不影响现行法律法规有关环境综合许可的规定的前提下,针对新设备或者根据第 11 款的规定进行变更的情况下,许可申请必须附有一项有关热电联产在技术上以及经济上的可行性研究报告。如果已经确定上述可行性,同时也考虑到研究报告以外的其他因素,主管机关也基于市场和分配情况,应决定签发立即实施的许可决定或者推迟这一方案。

13. 本款被 2017 年 11 月 15 日第 183 号立法令废除。

14. 如果建造大型燃烧设备可能对欧洲共同体的另一个国家的环境造成重大损害,主管机关应告知环境与土地海洋保护部,以履行 1991 年 2 月 25 日在埃斯波(Espo)签署的《跨境环境影响评估公约》中规定的义务,上述公约已经为 1994 年 11 月 3 日第 640 号法律认可。

15. 本条的规定适用于生产能源的燃烧设备,但是不包括在生产过程中直接

使用燃烧产品的设备。具体而言,不包括:

(1)使用燃烧产品直接加热、干燥或对物体或材料进行任何其他处理的设备,如加热炉或热处理炉。

(2)二次燃烧设备,即任何通过燃烧来净化气态流出物的技术装置,不能作为独立的燃烧设备运行。

(3)催化裂化催化剂再生装置。

(4)硫黄中的硫化氢转化装置。

(5)化学工业中使用的反应堆。

(6)焦炉电池。

(7)考伯式高炉。

(8)任何用于推进车辆、船舶或飞机的技术装置。

(9)用于海上平台和海上液化天然气再气化设备的燃气轮机和燃气发动机。

(10)本款被2014年3月4日第46号立法令废除。

(11)本款被2014年3月4日第46号立法令废除。

(11-2)使用第五部分附件Ⅱ定义的生物质之外的任何固体或液体废弃物为燃料的设备。

16. 本款被2014年3月4日第46号立法令废除。

16-2. 自2011年9月14日第162号立法令生效之日起,为了取得针对额定热功率等于或高于300兆瓦的燃烧设备签发的许可,经营者应当提交证明存在下列情况的报告:

(1) 2011年9月14日第162号立法令第3条第1款第c)项中规定的适当存储站点的可用性。

(2)2011年9月14日第162号立法令第3条第1款第aa)项规定交通运输结构的技术可行性和经济可行性。

(3)经过考虑安置二氧化碳捕获构架的技术和经济可能性。

16-3. 主管机关应根据第16-2款规定的文件确定该款所规定的条件是否得到满足。在此情况下,经营者应在工厂内部预留足够的区域来安装捕获和压缩二氧化碳所需的架构。

第273-2条 中型燃烧设备

1. 位于工厂内的中型燃烧设备由第269条规定的许可调整,而第二部分规定的设施则由环境综合许可调整。位于工厂内的、以第五部分附件Ⅱ中规定的生物废物为燃料的中型燃烧设备按照第208条或第214条规定签发许可。

2. 位于工厂中的、与其他设备或活动在一起的中型燃烧设备，可以一并适用按照第272条第3-2款规定而采用的一般许可。

3. 针对中型燃烧设备，第271条第5款和第272条第2款规定的许可审查为其确定的排放限值和运转规定的严格程度不得弱于第五部分附件Ⅰ和Ⅴ、法律法规和第271条第3、4款所述大区计划中规定的相关值和规定，以及为了更新许可而适用的相关值和规定。

4. 针对位于第二部分规定的设施中的中型燃烧设备，第五部分附件Ⅰ和Ⅴ、法律法规和第271条第3、4款所述大区计划中规定的排放限值和运转规定，应按照第29-6条第4-3款的规定接受环境综合许可的预审查。

5. 核定热功率等于或低于5兆瓦的取暖设备自2025年1月1日起，现有的中型燃烧设备则自2030年1月1日起，由通过第3款和第4款规定的许可审查而确定的排放限值调整。在上述日期之前，必须遵守现行许可规定的排放限值，针对在2017年12月19日之前已经被列入第五部分附件Ⅳ第1部分的中型燃烧设备，应符合根据第272条第1款而适用的任何排放限值。

6. 为了按照本条规定进行调整，具备第269条规定的许可的工厂经营者，工厂内现有中型燃烧设备的，应在第5款规定的日期之前至少2年提交一份许可申请。在上述期限的2年前提交的、有关定期更新许可的普通申请中也可以对上述调整做出规定。主管机关通过仅针对现有中型燃烧设备的预审查对工厂许可进行变更，或者通过一个扩展到整个工厂的预审查来重新签发许可。当许可中已经规定的限值和规范符合第5款规定时，经营者应至少在第5款规定的日期之前2年将上述情况通知主管机关。

7. 在第6款规定的期限内，还应提交：

（1）申请加入按照第272条第3-2款规定通过的、针对位于工厂内的现有中型燃烧设备的一般许可的申请。

（2）工厂许可申请，根据2017年12月19日前的现行法律法规，位于工厂内的现有中型燃烧设备不属于第269条规定的许可义务调整对象。

（3）根据第208条或第214条第7款规定的工厂许可申请，位于其内部的中型燃烧设备是以第五部分附件Ⅱ规定的生物废物为燃料的。当现有许可已经规定了符合第5款规定的限值和规范时，可以用一个通知替代上述申请。

(4)对第二部分规定的、其内具备现有中型燃烧设备的设施的环境综合许可进行更新和重审的申请。当现有许可已经规定了符合第5款规定的限值和规范时,可以用一个通知替代上述申请。

8. 为了确定额定热功率并据此设定排放限值,位于同一工厂内的,根据主管机关开展的技术条件评价,其排放物仅在一个排放点进行点源排放或可被点源排放的中型燃烧设备被视为一个单独设备。有关可疏散性的评价应根据第270条规定的标准进行。在第273条第9款规定的情形中,这些单元被定义为大型燃烧设备。为此,在其他设备停工时用来替代的设备不得被视为储存设备。如果数个中型燃烧设备的排放物通过一个或多个共同排放点进行点源排放,则在缺少疏散的情况下,上述聚合而成的中型燃烧设备适用针对最新设备设定的排放限值。

9. 为了符合第8款规定,针对现有中型燃烧设备进行的调整应在许可为此目的设定的时间内,在第5款规定的日期前实施。

10. 下述情形不构成中型燃烧设备:

(1)用于对对象或材料的直接加热、烘干或其他任何处理的燃气燃烧设备。

(2)二次燃烧设备,即任何通过燃烧来净化气态流出物的技术装置,不能作为独立的燃烧设备运行。

(3)用于推进车辆,船舶或飞机的任何技术装置。

(4)海上平台使用的燃气涡轮机和燃气发动机和内燃机。

(5)为了改善工作环境条件,使用燃气直接加热工厂内部空间的燃烧设备。

(6)催化裂化催化剂的再生装置。

(7)硫黄中的硫化氢转化装置。

(8)化学工业中使用的反应器。

(9)焦炉电池。

(10)考伯式高炉。

(11)火化设备。

(12)由精炼厂的燃料供应的,也可和其他燃料混合供应的中型燃烧设备,用于石油化物天然气精炼厂的能源生产。

(13)木浆生产设施中的回收锅炉。

(14)安装在非道路可移动机械上的、由欧洲发动机或内燃机标准调整的燃烧设备。

（15）第四部分第三（乙）章规定的焚烧或联合焚烧设备。

11. 每个主管机关都有义务按照自行确定的形式用文件记录保存第五部分附件Ⅰ第5部分规定的有关中型燃烧设备和第284条第2-2款和第2-3款规定的中型民用取暖设备的数据，以及对这些设备进行修改的数据。并且根据2005年8月19日第195号立法令的规定，主管机关还应将记录包含的信息在网站上公开，并确保公众可以通过此方式获取。

12. 出现下述情况时，应在文件记录中插入第11款规定的数据：

（1）签发第269条规定的许可或者环境综合许可或者第208条或第214条规定的有关配备了新的中型燃烧设备的工厂或设施的许可。

（2）签发第269条规定的许可或者自2017年12月19日以后，针对第208条或第214条第7款规定的、具备现有中型燃烧设备的工厂或设施而签发环境综合许可。

（3）自第6款最后一句规定的和第7款第（3）项和第（4）项规定的通知之日起60日内。

（4）对申请加入第272条第3-2款规定的一般许可的程序进行完善时。

（5）自将有关第269条第8款规定的、针对中型燃烧设备的非实质性修改的信息通报后60日内，主管机关在期限届满后更新许可时可能对登记进行的增补除外。

（6）在相关许可登记中对第284条第3款和第4款规定的中型民用取暖设备进行登记时。

13. 自接收第269条规定的许可申请，或者配备有中型燃烧设备的工厂和设施的综合环境许可申请，或者加入第272条第3-2款规定的一般许可的申请，或者将有关中型燃烧设备的非实质性修改信息进行通报后30日内，主管机关应开始预审程序，并及时将开始信息通知申请人。

14. 针对2017年12月19日前安装的、由生物质或沼气提供动力的、额定热功率低于1兆瓦的燃烧设备，自2030年1月1日起，应遵守第五部分附件Ⅰ中规定的相关对大气排放值。在上述日期之前，应遵守根据第272条第1款适用的限值。

15. 针对每年非运行时间超过500小时（按照每5年的运动均值计算）的现有中型燃烧设备，根据第6款签发的许可，可以免除将排放限值调试到第5款规定的限值的义务。许可申请中应包含经营者对遵守上述运行时间的承诺。用于计算的第一段期间是指签发许可后的5个日历年，为了计算运动均值，经营者应向主管机关提交上一年度使用的运行时间记录。在岛上供电系统中断而需要连接到主供电系统发电的紧急情况下，最大运行时间可以超过1000小时。

16. 针对位于工厂内的新的中型燃烧设备，每年非运行时间超过500小时（按照每3年的运动均值计算）的，对工厂的许可可以免除对上述设备适用第五部分附件Ⅰ中规定的限值。许可申请中应包含经营者对遵守上述运行时间的承诺。用于计算的第一段期间是指签发许可后的首个日历年和其后的两个日历年。自签发许可后的首个日历年开始，每年3月1日前，为了计算运动均值，经营者应向主管机关提交上一年度使用的运行时间记录。第271条第5款规定的许可审查确定的限值的严格程度不得弱于2017年12月19日前的现行法规中规定的限值，并且在任何情况下，针对使用固体燃料的设备的粉尘排放限值不得超过100毫克/标准立方米。

17. 针对热功率高于5兆瓦的现有中型燃烧设备，如果不低于50%的可用产出热能（按照每5年的运动均值计算）都以蒸汽或热水的形式供应给远程公共供热网络，则根据第6款签发的许可，可以将调整排放限值以达到第5款规定的义务推迟到2030年1月1日。许可申请中应包含经营者对遵守上述供应百分比的承诺。用于计算的第一段期间是指签发许可后的5个日历年。自签发许可后的第二个日历年起，每年3月1日前，为了计算运动均值，经营者应向主管机关提交文件说明上一年度用于上述供应的可用产出热能的百分比。对于2025年1月1日至2030年1月1日的排放，第271条第5款规定的许可审查所确定的限值的严格程度不得弱于前一许可中规定的限值，任何情况下，硫氧化物的排放限值都不得超过1100毫克/标准立方米。

18. 针对由蒸汽发动机或蒸汽涡轮机构成的、热功率高于5兆瓦的现有中型燃烧设备，如果这些设备用于保障国家天然气输送系统的保护和安全所必需的气体压缩站运作，则根据第6款签发的许可，可以将调整氮氧化物的排放限值以达到第5款规定的义务推迟到2030年1月1日。在规定的调试日期前，应继续遵守前一许可中规定的限值。

19. 由于严重匮乏导致含硫量低的燃料供应中断，进而造成新的或现有的中型燃烧设备无法遵守第五部分附件Ⅰ中规定的有关硫氧化物的排放限值时，主管机关可以破例允许其不适用上述限值，期限不得超过6个月。许可中应规定在上述期间适用的限值，并确保其严格程度不得弱于2017年12月19日前签发的许可中规定的限值。

20. 对于新的和现有的、仅使用气态燃料的中型设备，由于气体供应的突然中断，而必须使用其他特别燃料并配备特殊的减排系统的，主管机关可以破例允许其适用第五部分附件Ⅰ规定的相关排放限值，期限不得超过10日（除合法延长外）。许可中应规定在上述期间适用的限值，并确保其严格程度不得弱于2017年12月19日前签发的许可中规定的限值。

21. 环境与土地海洋保护部应在事发后一个月内将第18款和第19款规定的例外情形通报给欧盟委员会。主管机关不是环境与土地海洋保护部的，应在事发后5日内将上述例外情形通知环境与土地海洋保护部。

22. 现有中型燃烧设备，若其属于第2009/72/CE号指令第2条第26点和第27点中规定的小型独立系统或微型独立系统的一部分，则根据第6款签发的许可应规定在2030年1月1日负有调整第5款规定的排放限值的义务。对于2025年1月1日至2030年1月1日的排放，第271条第5款规定的许可审查所确定的限值的严格程度不得弱于前一许可中规定的限值。

第274条　大、中型燃烧设备排放数据的收集和传递

1. 环境与土地海洋保护部应每3年向欧盟委员会提交一份关于第五部分规定的、所有大型燃烧设备产生的二氧化硫、氮氧化合物和粉尘排放报告，其中应对炼油厂的排放进行单独说明。自2004年1月1日起的首个三年期内，首份报告应于2007年12月31日前完成提交，之后，在每3年审查期结束后的12个月内提交。环境与土地海洋保护部还应根据欧盟委员会的要求有关提交单个燃烧设备产生的二氧化硫、氮氧化物和粉尘排放的年度数据。

2. 本款被2017年11月15日第183号立法令废除。

3.（本句被2017年11月15日第183号立法令废除。）自2017年起，环境与土地海洋保护部应在每年12月31日前向欧盟委员会提交第273条第5款规定的每个设备从2016年1月1日起运行小时数的记录，以及第273条第6款规定的每个设备产出的、以蒸汽或热水的形式供应给远程公共供热网络的可用热能的百分比，按照前5个日历年的运动均值计算。如果主管机关不是环境与土地海洋保护部，则主管机关在适用上述规定的同时应向该部通报适用中出现的例外情况，并说明每个设备的总额定热功率、使用的燃料类型以及所采用的硫氧化物、氮氧化物和粉末的排放限值。

4. 自2006年起，每年5月31日之前，大型燃烧设备的经营者应按照第五部分附件Ⅱ第3部分规定的方式向环境保护与研究高等研究所报告所管理的设备类型、设备投入使用日期、上一年度的排放总量以及第五部分附件Ⅱ第4部分规定的二氧化硫、氮氧化合物和粉尘的排放量，由煤、褐煤、生物质、泥炭、其他固体燃料、液体燃料、天然气和其他气体产生的年度能源总量（净发热量），运行小时数以及减排系统的特征。未履行本款规定的数据和信息上报义务，环境与土地海洋保护部按照本款规定以及《刑法典》第650条的规定，应命令怠于履行义务的经营者提供上述数据及信息。

5. 环境保护与研究高等研究所应根据第4款涉及的信息编写有关本立法令第五部分规定的所有大型燃烧设备的二氧化硫、氮氧化物和粉尘排放的报告。这份报告必须包含第4款要求的全部内容。至少在第1款规定的向欧盟委员会传达数据的截止日期前两个月，环境保护与研究高等研究所应将上述报告以及各个设备的分类数据传送给环境与土地海洋保护部。

6. 第4款中规定的数据应以电子形式收集和发送。为此，必须尽可能地严格遵守环境与土地海洋保护部在其官方网站上指明的程序。第5款规定的报告以及环境保护与研究高等研究所收集的分类数据应公布在环境与土地海洋保护部和环境保护与研究高等研究所的网站上供主管机关使用。

7. 自2017年起，每年的12月31日之前，环境与土地海洋保护部应就下述事项向欧盟委员会报告上一年度的情况：

（1）对于适用第五部分附件Ⅱ第2部分第1节C项规定的燃烧设备，应报告所使用的本土固体燃料的硫含量和按照月平均值计算所达到的脱硫程度。首次报告中还应说明例外对象无法遵守排放限值的技术原因。

（2）在第五部分附件Ⅱ第2部分第1节A项第2段，第2节A项第2段，第4节A项第1段注释1、4、5以及第4节A–2项第3段规定的例外情况下，燃烧设备的年度运行小时数。

8. 如果主管机关不是环境与土地海洋保护部，则主管机关应在适用第（1）项和第（2）项规定的同时向该部报告与之相关的例外情形。

8–2. 按照其采用的形式，环境部应向欧盟委员会提交：

（1）在2021年1月1日以前提交一份报告，内容包括中型燃烧设备和中型民用取暖设备的年度一氧化碳总排放量估值以及上述设备的一氧化碳排放浓度的相关信息，按照燃料种类和容量等级分类。

（2）在2026年10月1日以前，2031年10月1日以前，提交一份报告，内容包括有关适用中型燃烧设备和中型民用取暖设备的现行法规的质量和数量信息,包括用于查验设备合规性的活动。第一份报告还应包括对中型燃烧设备和中型民用取暖设备排放的粉尘、氮氧化物和硫氧化物的年度总量估算,按照设备种类、燃料种类和容量等级分类。

8-3. 为了起草第8-2款规定的报告,环境与土地海洋保护部应以部委令的形式,规定中型燃烧设备的经营者和第五部分第一章和第二章规定的主管机关向意大利环境保护与研究高等研究所和前述部委履行报告义务时所应汇报的数据、估算方法、汇报的时间和方式。根据上述信息,意大利环境保护与研究高等研究所应按照欧盟委员会规定的相关形式制定一份报告,在第8-2款规定的期限前至少3个月发送给环境与土地海洋保护部。

第275条　挥发性有机化合物的排放

1. 本立法令第五部分附件Ⅲ规定了挥发性有机化合物的排放、排放限值、排放监测和检测方法、评估测量值与限值是否符合的标准和制定溶剂管理计划的方式。本条款针对工厂的规定也适用于由综合环境许可调整的设备。第五部分附件Ⅲ指出了第8款涉及的现有工厂的活动应该遵守排放限值和特殊规定的情况。

2. 如果在同一个工厂内,通过一个或多个非固定或手动操作的设备或机器和系统,实施本立法令第五部分附件Ⅲ第2部分中确定的一项或多项活动单独超过规定的溶剂消耗阈值,则按照第7款规定的方式,应对上述任一活动适用附件Ⅲ第3部分规定的点源排放限值和非点源排放限值,或者适用附件Ⅲ第3部分和第4部分规定的总排放限值。针对在同一工厂中进行的、与上述附件Ⅲ第2部分确定的活动直接相关且技术上相关联的、可能影响挥发性有机化合物排放的活动,也适用上述规定。对是否超过溶剂消耗阈值的评价应根据溶剂的理论最大消耗进行。本立法令第五部分附件Ⅲ第2部分规定的活动包括对设备的清洁,但不包括对产品的清洁,法律另有规定的除外。

3. 就第2款的规定而言,点源排放的限值适用于产生这些排放物的每个设备,而非点源排放的限值则适用于所有设备、非固定机械和系统以及所有操作的非点源排放总和。

4. 打算开展第2款所述活动的管理者,应按照第269条和本条规定以及本立法令第五部分附件Ⅲ的规定,向主管机关提出工厂许可申请,或者在符合条件的情况下,申请加入第272条第3款规定的一般性许可。除了第269条第8款规定的情况外,当溶剂的理论最大消耗阈值发生变化后,导致工厂中实施的活动又重新符合第2款之规定的，工厂的经营者也必须提交许可申请。

5. 根据第2款和第7款，许可应规定排放限值和必须遵守的规范。第270条适用于收集和输送装置。在启动和关闭操作期间，还应规定必要的预防措施以尽量减少挥发性有机化合物的排放。包括根据第281条规定在更新期间发放的许可在内的各项许可应确保这些限值和规范适用于第2款规定的所有活动，而第2款最后一句规定的限值和规范只能适用于现有工厂的活动。

5-2. 除了第271条第14款和第20款的规定外，管理者应及时向主管机关汇报任何违反许可规定的情形。

6. 许可中应指明溶剂的理论最大消耗阈值，在适用第2款规定的、根据上述消耗量确定的限值后所产生的年排放总量，以及本立法令第五部分附件Ⅲ第5部分规定的管理计划的更新周期。根据本立法令第五部分附件Ⅲ第5部分的规定，为了允许在具备较高溶剂消耗阈值的工厂里适用与排放总量相当的限值，主管机关应根据许可的工厂里所开展的特定活动，对确保有效控制其遵守上述限值的可能性进行评估。

7. 应通过使用采用最佳可得技术确保遵守第2款规定的排放限值，特别是使用已降低有机溶剂含量或不含有机溶剂的原材料、优化活动的运作和管理，以及在必要时，通过安装适当的减排装置以减少挥发性有机化合物的排放。

8. 就本条规定而言，在2001年4月1日之前根据有效期内的许可文件投入运作的工厂，或者在上述日期之前已经提交完整的许可申请并在2002年4月1日之前已经投入运行的工厂被认为是已存在的工厂。其他的则被认为是新工厂。为了适用第270条、第271条和第281条规定，按照第268条规定的定义，本条规定的工厂被区分为1988年之前的工厂、2006年之前的工厂以及新工厂，由环境综合许可调整的设施除外。

9. 本款被2014年3月4日第46号立法令废除。

10. 保留2004年3月13日以前签发的许可，这些许可关于遏制挥发性有机化合物排放的规定比本立法令第五部分附件Ⅲ第3部分和第4部分的规定更加严格。在这种情况下，以前使用的取样和分析方法仍然有效。管理者有权要求主管机关根据本立法令第五部分的规定对这些许可进行重审。

11. 在现有工厂进行的活动发生重大实质性变化的情况下，许可应就发生实质性变更的活动作出以下规定：

(1)应受新工厂活动规定的约束。

(2)应受新工厂活动规定的约束,如果工厂内开展全部活动所产生的总排放量不超过在适用第(1)项规定的情况下所产生的排放总量。

12. 如果管理者向主管机关证明,对于某一特定工厂,即使使用最佳可得技术也不可能遵守扩散排放限值,则主管机关可以许可不遵守上述限值,只要不会对人类健康或环境造成风险,并能继续提供最佳可得技术。

13. 在本立法令第五部分附件Ⅲ第3部分规定的情况下,如果排放物不能按照第270条第1款、第2款的规定进行点源排放,则主管机关可以免除管理者对某些条款的适用。在这种情况下,应适用本立法令第五部分附件Ⅲ第4部分的规定,除非管理者向主管机关证明:在这类情况下,无论在技术上还是经济上都无法遵守该附件的规定,同时证实该设备使用的是最佳可得技术。

14. 主管机关应在第18款规定的报告中向环境与土地海洋保护部上报依照第12款和第13款规定许可的例外情况。

15. 如果在同一工厂进行的两项或多项活动分别超过第2款所述的限值,主管机关可以:

(1)将第2款规定的限值应用于任一单一活动,或者

(2)适用排放总量的规定,即这些活动的排放量总和,不得高于适用第(1)项规定所产生的排放量;本项规定不得扩展用于第17款所规定的物质的排放。

16. 本款被2014年3月4日第46号立法令废除。

17. 本立法令第五部分附件Ⅲ第1部分规定了对健康和环境具有特别危害的物质的具体排放限值。

18. 按照2010年11月9日欧盟委员会第2010/681/EU号指令决定,从2005年起每3年一次,主管机关应在4月30日前向环境与土地海洋保护部提交一份关于本条适用情况的报告。报告副本由主管机关送交大区或自治省。环境与土地海洋保护部负责将这些信息发送给欧盟委员会。

18-2. 根据第281条第6款的规定通过一项专门法令,按照执行第2010/75/EU号指令第72条的欧盟办法,上述专门法令应在本立法令第五部分附件Ⅲ中添加一项特别规定,用以规范向欧盟委员会报告和沟通有关本条适用情况的活动。自上述法令规定的日期开始,第18款将不再适用。

19. 本款被2010年6月29日第128号立法令废除。

20. 由一个或多个用于干洗织物和皮革(不包括毛皮)的闭路循环设备构成的工厂的经营者和闭路循环清洁设备的经营者,在主管机关未对其进行一般许

可的情况下，上述经营者应就取得本立法令第五部分附件Ⅲ第7部分规定的许可与这些主管机关进行沟通。除同一主管机关有权后续签发新的一般性许可外，根据第272条的规定，强制接受该许可将导致相关主体丧失本立法令第五部分附件Ⅲ第7部分规定的针对土地的新许可。本立法令第五部分附件Ⅲ第1部分第3节第3.2点、第3.3点、第3.4点的规定不适用于这些活动。

21. 根据本条规定，下述情形构成实质性修改：

(1)对于小规模活动，对溶剂的理论最大消耗阈值的改变导致挥发性有机化合物的排放量增加25%以上。

(2)对于所有其他活动，对溶剂的理论最大消耗阈值的改变导致挥发性有机化合物的排放量增加10%以上。

(3)主管机关认为可能对人类健康或环境产生重大不利影响的任何修改。

(4)导致溶剂的理论最大消耗阈值与可适用的限值不符的任何修改。

22. 根据第21款的规定，小规模活动是指，本立法令第五部分附件Ⅲ第1、3、4、5、8、10、13、16点或第17点规定的、溶剂的理论最大消耗阈值低于或等于第三栏所示的消耗阈值中的最低值，以及同一附件Ⅲ第3部分规定的溶剂的理论最大消耗阈值小于10吨/年的其他活动。

第276条　控制在汽油储存及从终端到配送设备的分配过程中产生的挥发性有机化合物的排放

1. 本立法令第五部分附件Ⅶ规定了为控制从下述地点排放挥发性有机化合物而必须遵守的规定：

(1)终端的存储设备。

(2)终端的汽油装载设备。

(3)终端用于临时储存油气的设备。

(4)移动油槽和油罐车。

(5)燃料分配设备的存储设备。

(6)在输送设备和临时储存油气的终端进行汽油转运的设备。

2. 本条规定的储存设施，是指用于储存汽油的固定储存罐。根据第269条第10款的规定，针对位于终端的这些储存设备，本立法令第五部分附件Ⅶ的有关规定构成管理者必须采取措施。必要时，为了保护具有特殊价值的景观区域，主管机关可以通过专门决议就上述规定中的覆盖义务作出例外规定。

3. 本条规定的分配设备，是指将汽油从储存设施供应给所有汽车油箱的设备。

4. 在1997年12月3日以前经许可兴建的、汽油输送量低于10000吨/年的终端，根据许可时有效的法规，其装载设备应在2010年5月17日之前按照本立法令第五部分附件Ⅶ第2部分第2节的规定进行调整。在调整日期之前，必须确保装载设备以及顶部装载的油罐车的正常装载。输送量是指在2000年5月17日以前的3年内，从终端储存设备装载到移动油罐车中的年最大汽油总量。

5. 本立法令第五部分附件Ⅶ第2部分第3.2点的规定适用于2000年11月17日以后验收合格的油罐车，自2010年5月17日起该规定扩展适用于其他油罐车。这些规定不适用于带有校准隔层的油罐车，这些油罐车是在1990年1月1日以后验收的，并装有确保在装载阶段实现完全气密性的装置。针对这种具有校准隔层的油罐车必须允许其在终端储存设备处进行装载操作。

6. 具备第1款(2)项所述设备的工厂，不适用第269条规定的许可。

第277条　汽油分配设备供应作业期间产生的挥发性有机化合物的回收

1. 汽油分配设备的分配器必须配备回收供应作业期间产生的油气的系统。

2. 新的汽油分配设备和进行全面翻新的现有设备必须装备油气回收系统，该系统应符合本立法令第五部分附件Ⅷ中规定的针对二阶段回收系统的要求，如果符合以下条件，还应对上述设备进行附件Ⅷ规定的检查：

(1)流量大于500立方米/年。

(2)流量超过100立方米/年，且位于作为永久居住或工作场所的建筑物里。

3. 每年流量超过3000立方米的现有汽油分配设备，在2018年12月31日之前，其油气回收系统必须遵守本立法令第五部分附件Ⅷ针对的二阶段回收系统的效率要求和检测义务。

4. 针对第2款和第3款所述的现有汽油分配系统，在完成全面翻新或第3款规定的调整前，其回收系统必须遵守本立法令第五部分附件Ⅷ针对非二阶段回收系统的效率要求和检测义务。在任何情况下，在这些工厂都可以遵守二阶段回收系统的效率要求和设想的控制义务。无论如何，都不排除这些设备遵守针对二阶段回收系统的效率要求和检测义务的可能性。

5. 第2款、第3款的规定不适用于专门用于生产和交付新机动车辆以进行首次加油的汽油分配设备。

6. 非第2款、第3款规定的分配设备，其回收系统必须符合本立法令第五部分附件Ⅷ中针对非二阶段回收系统的效率要求和检测义务。

7. 第2款、第3款规定的流量，应按照工厂在2012年之前运行的3个日历年的平均值计算，或者，如果在该段期间内未运作达到至少1个日历年的，则按照管理者做出的估值并提供设备安置持有文件作为佐证；如果在设备投入运作后的3个日历年内，排放的汽油的平均数量和估值不同，并超过了第3款规定的流量，则设备的许可权利人或特许权利人负有按照本规定进行调整的义务。

8. 油气回收系统的合成设备必须经内政部批准，制造商应向前者提供一个特定申请，附上识别设备所需的文件以及本立法令第五部分附件Ⅷ规定的证明。为了签发批准，内政部应核实这些设备是否符合本条规定的效率要求和现行法规规定的消防安全要求。内政部未作出明确回应的，视为不予批准。

9. 经欧盟其他国家主管机关批准的油气回收系统的合成设备，经内政部事先认可，可用于装备分配系统的分配器，为此制造商应向内政部提交一项特定申请，附上设备标识所需的文件、外国主管机关出具的检验证书和这些文件及认证的意大利语翻译公证。为了进行认可，内政部应对所提交的文件和认证进行核实，验证其是否符合本条规定的效率要求和现行法规规定的消防安全要求。内政部未做出明确回应的，视为不予认可。

10. 在供应作业期间，分配设备的经营者必须保持本条规定的油气回收系统的正常运行。

11. 配备二阶段油气回收系统的分配设备，应在其分配器或分配器附近展示标识、标牌或其他类型载体的标志用以通知消费者这种系统的存在。截至2012年1月1日，在第4款规定的现有分配设备上已经配备了二阶段油气回收系统的，应自本立法令生效日期后的2个月内开始履行上述告知义务。

12. 汽油分配设备的经营者必须遵守本立法令第五部分附件Ⅷ所规定的提供资料的义务。

第278条　颁布行政命令的权力

1. 违反许可中的规定，除适用第279条规定的处罚和司法机关下令采取的预防措施外，主管机关应根据违法行为的严重程度采取以下措施：

（1）处以警告，并指定期限消除违法行为。

（2）当出现危害人体健康或环境的情形时，针对违反许可规定的设备和活动处以警告并暂停许可。

（3）经警告仍不按规定进行整改，或是多次违反许可规定、导致出现威胁或损害健康或环境的情况下，针对违反许可规定的设备和活动应撤销许可。

1-2. 在由主管机关或第 268 条第 1 款第(2)项规定的机构所实施的检测过程中,证实测量值与规定限值不符的情况下,保留采用第 271 条第 20-2 款规定的命令的可能性。

第 279 条　处罚

1. 未取得规定的许可而开始建设或运行工厂,或者在许可到期、失效、被暂停或被撤销后仍然继续经营的,处以 2 个月至 2 年的拘役,或处 1000 欧元以上 10,000 欧元以下的罚款。该处罚同样适用于在未取得第 269 条第 8 款规定的许可,或者在可适用时,由执行 2012 年 2 月 9 日第 5 号法律令(经修改后写入 2012 年 4 月 4 日第 35 号法律)第 23 条的法令规定的许可的情况下,对工厂进行实质性修改的行为人。非对工厂进行实质性变更,但未履行第 269 条第 8 款规定的,或者在可适用时,由执行 2012 年 2 月 9 日第 5 号法律令(经修改后写入 2012 年 4 月 4 日第 35 号法律)第 23 条的法令规定的通知义务的行为人,由主管机关对其处以 300 欧元以上 1000 欧元以下的行政罚款。第 6 条第 13 款适用的情形除外,在此情形下适用第 29-14 条规定的处罚。

2. 在工厂运行期间,违反许可、本立法令第五部分附件Ⅰ、附件Ⅱ、附件Ⅲ或附件Ⅴ,计划和规划或第 271 条所述标准中规定的排放限值的,处以 1 年以下拘役或处 1000 欧元以下罚款。如果违反的排放限值被包含在环境综合许可中,则应对其适用调整这一许可的法规中规定的处罚。

2-2. 在工厂运行期间,违反许可、本立法令第五部分附件Ⅰ、附件Ⅱ、附件Ⅲ或附件Ⅴ、计划和规划或第 271 条所述标准中的规定,或者违反主管机关下达的其他规定的,应由主管机关对其处以 1000 欧元以上 10,000 欧元以下的行政罚金。如果违反的排放限值被包含在环境综合许可中,则应对其适用调整这一许可的法规中规定的处罚。

3. 未履行第 269 条第 6 款或第 272 条第 1 款规定的预先通知义务而将设备投入运行或开始进行活动的,应处以 1 年以下拘役或 1320 欧元以下罚款。未履行第 273-2 条第 6 款和第 7 款第(3)项、第(4)项规定的通知义务的,由主管机关对其处以 500 欧元以上 2500 欧元以下的行政罚款。

4. 未按照第 269 条第 6 款的规定向主管机关通报有关排放的数据的,处以 6 个月以下拘役或 1320 欧元以下罚款。第 29-14 条第 8 款规定的处罚情况除外。

5. 对于第 2 款规定的情形,如果超出排放限值的同时导致超出了现行立法规定的空气质量限值,依然对其适用 1 年以下的拘役处罚。

6. 对于第281条第1款规定的情形,未采取一切必要措施以避免排放量增加及暂时增加的,应处1年以下拘役或处以1320欧元以下的罚款。

7. 针对违反第267条规定且不适用第1款至第6款规定的处罚的,以及违反第277条规定的,应处以15,500欧元以上155,000欧元以下的罚款。根据1981年11月24日第689号法律令第17条及其后续条款的规定,由大区或大区法律规定的其他机关负责处罚。再次实施违法行为的,暂停其许可。

第280条　废除条款

1. 除本立法令进一步确认其有效的规定外,废除:

(1)1988年5月24日第203号共和国总统令。

(2)1997年11月4日第413号法律第4条。

(3)2003年12月29日第387号立法令第12条第8款。

(4)1987年3月10日第105号环境部部长令。

(5)1989年5月8日环境部部长令。

(6)1989年7月21日总理令。

(7)1990年7月12日环境部部长令。

(8)1991年7月25日共和国总统令。

(9)1995年12月21日环境部部长令。

(10)1996年5月16日环境部部长令。

(11)1999年1月20日第76号环境部部长令。

(12)2000年1月21日第107号环境部部长令。

(13)2004年2月16日第44号环境与土地海洋保护部部长令。

第281条　临时性规定和最终规定

1. 本款被2017年11月15日第183号立法令废除。

2. 本款被2017年11月15日第183号立法令废除。

3. 自本立法令第五部分生效之日起运行中的工厂,属于本章调整对象,而不在1988年5月24日第203号共和国总统令的适用范围之列的,应在2013年9月1日之前或在排放许可确定的更短的期限内按照本章的规定进行整改。根据第269条或第272条第2款、第3款,对于需要获得上述许可的工厂,相关申请应在2012年7月31日前提交。主管机关应在收到许可申请的8个月内作出决定,或者在对许可申请进行补充的情形下,此期限为接到申请后10个月。提交申请后,在获得许可之前,不能变更运营条件和使用的燃料。未在规定期限内提交许可申请的，或者在未获得许可之前变更运行条件和使用的燃料的，该工厂将视为无排放许可运营。如果按时提交了许可申请，工厂可在主管机关做出决定之前继续运营。仅依据确定的排放限值和第 271 条和第 272 条的规定，上述工厂被视为新工厂。自本立法令第五部分生效之日运行的工厂，属于 1988 年 5 月 24 日第 203 号总统令适用范围的也适用本条规定的程序，他们无须取得规定的许可，而是由大气排放许可调整。

4. 自本立法令第五部分生效之日运营的工厂设备，凡属于本章适用范围并曾属于 1966 年 7 月 13 日第 615 号法律和 1970 年 12 月 22 日第 1391 号共和国总统令或 2002 年 3 月 8 日总理令第 2 章的适用范围的，且额定热功率小于 10 兆瓦的，根据第 3 款的规定，主管机关应在本立法令第五部分生效后 5 年内对其签发第 272 条第 2 款规定的一般许可。（本句被 2013 年 3 月 13 日第 59 号共和国总统令废除。）

5. 环境与土地海洋保护部协同卫生部、经济发展部，并就有关职能协同基础建设与交通部，在听取 1997 年 8 月 28 日第 281 号立法令第 8 条规定的联合会议意见后，以部委令的形式，对本立法令中有关空气保护和减少对大气排放的法令的附件进行补充和修订。

6. 根据 2012 年 12 月 24 日第 234 号法律第 36 条的规定，对本立法令第五部分的附件进行修订和补充，以便贯彻执行欧盟指令中对现行规范规定的执行方式和技术命令特征作出的变更。

7. 根据本章规定，许可申请、主管机关做出的决定和检测结果，以及主管机关持有的许可文档，应按照 2005 年 8 月 19 日第 195 号立法令的规定进行公示。

8. 本款被 2013 年 3 月 13 日第 59 号共和国总统令废除。

9. 2010 年 8 月 13 日第 155 号立法令第 20 条规定的合作制度，应确保就有关对大气排放和空气环境污染的现行法规中涉及共同利益的部分进行联合审查并制定方针和纲要，并且根据第 2015/2193/UE 号指令第 6 条第 10 款规定的信息交换制度，还应确保针对有关本立法令第五部分适用情况和对第 268 条第 1 款第(22)项规定的最佳可得技术的评估的数据和信息进行必要的收集、编制和在主管机关之间的推广活动。

10. 为了做到信息公开，主管机关应根据第 269 条和第 272 条的规定向环境与土地海洋部提供已经签发的许可的电子版。

11. 本款被 2013 年 3 月 13 日第 59 号共和国总统令废除。

第二章　民用取暖设备

第 282 条　适用范围

1. 为了防止和减少大气污染，本章对额定热功率低于 3 兆瓦的民用取暖设备进行规范。等于或高于该额定热功率值的民用取暖设备由第一章进行调整。

2. 具有 3 兆瓦或以上额定热功率的民用取暖设备应被视为适用第一章规范的单独设备。该设备与其他设备组合的，仍由第 270 条、第 273 条第 9 款和第 10 款以及第 273－2 条第 8 款和第 9 款调整。

2－2. 民用取暖设备的生产者应就任一产品模型证明其符合第 285 条规定的技术特征和具备遵守第 286 条规定的排放限值的资格。根据相关欧洲标准规范，该资格必须通过适当的证据证明，由经过认证的实验室根据 UNI CEI EN ISO/IEC 17025 规范采用有关测量参数的验证方法实施。投入市场的任一民用取暖设备都应附有证明和安装指南。

第 283 条 定义

1. 本章中涉及下述词汇是指：

(1) 取暖设备：由一个或多个热发生器和一个热能统一分配和利用系统，以及专门的调节和控制装置构成的用于生产热能的设备。

(2) 热发生器：任何用以产生热能的、由可燃烧材料供给的燃烧设备，由一个炉膛和可能的热交换器组成。

(3) 炉膛：热发生器的一部分，用来进行燃烧的过程。

(4) 民用取暖设备：生产热能，专用于建筑物（不限于住宅）供暖，或冬季或夏季环境空气调节，或卫浴用水加热的取暖设备；若服务于整个建筑物群或多个建筑物的民用取暖设备应为集中供暖，其他情况为个别供暖。

(4－2) 中型民用取暖设备：热功率等于或高于 1 兆瓦的民用取暖设备；不

属于定义为利用瓦斯气体直接加热工厂内部空间用于改善工作环境条件的设备。

(5)设备的标称热功率:构成设备的每个炉膛的标称热功率的总和。

(6)炉膛的标称热功率:所用燃料的低热值和炉膛内可燃烧燃料的最大容积的乘积,表示为瓦特或其倍数。

(7)阈值:设备的标称热功率等于0.035兆瓦。

(8)设备改造:对已经安装的设备进行的任何干预,要求具备2008年1月22日第37号行政法令第7条规定的合格声明。

(9)主管机关:2005年8月19日第192号立法令第9条和上述立法令第4条第1款第a)项和第b)项的实施令,1993年8月26日第412号共和国总统令规定的监督检测、查明和检测的负责机关或由大区法律规定的其他主管机关。

(10)安装人员:2008年1月22日第37号部长令第3条规定的主体。

(11)设备运行和维修负责人:2005年8月19日第192号立法令第4条第1款第a)项和第b)项的实施令中规定的主体。

(12)取暖设备的维修:为了确保炉膛正确燃烧和对取暖设备进行调试使其达到供热需求所进行的必要操作。

第284条　安装或修改

1. 在查证2008年1月22日第37号行政法令中规定的合格声明的过程中,针对标称热功率超出阈值的民用取暖设备,安装人员也应对设备是否具备第282条第2-2款规定的证明进行检查并作出声明。这些声明必须在合格声明的附件中作出明确表达,并在工程完成后的30日内提交给负责设备运行和维护的人员。收到2008年1月22日第37号行政法令规定的合格声明的机关,应负责将上述文件发送给主管机关。作出合格声明时,安装人员应向负责设备运行和维护的人员指明,其目的在于确保符合第286条规定的限值所必要的日常维护和非常规维护清单,以便将该清单纳入1993年8月26日第412号共和国总统令中规定的核心手册中。若在安装时尚未确定负责设备运行和维护的人员,安装人员在安装后30日内,应将文件和清单发送给订购人,由订购人在负责运营维护的人员确定之日起30日内将其提供给后者。

2. 对于标称热功率超过阈值的民用取暖设备,自本立法令第五部分生效之日起运行的,应由负责设备运行和维护的人员于2012年12月31日前,在1993年8月26日第412号共和国总统令中规定的核心手册中,补充一个该设备符合

第285条规定的技术特征和适宜遵守第286条规定的限值的声明。于2012年12月31日前,还应在核心手册中补充一个为了达到第286条规定的限值所必要的日常维护和非常规维护的说明。负责设备运行和维护的人员应在这些补充文件撰写后30日内将其送交主管机关。

2-2. 自2018年12月20日开始投入运行或进行改造的中型民用取暖设备必须事先在第2-4款规定的许可登记簿上登记。为此,负责运行和维修的人员必须在安装或改造设备前至少60日向登记权利机关转交一份专门文件,在该文件中就第五部分附件Ⅰ第5部分中规定的数据进行申报。

2-3. 在2018年12月20日前投入运营的中型民用取暖设备必须在2029年1月1日前在第2-4款规定的许可登记簿上登记。为此,负责运行和维修的人员必须在2028年10月31日前向登记权利机关转交一份专门文件,在该文件中就第五部分附件Ⅰ第5部分中规定的数据进行申报。

2-4. 任一主管机关都有义务配置中型民用取暖设备的登记簿。自接收第2-2款和第2-3款规定的文件后30日内,主管机关应在许可登记簿上进行登记或拒绝登记,并及时将上述结果通知申请人。

第285条　技术特征

1. 标称热功率超过阈值的民用取暖设备应遵守本部分附件Ⅸ第2部分中规定的、与所采用燃料相关的技术特征。在必要的情况下,为了实现和符合空气质量的数值和目标,2010年第155号立法令中规定的空气质量计划和方案中可以进一步规定技术特征。

第286条　排放限值

1. 标称热功率超过阈值的民用取暖设备应该遵守本立法令第五部分附件Ⅸ第3部分规定的相关限值,以及在必要的情况下,为了实现和符合空气质量的数值和目标,应遵守2010年第155号立法令中规定的空气质量计划和方案中设定得更加严格的限值。

1-2. 自2029年1月1日起,2018年12月20日前投入运营的中型民用取暖设备应受第五部分附件Ⅸ为了设备调整而规定的相关限值和第2-2款和第2-3款的规定调整。

2. 每年,设备运营和维护的负责人应该在常规检测和维护作业的过程中对第1款规定的设备排放限值进行至少一次检测。附有相关数据、所使用测量方法和实施测量的主体的说明的测量值,应附在1993年8月26日第412号共和国总统令中规定的核心手册后。本立法令第五部分附件Ⅸ第 3 部分第 1 节中规定不需要或必须以不同频率检测排放值的情况。

2-2. 中型民用取暖设备，在第 2 款规定的检测中查出其测量的排放限值不符合规定限值的，负责设备运营和维护的人员应在查证后 24 小时内，使用大区法规规定的形式，通知主管机关。在此情况下，设备运营和维护的负责人员应尽快进行合规性修复。主管机关可以发布进行合规性修复的直接命令，指定一个完成时间并设立修复前的设备运行条件。如果设备运行将对人类健康造成危险或导致当地空气质量显著恶化，则不得允许继续运行设备。

2-3. 针对中型民用取暖设备，除了第 2 款规定的文件外，在核心手册后还应附带下述文件：

(1) 第 284 条第 2-4 款规定的履行登记的通知。

(2) 与所用燃料的类型和数量相关的文件。

(3) 减排设备有效和持续运转的证明，如果存在该设备。

(4) 根据第 2-2 款实施的通知和干预的相关文件。

3. 对第 1 款规定的取暖设备的排放进行取样、分析和评价，应采用本立法令第五部分附件Ⅸ第 3 部分规定的方法。

4. 本款被 2017 年 1 月 15 日第 183 号立法令废除。

第 287 条　维修资格

1. 标称热功率超过 0.232 兆瓦的民用取暖设备的维修人员必须具备由大区法律规定的机关发放的资格证，上述法律还应就适当的培训方式以及编制、保有和更新取暖设备维修资格登记的方式进行规定。不得向年龄低于 18 周岁的人员发放资格证。保有和更新取暖设备维修资格登记由发放资格证的机关或者大区法律指明的其他机关保存，同时在主管机关和省消防指挥部进行备份。

2. 1993 年 8 月 26 日第 412 号共和国总统令第 11 条第 3 款的规定仍然有效。

3. 根据第 1 款的目的规定两个等级的资格。一级取暖设备维修资格要求具备 1927 年 5 月 12 日第 824 号皇帝令规定的蒸汽机管理资格，二级资格适用于其他设备的维修。一级资格的持有者也可进行要求二级资格的设备维修。

4. 持有 1927 年 5 月 12 日第 824 号皇帝令规定的针对蒸汽机管理的任何一种资格证，当大区法律有规定时，允许不经过第 1 款规定的考核直接发放资格证。

5. 出现违反设备维修规则的情况时，可以随时撤销资格证。为此，主管机关应将查明的违反维修规则的情形通知资格证发放机关。1927 年 5 月 12 日第 824 号皇帝令第 31 条和第 32 条规定的暂停或撤销蒸汽机管理资格证的办法，不适用于本条款规定的资格证。

6. 直到第 1 款涉及的大区规定生效之前，培训课程和考核办法仍然采用根据 1968 年 8 月 12 日颁布的劳动与社会保障部法令制定的办法。

第 288 条　检测和处罚

1. 若安装人没有制定第 284 条第 1 款规定的文件或制定不完备的，或者安装人未在规定期限内将上述文件递交给设备运营维护负责人或订购人，或者按照 2008 年 1 月 22 日第 37 号部委令的规定，在应予转交的情况下，没有连同合格声明一并转交的，对安装人员处以 516 欧元以上 2582 欧元以下的行政罚款。订购人没有在规定的期限内将应予提交的文件和清单交予设备运营维护负责人的，处以上述同样数额的行政罚款。设备运营维护负责人没有制定第 284 条第 2 款规定的文件或制定不完备的，或者未在规定期限内将上述文件递交给主管机关的，也处以上述同样数额的行政罚款。民用取暖设备的生产者未保留第 282 条第 2-2 款规定的证明报告的，予以同等处罚。

1-2. 未在第 284 条第 2-4 款规定的登记簿进行登记而运行中型民用取暖设备的，应对负责运行和维修的人员处以 516 欧元以上 2582 欧元以下的行政罚款。

2. 运行的民用取暖设备不符合第 285 条规定的技术特征的，对下述人员处以 516 欧元以上 2582 欧元以下的行政罚款：

(1) 生产者，或者在第 284 条第 1 款规定的情况下，缺少第 282 条规定的证明的生产者和安装者。

(2) 在第 284 条第 2 款规定的情况下，为负责设备运营维护的人员。

3. 民用取暖设备不符合第 286 条第 1 款规定的排放限值的，对下述人员处以 516 欧元以上 2582 欧元以下的行政罚款：

(1) 生产者和安装者，若缺少第 282 条规定的证明和指南。

(2) 生产者，若持有第 282 条规定的证明和指南，且若核心手册显示其按时实施了本立法令第五部分和 2005 年 8 月 19 日第 192 号立法令第 4 条第 1 款第 a) 项和第 b) 项的执行令中的规定的检测和维修，只要不超过既定的设备生命周期。

(3) 运行和维修负责人，若持有第 282 条规定的证明和指南，且若核心手册显示其按时实施了检测和维修，或者已经超过了既定的设备生命周期。

3-2. 若违反了通知义务或第 286 条第 2-2 款规定的合规性修复义务，对运行和维修负责人处以 516 欧元以上 2582 欧元以下的行政罚金。

4. 负责运营和维护的人员未进行第 286 条第 2 款规定的排放检测，或未将规定的数据或第 286 条第 2 – 2 款规定的数据写入核心手册的，处以 516 欧元以上 2582 欧元以下的行政处罚。

5. 在第 286 条第 2-2 款规定的程序中，在不影响前述条款规定的处罚和针对制作虚假声明或虚假证明的处罚的适用的前提下，主管机关确认设备不符合第 285 条规定的技术特征或不符合第 286 条规定的排放限值或第 293 条的规定的，应作出要求违法者在规定期限内进行整改的决定，超期不予整改的设备不得继续使用。整改不符合主管机关决定要求的，适用《刑法典》第 650 条。

6. 根据 1981 年 11 月 24 日第 689 条法律第 17 条及其后续条款的规定，由第 283 条第 1 款第(9)项规定的主管机关或者大区法律规定的其他机关负责判处本条款规定的行政处罚。

7. 违反规定，在不具备第 287 条规定的资格证(的前提下)对标称热功率超过 0. 232 兆瓦的民用取暖设备进行维修的，由大区法律规定的机关对其处以 15 欧元以上 46 欧元以下的行政罚款。

8. 根据 2005 年 8 月 19 日第 192 号立法令和该立法令第 4 条第 1 款第 a)项和第 b)项的执行令中的规定，主管机关也可以通过法律许可的机构，在现行立法规定的可用资源范围内，在开展监测活动的过程中，实施相关检测以确定是否符合本章的规定。

8-2. 运行和维修负责人应向主管机关提供必要的检测合作，也可通过取样、分析和信息数据的收集活动，以便查证是否遵守本立法令第五部分的规定。

8-3. 本章规定的与一个自然年度相关的核心手册附加文件，应后续保留至少 6 年。这些文件应即刻提交给要求获取的主管机关，主管机关索取这些文件的目的是进行检测和满足公民提出的获取文件中所含数据的要求。

第 289 条　废除

1. 废除 1966 年 7 月 13 日第 615 号法律和 1970 年 12 月 22 日第 1391 号共和国总统令，本立法令进一步确认其有效性的规定除外。

第 290 条　临时性规定和最终规定

1. 本款被 2010 年 6 月 29 日第 128 号立法令废除。

2. 安装集中型民用取暖设备可以适用市政建筑规范中有关建筑装修措施和

新建筑措施的规定，只要这些措施是由现行法律法规规定的空气质量计划和方案确定的，作为达到空气质量值的必要措施。

3. 本款被2017年11月15日第183号立法令废除。

4. 环境部协同卫生部和经济发展部，以部长令（2010年12月31日之前将通过）的形式，对热发生器合格证的发放要求、程序和权限进行规定，优先考虑使用本立法令第五部分附件X第2节第1部分第f）项、第g）项、第h）项中确定的燃料的、标称热功率低于0.035兆瓦阈值的那些民用取暖设备。在合格证中应证明设备有能力确保特定的排放性能，特别是涉及粉尘和氮氧化物的排放，并根据所确保的性能水平，指明一个特定的质量等级。该法令还应确定不同等级的参考排放性能、相关的试验方法和生产者为了达到合格而应实施的核查，以及有关热发生器的正确安装、管理方式的说明。自本立法令生效后，当这一措施对达到空气质量值而言是必要时，根据现行法律法规制定的空气质量计划中可以限制以及禁止使用没有合格证或具有低质量等级证的热发生器，国家和大区的财政方案和措施旨在鼓励安装低环境影响的热发生器，以确保优先使用具有高质量等级证的热发生器。

第三章 燃 料

第 291 条 适用范围

1. 为了预防和减少大气污染,本章所调整燃料的商品特征为可以用于本立法令第五部分第一章和第二章规定的设备,包括供暖能力低于阈值的民用供暖设备和用于海事用途的供暖设备。此外,本章还规定燃料的使用条件,包括旨在促使燃料利用率最大化的规定和检测商品特征的方法。

第 292 条 定义

1. 为了本章之目的,在没有相反规定的情况下,适用第五部分第一章和第二章规定的定义。

2. 除第 1 款中涉及的定义外,还适用下述定义:

(1)重质燃料油:

1)属于代码范围 NC 2710 1951 到 NC 2710 1968、2710 2031、2710 2035、2710 2039 的任何一种由石油衍生的液体燃料,不包括船用燃料;

2)任何一种石油衍生的液体燃料,不包括第(2)项和第(6)项规定的汽油,因蒸馏极限而被归入燃料的重油类,且根据美国实验材料协会石油产品和液体燃料常压蒸馏的标准试验方法中规定的方法在 250℃进行蒸馏,容积低于 65%(含损耗),或者 250℃蒸馏后,按照上述方法不可确定其百分比。

(2)汽油:

1)代码为 NC 2710 1925、2710 1929、2710 1947、2710 1948、2710 2017、2710 2019 的,任何一种石油衍生的液态燃料,船用燃料除外;

2)任何一种石油衍生的液态燃料,除船用燃料外,根据美国实验材料协会石油产品和液体燃料常压蒸馏的标准试验方法中规定的方法,在 250℃蒸馏其容积低于 65%(含损耗),350℃蒸馏后其容积低于 85%(含损耗)。

(3)ASTM 方法:“美国测试和材料协会”在 1976 年版有关石油和润滑产品的定义和特定品种中确定的方法。

(4)船用燃料:任何一种石油衍生的液体燃料,用于海船或拟定用于海船的,包括 ISO 8217 号规范中确定的燃料。

(5)船用柴油:ISO 8217 号规范表格Ⅰ中定义为“DMB”质量的任何一种船用燃料,含硫的除外。

(6)船用汽油:ISO 8217 号规范表格Ⅰ中定义为“DMX”“DMA”“DMZ”质量的任何一种船用燃料,含硫的除外。

(7)投放市场:除拟用于出口和运输的海用燃料外,任何将拟用于在船舶的内置油箱燃烧的海用燃料供第三方有偿或免费使用的操作。

(8)领水:《航海法典》第 2 条规定的海洋区域。

(9)专属经济区:1982 年 12 月 10 日在蒙特哥湾制定,1994 年 12 月 2 日由第 689 号法律批准的《联合国海洋法公约》第 55 条规定的区域。

(10)生态保护区:根据 2006 年 2 月 8 日第 61 号法律确定的区域。

(11)SOX 排放检测区:国际海事组织(I. M. O.)根据 1973 年《防止船舶造成污染国际公约》(又称《海洋污染公约》)附件Ⅵ经过特定程序指定的具有此类资格的区域。

(12)客船:运载人员超过 12 名乘客的船只,船长、船员和从事船舶管理相关活动的全部主体以及 1 岁以下婴幼儿除外。

(13)航线服务:连接两个或多个港口的系列航程或起止于同一港口期间没有停靠的系列航程,只要其按照一个公众知晓的固定时间表执行;该时间表也可以从服务的规律或频率推断出来。

(14)本项被 2011 年 3 月 31 日第 55 号立法令废除。

(15)停泊船只:停靠在系泊处或停泊在意大利港口的船舶。

(16)停泊:在停泊船只上使用发动机,装卸期除外。

(17)战船:属于一国武装部队并具有该国军舰特征标志的船舶,其船员须遵守相关军事法律,其指挥官为正式任命的海军军官,并记录在军籍或同类文件中。

(18)减排方法:安装在船上的任何设备、仪器、装置或材料,或任何程序、方法或用于替代船用燃料的、符合第 295 条规定的限制的、可核实、可量化和可适用的替代燃料。

第 293 条　许可燃料

1. 在第五部分第一章和第二章规定的设备里,包括热能低于阈值的民用取暖设备,可以按照规定的条件单独使用第五部分附件 X 中针对这一种类的设备规定的燃料。根据本章规定,本立法令第五部分附件 X 中列明的材料和物质,如果其燃烧会产生本立法令第四部分规定的废弃物,则不可用作燃料。不符合本立法令第五部分附件 X 的规定或其燃烧总是会产生本立法令第四部分规定的废弃物的材料和物质的燃烧,应受现行法律法规调整。第五部分附件Ⅳ第 1 部分第 4 段第 e)项和第 f)项规定的设备适用该部分附件 X 中与第二章规定的设备相关的规定。船用燃料适用第 295 条的规定。

2. 如果,由于原油、石油产品或其他碳氢化合物供应的突然变化,导致无法达到第五部分附件 X 中确定的含硫量限值,经欧洲委员会授权,协同经济发展部和卫生部,环境与土地海洋保护部以部长令的形式可以为可燃重油、汽油和船用燃料设定高于上述限值的最大限值。

3. 环境与土地海洋保护部协同大学与科研部,以部长令的形式规定标准和方式,包括采用专门的许可程序,将第三章规定的燃料免于适用第五部分附件 X 的规定,只要这些燃料是被用于研究和实验。

第 294 条　关于燃烧效能的规定

1. 为了获得最佳燃烧效能,本立法令第五部分第一章规定的设备,除了第五部分附件Ⅳ第 1 部分规定的事项外,还应配备一个燃料检测系统以便允许自动调节空燃比。

2. 第 1 款的规定不适用于第 273 条第 15 款所罗列的设备,以及额定热功率低于 50 兆瓦的设备。

3. 为了最大化燃烧效能,本立法令第五部分第二章规定的单个炉膛的额定热功率高于 1.16 兆瓦的设备,或者整个额定热功率高于 1.5 兆瓦和具备单个额定热功率不低于 0.75 兆瓦的炉膛的,都应配备一个燃料检测系统以便允许自动调节空燃比。

第 295 条　用于海事的燃料

1. 在不影响第 2 款、第 3 款、第 4 款、第 6 款和第 8 款规定的硫含量限值的前提下,在意大利的领水、专属经济区和生态保护区内,自 2014 年 6 月 18 日起,禁止在任何国籍的船舶上使用硫含量超过 3.50% 的海用燃料,自 2020 年 1 月 1 日起,禁止使用硫含量超过 0.50% 的海用燃料。自 2018 年 1 月 1 日起,针对阿德里亚纳海和伊奥尼奥海，自 2020 年 1 月 1 日起，针对其他海域，硫含量的最高限值为 0.10%，只要面向该海域的欧盟成员国规定适用相同或更低的硫含量限值。

2. 禁止将硫含量高于 0.10% 的海用汽油投放市场。

3. 禁止将硫含量高于 0.10% 的海用柴油投放市场。

4. 在不影响第 1 款规定的前提下，凡在属于 SO“X”排放检测区域内的领水、专属经济区和生态保护区内，无论在何种位置，都禁止在意大利国籍船舶上，使用硫含量高于 1.00% 的海用燃料且自 2015 年 1 月 1 日起，禁止在意大利国籍船舶上使用硫含量高于 0.10% 的海用燃料。该规定也适用于穿越意大利领海中包含或毗邻的上述区域以及停靠在意大利港口的非意大利国籍船舶。

5. 第 4 款的禁止性规定适用于波罗的海区域、北海区域，以及相关规定生效后 12 个月内新划定的区域。

6. 执行往来于某欧盟国家一个港口航线服务的意大利国籍的客船，在意大利的领水、专属经济区和生态保护区内，禁止使用含硫量超过 1.50% 的海用燃料。该规定也适用于停泊在意大利港口的非意大利籍船舶。在第 1 款规定的更严格的硫含量限值生效前，该禁止性规定一直有效。

6-2. 在不影响第 1 款、第 2 款、第 3 款、第 4 款、第 6 款和第 8 规定的硫含量限值的前提下，在国家享有司法权的区域内，禁止使用硫含量高于 3.50% 的海用燃料。这些限值不适用于采用闭路系统方式减排的船用燃料。闭路系统是指通过循环利用溶液而运转的系统，除维护或收集和清理淤泥产生的炉底残渣阶段外，其间不对外释放溶液和最终含有的固体物质。此外，这些限制不适用于使用第五部分附件 X 第 1 部分第 5 节中规定的替代船用燃料的燃料或混合物。针对非采取闭路系统减排方法的船用燃料，在国家司法权区域内，适用 3.50% 的含硫量限值。

6-3. 根据本立法令之目的，负责将采用闭路系统减排方法的船用燃料投放市场的主体应在附带文件和燃料交付文件后面附上船长或船主提供的“该船使用了此方法”的声明。

7. 本款被 2011 年 3 月 31 日第 55 号立法令废除。

8. 从 2010 年 1 月 1 日起，禁止在泊船上使用含硫量高于 0.10% 的船用燃料。该禁令也适用于装、卸和停泊期间。系泊后，应尽快完成用符合这些限值的燃料替换所用燃料的工作。用其他燃料替换符合这一限值的燃料的工作应在临出发前尽可能晚的时间完成。燃料替换作业的时间在第10款涉及的文件里进行规定。

9. 第8款不适用于:

(1)本项被2011年3月31日第55号立法令废除。

(2)根据向公众发布的时间表,停泊时间少于2小时的船舶。

(3)已关闭发动机并连接到位于海岸的电力供应系统的泊船。

10. 替换船上使用燃料的全部操作必须在《航海法典》第174条、第175条和第176条或专门的航行文件中规定的总日志和会记账簿及机械日志或财产清单中予以标明。

11. 将船用燃料交与船主或其代理人的人,对于总吨位低于400吨的船只,应提供一份标明数量和相关硫含量的交货收据,并保留其复印件3年,以及一份由收货人签字的密封燃料样本。接收燃料的人应将登船收据保存同样的期间并保存登船样本直到其所指的燃料耗尽,且无论如何应自交付后保存至少12个月。

12. 在每个海事主管机关和每个港口主管机关(如设立)内,设立专门的登记处,列出其主管区域内供应海用燃料的供应商,并标明所供应的燃料和相对最大硫含量。(本句被2014年7月16日第112号立法令废除。)一旦数据变化,则应进行预防性通报。新出现的供应商也应进行预防性通报。必须确保公众可以通过文件形式和信息渠道获取登记。在登记的基础上,持有登记的主管机关负责制定其辖区内的、符合本条规定限值的可支配海用燃料的年度信息,并在每年的3月31日之前,提交给环境与土地海洋保护部,由后者将其附在第298条第2-2款规定的报告中。

12-2. 为了确保对符合本条规定的限值的海用燃料的支配,当出现这些燃料在全国范围内或特定区域内显著减少的风险情况时,也基于海事机关和港口主管机关(如设立)的通报,环境与土地海洋保护部可以要求经济发展部启动2012年12月31日第249号立法令第20条规定的紧急程序。为此,生产厂和进口燃料的税务仓库的管理人员和第12款规定的供应商应向海事主管机关和港口主管机关(如设立)预防性通报符合本条规定的限值的海用燃料供应量可能发生大幅下降的情况。

13. 前述条款规定的硫含量限值不适用于:

(1)供战船和军用船只使用的燃料,如果其预定的航向中没有能够提供符合上述限值的燃料的港口，或者在任何情况下，若相关供给会损害运行或运行操作能力；在第二种情况下，船长应将作出选择的理由通知国防部。

（2）为了确保本船或其他船只安全和为了挽救海洋生物的特别需要而在一艘船只上使用的燃料。

（3）因船只或相关设备的损坏而被迫在船上使用的燃料，只要证明发生损害后已采取一切合理措施避免或最大限度减少排放量的增加，并已经尽快采取措施消除损害。因船长或船东的故意或过失造成上述损害的，不适用本规定。

（4）采用第 14 款和第 19 款的规定的减排方法的船只上使用的燃料，第6-2款规定的情形除外。

（5）在使用前用于改造的燃料。

14. 环境与土地海洋保护部协同基础建设与交通部，以指导令的形式，许可在意大利国籍船只上或在意大利司法管辖区的水域内，进行有关减排方法的实验，在实验过程中允许使用不符合第 1 款至第 8 款规定限值的燃料。这一许可应在提交申请后 3 个月内签发，期限不得超过 18 个月，必须配备含有下述要件的报告：

（1）对方法特别是工作原理的描述，并附有科学文献参考或初步实验结果，以及针对实验效果所预期的排放、排水和废弃物的定性和定量评估，和对实验所使用的燃料、船只和所有工具的特性的描述。

（2）在同等条件下，对硫化物的预计排放量是否将持续低于或等于在不采用减排方法的前提下使用符合第 1 款至第 8 款规定的燃料所产生的硫化物含量所作的评估。

（3）在同等条件下，对硫化物以外的其他污染物，如氮氧化物和粉末的预计排放量不会超过现行法规要求的水平，并且在任何情况下都不会明显超过在没有采用减排方法的情况下使用符合第 1 款至第 8 款规定的燃料所产生的排放量所作的评估。

（4）一项旨在证明实验对海洋环境的影响的兼容性的研究，特别是海湾、港口和河口的生态系统的兼容性；研究中应包括实验对海洋环境产生影响的监测计划。

（5）对船舶在实验期间的相关运行区域的描述。

（5-2）对船只配备的用以持续测量硫化物的排放量和标准化浓度所必需的全部参考值的防篡改工具的描述。

(5-3)对用以确保对实验产生的废弃物和排放进行适当处理的系统的描述。

15. 经过对申请所附报告的完整性和所包含的描述、评估和研究的合理性进行核实后，方可签发第 14 款规定的许可。环境与土地海洋保护部主管大气污染的办公室负责许可的发放和预审，对第 14 款第(4)项和第(5－3)项规定的要件的预审除外，后者由该部主管海洋保护和排放与废弃物管理的办公室各自负责。环境与土地海洋保护部可以通过环境保护与研究高等研究所实施预审工作。许可应规定实验实施的期间，设定被许可主体应向环境与土地海洋保护部和交通部报告的数据和信息及上报的周期。还应设定被许可主体应向上述部委报告基于第 14 款第(4)项规定的计划实施的监测结果的周期。

16. 出现下述情况，并基于第 296 条第 9 款规定的机关实施的检测，根据第 14 条签发的许可应立即撤销：

(1)没有使用第 14 款规定的检测工具和废弃物与排放的管理系统；

(2)鉴于所采取的措施的结果，该方法不能获得报告评估中的预期结果；

(3)被许可主体没有在规定期限内报告，许可中预期的数据、信息和监测结果是否符合设定的标准。

17. 当第 14 款规定的实验是由在欧盟其他成员国的司法管辖区下的意大利国籍船只或者意大利司法管辖区下的欧盟其他成员国国籍的船只实施的，有关国家应在许可过程中规定适当的合作方式。

18. 至少在第 14 款规定的任一实验开始的 6 个月前，环境与土地海洋保护部应将上述事宜通知欧盟委员会和可能对实施实验的水域享有司法管辖权的其他国家。在实验结束后 6 个月内，环境与土地海洋保护部应将第 14 款规定的任一实验的结果提交给欧盟委员会，并且根据 2005 年 8 月 19 日第 195 号立法令的规定可由公众获取使用。

18-2. 对于需要利用非设置在船上的系统、设备或材料进行相关减排方法实验的，其间船上使用的燃料不符合第 1 款至第 8 款规定的限值的，应根据第 281 条第 5 款的规定以一个或多个法令设定签发许可的标准。这一许可适用第 14 款至第 18 款规定的程序。

19. 在替代使用符合第 1 款至第 8 款规定的限值的燃料时，允许在意大利的港口、领水、专属经济区和生态保护区内，具有某一欧盟成员国国籍的船只上，使用 1999 年 10 月 6 日第 407 号共和国总统令及其后续修订中已经批准的，或者不属于这一法令适用范畴，而由第2099/2002号欧盟法令设立的委员会批准的减排方法。

20. 除第19款规定的情形之外，在意大利的领水、专属经济区和生态保护区内，允许在任一国籍船只上使用替代符合第1款至第8款规定的限值的燃料的减排方法，该许可由船旗国主管机关根据《防止船舶污染国际公约》(73/78)附件Ⅵ的文件进行规定，根据这一国际规范进行声明，并证实：

(1)二氧化硫的排放持续低于或等于在不采用减排方法的情况下使用符合第1款至第8款规定的燃料所产生的二氧化硫排放量。

(2)对于任一种类的减排方法，遵守第五部分附件Ⅹ第1部分第5节第1段第A、B、C点规定的标准。

20-2. 船上应保存第20款规定的法律文件的原件，并根据主管机关的要求进行出示。

第296条　检测和处罚

1. 在第29-14条第4款规定的处罚情况之外，任何人违反本条规定，燃烧不属于现行法律规定的废弃物的材料或物质的，处以：

(1)在本立法令第五部分第一章规定的设备内实施燃烧的，处以2年以下拘役或处258欧元以上1302欧元以下的罚金。

(2)在第五部分第二章规定的设备里实施燃烧的，包括热功率小于炉膛阈值的民用燃烧设备，处以200欧元以上1000欧元以下的行政罚金；根据第288条判处的这一处罚，不适用1981年11月24日第689号法律及其后续修订第16条规定的减免支付措施；如果从获取这些材料和物质的相关文件中，显示其商品特性符合设备允许使用的燃料特性，则不适用该处罚，适用《刑法典》第515条和现行法律法规规定的其他犯罪的除外。

2. 针对是否符合本章规定的检查，属于第五部分第一章规定的设备的，由第268条第1款第(14)项规定的机关执行，属于第五部分第二章规定的设备的，由第283条第1款第(9)项规定的机关执行。

3. 未遵守第294条的规定的，对属于第五部分第一章调整的设备的经营者处以1年以下拘役或处1032欧元的罚金。针对属于第五部分第二章调整的设备，适用第288条第2款规定的处罚；在未遵守第294条规定的情况下，如果出现第284条第2款最后一句规定的情形，则对负责运转和维修的人员处以这一处罚。

4. 未在规定的期限内传送第 298 条第 3 款规定的数据的，环境与土地海洋保护部依据《刑法典》第 650 条的规定，命令不履行主体履行传送义务。

5. 除了构成犯罪的情形外，针对向市场投放硫含量超过第 295 条规定的限值的船用燃料的人员和使用超过上述限值的船用燃料的船主或船长，以及他们通谋的，处以 15,000 欧元以上 150,000 欧元以下的行政罚款。针对累犯和在含硫量、燃料质量、有关区域特性方面具有较为严重的违法情形的，继处罚后，采取下述措施 1 个月到 2 年时间：

（1）中止海事专业资格，或者若附带的处罚不适用的，中止在履职中实施了违法行为的法人在指导办公室中承担的职能。

（2）禁止实施了违法行为的船长或实施了违法行为的船主的船只进入意大利港口。

6. 违反第 295 条第 10 款的情形，对船长处以《航海法典》第 1193 条规定的行政处罚。

7. 除了构成犯罪的，在不存在第 5 款涉及的违法行为的情况下，对未提交第 295 条第 11 款规定的手册或样品的人，或者提交的手册缺少所规定的说明的，对其处以 5000 欧元以上 15,000 欧元以下的行政罚款。该处罚也适用于没有实施第 5 款涉及的违法行为，但是没有在船上保存第 295 条第 11 款规定的手册或样品。

8. 燃料提供人，未在规定的期限内报告第 295 条第 12 款规定的数据的，对其处以 10,000 欧元以上 30,000 欧元以下的行政罚款。

9. 港口事务局、海岸警卫队、《航海法典》第 1235 条规定的其他主体和执法警察的其他机构，根据 1981 年 11 月 24 日第 689 号法律第 13 条及后续条款，并在相应的职能范围内，通过适当的频率和方案负责查证第 5 款至第 8 款规定的违法行为。辖区内主管的海事机关当涉及投放市场的违法行为时，大区和大区法律指定的其他机关，负责处以上述各款规定的处罚。对于在境外实施违法行为的，仍然由领事机构行使职权。

10. 可以采用以下方式实施第 9 款规定的、与使用燃料有关的调查活动：

（1）在交付给船只时对船用燃料进行取样和分析；取样必须根据海事组织海洋环境保护委员会第 182（59）号决议规定的准则进行。

（2）通过对船只燃料罐里的船用燃料进行取样和分析，或者在技术不可行的情况下，对船上密封的样品进行取样和分析。

(3)通过查验船上文件和交付燃料的手册。

10-2. 对于分析性检测，适用《防止船舶污染国际公约》(73/78)附件Ⅵ附录Ⅵ中规定的核查程序。

10-3. 在受意大利司法管辖的情况中，船主或船长在第 10-4 款规定的期限内，负有向辖区内主管的海事机关报告无法获得合规燃料的全部情况。为此，应使用第五部分附件Ⅹ第 1 部分第 6 节中包含的报告。通报应在进入意大利领水之前作出，且只在这一区域内执行航线的，应在到达首个目的港口前进行通报。在境外实施的违法情形，意大利国籍船只的船主或船长还应通过登记口岸，向环境与土地海洋保护部通报所有无法获得合规的船用燃料的情况。

10-4. 在违反船用燃料含硫量义务的情况下，船主或船长可以向主管机关提供在目的港进行的有效检测，也可应主管机关要求，提供一份报告，说明其在航程之前或期间，为了遵守所违反的义务而采用的全部措施，特别是为了在自己的航行计划内获取合规燃料所实施的行为，以及若这一燃料在预定地点已不可获得的，则应说明为了从其他途径获取该燃料所采取的行动。报告应证明已经尽了最大的注意去实施上述尝试，但不意味着必须偏离规划的路线，或者拖延航程以获取合规的燃料。若在船只进入意大利国家司法管辖区之前至少 48 小时提交了报告，检测机关，基于数字、程度和对合规燃料短缺这一原因的可预见性对责任人所尽的注意进行评价后，可以决定对提交违规豁免事由的船只不进行检测。若仅在国家司法管辖区域内开展航程，则应以同样的方法在到达首个目的港前至少 48 小时提交报告。若超过这些期限提交报告，且无论如何，若在报告中没有释明责任人已尽到最大的注意，检测机关应取得报告并根据 1981 年 11 月 24 日第 689 号法律第 14 条和第 17 条实施(检测)。在上述情况下，实施处罚的主管机关，在基于数字、程度和对合规燃料短缺这一原因的可预见性对责任人所尽的勤谨注意进行评估后，(认为)如有必要，则应根据 1981 年 11 月 24 日第 689 号法律第 11 条对处罚进行调整，或者根据该法律第 18 条第 2 款制定驳回令。

10-5. 收到第 10-4 款规定的报告的机关，应在 10 日内将其通报给环境与土地海洋保护部，后者负责将其在一个日历月中收到的所有报告在下个月底之前转交给欧盟委员会。基于这些信息及所接收的第 10-3 款规定的信息，环境与土地海洋保护部可以启动第 295 条第 12-2 款规定的程序，特别针对在一个港口或终端出现无法获取合规的船用燃料的情况。

11. 查证第5款规定的不法行为的情况时，除了第10-4款规定的情形，主管机关在适用罚没程序时，在技术可行的前提下，可以命令用合规的船用燃料替换不合规的燃料，费用由责任人承担，同时确保预防性提取样品及保存其他用作证据的必要要件。

第297条　废除条款

1. 除本立法令规定继续有效的规范外，废除1986年7月8日第349号法律第2条第2款、2001年9月7日第395号总理令、2002年3月8日总理令和2002年3月7日第22号法律令（经修订后写入2002年5月6日第82号法律）第2条。

第298条　临时性规定和最终规定

1. 本章规定中有关本立法令第五部分第一章规定的设备的规范适用于第290条第3款规定的民用取暖设备，自根据第281条第3款发布的许可规定的调整作出之日起生效。

2. 本立法令第五部分附件X的修改和添加应按照第281条第5款和第6款规定的程序进行。对这一附件的首次添加应在本立法令第五部分生效后1年内进行。

2-2. 每年6月30日之前，环境与土地海洋保护部应根据环境保护与研究高等研究所上个月转送的一份报告，向欧盟委员会提交一份有关上一日历年内所使用的重燃料油、柴油和船用燃料中硫含量的报告。第296条第2款和第9款涉及的主体、海关化学实验室或在海关内设立的用于进行海关化学实验室操作的海关办公室、税务仓库管理人员、燃料生产工厂的经营者和大型燃烧厂的经营者，应根据第五部分附件X第1部分第3节所规定的情形、时间和方式，向环境保护与研究高等研究所和环境与土地海洋保护部转交用于起草报告所必需的数据和信息。

2-3. 环境与土地海洋保护部协同卫生部、经济发展部和农业与林业政策部，在现行立法规定的可支配人力、财政和设备资源内，且无论如何，不新增或加重国家财政负担的情况下，以部长令的形式成立一个委员会负责对国家行政机关和大区提交的有关本立法令第五部分附件X的添加和更新建议进行审议。委员会由两个部委的代表各1人、国务院大区事务部代表1人组成。委员会组成人员不得收取报酬及报销费用。

第五(乙)部分

特殊设备的规定

第一章　二氧化钛和硫酸钙的生产活动

第 298 –2 条　有关生产二氧化钛和碳酸钙的特殊设备的规定

1. 涉及与二氧化钛生产过程相关的物质,禁止向任何水体和海洋中浸入、注入和排放以下废弃物:

(1)固体废弃物,特别是在制造过程中不受硫酸或氯侵蚀的不可降解的矿物质残渣;绿矾,即硫酸亚铁结晶($FeSO_4H_2O$);生产四氯化钛产生的固体状金属氯化物和金属氢氧化物(过滤室);生产四氯化钛的焦炭残渣。

(2)硫酸钛溶液水解之后在过滤阶段产生的母液和使用硫酸盐工艺的设备所产生的母液;包括与这些母液相关的、含有超过 0.50% 的游离硫酸以及各种重金属的酸性废弃物;也包括已经稀释至含有 0.50% 或更少的游离硫酸的母液。

(3)使用氯化工艺的设备产生的废弃物,含有超过 0.50% 盐酸以及各种重金属的装置; 包括稀释到 0.50% 或更少的游离盐酸的酸性废弃物。

(4)对第(2)项和第(3)项中涉及的含有多种重金属的废弃物进行处理(浓缩或中和)后得到的过滤盐、淤泥和废液;不包括中和、过滤或倾倒的废弃物中仅含有重金属痕迹,以及在进行任何稀释之前其 pH 值超过 5.5 的情况。

1–2. 违反许可条件的情况下,生产二氧化钛的设备和工厂的经营者立即通知主管机关,同时采取必要的措施,在最短的时间内恢复合规性。

1–3. 违反许可条件的情况下,主管机关应要求经营者采取其认为必要的任何适当的补充措施,以恢复合规性,当违反行为将对人类健康造成紧迫危险或具有引起立即和恶劣环境影响的威胁时,应暂停相关部分的运行,直到通过适用根据本款和第 1 –2 款采取的措施修复合规性为止。

2. 针对生产二氧化钛的设备和工厂,其向水体和大气排放必须遵守第五(乙)部分附件 I 第 1 部分和第 2 部分中规定的排放限值。许可还应该规定防止设备释放气溶胶的适当措施。

3. 负责检测的主管机关应在生产二氧化钛的设备和工厂展开检查并抽取3个样本，分别为水体排放样本、大气排放样本和储存、加工样本。这一检测应包括至少1项针对第五(乙)部分附件Ⅰ第3.3部分中涉及的排放的检测。检测的开展应符合欧洲标准化委员会(CEN)的规定，或者如果欧洲标准化委员会的规定不可适用的，则应符合ISO、国家或者国际等确保数据具有同等科学质量的规范。

4. 按照欧盟法规确定的方式，并在第5款规定的、大区和自治省必须在每年4月30日前提供的报告的基础上，环境与土地海洋保护部应将本条涉及的、有关执行实施的数据补充至第29-13条第2款规定的报告中。

5. 第4款中提及的在第3款规定的检测和第6款规定的数据的基础上制定而成的报告，就所涉及的任一相关环境资源，应至少包含下述信息：

(1)对取样地点和永久性特征的说明，以及其他行政和地理信息。

(2)对所使用的取样和分析方法的说明。

(3)分析结果。

(4)采样和分析频率以及采样点的变化。

6. 生产二氧化钛的设备和工厂的经营者，应在每年的3月31日之前，向大区和自治省提交一份报告，提供第5款规定的有关第3款规定的排放、储存和加工的报告所需的数据，并说明在上一日历年里所生产和/或排放或储存的废弃物的种类和数量。

6-2. 除了1998年2月5日环境部部长令(发布于1998年4月16日第88号政府公报第72号常规副刊上)中的规定外，主管机关在评估环境兼容性的过程中，可以不将本立法令第四部分第五章附件Ⅴ表格1中列明的污染浓度阈值应用于在中和工业加工中产生的液态或气态酸性流的过程中得到的、用于环境恢复活动的硫酸钙成分分析，如果根据上述行政法令规定的方法，上述分析物显示不具有可转化性。

6-3. 除了必须按照1998年2月5日环境部部长令(发布于1998年4月16日第88号政府公报第72号常规副刊上)附件3中规定的方法和限制对用于环境恢复的硫酸钙进行转让测试外，在许可将从工业加工中产生的液态或气态酸性流的过程中得到的碳酸钙用于环境恢复活动时，主管机关可以根据场地特点，降低附件3中所规定的氯化物的浓度限值，只要这种降低不构成对人类的危害也不会造成环境损害。

第六部分

环境损害赔偿的规定

第一章　适 用 范 围

第 298-2 条　一般原则

1. 本立法令第六章的规定适用于：

(1)第六部分附件 5 中罗列的专业活动导致的环境损害，和上述活动引发此类损害的紧迫威胁。

(2)出于故意或过错，实施了第六部分附件 5 中未罗列的其他活动导致环境损害，和上述活动引发此类损害的紧迫威胁。

2. 修复环境损害应该遵循第六部分第二章和附件 3 中确立的原则和标准，还应通过向造成损害或者紧迫威胁的主体提起诉讼程序，索取用于支付该主体应采取而未实施的修复措施所产生的必要费用。

3. 对根据第六章附件 3 第 2 点规定的原则和标准进行保护的土壤和地下土层的修复措施，以及对根据该附件 3 第 1 点规定的原则和标准进行保护的地下水的修复措施，或者针对 2006 年 4 月 29 日之前产生的污染，对达到本立法令第三部分当时所设定的质量目标的地下水的修复措施，仍由本立法令第四部分第五章进行规范。

第 299 条　部委职权

1. 环境与土地海洋保护部负责履行属于国家的保护、预防和环境损害修复职能和任务。

2. 部委行为一般通过与大区、地方当局以及认为适当的其他公法主体合作的方式展开。

3. 部委行为的开展应本着有关辅助性和真诚合作的宪法原则，遵守有关防止和修复环境损害的现行欧盟法规，遵循大区和特伦多、博尔扎诺自治省的相应职责。

4. 环境与土地海洋保护部可以在现有权限范围内，以协商形式利用国内具有可靠的高等级科学技术水平的公、私主体，实现识别、检测和量化环境损害的目的。

5. 本立法令生效之日起60日内，环境与土地海洋保护部以部委令的形式，协同经济与财政部、生产活动部，根据本立法令第六部分第三章的规定，设定用于查证环境损害的预审活动的标准。相关费用由损害的责任人承担。

6. 为了实施本条的规定，经济与财政部有权通过其部委令对财政预算作出必要调整。

第300条 环境损害

1. 环境损害是指一种自然资源或者由其供给的效能所发生的任何直接或间接的、重大、可测量的恶化。

2. 根据第2004/35/CE号指令，与原始状况相比，下述方面的恶化构成环境损害：

(1)受国家和欧盟法规保护的物种和自然栖息地，包括由1992年2月11日第157号法律(该法律采纳了1979年4月2日欧洲经济共同体理事会第79/409/CEE号指令、1985年7月25日欧洲经济共同体委员会第85/411/CEE号指令和1991年3月6日欧洲经济共同体委员会第91/244/CEE号指令，并实践了1950年10月18日《巴黎协定》和1979年9月19日《伯尔尼协定》)设定的保护野生动物群落的规定；由1997年9月8日第357号共和国总统令设定的，关于保护自然和半自然栖息地、野生动植物，以及关于受1991年12月6日第394号法律及其后续实施规则调整的自然保护区的第92/43 / EEC号指令的执行规则。

(2)其行为对内陆水在下述方面产生重大负面影响：

1)由第2000/60/CE号指令定义的，相关水域的生态、化学或数量状况或其生态潜力，该指令第4条第7段调整的消极影响除外；或者

2)第2008/56/CE号指令定义的相关海洋的环境状态，在第2000/60/CE号指令未就生态环境状况的特定方面进行规定的范围内；

3)海岸水和通过上述行为被包括在领海内的水域，即使这些行为是在公海开展的；

4)任何对土壤的污染，并且作为在土壤中、土地上或地下土中引入对环境有害的物质、制剂、生物或微生物的后果，对人类的健康产生，也包括间

接地产生重大损害危险。

第 301 条　预警原则的实施

1. 欧盟协议第 174 条第 2 段规定的预警原则的适用，在危及人类健康和环境，也包括只有潜在风险时，都应确保提供一个高水平的保护。

2. 第 1 款规定的原则的适用涉及一个经过客观科学的预评估程序可以确定的风险。

3. 当出现上述风险时，有关操作人员应立即通知发生损害事件所在地的市政、省、大区和自治省，以及省长，说明与险情相关的各个方面，省长应在随后 24 小时内通知环境与土地海洋保护部。

4. 环境与土地海洋保护部在适用预警原则时，有权力根据第 304 条的规定，随时采用满足下列要求的预防措施：

(1)与所要达到的保护水平相当。

(2)在适用中没有偏差且与已经采用的类似措施相协调。

(3)基于对潜在优势和负担的考察。

(4)可以根据新的科学数据进行更新。

5. 当涉及一个产品或流程的负面效能时，环境与土地海洋保护部应向公众公开相关信息，且可以在现行法律规定的财政资源范围内资助研究项目，诉诸环境认证体系，并采用每一个旨在减少环境损害风险的高水平创新。

第 302 条　定义

1. 当符合下述情形时，对一个物种的保护状态被认为是有利的：

(1)其种群数量的相关数据显示在长时期内这一物种构成其所在自然栖息地的重要组成部分。

(2)物种所在的自然区域当前未缩减，且在一个可预见的未来期间不会出现极可能的减少。

(3)存在，且极可能继续存在，一个充足的栖息范围以便在较长期间内保持其种群数量。

2. 当符合下述情形时，对一个栖息地的保护状态被认为是有利的：

(1)其自然区域和封闭区域保持稳定或增加；

(2)存在且在一个可预见的未来期间内继续存在维持其存在的特殊必要结构和功能；且

(3)根据其第 1 款的规定，其典型物种的保存状态是有利的。

3.“水”是指可以由本立法令第三部分调整的全部水体资源。

4.“经营者”是指任何人,自然人或法人,公共或私人,实施或操控一项具有环境影响的活动或者对该项活动的技术方面和资金方面具有决策权的人,包括持有许可证或获得授权而开展该项活动的主体。

5.“专业活动”是指在经济、工业、商业、手工业、农业活动的过程中和提供公共或私人服务的过程中开展的任何具有或不具有营利目的的行动。

6.“排放”是指作为人类活动的结果,向大气中施放物质、制剂、有机物和微生物。

7.损害的“紧迫威胁”是指充分可能引发一个特定环境损害的危险。

8.“预防措施”是指为了防止或减少损害,针对造成环境损害紧迫威胁的事件、行为或疏忽所采取的措施。

9.“修复”,也包括“自然的(修复)”:针对水、物种和受保护栖息地而言,是指受损害的自然资源或服务恢复到原始状态;针对土壤损害而言,是指消除所有损害人类健康和环境完整性的危险。在每种情形下,实施的修复活动都必须对所涉及的场所和生态系统进行治理,通过各个单独行动或配套行动,包括缓和措施或临时措施,直接修整、治理或当主管机关认为可行时,替换被损害的自然资源或自然服务。

10.“自然资源”是指受保护的物种和自然栖息地、水与土壤。

11.“服务”和“自然资源服务”是指一种自然资源效力于另一种自然资源和/或公众的功能。

12.“原始状态”是指在损害发生时,根据最佳可用信息进行估算,如果不为环境损害所改变,自然资源和服务可能存在的状态。

13.“花费”是指为了确保本立法令第六部分的规定得以正确、有效地实施而确定的必要经济负担,包括为了评估环境损害或一个紧迫威胁、策划替代干预措施以及支持行政、法律开销和成果实现的成本,收集数据的成本和其他总成本,以及检测和监控的成本。

第303条 例外情形

1.本立法令第六部分:

(1)不适用于下述行为引发的环境损害或损害的紧迫威胁:

1)武装冲突、破坏行为、敌对行为、内战、暴动;

2)具有特殊、不可避免和不可控特性的自然因素。

(2)不适用于由一个意外事件引发的环境损害或损害的紧迫威胁，这些事件产生的责任或赔偿属于本立法令第六部分附件1中列明的经意大利共和国接受的某一国际公约调整的范畴。

(3)依据执行1976年《海事赔偿责任限制公约》(LLMC)，或者1988年《斯特拉斯堡限制内陆航行责任公约》(CLNI)的国内法，违法者所享有的限定其自己责任的权利不受侵害。

(4)不适用于有关环境的核危险以及此类损害的紧迫威胁，这些危险或威胁或者由《建立欧洲原子能共同体的条约》调整的活动引起，或者由一个事件或活动引起，其责任或赔偿属于本立法令第六部分附件2中列举的国际法规文件调整的范围。

(5)不适用于在必要条件下开展的、以国防、国际安全或防止自然灾害为唯一目的的活动。

(6)不适用于在本立法令第六部分生效前由一次排放、事件或意外引起的损害。

(7)不适用于由排放、事件或意外造成的、时间已经超过30年的损害。

(8)不适用于由扩散性污染造成的环境损害或该损害的紧迫威胁，若以任何方式都无法确定损害和个体经营者的活动之间的因果关系。

(9)本项被2013年8月6日第97号法律废除。

第二章　预防和环境修复

第 304 条　预防措施

1. 当环境损害尚未证实，但是存在一个可以证实的紧迫威胁，相关经营者应在 24 小时内采取必要的预防措施和排除危险的措施，所生费用自行承担。

2. 经营者在采取第 1 款规定的干预措施之前，必须向损害事件发生地的市政府、省和大区，或者自治省以及省长进行上报，省长必须在接到上报后 24 小时之内通知环境与土地海洋保护部。通报必须涉及险情的各个方面，特别是经营者的身份、涉事地点的特征、可能涉及的环境要素和对将要采取的干预措施的描述。通报一旦到达市政当局，经营者即可采取第 1 款规定的干预措施。若经营者未采取第 1 款规定的干预措施也未履行本款规定的上报义务，每延迟 1 天，负责检测的机关或环境与土地海洋保护部，对其处以 1000 欧元以上 3000 欧元以下的罚款。

3. 在任何时候，环境与土地海洋保护部都有权：

(1) 要求经营者提供有关任何环境损害紧迫威胁的信息或者这一紧迫威胁的疑似情况的信息。

(2) 命令经营者采取认为必要的特别预防措施，并明确实施的方法。

(3) 自行采用必要的预防措施。

4. 如果经营者未履行第 1 款或第 3 款第(2)项规定的义务，或者无法确定经营者，或者其不应承担本立法令第六部分规定的费用，环境与土地海洋保护部有权自行采用必要措施以预防损害，注明花费，若在有效支付此费用后 5 年内确定了上述人员的，并有权就此花费向引发损害的人或竞合引发损害的人进行追偿。

第 305 条　环境修复

1. 当证实了一个环境损害，经营者必须立刻将情况的各个方面通报给第

304 条规定的机关,以便相关主体根据该条规定行动,且视情况将其通报给其他主管的国家机关。经营者还有义务立即采取:

(1)为了进一步防止或限制环境损害和损害危害人类健康或导致服务进一步恶化的后果,还要依据主管机关制定的有关采取必要预防措施的特别指示,(应立即采取)所有可以立竿见影的可行性行动,以便控制、限制、消除任何损害因素或以其他方式对其进行管理。

(2)第 306 条规定的必要修复措施。

2. 在任何时候,环境与土地海洋保护部都有权:

(1)要求经营者提供有关被证实的任何损害的信息和根据第 1 款之规定其所立即采取的措施的信息。

(2)为了进一步防止或限制环境损害和损害危害人类健康或导致服务进一步恶化的后果,应采用或命令经营者采用所有可以立竿见影的适当行动以便对任何损害因素进行控制、限制、消除或以其他方式进行管理。

(3)责令经营者采取必要的修复措施。

(4)自行采取上述措施。

3. 若经营者没有履行第 1 款或第 2 款第(2)项、第(3)项规定的义务,或者无法确定经营者或其不应承担本立法令第六部分规定的费用,环境与土地海洋保护部有权自行采取这些措施,注明花费支出,如果在有效支付上述费用后 5 年内能够确定上述人员的,有权向造成损害的人或共同造成损害的人进行追索。

第 306 条　决定环境修复措施

1. 经营者确定可能采取的符合本立法令第六部分附件 3 的环境修复措施,并立即或在损害事件发生后 30 日内上报环境与土地海洋保护部批准,除非其已经按照第 305 条第 2 款和第 3 款的规定采取了紧急措施。

2. 环境与土地海洋保护部决定实施哪些修复措施,以确保在可能的情况下实现完整的环境恢复,并依据 1990 年 8 月 7 日第 241 号法律规定的程序,评估与相关经营者达成协议的适当性。

3. 若证实发生了多个环境损害的情况且主管机关不能确保对它们同时采取必要的修复措施,则主管机关可以决定哪个环境损害应被优先修复。为了作出这一决定,主管机关应对不同的环境损害情况的特性、实质和严重性,以及自然恢复的可能性进行比较。

4. 在实施环境修复活动中应优先考虑对人类健康的风险。

5. 环境与土地海洋保护部应邀请第 2004/35/CE 号欧盟指令第 12 条和第 7 条第 4 款中规定的主体以及需要实施修复措施的不动产的权利人，在 10 日期限内发表观察意见，主管机关在发布的命令中应对这些意见予以考虑。在目的明确、特别紧急的情况中，邀请可以包括在命令中，在此情况下，考虑到进行中的工作的状况，命令可以被修改或撤销。

第 306-2 条　决定环境损害赔偿措施和国家级名胜的环境修复措施

1. 根据第 2 款规定的标准并考虑第六部分附件 3 中规定的应遵守的共同协定，就环境与土地海洋保护部根据 1986 年 7 月 8 日第 349 号法律第 18 条、1997 年 2 月 5 日第 22 号立法令第 17 条以及本立法令第四部分第五章和第六部分规定对受污染的国家级名胜场所已经启动环境损害修复和土壤改良程序，或已经采取相应司法措施的，相对人可以提出和解建议。

2. 第 1 款规定的和解建议：

(1)确定初步、补充性和补偿性的恢复干预。

(2)如在和解建议中提出补偿性修复方案时，应考虑为了实现主要的修复目标或主要的和次要的修复目标所需要的时间。

(3)如果资源—资源和服务—服务的标准在确定补充性和补偿性措施时不适用的，应包含一份损害经济评估清算单。

(4)当初步修复无法解决对健康和环境具有损害危险的残留污染时，至少应制定一个监测和检测计划。

(5)考虑根据本立法令第四部分第五章的规定已经批准和实现的改善措施；

(6)当造成损害的主体和承担改善义务的主体为多数人时，也可以提出由他们中的几个履行全部义务，保有向其他责任人追索的权利。

(7)包含适当的财产担保说明。

3. 环境与土地海洋保护部以其部委令，在查证其是否符合第 2 款规定的要求后，对是否接受和解建议作出声明，或者因为缺乏相应要件而拒绝该建议。

4. 声称和解建议可接受的情况下，环境与土地海洋保护部在 30 日内召集由大区和相关区域的地方当局参与的征求意见会，征求环境保护与研究高等研究所和高等卫生研究所的意见。每个个案中的意见都应该考虑所建议的干预措施的必要性，若不能实现对(受损)地点状态的完全修复，应至少确保因有害事件而受损的服务和受保护资源的功能性。征求意见会应发布适当的通告，以便所有相关主体都能提出各自的观点。

5. 征求意见会自召集之日起180日内，应对和解建议作出批准、拒绝或修改的决定。最终的决定应通知提议人，后者必须在之后的60日内作出接受（与否的决定）。在会议结果中作出的决定将全面取代由参与上述会议的或者受邀参加但是缺席的行政机关依职权作出的每个决定性文件。

6. 在相关主体接受的会议决定的基础上，环境与土地海洋保护部应预先制定一个和解方案，并就其征询国家总检察长的意见，由总检察长根据假设可推测的诉讼程序时间，若有可能，未决审判或将要开启的审判的预期结果对其进行评价。

7. 获取第6款规定的意见后，经提议人签署接受的和解方案，由环境与土地海洋保护部以部长令的形式通过，并由审计署根据1994年1月14日第20号法律第3条第1款的规定对其合法性进行预防检查。

8. 当私主体未履行及部分未履行其在与环境与土地海洋保护部的和解协议中所负有的义务时，环境与土地海洋保护部在事先警告其在30日的期限内履行并要求其交付资金担保之后，可以宣布终结和解协议。在此情况下，协议当事人已经缴纳的各项款项应由该部委保存作为第1款规定的责任主体最终应缴纳的主要款项。

第307条　预防措施和修复措施的通知

1. 根据本立法令第六部分通过的规定了预警措施、预防措施和修复措施的决定，应适当说明原因并立即通知相关经营者，并说明其享有的申诉方式和相关期限。

第308条　预防和修复活动的费用

1. 根据本立法令第六部分相关规定，所采用的有关环境预防和修复的国家级措施的费用由经营者承担。

2. 除了第4款、第5款、第6款的规定，环境与土地海洋保护部有权，也可通过首次要求实物担保或银行担保并扣除预防性审查的费用，向造成损害或紧迫威胁的经营者追索国家支付的、根据本立法令第六部分采用的有关预警行为、预防行为和修复行为的费用。

3. 若进行追索的必要花费超过可追回的总额或者经营者无法确定时，环境与土地海洋保护部可以决定不追索全部花费。

4. 根据本立法令第六部分的规定采纳的预警行为、预防行为和修复行为的

成本不得由经营者负担,若其能够证明环境损害或者损害的紧急胁迫:

(1)是由第三人引起且已经得到证实,尽管存在大致合适的安全措施。

(2)属于履行某个公共机关下达的强制性命令或指令的结果,与可归责于经营者的一个排放或一个事件的结果不同;在此情况下,环境与土地海洋保护部应采取必要措施以便经营者收回所支付的费用。

5. 经营者不承担第5款规定的,按照本立法令第六部分的规定进行的行为所产生的费用,若其能够证实其不存在故意或者过失行为,且保护环境的预防性干预是由下述原因引起的:

(1)根据本立法令第六部分附件5中有关执行欧洲经济共同体通过的立法措施的现行法律法规所规定的一个许可中明确允许的排放或事件,这些法律法规在排放或事件发生时具有适用效力,且许可完全符合这些法律法规所规定的条件。

(2)根据实施排放或开展活动时的科学和技术知识水平,经营者证实,在活动过程中,一次排放或一个活动或其他任何利用一个产品的方式,没有被考虑到可能造成环境损害。

6. 环境与土地海洋保护部在实施本立法令第六部分之规定的过程中所采纳的措施搁置相关违法者的责任和赔偿义务。

第309条 申请国家干预

1. 大区、自治省和地方当局,包括他们的联合形式,以及自然人或法人,如已经受到或可能遭受环境损害的,或者主张应依法参与本立法令第六部分规定的预警措施、预防措施或修复措施的决策过程的,可以向环境与土地海洋保护部提出,并在政府的地方派出办公室[1]备案投诉和意见,附上有关任何环境损害或环境损害紧迫威胁情况的文件和信息,并要求国家根据本立法令第六部分的规定采取环境保护的国家干预。

2. 推动环境保护的非政府组织,根据1986年7月8日第349号法律第13条,被承认具备第1款所述的利益申请资格。

3. 环境与土地海洋保护部对干预要求和所附的有关损害或环境损害紧迫威胁的信息进行评估,并立即将就此拟采取的措施通知申请人。

4. 涉及损害紧迫威胁的情况,环境与土地海洋保护部在极其紧急的情况下,

---

〔1〕 内政部的派出机构,设立在省或大城市的首府,在其域内代为履行内政部的一般职能。

甚至可以在就第3款规定的申请作出答复前对申报的损害采取措施。

第310条　诉请

1. 根据一般原则，第309条第1款中涉及的主体，有权起诉要求取消所通过的违反本立法令第六部分规定的文件和决定，控诉环境与土地海洋保护部的默示不履行，并且有权诉请获得因该部延迟实施预警措施、预防措施或抑制环境损害措施而遭受的损害的赔偿。

2. 在第1款规定的情形中，（相关主体）既可以在环境与土地海洋部登记其异议，也可以在收到该部通知、传达或充分知晓其行为后30日内以附签收通知的挂号信方式提出异议，以此向行政法官提起诉讼。如该部不作为的，类似的异议可以在向环境与土地海洋保护部作出有效的异议备案后续30日期限届满后的30日内提出。

3. 若已提出异议但尚未提出行政诉讼请求，在收到驳回异议决定后60日内或者若该部未就异议发表意见的，自提出异议后30日届满后，提出行政诉讼请求。

4. 自接到通知、传达或充分知晓其认为不法且侵害其利益的文件或决定后120日内，当事人有权通过特殊途径向共和国总统提出诉请。

第三章　环境损害赔偿

第 311 条　特定形式的损害赔偿诉讼

1. 环境与土地海洋保护部可以单独提起，也可以在刑事诉讼中就环境损害赔偿提起特定形式的民事诉讼，如有必要，并诉请相当的财产赔偿，或者根据本立法令第六部分的规定赔偿。

2. 当查实从事本立法令第六部分附件 5 中罗列的活动的经营者造成了一个环境损害时，经营者有义务采取本部分附件 3 中规定的修复方式，按照其规定的标准，在本立法令第 314 条第 2 款规定的适当期限内进行修复。该义务同样适用于其他行为人出于故意或过失造成环境损害的情形。只有当上述所应采取的修复措施没有履行或部分未履行，或者履行不完全或履行期限、方式不符合规定时，环境与土地海洋保护部应确定完全履行或正确履行修复活动所必需的成本，并向义务人主张相应的全部费用。

3. 环境与土地海洋保护部按照第六部分附件 3 和附件 4 中规定的标准，确定应采用的修复方式，并按照本第三章规定的程序，负责查明赔偿责任。根据 1988 年 8 月 23 日第 400 号法律第 17 条第 3 款的规定，自本规定生效之日起 60 日内，环境与土地海洋保护部在听取经济发展部意见后，按照本部分附件 3 中第 1 点、第 2 点、第 3 点的规定，以部长令的形式规定决定采取补充和补偿性修复措施的标准和方法以及货币估价。上述标准和方法也适用于在本立法令生效之前已经提起诉讼但尚未作出既定判决的情形。就同一损害存在责任竞合的情况下，每个人在自己的责任范围内承担责任。根据现行法律，有关债务发生继承的，继承人仅就继承的财产份额承担责任。

第 312 条　部委条例的发布审核

1. 第 313 条规定的部委条例的发布审核根据 1990 年 8 月 7 日第 241 号法律

开展。

2. 为了查明事实、确定违法者、实施环境保护措施和赔偿损害，环境与土地海洋保护部可以委托地区主管省长，并通过与国家地方检察官、国家林业保卫队、宪兵队、国家警察、金融监管和其他任何具有相应职能的公共主体之间订立适当的协议，进行合作。

3. 为了查证损害原因并对其进行量化，以便实施本立法令第六部分附件3和4中的规定，环境与土地海洋保护部在遵循与相关经营者对质原则[1]的前提下，可以安排行政部门、第2款规定的机构，或者在现行立法规定的财政资源（范围内）由自由专业人士出具专门的技术意见。

4. 为了进行文件审查、在信息设备中进行验证和研究、实施其他任何有助于查证损害事实的调查、确定违法者，环境与土地海洋保护部可以安排专员进入损害事实的相关地点。欲进入相关地点的受委托专员应携带由负责办公室领导签发的、表明目的的特别授权。行政单位人员欲进入用于住宅或开展专业活动的场所的，需要具备主管司法机关出具的授权。任何情况下，欲进入本款规定的地点都必须通知相关活动的权利人或其代理人，其有权参与，并可以获得一名其信赖的辩护人的协助，且其还有权要求将其所作的声明进行书面记录。

5. 当有明确迹象表明与损害事实有关的书籍、记录、文献、手稿和其他证据存在于第4款规定以外的其他地点的，环境与土地海洋保护部可以向主管司法机关申请对这些地方进行搜查的许可。

6. 在任何情况下，都需要主管司法机关的许可，以便在实地调查中，进行人身搜查，强制打开密封的包裹、提包、文件袋、手机、储藏室等，对文件进行检查并要求提供那些属于专业秘密的信息。

7. 每次实地调查时，都必须制作一个包括实施的检查和调查、向利害关系人或者其代表提出的要求和接收的回复，以及他的声明在内的书面程序记录。该记录应由利害关系人或代表人签字或者说明未签字的原因。利害关系人有权要求获取复印件。

8. 只有在不能复制或者难以在记录中顺利找到相关内容，以及缺少签名或者对记录内容存疑的情况下，才可对文件和手稿进行扣押；尽管如此，警员可以随

---

[1] 对质原则（principio del contraddittorio），是指任何人在没有合法参与审理程序，即没有对审理决定的形成发表个人意见的前提下，不受该判决效力约束的一种正义保障权利。刑事诉讼中辩护权即此原则的体现。

时使用自己的工具从计算机系统、远程信息处理系统、电子系统等途径获取数据。

第313条　命令

1. 当第312条规定的预审结果证实环境损害的事实且责任人没有采取本立法令第四部分第五章或第304条及其后续条款规定的修复程序，环境与土地海洋保护部以紧急执行令的形式，责令其根据上述查明事实，在固定期限内负责实施环境修复，作为赔偿的特别形式。

2. 若引发环境损害事实的责任人没有在责令的期限内实施全部或部分修复，或者未在规定的期限内以规定的方式采取修复措施，环境与土地海洋保护部按照第311条第3款规定的法令中所确定的标准，确定为了完整实施上述措施所必须开展的活动的费用，以及为了实现上述内容，以强制命令的形式责令其在接到通知后的60日内缴清其应负担的全部款项。

3. 有关特定形式的损害赔偿，命令应向损害事件的责任人发出，以及在连带的情况下，向因致损行为而享有实际利益的主体，或者根据所实施的预调查，向在预防阶段没有进行准备工作、提供设备、采取防御措施，或没有履行相关法律规定义务从而逃脱必要经济负担的主体发出。

4. 命令应在将启动预审的信息通知第3款规定的主体后180日内作出，该期间不可间断，且无论如何不得超过获悉事实后2年的期限，除非违法人正在实施环境修复工作且承担相关费用。在此情况下，该期限自修复工作被非法暂停之时起算；或者在不能完整修复损害的情况下，自其结束修复之时起算。环境与土地海洋保护部以专门的评估记录提供有关暂停工作和不完整性的证据。

5. 在《民法典》第2947条第1款和第3款规定的期限内，环境与土地海洋保护部可以对后续确定的侵害人采取进一步措施。

6. 当引起损害的主体受审计署管辖时，环境与土地海洋保护部与其责令其支付等价的赔偿，不如向地区主管的审计署的审判分部内的大区检察办公室提交报告。

7. 在产生损害赔偿的情况中，作为由环境与土地海洋保护部之外的其他主管机关参与行为的结果，新的干预措施不得加重相关经营者的费用负担。在任何情况下，因环境损害事实而健康或财产受损害的主体，都有权为了保护其受损害的合法权益而向责任人提起诉讼。

第314条　命令的内容

1. 命令应包括对事实的特别说明、作为或不作为、定性，以及被认为与确定损害和给损害定量有关的事实要件和确定违法者的证据来源。

2. 命令中应确定一个期限以便违法者对场所的状态进行自费修复,该期限应与1990年8月7日第241号法律第11条中的规定相一致,且不得少于2个月及高于2年,因考虑所需的工作量,可延长该修复期限。

3. 对损害的定量必须包括对环境情况造成的损害,特别是为了恢复它所需的必要费用。(本句被2013年8月6日第97号法律废除。)(本句被2013年8月6日第97号法律废除。)

4. 在作出刑事定罪判决或根据《刑事诉讼法典》第444条作出决定时,法官秘书处应在发布判决或决定后5日内,将其抄送一份给环境与土地海洋保护部。

5. 为了赔偿环境损害,大区、自治省和其他地方当局应在作出处罚之后10日内,将行政处罚通报给环境与土地海洋保护部。

6. 第304条第3款和第313条规定的部委命令应指明诉请的方式和相关期限。

第315条　命令对司法诉讼的效力

1. 环境与土地海洋保护部已经作出第313条规定的命令的,不得在审判中进一步提议和诉请环境损害赔偿,不包括在刑事审判中以受害人的身份进行干预的可能性。

第316条　对命令的上诉

1. 违法者在接到第313条规定的命令通知后连续60日期限内,可以向其造成环境损害所在地的主管大区的行政法院提起诉请。

2. 违法者可以根据第310条第2款和第3款的规定通过提出异议而提起诉讼。

3. 违法者也可以自收到通知、传达命令或对此充分知晓后120日内向共和国总统提出上诉。

第317条　应收款的收回和轮换基金

1. 在环境与土地海洋保护部或法官确定的总额内,收回本立法令第六部分规定的、构成国家债权的款项,适用1999年4月13日第112号立法令中的相关规定。

2. 应经济困难的利益人要求,可以在命令中或者判决中规定,按月支付相应款项,但不得超过20个月;且每月支付金额不得少于5000欧元。

3. 债务人可以在任何时候选择通过一次性支付清偿应付款项。

4. 即使仅有一次逾期缴付分期付款的,债务人应一次性清偿所有剩余债款。

5. 用于第六部分规定的环境损害赔偿的国家应收债款的收回款项,包括为保障环境损害得以赔偿以及为国家提供诉讼担保取得的款项,用于对同一赔偿提供担保,应全部进入国库,根据环境与土地海洋保护部预算中的相关章节,由经济与财政部以部委令的形式进行统一分配,用于实施满足第2004/35/CE号指令相关规定和由其产生的各项义务的预防和修复措施。

6. 本款被2009年9月25日第135号立法令(后由2009年11月20日第166号法律所修订)废除。

第318条 过渡条款和最终条款

1. 第317条第6款规定的法令出现延迟颁布时,继续适用环境与土地海洋保护部于2003年10月4日颁布的部委令。

2. 下述条款废除:

(1)1986年7月8日第349条法律第18条,第5款除外。

(2)2000年8月18日第267号立法令第9条第3款。

(3)2005年12月23日第266号法律第1条第439款、第440款、第441款、第442款和第443款。

3. 在执行第2004/35/CE号指令第14条时,根据环境与土地海洋保护部协同经济与财政部、生产活动部的提议,以总理令的形式采取措施确定适宜形式的担保和开发相关设备的供应,以便有关经营者利用这些设备履行本立法令第六部分规定其应尽的责任。

4. 当一个环境损害涉及或可能涉及多个欧盟成员国的,环境与土地海洋保护部通过适当的信息交换,开展合作以确保采取预防行动,并在必要时,采取环境损害修复行动。在此情况下,当环境损害发生在意大利境内时,环境与土地海洋保护部应向可能受其影响的成员国提供充分信息。若该部在(意大利)领域内发现一个损害,但造成损害的原因却源自境外的,该部应将其通报给欧盟委员会和任一相关成员国;该部可以要求采取预防或修复措施,并且根据本立法令第六部分的规定,可以尝试对采取预防或修复措施所支付的费用进行追索。

第六(乙)部分

涉环境保护的行政和刑事违法行为的处罚规定

第318-2条 适用范围

1. 本部分的规定适用于本立法令规定的未对受保护的环境资源、城市规划或景观资源造成损害或现时、确定的危险的环境违法情形。

第318-3条 处理决定

1. 为了消除确定的违法行为，监管机关或执法警察在行使《刑事诉讼法典》第55条规定的执法警察职权时，针对违法者作出一个由专门的相关主管机构进行技术认证的特别处理决定，并确定一个不超过必要技术时间段的整改期限。在特殊且可证明的情况下，非因违法者的原因导致整改延迟的，应违法者申请，仅可以作出一次附理由的、延长期限的决定，延长时间不得超过6个月，该决定应立刻通知检察院。

2. 处理决定的复印件还应通报或通知涉事企业的法定代表人或违法者服务的对象。

3. 调查机关可以通过处理决定发布特别措施文书，命令停止危险情况或者停止继续实施具有潜在危险的活动。

4. 根据《刑事诉讼法典》第347条的规定，调查机关仍然负有向检察院报告有关违法犯罪信息的义务。

第318-4条 履行情况的核查

1. 自第318-3条规定的处理中所确定的期限届满后60日内，侦查机关负责核查违法行为是否已经按照处理中指明的方式并在指明的期限内消除。

2. 当处理决定履行完毕时，侦查机关在行政执法过程中，应允许违法者在30日内支付一笔总额为违法罚金最高额的1/4的罚金。在处理决定确定的期限届满后120日内，侦查机关应通知检察院处理决定的履行以及最终支付的上述金额。

3. 当显示处理决定未履行时，侦查机关应在处理决定确定的期限届满后90日内将其通知检察院和违法者。

第318-5条 非由侦查机关发现的犯罪信息的处理

1. 若检察院自行发现犯罪，或者从其他私人或公共机构或承担某一不同于监管机关和执法警察的公共服务职能的机构处获悉犯罪信息，应将这些信息通知监管机关或执法警察，以便根据第318-3条和第318-4条的规定采取措施。

2. 第1款规定的情况中，监管机关或执法警察应立即将自己的活动通知检察院。

第 318-6 条 刑事诉讼的中止

1. 自将犯罪信息登记在《刑事诉讼法典》第 335 条规定的登记簿开始，违法诉讼中止，直至检察院接到本立法令第 318-4 条第 2 款、第 3 款规定的任何一项通知为止。

2. 第 318-5 条第 1 款规定的情形中，诉讼中止直至本条第 1 款规定的期限。

3. 诉讼中止不妨碍要求驳回的主张。此外，也不妨碍通过事故鉴定提供证据、采取初步调查的紧急行动，以及《刑事诉讼法典》第 321 条及后续条款规定的先行扣押。

第 318-7 条 罪行消灭

1. 若违法者在规定的期限内履行了监管机关的处理决定，并支付了第 318-4 条第 2 款规定的罚金，则违法行为消灭。

2. 若根据第 1 款规定违法行为已经消灭的，检察院应撤诉。

3. 超期履行完毕处理决定，但是依然符合第 318-4 条第 1 款的规定，或者以监管机关指明之外的其他方式消除了违法行为产生的损害后果或危险后果的，应根据《刑法典》第 162-2 条的规定进行评估。在此情况下，应支付的金额减至违法行为最高罚金的一半。

第 318-8 条 协调和过渡条款

1. 本部分的规定不适用于本部分生效之前已经进入诉讼程序的情况。

附　件

第二部分的附件

ALLEGATI ALLA PARTE SECONDA

附件Ⅰ:第 12 条规定的对计划和方案进行适用性审查的标准

ALLEGATO Ⅰ　Criteri per la verifica di assoggettabilità di piani e programmi di cui all'articolo 12

附件Ⅱ:国家主管的项目

ALLEGATO Ⅱ　Progetti di competenza statale

附件Ⅱ-2:国家负责实施适用性审查的项目

ALLEGATO Ⅱ-BIS　Progetti sottoposti alla verifica di assoggettabilità di competenza statale

附件Ⅲ:大区和特伦多、博尔扎诺自治省主管的项目

ALLEGATO Ⅲ　Progetti di competenza delle regioni e delle province autonome di Trento e Bolzano

附件Ⅳ:各大区和特伦多、博尔扎诺自治省主管资格审查的方案

ALLEGATO Ⅳ　Progetti sottoposti alla Verifica di assoggettabilità di competenza delle regioni e delle province autonome di Trento e Bolzano

附件Ⅳ-2:第 19 条所规定的环境初步研究的内容

ALLEGATO Ⅳ-BIS　Contenuti dello Studio Preliminare Ambientale di cui all'articolo 19

附件Ⅴ:第 19 条所规定的适用性审查的标准

ALLEGATO Ⅴ　Criteri per la Verifica di assoggettabilità di cui all'art. 19

附件Ⅵ:第 13 条规定的环境报告的内容

ALLEGATO Ⅵ　Contenuti del Rapporto ambientale di cui all'art. 13

附件Ⅶ:第 22 条规定的环境影响研究的内容

ALLEGATO Ⅶ　Contenuti dello Studio di impatto ambientale di cui all'art. 22

附件Ⅷ:有关第二部分 一般规定

ALLEGATO Ⅷ　ALLA PARTE SECONDA Inquadramento generale

附件Ⅸ:有关第二部分　由综合环境许可取代的环境许可目录

ALLEGATO Ⅸ　ALLA PARTE SECONDA Elenco delle autorizzazioni ambientali sostituite dalla autorizzazione integrata ambientale

附件Ⅹ:有关第二部分 关于第152/2006号立法令

ALLEGATO Ⅹ ALLA PARTE SECONDA DEL DECRETO LEGISLATIVO N. 152/2006

附件Ⅺ:有关第二部分 关于第152/2006号立法令

ALLEGATO Ⅺ ALLA PARTE SECONDA DEL DECRETO LEGISLATIVO N. 152/2006

附件Ⅻ:有关第二部分 关于第152/2006号立法令

ALLEGATO Ⅻ ALLA PARTE SECONDA DEL DECRETO LEGISLATIVO N. 152/2006

附件Ⅻ-2:有关第二部分 适用第29-6条第9-2款规定的参考标准指南

ALLEGATO Ⅻ-bis ALLA PARTE SECONDA Linee guida sui criteri da tenere in considerazione per l'applicazione dell'articolo 29-sexies, comma 9-bis

第三部分的附件

ALLEGATI ALLA PARTE TERZA

附件1:根据环境质量目标对水的监测与分类

ALLEGATO 1 MONITORAGGIO E CLASSIFICAZIONE DELLE ACQUE IN FUNZIONE DEGLI OBIETTIVI DI QUALITÀ AMBIENTALE

附件2:水体的功能性分类标准

ALLEGATO 2 CRITERI PER LA CLASSIFICAZIONE DEI CORPI IDRICI A DESTINAZIONE FUNZIONALE

附件3:集水盆地特征勘定与人类活动影响分析

ALLEGATO 3 RILEVAMENTO DELLE CARATTERISTICHE DEI BACINI IDROGRAFICI E ANALISI DELL'IMPATTO ESERCITATO DALL'ATTIVITÀ ANTROPICA

附件4:计划内容:A. 流域管理计划 B. 水保护计划

ALLEGATO 4 CONTENUTI DEI PIANI Parte a. Piani di gestione dei bacini idrografici Parte b. Piani di tutela delle acque

附件5:废水排放限制

ALLEGATO 5 LIMITI DI EMISSIONE DEGLI SCARICHI IDRICI

附件6:敏感区域的确定标准

ALLEGATO 6 CRITERI PER LA INDIVIDUAZIONE DELLE AREE SENSIBILI

附件7:A. 易受农业硝酸盐侵害的地区 B. 易受植物保健产品侵害的地区

ALLEGATO 7 Parte a – Zone vulnerabili da nitrati di origine agricola Parte b – Zone vulnerabili da prodotti fitosanitari

附件 8:主要污染物的指示名单

ALLEGATO 8 ELENCO INDICATIVO DEI PRINCIPALI INQUINANTI

附件 9:保护区

ALLEGATO 9 AREE PROTETTE

附件 10:经济分析

ALLEGATO 10 ANALISI ECONOMICA

附件 11:措施方案中应插入的元素列表

ALLEGATO 11 ELENCHI DEGLI ELEMENTI DA INSERIRE NEI PROGRAMMI DI MISURE

第四部分的附件

ALLEGATI ALLA PARTE QUARTA

该附件被 2010 年 12 月 3 日第 205 号立法令废除

ALLEGATO A

附件 B:垃圾处理操作的非详尽清单

ALLEGATO B – elenco non esaustivo delle operazioni di smaltimento

附件 C:废品回收操作的非详尽清单

ALLEGATO C – elenco non esaustivo delle operazioni di recupero

附件 D:由 2000 年 5 月 3 日第 2000/532/CE 号委员会决定设立的废弃物清单

ALLEGATO D – elenco dei rifiuti istituito dalla Decisione della Commissione 2000/532/CE del 3 maggio 2000

附件 E

ALLEGATO E

附件 F:第 26 条第 3 款规定的部际间/多部委共同制定的法令生效前的适用标准

ALLEGATO F Criteri da applicarsi sino all'entrata, in vigore del decreto interministeriale di cui all'articolo 226, comma 3

附件 I:废弃物的危害特征

ALLEGATO I caratteristiche di pericolo per i rifiuti

附件 L:废弃物预防措施示范

ALLEGATO L Esempi di misure di prevenzione dei rifiuti

附件 L-2:有关第 206-4 条第 2 款

Allegato L–bis articolo 206–quater, comma 2

第四部分第三(乙)章的附件

Allegati al Titolo III – bis alla Parte Quarta

附件1:有关第四部分第三(乙)章 垃圾焚化厂的排放技术规范及限值

Allegato 1 al Titolo Ⅲ – bis alla Parte Quarta Norme tecniche e valori limite di emissione per gli impianti di incenerimento di rifiuti

附件2:有关2006年4月3日第152号立法令第四部分第三(乙)章 联合焚化厂的排放技术规范及限值

Allegato 2 al Titolo Ⅲ – bis alla Parte Quarta del decreto legislativo 3 aprile 2006, n. 152 Norme tecniche e valori limite di emissione per gli impianti di coincenerimento

附件3:有关第四部分第三(乙)章 第1069/2009号欧盟条例规定的第1、2、3类材料的加工产品的联合焚烧技术规范

Allegato 3 al Titolo Ⅲ – bis alla Parte Quarta NORME TECNICHE PER IL COINCENERIMENTO DEI PRODOTTI TRASFORMATI DERIVATI DA MATERIALI DI CATEGORIA 1, 2 E 3 DI CUI AL REGOLAMENTO (CE) 1069/2009

第四部分第五章的附件

ALLEGATI AL TITOLO V DELLA PARTE QUARTA

附件1:特定场所卫生风险分析的一般标准

ALLEGATO 1 Criteri generali per l'analisi di rischio sanitario ambientale sito – specifica

附件2:确定污染场所特征的一般标准

ALLEGATO 2 Criteri generali per la caratterizzazione dei siti contaminati

附件3:选择和执行环境改良和修复措施、紧急安全运行调试或常规紧急安全调试的一般标准,以及确定可负担的最佳干预措施的一般标准

ALLEGATO 3 Criteri generali per la selezione e l'esecuzione degli interventi di bonifica e ripristino ambientale, di messa in sicurezza d'urgenza, operativa o permanente, nonchè per l'individuazione delle migliori tecniche d'intervento a costi sopportabili

附件4:适用简易程序的一般标准

ALLEGATO 4 Criteri generali per l'applicazione di procedure semplificate

附件5:与待改良场所的特定用途相关的土壤和地下土的可接受浓度限值

ALLEGATO 5 Valori di concentrazione limite accettabili nel suolo e nel sottosuolo riferiti alla specifica destinazione d'uso dei siti da bonificare

第五部分的附件

ALLEGATI ALLA PARTE QUINTA

附件Ⅰ:排放值与规定

ALLEGATO Ⅰ Valori di emissione e prescrizioni

附件Ⅱ:大型燃烧设备

ALLEGATO Ⅱ Grandi impianti di combustione

附件Ⅲ:挥发性有机化合物的排放

ALLEGATO Ⅲ Emissioni di composti organici volatili

附件Ⅳ:违反规定的设备和活动

ALLEGATO Ⅳ Impianti e attività in deroga

附件Ⅴ:粉尘和液态有机物

ALLEGATO Ⅴ Polveri e sostanze organiche liquide

附件Ⅵ:测定值与排放限值是否一致的评估标准

ALLEGATO Ⅵ Criteri per la valutazione della conformità dei valori misurati ai valori limite di emissione

附件Ⅶ:汽油的存放操作及从终端到分配设备的输送

ALLEGATO Ⅶ Operazioni di deposito della benzina e sua distribuzione dai terminali agli impianti di distribuzione

附件Ⅷ:汽油分配设备

ALLEGATO Ⅷ Impianti di distribuzione di benzina

附件Ⅸ:民事取暖设备

ALLEGATO Ⅸ Impianti termici civili

附件Ⅹ:燃料规范

ALLEGATO Ⅹ Disciplina dei combustibili

第五(乙)部分的附件

ALLEGATI ALLA PARTE QUINTA – bis

附件Ⅰ:产生二氧化钛的活动

Allegato Ⅰ　Attività che producono biossido di titanio

第六部分的附件

ALLEGATI ALLA PARTE SESTA

附件 1

ALLEGATO 1

附件 2

ALLEGATO 2

附件 3

ALLEGATO 3

附件 4

ALLEGATO 4

附件 5

ALLEGATO 5